회복적 생활교육으로 세우는
회복적 학교

자료 제공

게티이미지뱅크 362, 371, 386
경남신문 371
스미소니언 국립 초상화 갤러리 380
클립아트키 365
환경운동연합 371(최예용)

- 이 책에 쓰인 자료는 절차에 따라 저작권자의 허락을 받아 사용했습니다. 자료를 제공해 주신 분들께 감사드립니다.
- 저작권자를 찾지 못하여 게재 허락을 받지 못한 자료에 대해서는 확인되는 대로 저작권 상의를 하고 다음 쇄에 반영하겠습니다.

회복적 생활교육으로 세우는
회복적 학교

초판 1쇄 발행 | 2023년 11월 20일
초판 2쇄 발행 | 2024년 11월 20일

지은이 서동욱
발행인 이재영
제작 생각비행
펴낸곳 피스빌딩
등록일 2018년 6월 8일 | 등록번호 제399-2018-000015호
주소 경기도 남양주시 와부읍 궁촌로 25
전화 031) 521-8693
팩스 031) 521-8695
이메일 pb.pbpress@gmail.com
홈페이지 www.karj.org, www.kopi.or.kr
피스빌딩 스토어 smartstore.naver.com/pbstore
ISBN 979-11-957321-7-3 03370

서로 존중하는 학교 문화를 만드는 교육 패러다임

회복적 생활교육으로 세우는
회복적 학교

서동욱 지음

PEACE
피스빌딩

회복적 생활교육 교육 운동으로
자리매김하기를 바라며

2000년을 전후하여 한국에도 회복적 정의가 소개되고 여러 영역에서
실천되어 오고 있습니다. 그 속도와 범위는 현재 아무도 규정하기 어
려울 만큼 과거보다는 빠르고 넓게 확산하고 있습니다. 그렇지만 회복
적 정의에 대한 대중의 이해나 인식은 미미한 편입니다. 오히려 부정
적이거나 단편적 이해를 기초로 한 평가가 만만치 않게 나타나고 있는
현실입니다. 한 사회에 새로운 영역이 소개되고 정착되기까지 오랜 시
간과 과정이 필요하기 때문에 지금 상황에서 회복적 정의 운동을 평가
하는 것은 큰 의미가 없을 수도 있습니다. 하지만 많은 유행이 생겼다
순식간에 사라지는 한국 사회의 특성을 볼 때 회복적 정의 운동이 잘
자리매김하도록 할 책임이 이 운동을 시작하고 퍼뜨린 사람들에게도
있다는 점은 분명하다고 생각합니다. 그런 의미에서 회복적 정의 패러
다임이 학교와 만나는 지점인 회복적 생활교육이 교육 현장의 당면한
생활지도의 대안을 넘어 하나의 교육 철학과 운동으로 자리매김하게
하는 일은 무척 중요합니다. 특히 요즘처럼 학생 사이의 갈등이 커다

란 분쟁으로 번지고 급기야 그 사이에서 관리 책임을 추궁당하는 교사들의 신변이 위협받는 상황에서는 더욱 그렇다고 볼 수밖에 없습니다.

안타깝게도 2023년 대한민국의 학교는 안전한 공간이 아닙니다. 학교폭력이란 범죄로 규정된 일이 끊이질 않고 있고, 교육활동침해 행위로 교사의 권위가 실추되고 있습니다. 또한 아동학대로 신고당하는 교사의 수가 급증하면서 교사들의 자긍심과 자존감마저 바닥을 치고 있는 현실입니다. 이런 위기 상황에서 정부 당국과 정치권에서 내놓은 해결책은 서로의 법적 권리만 주장하는 방향으로 가고 있고, 학생들의 미래를 볼모로 지금의 행동을 바꿔 보겠다는 비교육적이고 응보적 정책들만 확산하고 있습니다. 학생, 학부모, 교사가 법적 공방으로 내몰리고 법률 전문가들에 의해 학교와 교육의 미래가 결정되는 안타까운 일들이 벌어지고 있습니다. 급기야 임계점에 도달한 교사들이 길거리로 쏟아져 나와 자신들의 생존권을 위해 시위를 하고 '공교육 멈춤의 날'을 선포하는 매우 보기 힘든 상황까지 나타나고 있습니다. 학교는 사법기관이 아니라 교육기관이라는 당연하고 근본적인 돌아봄이 필요한 시점이라고 생각합니다. 학교의 정상화는 이제 수업이 아니라 생활교육과 직결된 것이고, 평화롭고 안전한 학교 환경 속에서라야 제대로 된 교육이 이뤄질 수 있다는 평범한 상식을 회복할 때입니다.

그런 의미에서 서동욱 선생의 《회복적 생활교육으로 세우는 회복적 학교》 출판은 시기적절하다고 생각합니다. 학교 현장에서 회복적 생활교육을 이해할 때 통전적이고 종합적 이해가 필요합니다. 회복적 생활교육은 실천 프로그램이지만 동시에 생활지도의 새로운 패러다임입니다. 또한 사람과 공동체가 어떻게 관계를 맺고, 풀고, 회복하는지를 가르치는 삶의 교육이자 길라잡이이기도 합니다. 그러므로 몇 시간, 몇 번의 프로그램 운영 정도로 회복적 생활교육을 한정해서는 안 됩니다. 회복적 정의 패러다임에 대한 이해와 학습이 전제되어야 하며 그것을 교실과 학교에서 어떻게 풀어내야 할지는 온전히 교사의 몫이 되어야 합니다. 따라서 회복적 생활교육 자료는 그 패러다임의 학습과 실천 경험을 종합적으로 담아내는 것이 바람직합니다. 그렇지 않으면 회복적 생활교육은 어려움을 겪고 있는 학교가 당면한 도전에 대안이 될 수 없기 때문입니다.

여러분이 회복적 생활교육에 대해 잘 모르는 분이거나 회복적 생활교육에 대해 들어 봤지만 과연 무엇을 이야기하는지 개념이 정립되지 않은 분이라면, 이 책을 일독하시길 권합니다. 실천 프로그램을 경험해 봤지만 좀 더 깊은 이해를 갖추고 싶은 분도 이 책을 참고하시길 바랍니다. 특히 회복적 정의 패러다임이 학교 공동체를 살리는 지향점이라고 믿고 묵묵히 그 길을 걸으면서 '섬'이 되고 있는 교사라면 이 책을 통해 여러분의 길이 틀리지 않았다는 사실을 확인받기를 바랍니다. "회복적 생활교육의 궁극적 목표는 학교에 회복적 문화를 만들어 가는 것이다"라고 한 영국 벨린다 홉킨스Belinda Hopkins 박사의 주장이 이 책을 통해 한국에서도 의미 있게 나타나길 기대해 봅니다.

10년이 넘는 긴 세월 동안 학생들을 위해 회복적 생활교육 프로그램을 만들고 실행하며 애쓴 수고와, 이후 교사들을 만나며 회복적 생활교육을 패러다임이자 실천으로 소개해 온 서동욱 선생의 노력에 감사를 전하며, 귀한 자료가 탄생하도록 헌신한 노고에 마음으로부터 격려와 존경을 보냅니다. 아울러 그 내용을 함께 고민하고 실현해 온 한국평화교육훈련원KOPI의 전·현직 스태프들에게도 책의 공동 저자로 충분한 자격이 있음을 밝히고 싶습니다. 그들이 함께한—또 앞으로 함께할—시간이 우리 사회와 공동체를 조금이라도 안전하고 평화롭게 만드는 밑거름이 될 것이라고 믿습니다.

이 책을 통해 다음 세대를 교육하는 어른들이 조금이라도 희망의 길을 발견하기를 진심으로 바랍니다.

2023년 11월 1일
한국회복적정의협회KARJ 이사장·한국평화교육훈련원KOPI 원장
이재영

아이들의 갈등과 학교폭력은 단순히 개인의 정서나 공감의 문제가 아닙니다. 학교와 교실이라는 공간 안에서 또래집단이 만들어 내는 다분히 맥락적인 것입니다. 그렇기에 당사자 간의 문제이기보다 공동체 전체의 문제입니다. 주변인들의 반응과 태도가 과정과 결과에 민감한 영향을 끼칩니다.

회복적 생활교육은 이러한 학교 현장을 정확하게 꿰뚫어 보고, 그에 대한 구체적인 실천 방안을 제시하고 있습니다. 회복적 생활교육이 많은 교사에게 알려지고 관심을 받는 것은 반가운 일입니다. 그 중심에서 서동욱 팀장님은 전국의 학교와 학생, 교사들과 함께 활동하고 소통해 오셨습니다. 그 과정을 아낌없이 책으로 나누어 주시어 현장의 교사로서 감사드립니다.

무엇보다 이 책은 교육 철학에서 시작해 학교의 문화를 만드는 일은 물론 교실 속 생활교육까지 아우르고 있습니다. 회복적 생활교육을 처음 접하는 시민과 깊이를 더 하고 싶은 독자에게 이 책이 나침반이 되어 줄 것입니다.

강지빈 교사, 경남 김해봉황초등학교

회복적 학교 문화를 확산할 수 있도록 학교 현장을 지원할 유용한 안내서가 나와서 매우 반갑다. 이 책은 회복적 학교 문화가 지속적으로 정착될 수 있도록 이론과 실천을 겸비하여 안내하고 있다. 회복적 정의 철학이 왜 학교 교육에 필요한지, 회복적 학교 세우기를 어떻게 시스템으로 구축할 수 있는지, 그 구체적인 실천 방법이 무엇인지를 한 장 한 장 읽다 보면 쉽게 이해하고 공감할 수 있을 것이다. 평화를 회복하기 위해 학교 공동체가 필독하기를 권한다.

한상희 교감, 제주 서귀포여자중학교. 《4.3이 나에게 건넨 말》 저자

회복적 생활교육은 기술이 아니라 가치의 문제이다. 따라서 속도보다 방향이 중요하다. 하지만 대다수의 경우 하나의 프로그램으로 치부하고 쉽사리 평가절하하기도 한다. 저자는 이 지점에서 다양한 회복적 생활교육의 구체적 사례를 통해 생활교육에 대한 패러다임 전환을 다시 한번 촉구하고 있다. 교육 불가능의 시대에 오늘도 우리 교육의 회복을 위해 '벌새'처럼 묵묵히 지난한 길을 걷고 있는, 걷길 원하는 모든 분께 일독을 권한다.

이종걸 교사, 경기 안양 평촌중학교. 전 광주하남교육지원청 장학사

이 책의 초고를 읽으며 회복적 생활교육을 처음 만났을 때 교사로서 인공호흡을 받은 것처럼 가슴 벅찼던 감동이 되살아났다. 그때부터 나는 갈등을 두려워하지 않고 공동체를 다시 돌볼 수 있는 선물 같은 기회로 인식하며 용기 있게 직면할 수 있었다. 회복적 정의를 접한 선생님들이 그동안 학교 현장에서 의미 있는 실천을 해 오고 있지만, 일회성의 단편적인 시도로 그치는 게 현실이다. 이 책은 그 한계를 극복하

고 학교 현장에서 회복적 정의가 생활교육 철학으로, 회복적 생활교육이 단순한 프로그램이 아닌 교육 과정으로 굳건히 뿌리내릴 수 있도록 구체적이고 체계적으로 돕는, 명료한 나침반이 되어 줄 것으로 확신한다. 회복적 학교를 꿈꾸고 실천하는 교사들에게 단비가 되어 줄 이 책이 세상에 나오게 됨을 진심으로 축하하고, 감사의 마음을 보낸다.

강선희 교사, 전남 순천고등학교

강원도는 2016년부터 회복적 생활교육을 학교에 뿌리내리기 위해 많은 고민과 실천, 좌절, 그리고 재도전의 과정을 겪고 있다. 2017년과 2023년 두 차례 영국을 방문하여 선도적으로 회복적 생활교육을 안착시키고 있는 학교를 방문하여 학교 관계자와 심도 있는 토의를 하고 오기도 했다. 회복적 학교 만들기를 꾸준히 추진하고 있으며 여전히 도전 중이다. 생활교육의 패러다임을 바꾸는 일이 단기간에 효과를 낼 수는 없다고 생각한다. 회복적 학교를 넘어 회복적 마을, 회복적 사회를 만들기 위한 열정은 지속되어야 하고 실천은 더 조직적이어야 하며, 지원은 더 체계적이어야 한다. 이 책이 회복적 학교를 세우기 위해 노력하는 많은 교사의 고민 일부를 해결하고, 나아가야 할 방향에 대한 지향성을 제공할 수 있을 듯하여 반갑고 고맙다. 이 책을 시작으로 더 많은 이론서와 실천서 그리고 사례서가 만들어질 것으로 기대한다. 서동욱 팀장의 노력은 학교 변혁의 작은 불꽃으로 시작해서 학교 전체를 바꾸는 들불로 확산할 것이다.

이상철 교육과장, 강원특별자치도 화천교육지원청

우리가 살아가는 삶을 들여다보면 처음부터 익숙한 건 없는 것 같다. 회복적 정의를 처음 만난 날 공동체 문화를 바꾸는 또 다른 문을 열기 위한 도전을 시작했다. 나의 첫 도전은 가정이었고 수많은 시행착오가 있었지만, 생각의 전환을 가져다준 회복적 정의는 나에게 기다리는 끈기를 알려 주었다. 특히 학교 교육 과정과 가정의 연계는 아이들과 가족 간의 신뢰 관계 구축에 중심이 되었다. 이러한 문화 안에서 아이들의 회복탄력성도 함께 성장한 듯하다. 회복적 정의는 우리 가족을 지켜 준 큰 선물이다. 다른 이들에게도 선물이 될 것이라고 확신한다.

김채영 상임대표, 경남 행복학교학부모어울림

회복적 생활교육의 궁극적인 목표는 학교에 회복적 문화를 만드는 것

얼마 전 회복적 정의 워크숍에서 만난 한 청년의 고백이 떠오른다. 5일간 진행된 워크숍 어느 날, 모두가 둘러앉은 서클에서 자신이 학창 시절 학교폭력을 경험한 사람이라고 했다. 그 당시 자신의 이야기를 아무도 들어주지 않아 억울했다며, 특히 학교폭력에 대응하는 교사와 부모의 태도가 큰 상처가 됐다고 했다. 그 일로 학교가 너무 싫어졌고 괴로운 생각을 극복하느라 오랜 기간 힘들었다고도 했다. 그는 대학에서 우연히 회복적 정의를 접하고는 제대로 배우고 싶어 워크숍에 참석했다고 했다. 봇물처럼 자신의 경험을 토로하던 그는 이야기를 정리하면서 "저와 같이 고통받는 사람이 더는 없었으면 좋겠어요. 저부터 회복을 위해 노력할 테니 이곳에 계신 분들도 동참해 주면 좋겠어요"라고 했다. 청년의 이야기가 끝나자 분위기가 숙연해졌다. 워크숍에는 교사 신분으로 참여한 사람들도 있었다. 서클을 마친 뒤 한 교사가 청년을 꼭 안아주며 "미안해요"라고 말해 주었다.

지난 2011년, 한국 사회에 《학교 현장을 위한 회복적 생활교육》*이란 이름으로 책이 출간되면서 "회복적 생활교육"이라는 용어가 학교에 소개되고 퍼졌다. 10년이 지난 지금 회복적 생활교육이 전국 모든 시·도교육청의 교육 정책으로 들어와 있다는 것은 회복적 정의 운동에 동참하는 일원으로서 감개무량한 일이 아닐 수 없다. 국내에서는 2010년대 초반부터 개인적인 관심 혹은 교육청의 정책 지원으로 회복적 생활교육 연수를 받는 교사가 늘어나고 있다. 회복적 생활교육을 학급과 학교 전체의 생활지도 변화의 흐름으로 인식하여 교육적 노력을 기울이는 '회복적 교사'의 등장은 매우 고무적인 일이다.

그러나 학교 현장에서 회복적 생활교육을 학생들의 흥미를 돋우는 하나의 프로그램 혹은 교사의 생활지도를 보완하는 기술이나 방법론으로 인식하는 측면도 크다. 그간 국내에서 출판된 회복적 생활교육 관련 도서나 교육청의 매뉴얼이 학급운영을 위한 실천 방법과 기술에 집중되어 있다. 교사 입장에서 책을 읽고 바로 적용할 수 있다는 장점은 있지만, 생활지도 패러다임에 대한 근본적인 고민 없이 교실 분위기를 좋게 만드는 정도의 프로그램으로 회복적 생활교육에 대한 이해가 확산된 지점은 매우 안타깝다.

그런 점에서 회복적 정의의 철학과 원리, 다양한 실천 사례를 담은

● 로레인 수트츠만 암수투츠·쥬디 H. 뮬렛, 이재영·정용진 역, 《학교 현장을 위한 회복적 학생 생활교육》, KAP(현 대장간), 2011.

《회복적 정의, 세상을 치유하다》*가 2020년에 출간된 것은 무척 반가운 일이다. 특히 이 책 4장은 회복적 정의와 생활교육이 단순한 프로그램이 아니라 학교 문화를 혁신하는 교육 철학임을 역설하고 있다.

《회복적 생활교육으로 세우는 회복적 학교》는 국내에서 회복적 정의를 적용하는 영역에서 가장 큰 부분에 해당하는 학교 현장에서 회복적 정의를 정확히 이해하고 실천할 수 있도록 기획했다. 《회복적 정의, 세상을 치유하다》 4장에 소개된 회복적 생활교육과 회복적 학교에 대한 통합적인 실천 방안에 대해 구체적인 가이드를 제시하고 있으며, 회복적 생활교육을 처음 접하거나 이미 실천하고 있는 교사, 학부모, 청소년 유관기관 관계자 들에게 왜 회복적 생활교육이 필요한지에 대한 이해와 더불어 어떻게 회복적 생활교육을 실천할 수 있는지, 그리고 어떻게 회복적 생활교육으로 학교 문화를 바꿀 수 있는지에 관해 구체적인 실천 지침과 방향을 제공한다.

회복적 생활교육 활성화를 꾀하는 일은 교사를 대상으로 회복적 생활교육 연수를 중심으로 저변을 확대하는 것과 함께 개별 학교 단위에서 회복적 학교 모델을 구축하는 것으로 나눠질 수 있다. 전자와 후자는 호혜적인 교육 정책을 바탕으로 선순환이 이루어져야 한다. 회복적 생활교육을 접한 교사들이 중심을 잡고 학교에 뿌리내림과 동시에 개별 학교 공동체 차원에서 이뤄지는 회복적 학교 문화의 변화는 곧 학

● 이재영, 《회복적 정의, 세상을 치유하다》, 피스빌딩, 2020.

교를 둘러싼 마을의 변화로 이어져 회복적 도시, 나아가 회복적 사회를 만드는 지름길이 된다. 이 책은 회복적 학교 세우기를 중심으로 내용을 전개하지만, 회복적 생활교육의 활성화는 물론 학교 현장에 필요한 공동체 형성과 회복에 대한 발전적 상상력을 제안한다.

교육 운동으로써 한국의 회복적 생활교육 운동을 진단하면, 저변 확대를 기초로 개별 학교 차원의 회복적 학교 모델을 제시하는 방향으로 추진되어 왔다고 할 수 있으나 변화를 인식하기엔 아직 가야 할 길이 멀다. 회복적 생활교육은 철 지난 유행이 되었다는 말을 현장에서 듣기도 한다. 회복적 생활교육이 '교육이란 무엇인가?'에 대해 대답을 주지 못한 채 소위 '연수 상품'으로 시장에서 소비되고 있는 건 아닌지 우려되기도 한다.

뿐만 아니라 오늘날 학교는 교실에서 일어나는 작은 갈등에서부터 학교폭력의 대응조차 교육적 접근이 아닌 법적 판단에 맡기고 처리하는 소송제일주의를 교육의 이름으로 자행하고 있는 현실이다. 학교 현장에 소개된 회복적 생활교육이 학교폭력 대응과 어떤 연관이 있는지 이해하지 못하는 '통합적 관점'의 부재가 한몫하고 있다. 교실 현장으로 빠르게 침투해 온 학교의 사법화 현상에 대해 문제의식조차 느끼지 못하고 엄벌주의 외에 다른 대안을 제시하지 못하는 현실이 답답하다. 학교의 사법화는 교사는 물론 학생과 학부모와의 관계, 나아가 미래 교육의 비전에 큰 걸림돌이 되고 있다. 더군다나 코로나19 팬데믹은 우리의 생활을 관계 중심에서 단절과 비대면이 상식이 되는 삶으로 바꾸어 놓았다. 바야흐로 학교의 위기 시대가 도래했다.

학교에서 체벌을 금지하고 학교폭력 처분 결과를 생활기록부에 기재하기 시작한 시점과 회복적 생활교육이 소개된 시점이 공교롭게도 비슷하다. 이대로는 버틸 수 없다는 교사들의 아우성이 빗발쳤기 때문이다. 그렇지만 지난 10여 년간 국내의 회복적 생활교육 운동을 진단하건대 아직 맹아기를 벗어나지 못했다고 생각한다. 오늘날 학교의 위기 속에서 회복적 생활교육은 트렌드의 일종 혹은 소비되는 프로그램이 아니라 보다 근본적인 교육 패러다임의 변화를 견인하는 철학으로 이해가 깊어져야 한다. 우리는 회복적 정의가 교육 철학으로 공유되지 않고 있는 지점을 깊이 성찰해 보아야 한다.

이제는 향후 10년을 기대하며 회복적 정의와 생활교육이 교육의 패러다임을 바꾸고 교육을 성숙하게 할 뿐만 아니라 학교의 문제를 교육적으로 해결하는 대안을 제시하는 방향으로 확장될 때다. 고통당하는 피해자와 억울해하는 가해자가 대결하는 구도를 학교가 더는 묵과해서는 안 될 일이다. 피해를 회복하는 자발적 책임을 통해 공동체를 치유하는 새로운 학교와 사회를 상상하는 일이 교실 곳곳에서 일어나야 한다. 교실은 사회의 모판이자 사회를 경험하는 배움의 장이어야 한다.

전통적으로 교사는 수업의 효율성과 질서 유지를 위해 학급을 '통제'해 오며, 학생을 응보적 수단을 통해 '훈육'해 왔다. 수업을 방해하는 학생을 어떻게 '처리'할 것인가가 '생활지도'의 본질이었다. 학생의 자율성은 교사의 권위에 대한 도전으로써 통제해야 할 영역이지 존중할 가치가 아니었다. 그러나 이제 학생 생활은 '처리'로 해결되는 영역이 아니다. 학생의 생활은 교과 수업과 떼려야 뗄 수 없는 영역임을 인식하는 교육 패러다임의 전환을 이뤄야 한다.

희망적인 것은 전통적인 생활지도를 극복하고 회복적 생활교육으로 아이들과 씨름하며 교육이란 무엇인가를 고민하고, 학생들을 대화와 교육의 자리로 이끌어 건강한 공동체를 만들려고 애쓰는 교사들이 곳곳에 존재하고 있다는 사실이다. 교사의 생활교육 패러다임 인식의 전환과 실천이 학교 문화를 바꾸는 시작점이다.

이 책은 교사 개인의 실천을 넘어 개별 학교가 회복적 정의에 기초해 회복적 학교를 세우는 데 필요한 이론과 실천으로 구성되어 있다. 1부는 회복적 정의와 회복적 생활교육 개념을 소개하며 회복적 생활교육이 추구하는 '철학'와 '가치'를 다루었다. 회복적 학교를 세우는 실천에 앞서 회복적 정의와 회복적 생활교육 철학에 대한 이해는 매우 중요하다. 회복적 생활교육은 교육 현장에서 적용하는 회복적 정의 실천이다. 회복적 정의가 회복하고자 하는 가치 이해를 기반으로 회복적 생활교육 실천의 깊이를 더해 갈 수 있다.

2부는 회복적 학교를 세우는 '과정'에 대한 내용을 담고 있다. 학교 공동체 구성원이 학급, 학년, 학교 단계에서 회복적 생활교육을 통합적으로 실천하고 운영하는 학교를 회복적 학교라고 한다. 회복적 학교를 이루기 위해서는 최소 2~3년 이상의 장기 프로젝트로 지속적인 훈

회복적 생활교육의 궁극적인 목표는 학교에 회복적 문화를 만드는 것

련과 실천이 수반되어야 한다. 우선 회복적 정의의 기본 철학을 학교 공동체 구성원이 공유하고, 함께 회복적 학교를 세워 나가는 과정이 매우 중요하다. 처음부터 큰 욕심을 내기보다는 할 수 있는 것부터 실천하고, 동료 교사들과 함께 고민하며 추진해야 한다.

학교 구성원들이 일상의 관계를 형성하는 일부터 시작하여 학교에서 발생하는 갈등을 해결하는 시스템을 구축하는 회복적 학교로 나아가는 방향을 안내한다. 실제 회복적 학교의 운영 사례를 기반으로 회복적 학교 세우기 과정을 소개할 뿐 아니라 개별 학교에서 학교 특색에 맞게 회복적 학교 문화를 만드는 방향을 소개했다. 나아가 학교 현장에 회복적 생활교육을 활성화하는 방안과 최근 학교폭력예방법의 개정과 맞물려 요구되는 학교폭력 갈등조정에 대한 운영 방안을 담았다. 아울러 학교의 변화와 더불어 지역사회와 함께하는 회복적 도시의 비전을 제시한다.

실천 편은 회복적 정의와 생활교육 패러다임을 기초로 회복적 학교 세우기를 현장에서 바로 적용할 수 있도록 생활교육 실천을 구체적으로 다룬다. 회복적 생활교육에서 기본이 되는 실천을 '어떻게' 학교에 적용할 것인가를 넘어 '왜' 회복적 생활교육이어야 하는지를 고민할 수 있도록 회복적 실천 '기술'을 담았다. 특히 학교 공동체에서 학기 초 관계형성에서 갈등으로 인한 관계회복까지 단계적 실천을 해 나가도록 구성했으며, 학생도 회복적 정의 패러다임을 사고하도록 눈높이에 맞춰 커리큘럼을 구성했다.

《회복적 생활교육으로 세우는 회복적 학교》는 독자의 이해를 돕고자 크게 이론과 실천 편으로 구성했다. 이 책은 회복적 생활교육을 통해 교육의 방향과 실천의 토대를 통합적으로 다질 수 있는 학교를 위한 안내서이기도 하다. 회복적 학교 세우기가 또 하나의 방법론으로 읽히지 않도록 회복적 정의의 가치를 반복적으로 강조하여 녹여 내고자 했다. 녹록지 않은 학교 현장에서 회복적 정의의 핵심 가치인 '존중', '관계', '책임'을 교육 활동의 기반으로 삼아, 학교폭력, 교권침해 등 갈등으로 발생한 피해를 회복하며 깨어진 관계와 공동체를 치유하는 데, 이 책이 모판이 되길 바란다. 동료와 함께 읽고 학교 문화를 혁신하는 회복적 학교를 세워 가길 기대한다.

회복적 정의와 회복적 생활교육을 만난 이후 학교에서 회복적 생활교육을 실천하고 계신 모든 선생님께 존경의 마음을 전한다. 이 책에는 한국평화교육훈련원KOPI과 한국회복적정의협회KARJ와 연결된 여러 선생님의 실천 사례가 담겨 있다. 회복적 생활교육의 생생한 사례를 마주하는 것은 반갑고 기쁜 일이다. 지면상 현장에서 애쓰시는 많은 교사의 실천 사례를 담지 못했지만 앞으로 현장 교사들의 다양한 실천 사례가 공유되어 우리 사회에 회복적 학교 문화가 단단히 다져지길 기대해 본다.

회복적 정의 운동 초기부터 교육 현장의 목소리에 귀를 기울이며 회복적 정의 패러다임에 기초해 평화로운 학교 공동체를 세우기 위해 커리큘럼을 만들며 물심양면으로 수고해 온 이재영 원장님을 비롯해 한국평화교육훈련원 교육팀과 청소년교육팀, 한국회복적정의협회 동료 선생님들의 헌신이 아니었다면, 이 책은 나오기 힘들었을 것이다. 격려와 지원을 아끼지 않은 덕분에 집필할 수 있었기에 존경과 감사의 인사를 드린다.

이 책은 한국평화교육훈련원와 한국회복적정의협회에서 진행한 회복적 정의와 생활교육 연수 내용을 기반으로 회복적 학교를 세우는 데 필요한 내용을 담고 있다. 그러니 필자 개인의 작업물이 아니라, 책이 나오기까지 수고한 모든 분의 공동 지성으로 함께 만든 결과물이라 할 수 있다. 훌륭한 동료 선생님들이 계시지만 현장에 필요한 자료로 정리하는 역할을 누군가 해야 했다. 개인의 역량과 별개로 그 역할을 충실히 감당하고자 노력했으나 부족한 부분이 있다면 그것은 온전히 내 책임일 것이다. 책의 초고를 읽고 교사 독자의 입장에서 조언을 아끼지 않은 김애경, 백정연, 심희보, 오세연, 하경남, 그리고 편집을 맡아 수고해 준 생각비행 손성실 대표님께도 감사드린다.

가족은 내게 회복적 여정을 비추는 거울이다. 가족과 서클로 둥글게 앉아 이야기하는 시간은 글을 쓰는 데 큰 힘이 되었다. 좋은 동료이자 아내인 류혜선과 사랑하는 자녀 윤슬, 아인에게 감사의 인사를 전한다.

지난 10년간 한국 사회에 회복적 정의 실천을 학교 현장에 적용하는 과정에 기여할 수 있게 되어 개인적으로 감사할 따름이다. 생각해 보면 처음 들었던 회복적 정의의 강렬한 인상이 지금 이 자리에 있게 된

원동력이었다. 이후 학교 현장에서 회복적 정의가 본격적으로 생활교육과 교육실천 운동으로 확산되던 시기에 KOPI에 참여하게 되어 청소년 교육부터 교사 워크숍, 서클 진행, 갈등분쟁 조정에 이르기까지 분에 넘치는 실천을 두루 할 수 있었다. 언제나 도전하는 마음이지만 아낌없는 격려로 조언하는 사람들이 없었다면 지금의 나는 없었을 것이다.

회복적 정의 패러다임을 알면 알수록 나라는 그릇이 담아낼 내용이 아니란 걸 여실히 느끼지만 회복적 정의는 내 삶을 이끄는 나침반이다. 실패와 실수가 적지 않았지만 삶의 패러다임으로 회복적 정의를 살아내며 전에는 발견할 수 없었던 지혜를 순간순간 경험하고 있다. 아울러 회복적 정의를 통해 만난 사람들과 맺은 소중한 인연을 가슴 깊이 감사하며 살아가고 있다. 회복적 정의를 말로만 전달하는 것이 아니라 삶의 모습으로 살도록 노력하고자 한다.

2023년 9월 피스빌딩에서 서동욱

이론편

1부
회복적 정의와 회복적 생활교육

실천편

회복적 생활교육, 이렇게 실천하라

2. 학기 중 회복적 생활교육 실천하기 318

3장 회복적 생활교육, 교육 과정으로 실천하기 343

1. 회복적 정의 배우기: 정의 패러다임의 전환 343

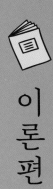

이론편

혹자는 공동체가 부재한 상황에서 회복적 정의 패러다임이 작동하겠느냐고 묻는다. 그리 묻는 사람들에게 공동체가 부재하기 때문에 회복적 정의 패러다임이 더욱 중요하고 꼭 필요하다고 역설한다. 아이들에게 안전한 공간을 창조하는 회복적 정의는 미래세대를 위한 공동체 교육에 중요한 화두가 되고 있다. 특히 가정과 학교는 가장 기초적인 공동체이기 때문에 회복적 정의 철학이 어느 곳보다 깊이 뿌리내려야 한다.

1부

회복적 정의와 회복적 생활교육

1장

회복적 정의란 무엇인가

작은 사건에서

초등학교에 입학한 A 군은 평소 자기를 놀리고 무시하는 같은 반 B 양에 대해 나쁜 감정이 생겨 다른 남학생 C 군과 함께 방과 후 학교 운동장에서 B 양을 불러 바로 앞에서 나뭇가지를 휘두르고 멀리서 돌멩이를 던지는 행동을 하고 도망쳤다. 여러 남학생에게 갑작스럽게 놀림을 당한 B 양은 당황하고 충격을 받은 상태로 울면서 집에 와서 학교에서 있었던 일을 부모에게 이야기했다. 분노한 B 양의 엄마는 다음 날 학교를 찾아와 담임교사가 없는 교실에서 A 군과 C 군을 불러 야단쳤다. 그리고 학교 측에 담임교사의 관리 소홀을 비난하며 항의했다. 이 사실을 알게 된 A 군의 부모는 담임과 학교의 방조를 질타하면서 B 양 엄마에 대해 앞으로 교실 무단 방문 및 훈계를 하지 않겠다는 각서를 쓰게 할 것을 학교 측에 요구하는 한편 B 양의 부모를 협박죄로 고소할 것이라며 위협했다.

이에 격분한 B 양 부모는 학교에 학교폭력대책자치위원회(이하 학폭위)를 열 것을 요구했다. 결국 학폭위는 A 군과 C 군에게 B 양에 대한 서면 사과, 접촉·협박 및 보복행위 금지, 특별교육 이수 6시간 등의 처분을 내렸다. 하지만 먼저 A 군을 놀리며 약 올린 B 양에 대한 원인 규명 없이 일방적으로 처분이 내려진 것에 불만을 품은 A 군의 부모는 소송을 제기했다.

이 사건을 맡은 ○○행정법원은 학생 A 군과 부모가 학교장을 상대로 낸 조치처분 취소 소송에서 "피해학생 접촉·협박 및 보복행위 금지, 특별교육이수 6시간 처분을 취소하라"며 원고 일부 승소 판결을 했다. 재판부는 먼저 "A 군은 학교 운동장부터 주차장, 강당 옆 계단까지 B 양을 쫓아가 나무막대기로 때릴 것처럼 휘둘렀다"며 A 군의 행위에 대해 학교폭력 행위에 해당한다고 판단했다. 하지만 재판부는 A 군이 B 양에게 신체적 피해는 입히지 않은 점, 사건 당일 다른 학생인 C 군이 위협 행동을 주도한 점 등을 이유로 "A 군이 비난 가능성이 높은 C 군과 동일한 수준의 처분을 받는 것은 다소 형평에 반한다"며 학폭위의 "접촉 등 금지 및 특별교육 이수처분 결정은 재량권을 일탈·남용했다"고 설명했다.

재판부는 B 양의 모친이 학폭위에 A 군의 처벌을 적극적으로 요구한 것에 대해 "사건의 본질을 벗어난 학부모 간의 갈등이 A 군에게 불리하게 작용해서는 안 된다"고 지적했다. '친구 잡기'

놀이라고 알려진 초등학생 간의 다툼이 학부모들의 갈등으로 번져 1년 5개월이란 긴 재판 과정 끝에 원고 일부 승소라는 법원 판결로 일단락됐다.[1]

이 기사는 초등학교 학생들 간의 다툼이 어떤 사법적 결말로 귀결되었는지를 보여 준다. 이와 비슷한 사건을 계속 접하다 보니 이제는 이런 문제가 특별할 것 없는 곳이 학교 현장이 돼 버렸다. 하지만 우리는 이 사건에서 1년 5개월이란 긴 재판 과정 끝에 결과가 나왔다는 사실에 주목해야 한다. 초등학교 1학년 학생 사이에 벌어진 일에 대해 최종적인 사법적 결론이 나왔을 때 사건의 당사자인 학생들은 이미 3학년이 돼 버렸다. 그동안 이 학생들이 어떤 관계로 지냈을지, 그 부모들이 어떤 상황이었을지, 행정소송의 피고가 돼 버린 학교와 긴 소송의 과정을 담당했을 교사들의 상황을 생각하면, 가슴이 먹먹하고 답답해진다. 오랜 시간이 지나 내려진 재판 결과가 과연 누구에게 만족감을 주었을지 의문이다.

아무리 현명하고 법 지식이 뛰어나다 할지라도 갈등 당사자들이 겪고 있는 어려움을 한 번의 판결로 해소할 수 있는 판사는 존재하지 않는다. 법조인이 할 수 있는 최선은 원고가 제기한 학교의 처벌 결과를 행위와 비교하여 결정 과정에서 얼마나 공정하고 형평성 있게 다뤘는

---

1 정선형, 〈초등 1학년 학교폭력 논란이 어른들 소송전으로〉, 《세계일보》, 2016. 03. 01. 기사 내용 재구성.

지 들여다보고, 그 심의 내용을 반영하도록 하는 정도이다. 명확한 승자도 패자도 없는 '원고 일부 승소'라는 애매한 내용으로 일단락된 결론을 갈등 당사자들이 과연 어떻게 받아들였을지 궁금하다. 모두 억울해하며 또 다른 갈등의 씨앗이 되지 않았을지 걱정된다. 이처럼 모두가 피해자가 되고 마는 현실이 왜 학교에서 반복해서 나타날까?

정의 패러다임이 주는 도전

'정의正義, Justice'라는 단어는 '바르게 다시 만들다', '바른 자리매김'이라는 어원을 지니고 있다. 어원에 따르면 문제를 다시금 바로잡는 것, 뒤틀려진 갈등을 바르게 풀어내는 것을 정의라고 말할 수 있다. 우리 사회에서 정의를 가장 많이 접하고 실천하는 사람들은 누구일까? 직업적 특성을 떠올리면 일차적으로 판사와 같은 법조인, 경찰의 형사, 공정과 정의 구현을 외치는 정치인을 떠올릴 수 있겠다. 그러나 사실 정의를 가장 많이 실천하는 사람은 따로 있다. 티격태격하는 아이들의 크고 작은 갈등을 교실에서 지도하는 교사 혹은 가정에서 훈육하는 부모라 할 수 있다. 어른으로서 아이들을 돌보는 책임이 있는 사람들이야말로 매일같이 정의를 실천하고 있는 셈이다.

이렇듯 정의는 뉴스에서만 보는, 나와 상관없는 먼 이야기가 아니라 우리의 일상생활 속에서 아주 가깝게 경험하는 문제이다. 아이들의 갈등을 다루는 부모의 훈육과 교사의 학생 생활지도도 엄밀히 따지면 아이들에게 정의를 가르치는 '정의 교육'이라고 할 수 있다. 부모나 교사의 말과 행동에 따라 교실에서 아이들은 문제를 해결하는 정의상正義像

을 배워 간다. 따라서 우리의 정의관은 미래세대인 아이들의 성장과 교육에 바탕이 되는 중요한 원천이다.

교실에서 아이들에게 '너희 잘못하면 어떻게 돼?' 하고 물으면 아이들은 이구동성으로 '혼나요', '벌 받아요'라고 얘기한다. '잘못하면 벌을 받는다'는 표현은 오랜 세월 우리가 문제를 어떤 식으로 해결해 왔는지를 드러낸다. 〈흥부 놀부〉, 〈아기 돼지 삼형제〉 등의 전래동화뿐만 아니라 영화 〈어벤져스〉 같은 영웅 시리즈까지, 동서고금을 막론하고 '인과응보', '권선징악'의 사고에 익숙하다. 어른도 어렸을 때부터 '잘못은 벌을 부른다'고 배워 왔기에 자연스레 아이들에게 똑같이 가르치고 있는 셈이다.

응보적 사고는 누가 가르쳐 주지 않아도 상식으로 여겨 왔다. 일상에서 아이들을 지도할 때 '응보적 정의' 패러다임에 기초하여 훈육해 왔을 뿐만 아니라, 학교폭력 사안을 다루는 학교폭력예방 및 대책에 관한 법률(이하 학폭법)과 사법 절차의 소년법 또한 응보적 정의에 뿌리를 두고 있다.

앞으로 자세히 후술하겠으나 회복적 정의는 '잘못이 발생하면 그 잘못에 상응하는 처벌을 통해 고통을 부여하는 방식으로 사람의 변화와 사회질서를 유지하고 통제할 수 있다'는 '응보적 정의' 패러다임에 도전을 부르는 새로운 정의 패러다임이다. '회복적 정의'는 잘못한 사람에게 그 행위에 따른 처벌이 주어져도 피해자의 피해가 회복되는 것과는 무관한 문제를 비판적 관점에서 주목하는 정의 패러다임이다. 누군가의 행위로 잘못이 발생했다면 그로 인해 피해의 고통을 당하는 사람이 있기 마련이다. 응보적 원리에 따라 문제를 다룰 때는 여전히 남는 질문들이 있다.

피해의 고통만큼 상응하는 처벌이 가해자에게 주어지면 과연 피해자의 고통이 자동으로 사라지는가? 가해자에게 합당한 처벌이 주어진다고 해도 피해자의 고통이 줄어들지 않는다면 우리가 문제를 정의롭게 해결했다고 말할 수 있는가? 가해자가 합당하게 그 처벌을 자신의 책임으로 받아들이는가? 잘못한 사람을 비난하고 징계하는 것으로 공동체의 안전과 평화가 이루어질까? 나아가 아이들이 문제를 일으킬 때 어떻게 다루는 것이 교육적일까?

응보적 정의 패러다임이 남기는 이러한 질문들은 응보적 정의가 가진 한계이자 회복적 정의의 도전이며 정의를 향한 우리의 도전이기도 하다. 아이들의 문제부터 사회의 다양한 이슈에 이르기까지 문제를 해결하고, 나아가 안전한 공동체를 세우기 위한 접근으로 새로운 정의 패러다임으로 전환이 요구된다.

고통당하는 피해자

오랜 세월 우리의 신념 속에 상식화되고 사회질서를 유지하는 근간이 된 응보적 정의가 그 자체로 잘못된 것은 아니다. 그러나 응보적 정의 접근으로 문제에 접근할 때 놓칠 수 있는 한계와 부작용에 주목해야 한다. 우리 사회에서 등장하는 범죄 이슈를 살펴보더라도 대중의 관심은 가해자가 얼마나 극악무도한 사람인지, 그래서 어떤 강력한 처벌을 받아야 하는지에만 쏠리고 있다. 피해자가 어떻게 지내는지, 치유의 과정이 어떻게 되고 있는지에 관해서는 관심을 기울이지 않는다. 가해자에게 집중하고 처벌에 관심을 쏟는 사이에 정작 피해자는 고통의 굴레 속에서 누구의 관심도 받지 못하는 '피해자 소외현상'을 겪게 된다.

학교폭력 상황을 살펴봐도 피해자 소외는 여실히 등장한다. 2020년 2학기 서울시교육청 산하 교육지원청에서 심의한 학교폭력 조치결정서를 중심으로 분석한 기사[2]에 따르면 갈수록 학교폭력이 다양한 양상으로 발생하지만 향후 조치가 가해자 중심의 처벌 위주로 되어 있고, 피해자에 대한 조치도 주로 상담에 그치거나 심지어 규정하지 않는 사례마저 발견할 수 있다.

> "고등학생 A는 피해자의 특정 신체 부위를 만졌다고 말하고 다녔고, 고등학생 B와 고등학생 C는 동의 없이 피해자의 영상을 촬영해 전파했다. / 피해자:전문가 심리상담 및 조언. A:서면 사과, B:서면 사과, 학교에서 봉사 3시간, 특별교육 이수 2시간, 보호자 특별교육 이수 2시간, C:서면 사과, 학교에서 봉사 3시간, 특별교육 이수 2시간, 보호자 특별교육 이수 2시간."

> "중학생 A는 피해자에게 수차례 금품을 요구했고, 이 과정에서 욕설 강요 및 협박하는 메시지를 보냈다. 음주 상태에서 피해자의 얼굴을 때렸다. / 피해자:조치 없음. A:피해 학생에 대한 접촉 협

---

2 김은지, 〈2021 학교폭력, 더 치밀해지고 더 복잡해진다〉, 《시사IN》, 2021. 06. 28.

박 및 보복행위 금지, 출석정지 10일, 특별교육 이수 10시간, 보호자 특별교육 이수 5시간."

"중학생 A는 피해자의 사진을 페이스북에서 400여 장 다운받아 자신의 휴대전화에 저장했다. 사진을 도용해 페이스북, 카카오톡, 배틀그라운드 등의 프로필 사진으로 사용하며 대화하는 사람들에게 보내기도 했다. 온라인상에서 가명을 사용해 나이를 속이고 사진으로 술과 담배를 한다는 등의 허위 사실을 유포하고 이성교제와 성적 대화를 했다./ 피해자:조치 없음. A:서면 사과, 특별교육 이수 20시간."

가해자의 처벌은 피해자를 위한 것이라 여기지만, 피해자의 정의 필요Justice Needs를 간과하는 일이 흔하다. 가해자에게 주어진 피해 회복과 무관한 강제적인 처벌이자 수동적인 책임은 자신의 행위에 따른 피해와 영향을 직시하게 하는 데 실패할 가능성이 크다. 이 때문에 회복적 정의는 가해자의 처벌보다 피해자의 피해 회복에 궁극적 목표를 둔다. 그렇다고 회복적 정의 접근이 처벌에 반대하는 것은 아니다. 다만 처벌의 내용이 피해 회복과 무관한 것에 반대한다.

회복적 정의는 가해자가 자신의 잘못으로 만든 피해를 직면하도록 돕고 그 피해를 회복하는 자발적 책임을 통해 정의가 이루어질 수 있다고 여긴다. 사회적으로 가해자를 향한 엄벌조치 메시지가 강하게 일어나고, 가해자 변화를 위한 조치와 비용은 증가하지만 상대적으로 피해자 회복을 위한 노력이 적은 것이 현실이다.

가해자 중심의 응보적 정의 접근은 정의를 이루어 가는 과정에서 피해자를 문제해결의 주체가 아닌 객체의 존재로 전락시킨다. 형사사법 절차에서 피해자는 경찰 단계에서는 '고소인', 검찰 단계에서는 '참고인', 법원 단계에서는 '증인'으로 각기 불리고 있다.[3] 사법 절차에서는 피해자의 지위를 국가 기관이 대신하면서 가해자와 국가 사이의 대결 구도로 본다. 이에 따라 피해자는 피해자로서의 지위를 온전히 인정받지 못한 채 철저히 소외돼 버린다.

사실 교육부 관할의 학폭법에 의거해 학교폭력을 다루는 심의기구조차 기존 형사사법 절차와 크게 다르지 않다. 학교폭력이 발생하면 피해자는 보호, 가해자는 선도라는 명목으로 '분리조치'된 뒤 각기 별도의 사안조사 면담을 통해 교육청 산하 학교폭력대책심의위원회에 회부된다. 피해자와 가해자는 별도로 심의위원과 면담한 뒤 심의기구의 판단으로 가해자는 학폭법에 따라 1호부터 9호 내 조치를 받게 된다. 어떤 결정을 내리기까지 심의위원들은 피해자로부터 무엇을 듣고자 할까?

피해자의 회복을 위해 무엇이 필요하고, 어떤 조치가 적극적으로 이루어져야 하는지를 묻기보다는 피해자가 받은 피해와 고통의 무게를 확인함으로써 가해자에게 어떻게 피해에 상응하는 처벌을 주어야 하

---

3   임수희, 〈처벌 뒤에 남는 것들: 임수희 판사와 함께하는 회복적 사법 이야기〉, 오월의봄, 2019, p.44.

는지에 주목한다. 즉 피해자의 목소리는 가해자를 처벌하기 위한 참고이자 객체로 작용할 뿐이다. 문제해결 과정에서 피해자가 원하는 것 중 하나는 가해자로부터 직접 사과와 반성의 표현을 듣는 것이다. 그러나 당사자 간 접촉이 분리된 상황에서 피해자의 고통을 구체적으로 알지 못한 채 표현하는 가해자의 사과가 피해자의 피해 회복에 얼마나 도움이 되겠는가? 자칫 처벌을 줄이기 위한 표면적 행위로 비추어질 수 있다. 결국 이와 같은 절차는 가해자로 하여금 피해를 바로잡을 자발적 책임의 기회마저 앗아가는 상황을 초래한다.

최근 학창 시절의 피해 사실을 공개함으로써 대중에게 알려진 스포츠 스타나 연예인의 과거를 폭로하는 이른바 '학폭미투' 사건이 이슈화되고 있다. 피해자는 자신에게 주어진 부당한 폭력이나 억압을 스스로 해결할 수 없어 정의를 경험할 수 없었던 일에 대해 이제라도 상대의 치부를 폭로함으로써 사회적 공인이 된 가해자를 나락으로 떨어뜨리는 방법을 취하고 있는 셈이다. 왜 과거의 일을 이제야 폭로하는 것일까?

여러 분석이 가능하겠지만 회복적 정의 관점이 주는 중요한 시사점은 피해자가 스스로 문제해결 과정에서 주체가 되어 본 적이 없었기 때문이다. 자신의 문제지만 매듭지을 기회를 부여받지 못한 채 오랜 세월 묵혀 온 고통을 최근 '미투' 운동의 시류를 타고 이제라도 해결하고자 하는 피해자의 의지가 오늘날 '학폭미투' 현상이겠다.

그러나 안타깝게도 피해자의 목소리가 휘발해 버릴 가능성이 크다. 대중의 관심은 가해자들이나 그들이 받게 될 결과에만 초점을 맞추기 때문이다. 가해자 이슈에 가려진 피해자들의 필요, 문제해결의 주체로 인정받지 못하는 피해자 소외현상, 오랜 시간 방치돼 온 이들의 감정과 상처, 철저하게 막혀 버린 피해 회복과 관계 회복의 기회, 그리고 무너져 버린 삶의 통제력을 회복할 기회 등이 본질적으로 해결되지 않은 채 마무리될 가능성이 크다. 학폭미투는 결코 과거의 문제가 아니라 오늘날 무수히 일어나는 학교폭력의 현주소이다.

학교의 문제해결 방식

학교폭력이 발생하면 피해자는 보호라는 명목으로, 가해자는 선도라는 명목으로 '분리대응' 조치를 취하고 있다. 학교폭력이 발생했을 때 의무적으로 취하는 분리대응 조치는 피해자와 가해자가 직접 소통할 기회를 차단하기 때문에 가해자의 사과 대상이 피해자를 향하지 않고 처벌권자인 심의기구로 향하는 왜곡 현상을 낳는다. 피해자를 보호하기 위해 직접적 접촉을 줄이는 분리대응 시스템과 절차를 고안해 냈지만, 당사자 사이의 의사소통을 왜곡하고 교사의 교육적 개입 여지마저 구조적으로 불가능하게 만들고 만다.

최근 학폭법 시행령을 개정[4]하여 학교폭력이 발생한 경우 가해학생을 '즉시' 분리하고 별도의 공간에서 학습하도록 할 것을 전국의 학교에 일렀다. 지금보다 더욱 강화된 피-가해 학생의 즉각적인 분리대응 조치는 학교 현장에 혼란을 초래할 것이라는 예상이다. 사법 절차에서는 필요한 조치일 수 있으나, 이를 학교 현장의 관계성과 특수성을 고

---

4   교육부, 「학교 폭력 예방 및 대책에 관한 법률」 개정안 발효, 2021. 06. 23.

려하지 않은 탁상행정식 처우라는 비판도 잇따른다.[5] 신고만으로 실체를 파악하기 어려운 학교폭력의 경우를 즉시 판단하여 가해학생을 분리하는 방식은 교육적 배제에 따른 낙인과 학부모의 반발을 불러일으킬 뿐만 아니라 문제 상황이 고스란히 교사와 학교의 부담과 책임으로 떠넘겨지는 구조를 만드는 셈이 된다. 결국 정해진 절차 속에서 가해자는 자신을 피해자로 인식하는 자기 피해자 현상이 두드러질 수밖에 없으며, 사건의 영향을 받는 피-가해자는 물론 학교 공동체 모두가 고통을 경험하게끔 만든다.

2004년 학폭법이 제정된 이래 학교폭력은 몇 번의 개정에 걸쳐 현재의 사안처리 매뉴얼에 따라 다루어 왔다. 이전에는 학교에서 발생하는 갈등의 문제를 학교 재량으로 다루어 왔다. 그러나 학교폭력을 학교에서 은폐·축소한 사례가 이슈화되면서 교육부의 행정처우를 받는 오늘날 학폭법을 제정하게 되었다. 학폭법 제정 이전에는 학교폭력은 소년범죄에 해당하여 소년법에 의해 사법 절차에 따라 법원의 판단을 받아야 했다. 그런데 학교폭력에 관한 법령을 제정해야 하니 소년법을 참고해서 만들 수밖에 없었다. 소년범죄를 다루는 소년법은 수사를 거쳐 가해자에게 사안에 따라 1호부터 10호 내의 처분을 결정하고 있다. 학폭법 제정 이후에는 학교폭력 자체를 범죄로 인식하게 되어 교육부와 학교는 교육기관이지만 아이러니하게도 사법기관의 역할을 겸하게

5   장재훈, 〈학교폭력 가·피해학생 즉시분리 지침 교육현장 발칵 .. 교사들 "학폭 민원 폭주할 것"〉, 《에듀프레스》, 2021. 06. 23.

되었다.

그간 학폭법은 개정을 거듭하며 오늘에 이르렀지만, 그중 학폭법의 가장 큰 변곡점은 2012년 2월 6일에 발표된 소위 2.6 대책이라고 부르는 '학교폭력근절을 위한 종합대책'이라 할 수 있다. 2.6 대책의 핵심은 학교폭력 가해학생의 처분 내용을 학생생활기록부(이하 생기부)에 기재하는 '학교폭력 생활기록부 보존 지침'이었다. 이는 가해학생의 이력을 생기부에 기재하여 상급학교 진학에 불이익을 주겠다는 메시지를 담고 있다. 대학입학 등 입시와 장래에 영향을 줄 수 있는 강한 엄벌을 통해 학교폭력을 예방할 수 있을 것이라는 믿음에서 나온 대책으로 대중에게 환영받을 만한 해결책이었다.

그러나 결과적으로 이 정책은 부작용을 넘어 학교의 사법화 현상을 부추긴 발화점이 되었다. 교육부에서 발표한 자료[6]에 따르면 학폭위의 징계 결정에 불복한 재심건수와 학교나 교사를 상대로 한 행정소송 건수가 2012년 이후 기하급수적으로 늘어났다. 이전에는 주로 피해학생이 재심을 요구했다면 2012년 이후에는 징계처분에 불복한 가해학생의 재심과 행정소송이 잇따라 피-가해 양측의 행정소송 추세는 코로나19 이전까지 꾸준히 증가해 왔다.[7]

---

6 교육부, 김병욱 의원(더불어민주당), 〈학교폭력 가해자 징계 불복 학교 대상 행정소송 최근 3년간 169건 발생〉(2017. 10. 08. 보도자료) 및 교육부, 강득구 의원(더불어민주당), 〈두 번 우는 학폭 피해학생 최근 5년 피해학생 이의제기 70% 이상이 기각〉(2021. 10. 06. 보도자료).
7 2019년까지는 학폭위 결과에 이의가 있을 경우 재심·행정심판을 청구할 수 있었지만 2020년부터 행정심판으로 방법이 일원화되었다. 2020년 행정심판 처리건수는 670건이

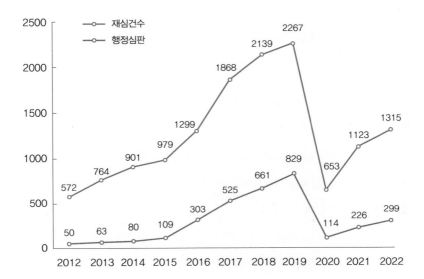

전국 학교폭력 재심 건수 및 징계불복 행정소송 추이

한편 이런 혼란과 대립을 틈타 법률 전문가들이 학교 갈등에 적극적으로 뛰어들고 있다. 교육지원청 정문 맞은편에는 '학교폭력 전문 변호사' 사무실 간판이 내걸려 있고, 교육지원청과 학폭 심의기구를 법원처럼 오가는 학부모와 학생을 고객으로 모셔 가고 있다. 이들은 학폭 초기부터 변호사의 코칭을 받아 대응할 것을 홍보하면서 행정심판을 통해 소송을 최대한 길게 끌어 상급학교 진학에 불이익이 없도록 입학 후 처분을 받을 수 있도록 하는 합법적 전략을 취한다. 어디에도 하소

다. 2020년 코로나19의 영향으로 학교폭력이 줄면서 행정소송 건수가 줄어든 것으로 파악된다. 2020년 이후 재심이란 명칭은 행정심판으로 일원화되었다.

연할 곳 없는 피해자는 지푸라기라도 잡는 심정으로 가해자를 혼내 주는 일명 '삼촌 패키지' 같은 상품[8]을 찾는 서글픈 현실이 오늘날 학교를 둘러싼 풍경이다.

학교폭력을 둘러싼 현행의 문제해결 접근은 그 과정에서 갈등을 해소하기는커녕 피해자를 향한 2차 피해와 가해자를 향한 낙인, 그리고 학교로 빠르게 침투한 사법화 현상을 불러왔다. 피할 수 없는 대결구도 속에서 피-가해 당사자는 혼란에 빠져 문제해결의 권한을 소위 '제3의 전문가'에게 맡기는 선택을 쉽게 취한다.

2021년 12월에는 학교폭력 사안처리 과정에서 학생보조인에 대한 선임을 명문화하는 법률개정안[9]이 발의되었고, 2023년 10월 6일 제410회 국회(정기회) 제9차 본회의에서 의결되었다. 피-가해학생과 장애학생 보호 등을 위한 보조인을 둘 수 있고, 부득이한 경우 국선 보조인을 둘 수 있다는 요지의 개정이다. 하지만 원래의 취지와 달리 법률 전문가의 개입으로 대결구도의 분쟁을 가속화하는 요인으로 작동하지 않을까 하는 우려가 크다. 문제를 '전문가'에게 맡기는 순간 문제는 자신의 손을 떠난 일이 되고 만다. 전문가들은 대결구도를 강화하고 승-패 구조로 문제를 보기 때문에 갈등은 오히려 증폭되지만, 피-가해학생은 문제해결의 주체로서 역할을 못 하게 된다.

뿐만 아니라 자신의 잘못을 사실대로 이야기해 봐야 좋을 게 없다는

---

8   박상현, 〈50만원 내면.. '삼촌'이 학폭 가해학생 혼내드립니다〉, 《조선일보》, 2018. 09. 12.
9   「학교폭력예방 및 대책에 관한 법률 일부개정법률안(의안번호 14126)」, 2021. 12. 28.

식으로 일러 주는 전문가의 코칭은 성장하는 아이들에게 왜곡된 정의
상을 심어 줄 위험도 뒤따른다. 학교폭력의 당사자들을 만나 보면 피
해자도 억울하다고 하고 가해자도 억울하다고 한다. 억울하다는 표현
에는 문제를 해결하는 과정에 그들의 필요가 외면당하고 있다는 의미
가 내포되어 있다.

그렇다면 이러한 문제해결 방식이 초래한 학교는 현재 어떠한가? 설
문조사 결과를 보면 교사의 교직생활에서 가장 큰 어려움으로 '학생
생활지도'와 '학부모 민원'이 매년 순위를 바꿔 가며 상위에 꼽히고 있
다.[10] 이 때문에 교실에서 일어난 갈등을 교육적으로 개입하여 해결하
기보다 '학교폭력 사안처리 매뉴얼'에 기대는 일이 잦아지고 있다. 괜
히 갈등에 개입했다가 자칫 잘못되어 더 큰 책임으로 돌아오지 않을까
하는 불안이 교사를 짓누른다. 법과 매뉴얼에 따라 학생을 지도하면
피해를 보지 않을 것이라고 설득해 온 교육부의 정책이 교사를 생활지
도의 주체에서 점점 수동적인 존재로 만들어 버렸다. 학폭법은 수년
간 엄벌주의를 강화하며 교사의 문제해결 권한을 상실시켜 버렸다. 학
폭법 개정으로 교사와 학교가 아무것도 할 수 없게끔 손과 발을 옥죄
고 있는 상황이지만, 안타깝게도 교사들이 이를 체감하지 못하는 현실
이다.

이런 부작용을 줄여 보고자 2019년 교육부는 학폭법을 일부 수정하

---

10 이천종, 〈폭력·욕설은 예사.. 교권 침해에 보험까지 가입한다[무너진 교단·괴로운
교사들]〉, 《세계일보》, 2019. 05. 13.

여 학교폭력 대응 절차에 대한 개선책을 발표했다. 그 골자는 '학교장 자체해결 권한부여,' '학교폭력 처분 결과 생활기록부 기재요건 완화,' 그리고 '학교폭력대책자치위원회 교육청 이관'이었다. 2012년 정부가 대책을 내놓은 이후 학교 현장에서 계속해서 수정을 요구하는 목소리가 있었기에, 2019년 개정안에서 이 부분이 다뤄진 것은 환영할 만하다. 하지만 코로나19로 학교가 정상적으로 운영되지 못하는 상황에서 2020년 이후 지역교육청으로 넘어오는 학교폭력 사안이 꾸준히 증가하면서 해당 업무를 맡은 담당 장학사들의 부담 또한 커지고 있다. 학폭위가 지역교육청으로 이관되었다고 하나 운영의 주체가 바뀌었을 뿐 근본적 해결책이 되지 못하는 실정이다.

오히려 소수의 인원으로 폭주하는 사안들의 심의를 감당하기 버거워질 위험성이 다분한 상황이다. 결국 학교장자체해결제가 제대로 기능해야 학교 내 사안들이 초기에 대화와 협의로 풀리는 효과를 볼 수 있다. 하지만 학교가 갈등의 초기 대응을 위해 학교 시스템과 조정 역할을 맡을 인적 준비를 해 왔는지 의문이다. 처음부터 잘못 꿴 단추를 다시 제대로 꿰기 위한 작업은 그만큼 어려운 일이다. 제도를 보완하고 개선하기 위한 노력은 부단히 이뤄져야 하겠지만, 과연 지금 학교 내 갈등의 사법화 현상을 막을 근본적 방향 전환이 이뤄질 수 있을까?

학교폭력에 대한 응보적 조치가 강화되면서 강제 전반, 강제 전학 등의 조치도 증가해 왔다. 어느 교육지원청의 학폭 담당 장학사는 이런 조치가 근원적인 문제해결이 되지 못한다며 자조 섞인 고백을 들려줬다. "학생부장일 때 우리 학교를 보호하기 위해서 아이들을 강제 전

학도 보내곤 했어요. 그런데 교육청에서 담당 업무를 보다 보니 사실 관내에 있으면 돌려막기더라고요".

또한 관내 학폭 담당 교사들이 모인 연수 자리에서는 서로의 안부를 물으며 '우리가 보낸 그 아이가 잘 지내고 있는지'에 관해 이야기한다. 운동선수를 트레이드하는 것처럼 가해학생을 맞교환하며 관리 중인 학생의 정보를 공유하는 것이다. 이렇듯 누군가를 배제하고 낙인찍는 조치를 교육이라는 이름으로 행하고 있다. 강제로 전학 간 학교에서 적응하지 못하는 학생들은 학교 밖을 선택하는데, 청소년 시기의 이들에게 버팀목이 되어 주지 못하는 사회가 이들에게 '학교-교도소 파이프라인School-to-prison pipeline'11을 만들고 있다.

현재 교육청에는 교권 보호를 위한 전담 변호사가 고용되어 있다. 앞서 다뤘듯이 학교 갈등에 법률 전문가들이 공격적으로 개입한 현실 속에서 내놓은 교육계의 고육지책이다. 그러나 계약 기간이 종료된 교육청 전담 변호사들은 로펌으로 돌아가 학교폭력 전담 변호사로 역할을 바꿔 일하게 된다. 오늘은 교사를 보호하는 변호사이지만, 내일은 교사를 공격하는 변호사로 만날 수 있는 상황인 셈이다. 갈등을 교육적으로 접근해야 할 교육기관이 빠르게 사법화되는 현실에서 교직원 안심보장보험이 상종가를 치고 있다. 과거에는 '사랑의 매'가 교사의 권위를 상징했다면, 지금은 '보험' 없이는 교사직을 수행할 수 없는 형

---

11 미국에서 사용되는 사회 용어로, 저소득층이나 학습장애가 있는 학생 등이 학교에서 적절한 보살핌을 받지 못해 중도 탈락하고 범죄로 이어지는 사회적 현상을 꼬집고 있다. 박효원, 〈교도서 예산 줄여 교원 임금 높이자〉, 《한국교육신문》, 2015. 10. 12.

국이 되어 버렸다.

국민에게 '학교폭력은 범죄다'라는 인식을 각인시켜 온 정부, 그 결과로 학교폭력이 처벌 대상이라는 경각심을 부각하는 데는 성공했을지 모르겠으나 결과적으로 엄벌주의 정책이 가져오는 한계인 벌을 피하기 위해 수단과 방법을 가리지 않는 책임의 고의적 회피, 학교의 자기 책임을 최소화하려는 보신주의, 절차만 지키면 된다는 형식주의, 그리고 가장 심각한 문제인 피해자 소외현상을 강화하고 말았다. 이렇게 학교라는 교육기관에 맞지 않는 엄벌정책과 낙인효과를 강화하기 위해 만들어진 정책은 결과적으로 학교의 사법화만 부추긴 채 헛돌고만 있다.

학교는 공동체인가

어느 신도시 아파트 단지 공원에서 초등학교 3학년인 한 아이가 자전거를 타고 돌아다니고 있었다. 그러다 공원에서 놀던 같은 초등학교 동학년 아이와 부딪칠 뻔했다. 같이 있던 부모가 자전거를 탄 아이에게 "공원에서 세게 다니지 말고, 그렇게 탈 거면 다른 데서 타라"고 훈계했다. 그러자 자전거를 타던 아이가 곧장 집에 가서 공원에서 있었던 일을 이야기하자 부모는 "어떤 부모가 공원에서 자전거도 못 타게 혼냈냐"며 수소문했다. 이윽고 자전거를 탄 아이의 부모는 공원에서 놀던 아이 부모를 만나 일어난 일에 대해 따지게 되었고, 아이들이 보는 앞에서 언성이 높아지며 싸움이 발생했다. 자전거를 타던 아이의 부모는 '아동학대'로 신고했고 공원에서 놀던 아이의 부모는 아이의 행실을 들어 '폭력'으로 신고했다. 이 일은 온라인 커뮤니티 카페를 통해 소문이 퍼져 아파트 내 학부모들도 그룹이 나뉘어 사건이 커지게 되었다. 결국 양측 부모가 변호사를 고용해 법적 소송을 제기하는 데까지 이르렀다.

지금까지 학교의 사법화 현상을 비판했지만, 위 사건처럼 우리의 생활문화 안에 응보적 사고가 깊이 스며들어 있음을 알 수 있다. 아이들의 다툼이 부모들의 싸움으로 번지고 여차하면 소송 국면으로 비화하고 만다. 학생의 '학교폭력'에 대응하는 부모의 반응으로 '아동학대'의 대결구도가 학교 현장에서 빈번히 발생한다. 갈등이 생기면 "법원에서 봅시다", "법대로 합시다"고 하는 말이 빈말이 아닌 세상에 살고 있다. '법'대로 하자는 말은 법을 신뢰해서 하는 말이 아니라 사람을 '불신'해서 내뱉는 말이라는 사실을 알 수 있다. 우리는 이웃 간에 갈등이 생기면 어떻게 소통해야 할지를 잃어버린 문화 속에서 살아가고 있는지도 모를 일이다. 언제부터인가 '이웃사촌'이란 말은 교과서 속 옛말이 되어 버렸다. 이사 와서 떡을 돌리는 문화나 '반상회'도 사라진 지 오래이다. '층간 소음'이나 '보복 운전'도 뉴스거리를 넘어 우리 가까이 있는 현실이 되고 말았다. 자녀가 어떤 아이와 갈등을 겪고 있다고 하면 그 해답으로 부모는 "그 아이랑 놀지 말고 떨어져 지내"라고 쉽게 내뱉어 버린다.

한국 사회가 도시화, 산업화로 고속 성장해 왔지만, 그 이면에 관계의 단절을 어느 시대보다 빠르게 경험하고 있다. 요즘은 무언가를 공유하지 않아도 생활에 전혀 지장이 없는 개인화된 '나노사회'를 살아간다. 이러한 공동체 부재 현상이 응보적 정의 패러다임이 낳은 결과는 아니겠지만, 경쟁을 추구하는 사회 속 응보적 사고는 관계성의 해체를 부추기는 원인이 되기도 한다.

학교는 지역을 기반으로 학생과 학부모가 연결되어 있다. 교사는 교육 가치를 실현하고자 학교라는 공동체에 소속되어 있다. 그러나 학교의 현실을 보면 과연 공동체라고 부를 수 있을지 모를 일이다. 어느 교사는 학교 갈등을 겪으며 이렇게 탄식했다. "제가 교직 경력 20년인데요. 이런 아이, 이런 부모 처음 만나 봐요"라고. 해당 교사의 고충을 듣고 답하지는 못했지만, 실은 이렇게 말씀드리고 싶었다. "선생님. 앞으로 그런 아이, 부모, 더 만나게 되실 거예요." 학교를 둘러싼 지역 공동체의 '돌봄' 문화가 점점 사라지고 있기 때문이다. 돌봄마저도 돈이 있어야 받을 수 있는 서비스로 전환된 지 오래이다. 지역에서 다문화, 조손, 한부모 등 여러 이유로 제대로 돌봄을 받지 못하는 아이들이 쏟아져 나오고 있다. 사회의 취약한 계층뿐만 아니라 일반 가정에서도 사교육과 입시경쟁에 내몰려 부모와 대화가 부족한 탓에 정서적으로 결핍된 아이가 수없이 많다. 한국 사회는 2030년대 정도면 인구가 급속하게 감소하는 인구절벽에 이를 것이라고 전망한다. 저출생 여파로 공동체의 관계성을 배울 수 있는 아이들의 환경이 나빠지고 있다. 이기주의의 단점이 곧 자녀 양육 문제로 드러나 아이 싸움이 부모 싸움으로 비화하는 환경은 지금보다 가속화될 전망이다.

학교는 이들을 품는 돌봄 공동체여야 하지만, 현실은 녹록지 않다. 교사들의 입에서 볼멘소리가 나올 수밖에 없다. 가르치기도 쉽지 않은

데 돌봄까지 떠안아야 하는 교사의 현실을 생각하면 마치 혹부리 영감이 혹 하나를 더 달게 된 것 같은 상황이라고 말이다. 이런 교사의 고충을 충분히 공감한다. 그러나 시대가 바뀌었으니 새로운 교사상이 필요하다고만 말하는 것은 옳지 않다. 시대가 바뀌어서 교사의 역할이 바뀌어야 하는 것이 아니라 교육의 본질이 무엇인지를 성찰할 계기로 삼아야 한다.

과거에는 교사와 학생의 관계가 지금처럼 가르치는 기능적 역할을 넘어 '사람'을 길러내는 것이라는 신뢰가 있었다. 학교는 그러한 역할을 지역을 기반으로 자연스럽게 해 왔다. 물론 늘 긍정적인 면만 있었던 것은 아니다. '체벌' 같은 훈육 방법에 대한 이견도 존재했다. 한때는 학부모들이 '사랑의 매'를 학교에 보내는 일까지 있었다. 그 정도로 교사와 학생, 그리고 학부모의 관계가 지금과는 상당히 달랐다. 오늘날 교사는 있어도 스승은 없고, 학생은 있어도 제자는 없다고 말한다.

교육은 존재와 존재가 '만남'을 이루고 그 안에서 삶과 삶이 만나 '삶의 성장'을 이뤄내는 것이다. 그렇게 만남을 지속하며 다른 사람의 만남뿐만 아니라 우리 자신의 안과 밖의 만남을, 그리고 시대와의 만남을 통해 사람은 끊임없이 '성장'한다. 교육이 사람을 성장시키는 것이라면, '만남'은 다른 표현으로 '관계'이며 교육 행위의 본질은 관계론적 작업이라 할 수 있다.[12] 그러므로 교육의 본질은 다름 아닌 관계 중심이라고 할 수 있다.

---

12 고병헌, 《존재가 존재에 이르는 길: 교육》, 이다북스, 2020, p.145.

그러나 안타깝게도 많은 교사가 '교과 수업'을 중심으로 가르치는 것을 주요한 교육 행위로 두고 있고, 수업을 방해하는 요소를 제거하는 행위를 '생활지도' 영역으로 간주하고 있다. 교사를 교육하는 교대나 사범대에서도 교과 수업에 대한 수강 과목은 수없이 많지만, 생활지도를 가르치는 과목은 찾아보기 어렵다. 생활지도는 대부분 '개인기'로 때우고 있는 셈이다.

언제부터인가 교사라는 직업은 안정적 고용이 보장되어 있기에 교대나 사범대를 들어가 졸업하고, 높은 경쟁률을 뚫고 임용시험을 통과해야 취업하는 교육 엘리트들의 직업군이 되었다. 요즘 신규 교사들은 학창 시절 공부를 잘하는 모범생이었을 가능성이 크다. 그렇다 보니 학창 시절 소위 문제 학생들을 자신과 다른 이해할 수 없는 사람으로 취급했을 터인데, 그런 문제 학생들을 훈육해야 하는 입장이 되었으니 도대체 어떻게 가르치고 지도해야 할지 모르는 현실에 처해 있다.

엎친 데 덮친 격으로 지구적 재난이 된 코로나19의 광풍을 지나며 교사들은 더욱 혼란에 빠질 수밖에 없었다. 학생들이 학교에 나오지 못하는 상황이 지속된 것이다. 수업은 온라인으로 어떻게든 진행하더라도 관계에 대한 부분은 구멍처럼 손쓸 수 없는 영역이 되어 버렸다. 관계 맺음이 부재한 상황에서 아이들의 친밀감이나 공동체성을 어떻게 구축해야 할지 혼란에 빠지게 되었고, 갈등 상황이 생겨도 교류할 수 없으니 서로를 이해하지 못하고 대립하는 구도가 강화되었다. 그리고 아이들이 코로나 상황을 지속적으로 경험하게 되면서 공감능력이 저하되거나 고립된 경험에서 겪는 관계의 마찰로 인한 트라우마도 상당했다.

교사들은 바뀐 시대 속에서 어떻게 아이들로 하여금 공동체를 경험하게 해야 할까? 기성세대는 어렴풋이 경험한 공동체상이라도 있어 아이들에게 가르칠 수 있지만, 우리의 아이들이 사회 구성원으로 성장해서 미래세대를 가르칠 때, 온라인 수업이나 SNS 등 비대면이 일상이 되어 가는 상황 속에서 과연 어떻게 '공동체 의식'을 가르칠 수 있을지 의문이다.

일상을 회복하긴 했지만 코로나 상황은 학교의 기능을 다시금 생각하게 하는 도전의 계기가 되었다. 학교는 회복적 정의가 담지한 존중, 책임, 관계, 회복의 핵심 가치[13]를 일구는 교육철학을 바탕으로 회복적 생활교육을 실천하는 회복적 학교 세우기를 위한 도전을 시작해야 한다. 그것은 지도 방법을 넘어 관계와 공동체에 대한 새로운 이해를 전제로 한다. 혹자는 공동체가 부재한 상황에서 회복적 정의 패러다임이 작동하겠느냐고 묻는다. 그리 묻는 사람들에게 공동체가 부재하기 때문에 회복적 정의 패러다임이 더욱 중요하고 꼭 필요하다고 역설한다. 아이들에게 안전한 공간을 창조하는 회복적 정의는 미래세대를 위한 공동체 교육에 중요한 화두가 되고 있다. 특히 가정과 학교는 가장 기초적인 공동체이기 때문에 회복적 정의 철학이 어느 곳보다 깊이 뿌리내려야 한다.

---

13 회복적 정의RJ의 핵심 가치로 존중Respect, 책임Responsibility, 관계Relationship를 3Rs로 부르고, 회복Restoration을 포함하여 4Rs로 부르기도 한다.

응보적 정의 vs 회복적 정의

우리가 정의를 떠올릴 때 흔히 연상하는 이미지는 눈을 가리고 한 손에는 저울, 다른 한 손에는 칼을 든 '정의의 여신'이다. '정의의 여신' 이미지에는 '정의는 무엇인지', 그리고 '정의가 어떻게 이루어지는지'에 대한 우리의 상식이 투영되어 있다. 정의의 여신은 다양한 가치를 표현하고 있다. 눈을 가린 모습은 출신·재력 등 지위고하를 막론하고 편견 없이 문제를 다루겠다는 공정함을 드러낸다. 저울과 칼은 죄의 무게를 정확히 재어 그에 상응하는 합당한 처벌을 내리겠다는 원칙에 입각한 합리적 형평성을 드러낸다. 이처럼 우리에게 상식이 된 '응보적 정의'는 '잘못한 행위가 발생하면 그에 상응하는 처벌을 통해 고통을 부여하는 방식으로 사람의 행동을 변화시키고 사회질서를 통제할 수 있다'는 정의 패러다임이다.

반면 회복적 정의는 상식화된 응보적 정의 패러다임에 도전을 부르는 새로운 정의 패러다임이다. 앞서 가해자 처벌 위주의 응보적 정의가 정의를 이루는 데 놓칠 수 있는 한계를 살펴보았듯이, 회복적 정의는 가해자의 처벌만으로는 한계가 있으며, 오히려 응보적 정의가 주목하지 않는 피해자의 피해가 최대한 회복되도록 돕는 일련의 과정을 통해 정의가 온전히 이루어질 수 있고, 더 안전하고 평화로운 공동체로 회복될 수 있다는, 새로운 신념을 제시한다. 회복적 정의의 아버지라고 불리는 하워드 제어는 회복적 정의를 다음과 같이 정리했다.

'회복적 정의'는 정의를 이루기 위한 하나의 패러다임이자 방식으로서 어떤 잘못(범죄)에 연관되어 있는 가능한 모든 사람들이 잘못을 바로잡고 피해가 최대한 치유되도록 함께 피해와 필요를 확인하고 책임과 의무를 규명해가는 일련의 모든 과정을 의미한다.[14]

회복적 정의는 잘못이 발생했을 때 그 영향과 피해를 입은 대상이 누구이고 무엇인지를 확인하는 과정이 우선시된다. 그리고 피해를 최대한 치유하고 회복하기 위해서 당사자의 직접적이고 자발적인 책임을 중요하게 여긴다. 정의를 이루는 일련의 과정에서 응보적 정의와 달리 피해자와 공동체 구성원의 참여를 적극 보장한다. 또한 피해 회복과 자발적 책임 이행을 위한 공동체의 역할과 책임을 부여하는 접근으로 문제를 해결하는 방식이자 정의를 이루어 가는 다른 패러다임이다.

회복적 정의를 응보적 정의와 비교해서 살펴보는 것은 회복적 정의의 개념을 보다 명료하게 이해하는 데 도움이 된다. 응보적 정의는 가해자의 처벌과 처리에 목표를 둔다. 그 과정에서 정의를 이루는 방식은 가해자가 원하든 원치 않든 강제적으로 수행해야만 하는 책임수행, 즉 처벌이다. 스스로가 무엇을 잘못했고 어떤 피해를 입혔는지 알지 못한 채 주어진 처벌을 수동적으로 수행하는 것을 진정한 책임이라고 할 수 있을지 의문이다.

뿐만 아니라 정의의 주체 또한 당사자가 아닌 처벌권자와 기관이 된

---

14 Howard Zehr, *Changing Lenses*(1990), 'Restorative Justice: The Concept', *Corrections Today*(1997), *The Little Book of Restorative Justice*(2002), *Justice as Restoration, Justice as Respect*(2014) 외 다수.

응보적 정의	구분	회복적 정의
가해자 처벌	목표	피해자 회복
강제적 책임수행	방식	자발적 책임의 기회
처벌권자와 처벌기관	주체	당사자와 공동체
누가 가해자인가? 어떤 법과 규칙을 위반했는가? 어떻게 처벌할 것인가?	주요 질문	누가 피해자인가? 어떤 피해를 입었는가? 피해를 회복하기 위해 필요한 것은 무엇인가?

정의 패러다임 비교[15]

다. 응보적 정의에서는 가해자의 사과와 반성의 대상이 잘못으로 피해를 입은 피해자가 아닌 처벌권자와 처벌기관으로 변질되기 쉽다. 가해자 중에서 어느 누가 정의의 여신이 내리는 칼의 길이대로 맞고자 할 것인가. 처벌권자에게 잘 보여 처벌의 수위를 낮추고자 하는 것은 인지상정이지만, 당사자를 직접 대면할 기회마저 없는 상황에서는 이 자체가 소통의 왜곡과 대결구도를 부르게 된다. 처벌권자의 역할은 가정에서는 부모, 학교에서는 교사의 역할이 되기 쉽다. 아이들의 훈육 과정에서 서둘러 사과하게 하거나 반성문을 제출하게 하는 행위는 본래의 의도와 무관하게 상황을 모면하거나 빠르게 종결지어 공동체의 질서 유지를 꾀하는 훈육자의 통제 욕구일 가능성이 크다.

　반면 회복적 정의는 피해와 피해자 회복을 목표로 과정을 전개하는 피해자 중심victim-centered 관점의 정의 패러다임이다. 최대한 피해가 치유되고

15　이재영, 《회복적 정의, 세상을 치유하다》, 피스빌딩, 2020, p.83.

회복되도록 하는 방향성을 지닌다. 또한 회복적 정의에서 잘못을 바로 잡는 '책임' 논의는 간과할 수 없는 중요한 핵심 사항이다. 잘못한 행위는 피해와 피해 회복을 위한 필요를 야기하는데 그 피해를 스스로 직접적으로 회복하고 필요를 채우기 위한 자발적인 책임의 기회를 부여하는 방식으로 정의를 이루어 간다. 피해 회복을 위한 자발적 책임의 기회를 부여하는 방식은 당사자들이 함께 책임을 규명하며 보다 실제적이고 능동적인 책임의 내용을 수행할 수 있다.

그리고 회복적 정의의 주체는 다름 아닌 당사자와 공동체가 된다. 주위에서 갈등을 겪은 사람들의 이야기를 들어 보면 피해자도 억울하다고 하고, 가해자도 억울하다고 한다. 당사자들의 억울함이 풀리는 경험이 곧 정의의 경험이라 할 수 있다. 그러므로 문제해결에 당사자와 공동체의 참여와 역할이 중요하다. 문제가 있을 때 훈육하는 교사나 부모의 만족이 아니라 갈등을 겪은 아이들의 책임감이 함께 높아지고 만족할 만한 해결의 경험이 정의의 경험이 되어야 한다. 정의를 이루는 과정에서 누가 '대신' 문제를 해결해 주는 것이 아니라 직접 참여하여 정의를 경험하는 주체가 되어야 한다.

정의에 대한 관점과 인식을 전환할 때 우리가 할 수 있는 구체적인 실천은 다름 아닌 질문의 변화이다. 두 정의가 이루는 목표가 다르기 때문에 그 과정에서 전개되는 주요 질문 또한 명확히 다르다. 응보적 관점은 '누가 잘못했는가?', '어떤 법과 규칙을 위반했는가?', '어떻게 처벌할 것인가?'를 질문한다. 이 질문은 그 자체로 응보적 정의를 이루는 과정에서 표현하는 자연스러운 질문이다.

그러나 회복적 정의 관점의 '회복적 질문'은 '누가 피해를 입었는가?', '어떤 피해를 입었는가?', '그 피해를 회복하기 위해 무엇이 필요한가?'를 핵심으로 질문한다. 질문이 달라지면 답이 달라지고 생각하는 지점도 달라질 수 있다. 사고의 변화는 행동의 변화를 이끄는 토대가 되므로 우리가 하는 질문의 중요성을 유념해야 한다.

응보적 정의와 회복적 정의 두 정의 패러다임 중 어느 것이 옳고 어느 것이 그르다고 할 수 없고, 어느 것이 좋고 어느 것이 나쁘다고 할 수 없다. 어느 정의 패러다임은 폐기해야 하고 어느 정의 패러다임만 필요하다고 이야기하는 것도 아니다. 두 정의 패러다임은 우리 사회를 유지해 온 서로 다른 패러다임이라는 것을 분명히 알아야 한다. 그간 기울어진 운동장처럼 응보의 렌즈로 모든 문제를 보아 왔기 때문에 회복적 정의가 정의를 이루는 대안으로 주목받고 있으며, 두 패러다임과 어떻게 상호 보완의 역할을 할 것인가도 끊임없이 논의되고 있다. 정의를 이루는 서로 다른 '관점'을 지향하고 있기에 그에 따른 '실천'과 '결과' 또한 확연히 다르다. 그렇기에 두 정의 패러다임은 서로 다른 방향성을 지닌다.

하워드 제어는 회복적 정의를 이론적으로 정립하며 세계 최초의 회복적 정의 이론서 제목을 *Changing Lenses*로 내놓았다. 아마추어 사진작가인 하워드 제어 교수가 정의 패러다임의 전환을 '렌즈 바꾸기'로 비유했다는 점은 매우 흥미롭다. 렌즈에 따라 피사체가 달리 보이는 것처럼 우리의 갈등, 사회 이슈, 범죄 또는 관계를 대할 때 어떤 관점으로 바라보느냐에 따라 그 결과가 달리 도출될 수 있다는 얘기이기 때문이다. 이처럼 회복적 정의는 어떤 실천에 앞서 우리에게 정의 패러다임의 전환을 핵심으로 요구하고 있다.

회복적 정의의 과정과 시제^{tense}

회복적 정의를 잘못 이해하면 가·피해자가 사과하고 합의하여 좋은 결말을 맞이하는 방식으로 이해할 수 있다. 그러나 이는 회복적 정의가 이루어지는 과정을 간과한 오해의 측면이 크다. 회복적 정의가 추구하는 궁극적인 지향점은 용서와 화해일 수 있다. 그러나 회복적 정의의 결론이 반드시 용서와 화해로 귀결되는 것은 아니다. 용서와 화해는 회복적 정의 과정이 충실히 전개되었을 때 당사자들이 선택하는 결론 중 하나이다.

회복적 정의 과정을 7단계로 나눌 때 첫 단계는 다름 아닌 '직면'이다. 직면은 때로는 고통스러운 과정이지만, 직면하지 않으면 어떤 변화도 없다. 용서와 화해를 향한 여정은 직면으로부터 출발한다. '직면'이 가능하도록 회복적 정의는 피해자의 참여를 보장한다. 자신의 행위가 다른 사람에게 어떤 영향과 피해를 끼쳤는지 알아차리려면 피해자의 목소리를 대면하여 듣는 것만큼 강력한 직면은 없다.

반면 응보적 정의의 첫 번째 과정은 잘못에 대한 인정 유무이다. 잘못의 인정을 위해 사실관계 파악이나 증거가 중요한 요건이지만, 회복적 정의에서는 잘못의 인정 여부에 앞서 직면이 우선시된다. 자신의 잘못이 끼친 영향이 무엇인지를 직면할 때 타인의 고통에 '공감'할 수 있고, 자신의 행위를 '인정'할 수 있다. 잘못에 대한 인정은 피해자로 하여금 온전한 피해자로서 정당성을 인정받는 과정이기도 하다. 직면

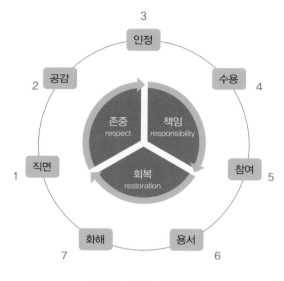

회복적 정의의 과정표[16]

에서부터 인정에 이르는 과정에서 '존중'은 누구나 자신의 목소리를 낼
수 있는 '안전한 공간'을 조성하는 핵심 가치이다.

　직면을 통한 공감과 인정이 있어야 자신이 어떻게 책임져야 할지를
'수용'하고, 스스로 피해를 바로잡는 책임의 행동에 '참여'할 수 있다.
이처럼 '존중'과 '책임'의 단계를 거칠 때 비로소 '용서'의 기본 조건이
이뤄질 수 있다. 용서는 누구도 강요할 수 없는 피해자만의 권리이다.
가해자 측의 진심 어린 반성과 노력이 느껴질 때 할 수 있는 피해자의
선택이 바로 용서이다.

16　이재영, 위의 책, p.426.

화해는 용서보다 훨씬 어렵다. 화해란 이전 단계로의 단순한 회귀를 뜻하지 않는다. 앞으로 나아가야 할 여정을 앞두고 양측이 서로에게 방향을 돌려 관계 개선을 위한 노력과 의지를 담아 새로운 출발선에 서는 것이다. 따라서 '화해'는 관계의 복원이 아닌 새로운 관계로의 재설정을 의미한다.

용서와 화해를 추구하는 회복적 정의는 직면과 책임을 간과하지 않는다. 정의를 이루는 회복적 과정에 충실할 때 우리는 뒤틀려진 관계를 바로잡고 용서와 화해라는 뜻밖의 선물을 경험할 수 있다. 때로는 '회복'이라는 말의 뉘앙스로 인해 회복적 정의를 따뜻한 온정주의 접근으로 이해하기까지 한다. 그러나 회복적 정의는 책임을 간과하지 않는다. 그리고 그 책임은 직면의 과정을 거쳐 완성된다.

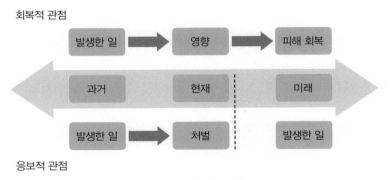

정의 패러다임의 시제[17]

17 한국평화교육훈련원(KOPI), 《회복적 정의 이해와 실천 – 통합과정 워크북1》, 피스빌딩, 2019, p.43.

실천 영역의 내용에 따라 '회복적'이라고 붙이는 다양한 실천 접근은 '정의'라는 개념이 공존하는 것임을 명심해야 한다. '회복'과 '정의'라는 두 개념은 상호의존적인 관계이며 같은 무게를 지닌 개념임을 기억하길 바란다.

한편 정의 패러다임에도 시제tense가 존재한다. 응보적 정의는 '과거'에 발생한 잘못을 '현재' 시점에서 어떻게 종결할 것인가가 주된 관심사이다. 잘못에 따른 합당한 처벌만이 사건을 종결지을 수 있는 유일한 방식이다. 처벌 이후 양측의 관계나 공동체로의 복귀 등은 부수적으로 다뤄지거나 관심 사항이 되지 못한다. 따라서 응보적 관점에서는 처벌을 통해 과거의 일을 현재 시점에 머물게 한다.

그렇기 때문에 앞에서 설명한 회복적 정의 과정을 전개한다는 것은 정의 패러다임의 시제를 '미래'로 확장하는 것이다. '과거' 발생한 잘못은 '현재' 시점에 피해와 영향을 주고 있다. 피해 회복을 향한 회복적 정의의 과정은 이후로의 재발방지 노력과 향후 양측의 관계를 재설정한다는 의미에서 현재를 넘어 '미래' 시점으로 시제를 확장한다.

회복적 정의의 시제를 이해하는 일은 교육적 접근에서 특히 중요한 시사점을 가진다. 회복적 정의는 미래에 아이가 자신의 행동을 책임지고 건강한 관계를 맺으며 성장하도록 돕는다. 자신의 잘못과 무관한 책임을 지는 것이 아니라 자신이 준 피해를 직면하고 바로잡는 책임을 배우는 것이야말로 성장하는 아이에게 필요한 관계의 교육이다.

회복적 정의는 무엇을 회복하는가

학교든 가정이든 우리가 속한 공동체가 안전하고 평화로운 공동체와 사회가 되기 위해 회복적 정의 실천을 추구한다면 회복적 정의가 회복하고자 하는 5가지 요소를 숙고해 봐야 한다.

첫 번째 요소는 피해 회복이다. 문제를 해결할 때 가해자 처벌 중심이 아니라 피해와 피해자 회복에 초점을 두고 문제를 해결하는 접근이 필요하다. 정의를 이루는 데 피해 회복이 빠진 해결책은 반쪽짜리 정의에 불과하다. 일반적으로 교실에서 문제가 발생하면 누가 어떤 잘못을 했는지에 대해 관심을 기울인다. 그러나 아이들의 작은 문제에서부터 누가 잘못했는지를 찾아 벌주는 방식이 아니라, 누가 무엇을 힘들어하고 있고, 어떻게 도와야 하는지를 질문하며 피해자에 대한 관심과 피해 회복을 위한 노력을 기울이는 데 주목해야 한다. 피해자는 보호의

회복적 정의가 회복하고자 하는 5대 요소[18]

---

18 한국평화교육훈련원, 위의 책(통합과정1), p.44.

대상을 넘어 문제해결의 중심에 위치하도록 힘을 실어주는 과정이 공동체에서 우선시되어야 한다.

두 번째 요소는 **자발적 책임의 회복**이다. 보통 잘못했을 때 주어지는 책임은 자신의 행동으로 끼친 피해를 회복하는 것과는 무관한 내용의 처벌일 가능성이 크다. 그러한 처벌은 가해자 입장에서는 처벌권자에게 부여받은 거부할 수 없는 강제적인 책임이자, 수동적으로 수행해야 하는 책임일 뿐이다. 자신의 잘못이 끼친 영향과 피해를 직면하고, 잘못으로 발생한 피해와 필요를 스스로 해결하고자 하는 노력과 반성이야말로 진정한 책임이라고 할 수 있다. 피해를 회복하기 위해서는 당연히 스스로 책임을 질 기회가 부여되어야 한다. 자발적 책임을 회복하는 것은 피해가 최대한 회복되도록 돕는 과정이기도 하다.

세 번째 요소는 **관계 회복**이다. 회복적 정의는 깨어진 관계를 치유하는 데 노력을 기울이는 정의 패러다임이다. 드러난 문제를 해결하는 데 국한하지 않고 관계성의 회복을 중요하게 다룬다. 나아가 학교든 가정이든 공동체의 구성원은 상호 연결되어 영향을 주고받고 있기에 어떤 문제가 발생하지 않더라도 일상의 건강한 관계 형성에 노력을 기울여야 한다.

네 번째 요소는 **공동체 회복**이다. 회복적 정의가 궁극적으로 지향하는 바는 공동체성의 회복이다. 오늘날 공동체 의식이 부재한 상황에서 역설적으로 공동체성을 추구하는 회복적 정의는 우리 시대에 꼭 필요한 패러다임이라 할 수 있다. 개인화된 사회에서 공동체를 강조하는 것에 대한 반감이 있을 수 있다. 공동체가 암묵적으로 가지는 규범이나 도덕적 기준이 종종 갈등이나 폭력의 오류로 등장할 수 있기 때문이다. 때때로 집단주의에 대한 오해로 공동체를 선호하지 않는 흐름도 존재한다.

하지만 원하든 원하지 않든 우리는 모두 공동체에 소속되어 사람들과 관계를 맺으며 살아간다. 우리가 속한 공동체에 갈등 요소가 많다는 것은 사실 공동체가 건강하지 않다는 신호이기도 하다. 갈등이 있을 때 문제해결에 앞서 우리 공동체를 성찰하고 진단한다면 더 나은 방향을 모색할 수 있다. 회복적 정의를 통한 존중과 관계, 회복의 가치 구현은 구시대적 집단화와 파편화된 이기주의를 넘어 우리 시대에 필요한 공동체적 시민의식을 기르는 기회가 될 수 있다.

북미 원주민 모호크족의 언어인 '카니엔케하'에는 법과 정의라는 단어가 없다고 한다. 가장 가깝게 번역될 수 있다는 말이 '함께 잘 사는 방법'이라고 한다. 일상에서의 건강한 관계와 공동체의 경험은 그 자체로 미래세대를 위한 공동체 교육이 된다. 다가오는 미래세대는 서로 다르지만 함께 더불어 잘 살기 위해 어떻게 서로 존중하고 공생할 것인가를 화두로 고민해야 한다. 무한 경쟁의 시대 속에서 더는 공동체성을 요구하지 않는 세대를 향해 회복적 정의는 공동체 의식이 왜 중요한가를 성찰하게 한다. 학교든 가정이든 우리가 몸담은 공동체의 공동체성 회복을 위해 관심을 기울인다면, 회복적 정의가 꿈꾸는 회복적 사회를 향한 토대를 마련할 수 있을 것이다.

다섯 번째 요소는 정의의 회복이다. 회복적 정의는 정의가 무엇이고, 정의가 어떻게 이루어지는가에 대해 새로운 패러다임을 제시한다. 우리는 흔히 잘못은 벌을 부른다고 여겨 왔다. 과연 '잘못'은 무엇일까? 응보적 관점에서 보면 잘못은 법과 규칙을 어기는 것이다. 교칙, 규칙, 혹은 어느 범주의 '선'을 어긴 것이 곧 잘못이며, 잘못은 곧 벌을 부른다.

그러나 회복적 정의는 잘못에 대한 개념이 다르다. 잘못은 법과 규칙의 위반이 아니라 누군가에게 피해를 입힌 것이며, 관계를 훼손한 것이다. 그러므로 정의는 피해를 회복하는 것이고, 깨어진 관계를 회복하는 것이 된다. 잘못하면 '혼나요'라고 표현하는 아이들을 부모나 교사가 회복적 정의의 원리로 교육한다면, 아이들의 표현이 달라질 것이라고 확신한다. 잘못하면 '혼나요'가 아니라 잘못하면 '누가 힘들어져요. 어떻게 도우면 좋을까요?'라고 말이다.

정의는 일차적으로 분쟁을 다루는 '사법적 정의'로, 이차적으로는 모든 사람의 권리를 보장하는 '사회 정의'로 구분할 수 있다. 모든 문제를 사법적 정의로 처리하려는 현대의 경향이 시대를 거듭하며 강화되면서 우리 생활 곳곳에 사법적 정의가 가깝게 도래했다. 응보주의에 뿌리를 둔 사법 정의의 근간에 회복적 정의 패러다임을 적용하는 것은, 피해를 회복하는 것이야말로 정의의 본질임을 역설하고 급속도로 사법화된 사회에 경종의 메시지를 주는 일이다. 그와 동시에 회복적 정의는 모든 사람이 소외되지 않고 존중받고 행복을 추구하는 사회 정의에 기여해 왔다. 회복적 정의가 지향하는 공동체 의식은 공동선을 향한 책임이 함께 공존할 때 형성된다.

회복적 정의가 추구하는 다섯 가지 회복의 요소는 사람들 사이에 불신이 난무하고 불의한 정의상이 만연한 우리 사회에 반드시 필요한 것들이며, 정

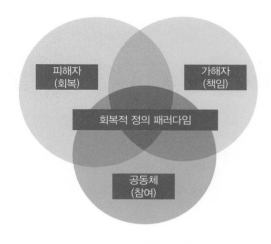

회복적 정의 패러다임의 주체

의를 통해 사회를 치유하고 공동체를 회복하는 바로미터가 될 것이다.

정리하면, 회복적 정의는 갈등으로 인해 깨어진 세 주체인 피해자, 가해자, 공동체 모두를 회복하게 한다. 회복적 정의는 '피해'를 회복하는 '자발적 책임'을 통해 '관계'와 '공동체'를 세우는 새로운 관점의 '정의' 패러다임이다. 우리가 속한 공동체에서 회복적 정의가 추구하는 다섯 가지 요소를 회복해 가는 노력을 통해 더욱 안전하고 평화로운 공동체와 사회를 만들 수 있다. 하워드 제어는 '회복적 정의는 약도가 아니라 나침반이다'[19]라고 했다. 회복적 정의는 프로그램이나 정의를 이루는 효율적 방식을 넘어 우리가 추구해야 할 방향이 어디로 향해야 하는지를 안내한다.

---

19 Howard Zehr, *The Little Book of Restorative Justice*, Good Books, 2002, p. 10.

2장

회복적 생활교육

회복적 생활교육이란 무엇인가

회복적 생활교육이란 무엇인가? 전통적으로 학교는 지식을 전달하는 '교과 수업'과 수업 외 생활에서 일어난 문제를 해결하는 '생활지도'라는 두 영역을 중심으로 교육이 이루어졌다. 입시 위주의 교육 환경에서 교과 수업은 학교의 최우선 과제다. 따라서 교사는 수업을 방해받지 않고 질서를 유지하기 위해 학급을 '통제'하거나 통제 범위에 들어오지 않는 학생을 응보적 수단으로 훈육해 왔다. 수업을 방해하는 학생을 어떻게 '처리'할 것인가가 '생활지도'의 본질이었다. 교과 수업에 비해 생활지도는 부차적인 영역에 불과했다.

학생 생활지도 영역은 언제나 학교의 고충으로 존재해 왔다. 하지만 학교에서 일어나는 학생 생활의 전반은 교과 수업과 분리해서 다룰 수 없는 영역이다. 학교에서 일어나는 학생들의 일상은 모든 것이 교육이기에 생활지도 또한 교육의 본질로 다루어져야 한다. 그러므로 '생활지도'가 아니라 '생활교육'으로 명명하는 것이 옳으며, 나아가 생활에서 발생하는 관계상의 문제를 넘어 교육 기능 전반의 교육 철학으로서 회복적 생활교육으로 인식해야 한다. 교육 철학으로서의 회복적 생활교육을 강조하기 위해 '회복적 교육'[20]으로 부를 것을 제안하기도 한다.

> 회복적 생활교육이란 회복적 정의 패러다임을 기초로 학교에서 발생하는 갈등의 문제를 접근하고, 학급운영과 학교폭력 사안처리에 이르는 일련의 학생생활지도 과정을 회복적 정의 가치와 방식으로 접근하는 전반적 교육과정을 의미한다. 이는 생활지도의 방법을 새롭게 바꾸는 것을 넘어 학생들과의 관계 설정과 학교공동체에 대한 이해를 새롭게 접근하는 관점과 방식을 포함한다.[21]

회복적 생활교육은 회복적 정의의 3대 핵심 가치[3Rs]인 존중, 책임, 관계가 학교의 전반적인 생활지도와 교육 과정의 토대가 되도록 하는 것이 핵심이다. 회복적 정의의 핵심 가치와 원리들이 학교 공동체 전반의 맥락이 되어 학교 구성원의 공동체성을 높이는 것이 회복적 생활교육이 추구하는 방향이다. 그리고 회복적 생활교육으로 교육의 주체인 학생, 학부모, 교사가 관계를 중심으로 상호 존중의 가치를 교육으로 구현하고자 실천하고 통합적으로 운영하는 학교를 '회복적 학교'라

---

20   케서린 에반스·도로시 반더링, 안은경 역, 《회복적 교육》, 대장간, 2020, p.10.
*   원제는 *The little book of Restorative Justice in Education.*
21   이재영, 위의 책, p.229.

고 부른다.

결국 회복적 생활교육을 실천한다는 것은 몇몇 프로그램을 진행하는 단순한 의미가 아니라, 회복적 정의의 패러다임을 학교의 가치와 생활 방식으로 공유하여 교육 주체의 공동체 의식을 향상하기 위해 노력하고, 학교에서 발생하는 갈등의 위기를 교육의 기회로 삼는 안전한 학교 문화를 구축하는 일이라 할 수 있다. 회복적 생활교육은 예방적 차원과 문제해결 접근을 학급운영에서부터 학교운영 과정에 이르기까지 통합적으로 접근할 수 있다. 학생들과 존중, 책임, 관계 등 회복적 정의의 핵심 가치를 구현하기 위해 무엇이 필요하고 중요한지를 성찰하는 지점이 회복적 생활교육의 시작이다. 무엇보다 회복적 생활교육의 바탕인 회복적 정의 철학이 깊이 공유된 학교와 교사는 학교에서 발생하는 갈등에 유연하게 대응하고 공동체성 향상을 위한 창의적인 실천을 가능하게 한다. 생활교육이 수업을 통한 교과 교육만큼 중요하다는 사실을 이해하는 교사가 늘어나고 있고, 나아가 교과 수업과 생활을 분리하지 않고 통합적으로 이해하고 접근하는 회복적 교육 환경을 형성할 수 있

회복적	피해, 자발적 책임, 관계, 공동체의 **회복**
생활	학교의 일상인 **공동체 생활**
교육	성장을 위한 **교육의 기회**

회복적 생활교육의 의미[22]

---

22 이재영, 위의 책, pp. 232.

도록 노력이 필요한 시점이다.

어떤 용어이든 단어를 하나씩 살펴보면 용어의 의미를 자세히 알 수 있듯이 회복적 생활교육도 곱씹어 보면, 회복적 생활교육은 회복적 정의가 회복하고자 하는 요소인 피해, 자발적 책임, 관계, 공동체 회복을 목표로, 학교 공동체에서 일어나는 일상생활을 성장을 위한 교육의 기회로 삼고 공동체적으로 접근하는 교육이다. 결국 학생들의 생활에서 일어나는 문제를 피해 중심으로 다루고 이를 회복하는 데 가능한 책임을 성장의 기회로 접근할 뿐만 아니라 일상에서 건강한 관계와 공동체를 경험하게 하는 교육이라 할 수 있다. 관계와 공동체성을 중심으로 한 회복적 생활교육은 우리 시대 민주시민을 양성하는 민주시민교육과도 연결성이 있다. 회복적 생활교육으로 미래의 민주시민에게 필요한 의사소통, 갈등해결, 참여와 협력, 책임감, 공동체 의식 등의 역량을

전통적 생활지도	구분	회복적 생활교육
문제 학생에 대한 합당한 처벌	초점	피해를 회복하는 자발적 책임
잘못은 처벌을 불러옴	관점	잘못은 피해 회복의 의무를 만듦
처벌권자 및 담당부서	주체	당사자와 공동체
통상적 징계처리 시간	시간	개인별 차이/시간과 노력 필요
즉흥적 효과	효과	장기적 효과
1회적 교육으로 업무 가능	교육	주기적 교육 필요

생활지도의 패러다임 비교[23]

---

23 한국평화교육훈련원, 위의 책(통합과정1), p.136.

학교의 공동체 일상 속에서 배울 수 있다.

처벌 이후

우리가 앞서 응보적 정의와 회복적 정의를 대비해서 보았듯이 회복적 생활교육은 아이들의 잘못으로 발생한 문제에 대해 응보적 처벌이 아이들에게 미치는 영향에 대한 성찰에서부터 살펴볼 수 있다. 우리는 보통 아이들을 훈육하거나 지도할 때 엄벌주의와 온정주의 훈육 사이에서 훈육자의 성향에 따라 지도 방식을 취하기 마련이다. 잘못한 행동에 대해서 따끔하게 혼을 내지만 과연 그걸 통해서 변화될까 싶고, 반대로 그냥 넘어가서는 안 될 것 같은데 어떻게 해야 할지 방법을 모르는 딜레마에 빠지기 마련이다.

혹자는 처벌과 보상이라는 채찍과 당근을 잘 사용하면 좋은 훈육이라고 믿기도 한다. 그러나 처벌과 보상은 동전의 앞뒷면과 같다. 처벌이 훈육자의 강압에 의한 통제 방식이라면, 보상은 훈육자가 정한 조건에 부합하면 공개적으로 칭찬하거나 상을 주는 방식이라 할 수 있다. 그러나 처벌과 보상은 자신의 일을 외부의 자극에 기대서 문제를 해결하는 공통적인 특징을 지닌다. 즉 처벌이 무서워서 조심하거나 칭찬 또는 상점을 받기 위해서 행동을 취하는 것은 얼핏 보면 효과가 있고 문제가 없는 듯 보여도 아이 스스로 책임을 질 기회를 빼앗는 것이다.

과거에 학교에서 체벌이 금지되고 상벌점제가 대안으로 시도된 적이 있었다. 이후 상벌점제의 한계에 봉착한 교사들이 생활지도의 대안으로 회복적 생활교육에 관심을 두게 되었다. 회복적 생활교육은 새로운 생활지도 방식을 넘어 교육에 대한 근본적인 철학이 무엇인지를 다룬다. 교육의 본질은 아이들이 건강한 사회구성원으로 성장하기 위한 배움의 과정을 관계를 중심으로 만드는 것이 핵심이다. 회복적 생활교육은 학교 구성원이 서로 존중하고 협력하면서 공동체를 세워가는 교육 과정으로 관계성에 기초해 문제를 해결하고 공동체의 책임감을 높이는 교육이다. 무엇보다 학생들의 관계를 중심으로 문제 행동을 다루는 회복적 생활교육은 응보적 훈육이 고려하지 않는 아이들의 정서나 감정에 주목하며 무엇이 아이들의 행동 변화를 끌어내는지 교육적 접근에서 주목한다.

아이들의 잘못에 대해 벌을 주면 잘못을 알아차리고 후회하고 반성하며 바르게 변화될 것으로 기대하지만, 그것은 우리의 오산일 가능성

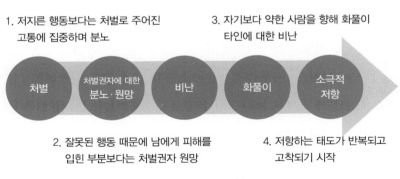

처벌의 연쇄효과[24]

_____

24   한국평화교육훈련원, 위의 책(통합과정1), p.125. 알피 콘, 김달효 역, 《훈육의 새로운 미래》, 시그마프레스, 2005 참조.

이 크다. 잘못에 대해 반복된 처벌과 이에 수반되는 비난이 지속될 때 아이들은 오히려 우리의 기대와 다르게 반응할 수 있다. 미국의 사회학자 알피 콘은 처벌이 부르는 연쇄효과를 역설한다. 잘못한 사람에게 처벌이 주어지면 자신이 타인에게 끼친 피해보다는 자신에게 주어진 처벌과 고통에만 집중하게 된다. 또한 자신에게 벌을 내린 처벌권자에 대한 분노와 원망을 가진다. 그리고 그 분노의 감정을 자기보다 약한 사람이나 대상을 향해 화풀이하고 공격한다. 이윽고 반항하는 태도가 반복되고 고착화되기 시작하며 소극적 저항으로 드러난다. 소극적 저항이란 제도권 내에서의 반항적 태도이다. 예를 들어 학교에서는 교사의 말을 무시하거나 수업을 거부하는 형태로 드러난다. 이러한 상황이 지속되면 더 큰 범죄나 비행으로 빠지기도 한다.

　아이들의 문제행동을 빙산으로 비유한다면 표면적으로 드러난 잘못된 행위는 수면 위로 드러난 빙산의 일각에 불과하다. 그러나 빙산의 일각처럼 드러난 문제의 결과에 상응하는 응보적 **처벌로 문제를 해결할 때 우리에게 여전히 남는 어려움은 무엇일까?** 우선 수면 아래의 빙산처럼 문제를 둘러싼 맥락과 근본적 원인을 다루지 못할 가능성이 크다. 그리고 훈육 과정에서 아이의 감정과 필요가 적극적으로 다뤄지지 않는다. 아이의 필요에 적절히 대응하지 않거나 무시했을 때 나타나는 부정적 감정은 결국 문제행동으로 드러난다.

　우리가 벌을 주는 이유는 변화를 주기 위한 목적이다. 그러나 처벌은 변화를 위한 목적에 부합하지 않는다. 처벌은 시간이 지나면 효과를 지속하기 어렵다. 문제행동을 당장 그만두게 하는 데는 효과적일 수 있어도 근본적인 행동의 변화를 끌어내기는 어렵다. 그리고 훈육자와 아이의 관계가 수평적이기보다 수직적이고, 관계적 힘의 불균형에서 기인하는 처벌은 힘의 억압과 순응이라는 왜곡된 관계로 인식하게 한다. 더구나 훈육자의 훈육 방식을 아이가 내면화할 때 처벌은 아이의 도덕성을 저해하는 요소로 작용할 수 있다. 따라서 처벌은 문제를 해결하기보다 그 자체로 새로운 문제를 야기하거나 악화시키는 부정적 요소가 내포되어 있다.

이에 반해 아이가 원하는 필요에 적절하게 대응했을 때 긍정적인 감정은 건강한 행동으로 표출된다. 그러므로 아이들이 잘못했을 때 회복적 생활교육으로 아이들의 감정과 필요를 다루는 것은 행동 변화를 위해 매우 중요하다.

수치심 다루기

어른들이 아이들의 문제에 처벌적 접근을 할 때 아이들에게 어떤 감정이 생겨나고 있을까? 회복적 생활교육에서 다루어야 할 중요한 감정은 바로 수치심이다. 수치심은 응보적 정의 패러다임에서 오랫동안 활용되었다. 잘못한 사람을 처벌하는 목적으로 수치심을 주어 규범을 따르게 한 것이다. 더 오랜 과거에는 잘못한 사람에게 표식을 찍어 모든 사람에게 죄인임을 알렸다. 우리가 흔히 아는 '낙인'은 수치심을 자극하여 일벌백계하기 위한 대표적인 처벌 방식이었다. 전근대 시대에는 가해자를 군중 앞에 공개적으로 처벌하는 일이 잦았다. 현재는 이렇게까지 하지는 않더라도 수치심을 자극하는 응보적 메시지는 사법체계와 일상의 훈육에 이르기까지 우리 문화 속에 여전히 스며 있다. 따라서 수치심을 다루는 것은 회복적 정의의 중요한 주제이며, 교육적으로도 충분히 다루어야 할 감정이다.

수치심은 '나에게 결점이 있어서 사람들에게 거부당하고 소속될 가치가 없다고 믿는 극도로 고통스러운 느낌이나 경험'[25]을 의미한다. 아이들이 잘못했을 때 우리는 훈육 과정에서 '의도치 않게' 수치심을 자극한다. 응보적 훈육은 잘못을 강제적으로 직면하게 하면서 공동체로부터 불이익을 주거나, 활동을 제한하거나 배제한다. 이러한 방식은 잘못을 저지른 사람이 자신을 공동체에서 필요 없는 존재로 내면화하게 한다. 아이들은 벌을 받으면 '내가 잘못했구나', '다시는 그러지 말아야지', '피해자는 어떨까' 하고 헤아리고 반성하기보다, '나는 우리 교실에서 쓸모없는 존재구나', '선생님은 나를 싫어해', '다른 애들도 나를 미워할 거야', '나는 나쁜 사람이야', '그런데 나도 친구들하고 잘 지내고 싶긴 한데…'라고 여기며 자신을 고통 속에 가둔다.

잘못한 문제행동을 바로잡기 위해 훈육하는 것이지만 수치심은 결과적으로 부정적 감정을 강화한다. 수치심에 대해 주목해야 할 점은 수치심이 다른 감정에 비해 관계와 밀접하게 연관된 관계적 감정이라는 사실이다. 수치심이 부정적으로 자극될 때 아이들은 또래 관계의 유대감과 공동체 소속감이 떨어진다. 수치심은 관계의 단절에서 오는 극심한 두려움과 고통과 공포의 감정이기 때문이다. 수치심은 관계에

---

25 브레네 브라운, 서현정 역, 《수치심 권하는 사회》, 2019, p.32

서 비롯된 감정이지만 아이러니하게도 자신을 가치 있게 여기는 자존감이나 자기애를 떨어뜨리는 감정이기도 하다.

수치심은 인간의 취약성과 긴밀하게 연관되어 있다. 모든 사람이 남들보다 더 나은 사람이 되길 꿈꾸지만, 인간은 신체적으로도 유한하며 누구도 남들과 비교하여 완벽하지 않다. 수치심은 다른 사람과 비교하여 자신의 열등한 상태를 인식할 때, 혹은 사회적 규범이나 기대에 충족하지 못할 때 촉발되는 부정적 감정으로 드러난다.[26] 남에게 보이고 싶지 않은 취약함이 공개적인 비난과 처벌로 드러났을 때 타인과 비교하는 가운데 자신을 더욱 가치 없게 여기게 된다.

수치심에서 벗어나려고 다른 사람에게 수치심을 안기는 폭력성이 나타나기도 한다. 수치심으로부터 벗어나고자 나의 존재를 증명하기 위해 하는 행동들이 또 다른 관계적 마찰을 불러일으키는 것이다. 미국의 정신의학자 제임스 길리건은 수치심과 폭력성의 관계를 설명하며 '사람들이 수치심 때문에 고통스러울 때 자신 안에 있는 수치심을 남한테 떠넘겨서 수치심을 벗어나려고, 혹은 수치심을 처음부터 피하려고 폭력을 휘두른다'라고 했다.

심리학자 도널드 나단슨은 수치심에 노출된 사람이 어떻게 그 감정을 떨쳐내기 위해서 행동하는지 연구하여 이들의 네 가지 행동 양상을 '수치심 나침반'The Compass of Shame[27]으로 표현했다.

---

26 한국평화교육훈련원, 《회복적 정의 이해와 실천 – 통합과정 워크북2》, 피스빌딩, 2019, pp. 34–35.

27 Donald L. Nathanson, *Shame and Pride: Affect, Sex, And the Birth of Self*, W.W. Norton

도망가기(Withdrawal)
침묵
스스로 고립화
도망치고 숨어 버리기

타인 공격(Attack Other)
상대 비난
외부원인 집중
언어/신체적 폭력성

자기 공격(Attack Self)
자기 비하
자학적 태도
낮은 자존감

회피하기(Avoidance)
인정거부
자기 합리화
중독증상

수치심 나침반

수치심 자극이 일어나면 도망가기, 회피하기, 타인 공격, 자기 공격이라는 4가지 부정적 반응으로 나타나는 경향이 있다. '도망가기'는 스스로를 고립시키는 행동으로 관계를 단절하고 침묵하고 자신을 숨기는 행위로 드러난다. '회피하기'는 자신의 행동을 인정하지 않고 변명하거나 혹은 자기 합리화를 한다. 자신의 존재를 증명하는 수단으로 게임, 특정 매체, 약물 등에 의존하거나 비행을 저지르는 행위 속에서만 존재감을 느낀다. '자기 공격'은 스스로를 무가치한 존재로 자학하고 자기를 비하하며 낮은 자존감에 머무르는 상태이다. '타인 공격'은 자신의 문제

& Company, 1992, pp.305-306.

를 타인과 외부에 책임을 전가하며, 상대를 비난하고 언어나 신체적인 폭력을 가해 타인에게 피해를 주는 모습으로 나타난다.

이러한 4가지 반응은 자신이 경험한 수치심에서 벗어나기 위해 하는 **행동**이다. 자극된 수치심을 없애거나 떨쳐내기 위한 행동으로 자신을 증명하려고 나름 균형을 잡으려는 반응인 셈이다. 문제는 이러한 반응이 잘못된 문제행동이라는 것이다. 아이들이 잘못하면 우리는 책임을 간과할 수 없다. 책임의 내용으로써 아이를 향한 처벌과 비난은 곧 수치심을 자극한다.

수치심의 자극은 당장 문제행동을 멈추게 하는 효과를 줄 수 있겠으나 오히려 강화된 수치심의 발로로 더 큰 문제행동을 만드는 시한폭탄을 안겨주는 셈이다. 잘못을 처벌로 다스리면 수치심이 쌓이고, 수치심을 털어 내고자 하는 행동이 잘못으로 드러나고, 그러면 우리는 다시 처벌을 준다. 이처럼 문제행동과 처벌은 알이 먼저냐, 닭이 먼저냐 같은 문제처럼 처벌의 악순환 구조에서 벗어나지 못한다.

요즘 청소년들의 공감능력 부족이 회자되지만 훈육 과정에서 수치심을 자극하는 것이야말로 아이들의 공감능력을 저해하는 주요한 원인이 되고 있다. 잘못한 행위의 동기나 맥락을 충분히 고려하지 않고 자신의 이야기를 공감해 주지 않는 훈육자로부터 배제와 낙인의 수치심을 경험한 아이는 타인에게 피해를 주고서도 그 고통을 공감하지 못하는 아이로 성장하고 만다.

이렇게 응보적 비난에 의해 낙인찍는 수치심은 사람의 행동 동기를 부여하는 정체성, 자존감, 친밀감에 영향을 미친다. 이 세 가지 요소는 공동체의 소속감과 긴밀히 연결되어 있다. 수치심은 '규범'적인 인간이 되지 않으면 공동체에 소속될 자격이 없다는 생각을 하게 한다. 교실에서 공동체의 소속감을 느끼지 못하는 학생은 '나는 누구인가'라는 '정체성'마저 혼란을 받게 된다. 뿐만 아니라 스스로 무엇을 할 수 있는지 자신의 역량에 대한 '자존감'도 높지 않다. 그리고 수치심은 단절에서 오는 고통스러운 감정이므로 다른 사람과 깊이 연결되는 것에 대한 '친밀감'도 떨어뜨린다.

아이들의 경우 청소년 시기와 맞물려 수치심의 자극은 내면화되어 관계적인 측면에서 정체성의 문제와 함께 간다. 선배로부터 돈을 상납하라는 요구를 받은 후배가 돈이 없기에 자신보다 약한 또래나 후배들에게서 돈을 뺏어 갖다 바치는 청소년 또래집단에게 공동체는 우리가 생각하는 가정과 학교가 아니라, 안타깝게도 돈을 상납하면 칭찬받고 비행의 무리에 끼워 주는 왜곡된 또래집단이 유일하게 자신의 소속을 느낄 수 있는 공동체이다.

미국의 회복적 생활교육 실천가 론 클라센과 록센 클라센은 "모든 아이들은 가장 사랑스러워 보이지 않는 순간이 바로 가장 사랑이 필요한 순간이다"[28]라고 했다. 말이 사랑스러워 보이지 않는 순간이지 아이들이 잘못하는 그 순간은 소위 '매'를 부르는 순간이자 인내의 한계에 도달한 순간이 아닐까? 그러나 아이들은 '나 이게 필요해요', '나를 아껴 주세

---

28 한국평화교육훈련원, 위의 책(통합과정1), p.122

* Ron & Roxanne Claassen, *Discipline that Restores: Strategies to Create Respect, Cooperation, and Responsibility in the Classroom*, Booksurge Publishing, 2008 참조.

요', '나를 돌봐 주세요', '나를 사랑해 주세요'라고 하는 표현을 건강하게 표출하지 못한 방식이 문제행동으로 드러나는 것이다. 드러난 행동 이면에 숨겨진 아이들의 필요나 감정을 적극적으로 다룰 수 있는 안목이 회복적 교사와 부모에게 필요하다.

결국 회복적 접근으로 아이들을 훈육하고 생활지도를 할 때 유의해야 할 사항은 문제행동과 사람을 분리해서 보는 것이다. 잘못한 '행동'과 사람을 분리하지 않고 같이 비난하면 잘못에 대한 직면에 실패할 뿐만 아니라 '존재'에 대한 수치심 자극으로 귀결된다. 따라서 행위에 대해서는 비난해도, 존재에 대한 비난은 삼가야 한다. 교사나 부모는 아이의 잘못에 대해 "너의 행동은 우리 반에서 용납될 수 없어. 그렇지만 너는 우리 공동체에 꼭 필요한 존재야!"라는 이중 메시지를 주어야 한다. 이처럼 훈육하며 이중의 메시지를 함께 다룰 때 아이는 낙인의 경험이 아니라 공동체에서 책임감을 느끼며 함께 성장하는 아이가 될 수 있다.

수치심은 아이의 잘못을 훈육하는 과정에서 발생하는 불가피한 감정일 수 있다. 하지만 모든 수치심의 자극이 부정적인 것은 아니다. 수치심의 자극이 교육적 기능이 되려면 높은 관계성과 공동체성이 전제되어야 한다.[29] 결국 회복적 훈육 방식이 교육적 효과를 볼 수 있으려면 공동체의 '또래 압력'이 작동할 안전한 공동체 환경이 조성되어야 한다. 공동체가 건강하지 않을 때 수치심은 더욱 부정적으로 발생할 수 있으므로 각별한 주의가 필요하다.

29 이재영, 위의 책, p. 226.

호주의 범죄학자이자 회복적 정의 발전에 공헌한 존 브레이스웨이트는 뉴질랜드의 대표적인 회복적 정의 실천인 가족자율협의회Family Group Conference(이하 FGC)가 재범률에 미치는 효과를 연구하며 수치심이 가해자의 사회적 재통합에 기여한다고 주장했다.[30] 잘못된 행동에 대한 수치심을 어떻게 다루느냐 하는 문제가 가해자의 사회적 재통합의 효과를 가져오는 데 영향을 준다는 사실을 이론적으로 증명했다. 뉴질랜드의 FGC는 잘못으로 발생한 피해와 연관된 이해관계자들이 다 같이 모여 피해를 회복하기 위한 책임의 자리를 가진다. 가해자뿐만 아니라 사건과 연관된 모든 사람이 함께 피해 회복을 위한 대안을 모색한다. 책임 이행을 약속하는 과정에서는 사건과 관련된 가족, 교사, 경찰 등 지역사회의 공동체가 가해자를 향해 비난하는 것을 넘어 가해자가 다시금 공동체에 재통합될 수 있도록 하는 연대의 공동체적 책임에 주목한다. 수치심을 자극하는 것은 오히려 범죄를 증가시킨다. 그렇지만 수치심은 공동체 안에서 지지와 존중, 경청을 통해, 가해자의 '존재'가 아닌 '문제'를 중심에 놓을 수 있고, 공동체로의 재통합을 도울 수 있다. 응보적 접근이 잘못한 사람을 처벌과 비난을 통해 '낙인효과를 주는 수치심'을 활용하는 경향이 있다면, 회복적 접근은 공동체의 재통합을 위해 수치심을 활용한다. 이러한 수치심을 '재통합적 수치심'이라고 부른다.

---

30 이재영, 위의 책, pp.195-196. John Braithwaite, *Crime, Shame, and Reintegration*, Cambridge University Press, 1989 참조.

결국 잘못된 행동에 대한 수치심을 어떻게 다루느냐가 이들의 사회적 재통합의 효과를 가져오는 데 중요한 영향을 준다. 잘못한 행동으로 당사자가 느끼는 수치심이 거부되거나 부정되는 것이 아니라 가족, 학교, 지역사회 등의 공동체 안에서 적절하게 수용되고 재통합될 때 가해자의 행동이 부정적으로 강화되는 것을 막고 긍정적 변화를 견인할 수 있다. 아이가 성장하면서 사람이 지닌 사랑과 창조성을 갖게 되는 많은 부분은 자신이 세상의 중심이 되려는 욕구가 다른 사람에게 피해를 주는 일이란 사실을 깨닫게 되는 순간으로 거슬러 올라갈 수 있다. 다른 사람을 존중하기 위해서는 완벽함을 위해 지나친 자신의 욕구를 절제하고 통제에 대한 갈망보다는 우리 모두가 불안전하고 부분적인 취약한 사람이라는 사실을 받아들여 상호 존중을 위한 호혜적인 존재가 되어야 한다. [31]

존 브레이스웨이트의 재통합적 수치심 활용은 회복적 정의 실천에 많은 시사점을 주어 프로그램 개발에 필수적 참고 요소가 되었다. 뉴질랜드는 마오리족으로 대표되는 원주민 공동체 전통이 남아 있어 공동체를 기반으로 회복적 정의 실천을 구현하기 좋은 문화적 배경을 가지고 있기도 하다. 우리나라도 과거에 공동체가 함께 모여 논의하는 마을회의나 반상회를 경험할 수 있었다. 지금은 안 되지만 과거에는 아이가 오줌을 싸면 키를 씌우고 이웃에 소금을 받으러 보낼 수 있는 이웃사촌이 있었기에 수치심을 활용한 훈육의 기능이 가능했다. '한 아이를 키우는 데 온 마을이 필요하다'는 격언을 실제로 구현하는 교육

---

31 마사 너스바움, 조계원 역, 《혐오와 수치심》, 민음사, 2015, p.345.

이 불과 수십 년 전에 있었다. 이처럼 공동체의 지혜를 배워 오늘날 학교에 관계와 공동체성에 기반을 둔 학교 문화를 창조할 수 있도록 지속적으로 노력해야 한다.

회복적 공동체를 위한 평화적 하부구조

몇 년 전 어느 초등학교 위기 학급의 문제해결을 위해 개입한 적이 있다. 학급은 문제를 일으키는 한 아이로부터 생긴 갈등으로 같은 반 학생들은 물론이고 담임교사까지 휴직을 고민할 정도로 학교 전체가 문제 아이 한 명을 두고 어떻게 대응해야 할지 몰라 골치를 앓고 있었다. 문제를 주도하는 아이를 주변으로 그룹이 형성되고 그중 한 아이가 지속적인 왕따를 경험한 학급이어서, 교사는 생활지도는 물론 교과 수업조차 온전히 진행하기 어려운 소위 '교실 붕괴'의 상황이었다.

해당 학급 학생들에게 친구 관계를 종이에 그려 보라고 했더니 아이들이 삼각형 피라미드를 그리고는 꼭짓점을 중심으로 아래로 친구의 이름을 적어 내려갔다. 그러고는 친구 관계를 먹이 사슬과 같이 '짱-똘마니-나-찌질이-왕따' 순으로 누구인지 설명했다. 다른 학생들도 피라미드 안에 친구 관계를 그릴 때 자신이 위치한 순서는 다르더라도 비슷하게 표현했다. 자세히 살펴보니 '짱'에 위치한 아이와 '왕따'에 위치한 아이를 공통으로 적었다. 학생들이 그린 피라미드 관계망을 보면서 우리의 '교실'이 왜 '사회의 축소판'이라고 불리는지 실감할 수 있었다. 교실에서 친구들의 위치가 어디인지, 그 안에 자신의 서열이 어디인지를 알고 있는 아이들을 보고 충격에 빠질 수밖에 없었다. 영화 〈우리들의 일그러진 영웅〉의 엄석대가 21세기에도 엄연히 등장하고 있다. 교실의 피라미드 꼭대기에서 힘을 남용하고 군림하는 존재는 과연 누구일까?

교사에게 소수의 문제 학생은 주로 친구들과 싸우고 수업을 방해하는 골칫거리의 대상이다. 어떻게 문제 아이를 대해야 하나 속 썩이는 사이에 다른 많은 아이들이 '잘 지낸다'고 여기며, 한 아이만 바꾸면 교실의 평화가 찾아올 것이라 기대한다. 학급 학생들의 관계는 미처 신경을 쓰지 못하고 있는데도 말이다. 그러던 어느 날, 아이들은 이렇게 다가온다. "선생님이 ○○(문제 학생)에게만 신경 쓰는 사이에 저희(다수 학생)에게는 아무도 신경 써 주지 않잖아요."

한 교실의 학생 중에서 소위 문제를 주도하는 학생은 보통 2~3명이다. 교실의 학생 수를 인구 백분위로 환산해 보면 이들은 학급의 5% 이내의 소수에 해당한다. 그러나 교사는 5%의 학생에게 얼마나 에너지를 쏟을까? 교사 대부분이 80~90% 이상의 에너지를 소수의 학생들에게 쏟는다고 말한다. 학급에서 문제행동을 일으키는 소수의 학생들의 해결에 관심을 쏟고 있는 사이 다수의 학급 구성원의 관계에 대해서는 신경을 쓰지 못하고 있다는 것이다.

교실에서 문제가 불거져 실제 학급의 위기로 맞닥뜨리면 그때부터 학생들은 문제해결의 주체로 역할을 하기보다 방관자가 되기 쉽다. 큰 문제를 일으키지 않는 대다수 학생은 일반적으로 교사가 보기에 숙제를 잘해 오거나, 친구 관계에 문제를 크게 일으키지 않는 평범한 학생들이라 할 수 있다. 그러나 교사는 다수의 학생이 자신의 말을 잘 듣고 문제를 일으키지 않는다고 다행으로 여겨서는 안 된다. 일상적 차원에서 학생 사이의 '관계 형성' 노력을 기울이지 않는다면, 교실의 학생들은 점점 더 강력한 응보적 수단이 아니고선 통제하기 힘든 환경에 지속적으로 노출되고 그 결과는 부메랑처럼 교사와 공동체 위기로 이어지게 된다.

캐나다의 회복적 생활교육 실천가 브랜다 모리슨Brenda Morrison은 '회복적 학교를 위한 통합적 접근'[32]을 단계별로 제시하며 어떤 갈등 사안이 발생하지 않더라도 예방적 차원이자 일상의 차원에서 학생들의 '관계 형성' 노력을 기울이는 실천에서부터 학교 공동체를 세워가는 가장 중요한 기본임을 강조한다. 회복적 학교 공동체를 세우는 단계적이고 통합적인 접근은 좁게는 교사의 학급운영부터 넓게는 학교운영 전체에 이르기까지 예방과 갈등의 사후적 접근을 포괄하는 공동체 교육이라 할 수 있다. 교사는 무엇보다 학급운영에서부터 신뢰, 존중, 공감의 가치로 건강한 관계망과 공동체성을 세우는 데 주력해야 한다.

회복적 생활교육을 통해 학급을 운영하는 교사는 문제를 주로 일으키는 5%의 고위험군 학생에게 집중할 것이 아니라, "의도적으로" 80~90% 다수의 학급 학생 사이 관계의 결속력과 공동체성을 위한 노력을 기울이는 것에 집중해야 한다. 학급 단위에서부터 '공동체의 평화적 하부구조'를 구축하는 관계 형성을 위한 실천에 우선적으로 접근해야 한다. 학급 구성

---

32 Brenda Morrison, "Restoring Safe School Communities: A Whole School Response to Bullying", *Violence and Alienation*, 2007.

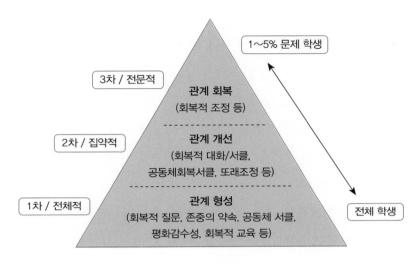

1~5% 문제 학생

3차 / 전문적

관계 회복
(회복적 조정 등)

2차 / 집약적

관계 개선
(회복적 대화/서클,
공동체회복서클, 또래조정 등)

1차 / 전체적

관계 형성
(회복적 질문, 존중의 약속, 공동체 서클,
평화감수성, 회복적 교육 등)

전체 학생

회복적 학교를 위한 통합적 접근[33]

원의 건강한 관계와 공동체성은 학생 사이에 발생하는 크고 작은 갈등의 해결 과정에 중요한 토대가 된다. 이 관계망의 토대를 세워가는 교육적 접근을 공동체의 '평화적 하부구조 세우기'라고 한다.

교실은 힘을 가진 학생이 목소리와 주도권을 가지며 목소리가 작은 친구는 소외되기 마련이다. 때때로 힘을 가진 학생은 교실의 문제를 주도하는 고위험군 학생으로 드러난다. 교사가 5%의 고위험군 학생에 집중하는 관점을 바꾸어, 교사의 80% 이상 많은 에너지를 학급의 공동체 형성을 위해 쓴다는 것은 피라미드 구조로 형성되어 있는 힘을 수평적으로 재분배하고, 교실의 모든 학생이 자기 목소리와 힘을 동등

---

33 Brenda Morrison, 위의 책. p.109.

하게 가지고 있다는 것을 확인하는 과정이기도 하다. 이러한 과정은 건강한 '또래 압력'을 형성하여 학급 문제 시 또래 압력을 활용한 공동체적 문제해결 역량을 키우는 교육적 접근이다.

구체적으로는 학급운영에서부터 학생들이 둘러앉아 관계를 형성하고 발생한 문제를 공동체적으로 다루는 '공동체 서클', 존중의 가치에 기반하여 상호동의 과정을 거쳐 만드는 '존중의 약속', 평화의 가치를 몸소 배우는 '평화감수성 활동', 갈등을 해결하기 위한 '회복적 질문', 교과 수업과 연계하여 교육 과정에서부터 적용하는 회복적 생활교육 실천은 공동체의 평화적 하부구조를 세우는 중요한 실천이다. 이러한 실천은 공식적인 교육 프로그램으로 주기적으로 운영할 수도 있지만, 교사가 아이들과 만나는 모든 일상에서 상호작용을 통해 정서를 구축하고 관계적인 방식으로 비공식적이고 예방적 실천으로 활용할 수 있어야 한다.

사실 소위 문제 학생들을 '응보적으로 다룰 것인가, 회복적으로 다룰 것인가' 차원의 고민은 교사의 관심이 여전히 응보적 관점에 머물러 있다는 사실을 방증하는 것이다. 많은 교사의 초점이 문제해결에만 머물러 있다면, 아무리 그것이 현실이라고 하여도 학급운영의 길은 방향을 잃는다. 돌아가는 길인 것 같아도 소수에서 다수로, 해결 중심에서 관계와 공동체 중심으로 관점을 전환하는 생활교육이야말로 회복적 학급운영의 지름길이다.

모리슨은 공동체의 평화적 하부구조가 형성되어 있다면 교사는 집약적 노력을 기울여 심각한 갈등으로 대두되기 전의 문제를 공동체 구성원이 함께 초기에 개입하여 해결할 수 있다고 주장한다. 관계망의 토대 위에서 공동체적 해결에 초점을 맞추는 접근을 실천할 수 있다. 기본적으로는 '회복적 질문을 활용한 대화', '공동체회복서클', '회복적 성찰문'을 통해 초기 문제에 개입하여 관계를 개선하고 깨어진 공동체를 보수할 수 있다. 이 단계는 학급운영에서부터 동학년 단위에서 생활교육으로도 적용할 수 있다. 뿐만 아니라 학교 차원에서 학생을 선발하여 훈련된 '또래조정자'를 양성하고 활동하게 할 수 있다. 학교가 또래 친구의 갈등을 돕고 교사의 생활교육과 결을 같이하는 '회복적 또래조정' 활동을 지원하는 것은 회복적 학교 문화를 만드는 중요한 기초가 된다.

앞선 두 단계를 기반으로 교실 내에서 발생한 심각한 문제나 공식적인 학교폭력 사안도 '회복적 대화 모임(조정)'을 통해 피해 회복을 중심으로 문제를 다루거나 사안 처리 접근을 취할 수 있다. 즉 5% 이내의 학생이 주도하는 문제를 관계적 토대 위에서 공동체적으로 해결할 수 있는 적극적 개입의 실천이다. 2020년부터 학폭법이 개정되어 학교폭력이 발생하면 교육지원청에 사안을 이관해 최종 심의하나, 경미한 사안의 경우는 학교장자체해결사안[34]으로 학교에서 해결할 수 있게 되었다. 이를 위해 교육부에서는 '관계회복프로그램'[35]을 개발하여 개정

---

34 학교장자체해결사안은 4가지에 해당한다. 전치 2주 이내의 상해 사안, 재산상 피해가 없거나 복구된 사안, 가해 행위가 지속적이지 않은 사안, 보복행위가 아닌 사안에 한해 적용한다(학폭법 제13조의 2 제1항). 이 네 가지 사안에 모두 부합해야 학교장자체해결 요건이 된다.

된 제도를 십분 활용할 수 있도록 했다. 그러나 그간 대화를 통한 회복적 개입보다 학폭법에 의거해 사안 처리를 해 왔던 학교의 갈등해결 문화를 단번에 바꾸기란 쉽지 않은 환경이다. 무엇보다 생활지도에 대한 교사의 인식과 실천이 전환되지 않는 이상 현행 학교자체해결제는 현장과 괴리된 실속 없는 정책이 될 수 있다.

현행 '학교장자체해결제'의 취지를 보다 내실화하기 위해서는 학교 내에 '학교공동체 회복위원회'를 둘 것을 제안한다. 학교공동체 회복위원회는 학교에서 발생한 모든 문제를 가능한 회복적이고 교육적 접근으로 다룰 수 있는 학교 내 자체해결기구이다. 학교에서 발생한 학폭사안을 바로 심의기구로 이관하는 기존의 응보적 접근이 아니라, 학교 단계에서 대화를 통한 회복적 접근을 우선적으로 시도하고 그 후에 기존의 응보적 접근을 시도하는 것이 상식이 되는 학교가 필요하다.

학교 단위에서 발생한 문제에 대해 피해 회복과 재발방지, 관계와 공동체 회복의 방향으로 교육적 기능을 회복해야 할 때이다. 불가피하게 학생이 조치를 받더라도 학교는 갈등을 다루는 다양한 선택가능성을 높이고, 폭력으로 상처받은 학생들이 치유되고 안전하게 공동체에

---

35 학교폭력예방 및 대책에 관한 법률 시행령 제14조의 3(학교의 장의 자체해결) 학교의 장은 법 제13조의 2 제1항에 따라 학교폭력사건을 자체적으로 해결하는 경우 피해학생과 가해학생 간에 학교폭력이 다시 발생하지 않도록 노력해야 하며, 필요한 경우에는 피해학생·가해학생 및 그 보호자 간의 관계 회복을 위한 프로그램을 운영할 수 있다. 관계회복 프로그램은 교육부 주관으로 청예단에서 제작한 학교폭력 관계회복 프로그램 매뉴얼이 있으며, 경기도교육청, 경상남도교육청 등 시도교육청에서 자체 개발한 관계회복 프로그램 매뉴얼이 있다.

재통합될 수 있도록 '피해학생을 위한 회복적 교육 프로그램', '위기학급 공동체서클', '회복적 정의에 기초한 가해학생 특별교육' 등을 학교 내 공식적인 프로그램으로 마련할 수 있어야 한다.

회복적 공동체를 위한 통합적인 실천 모델은 일차적으로는 교사가 학생에게 적용하는 것이 되겠지만, 교사의 실천을 넘어 궁극적으로는 교육 주체인 교사, 학부모, 학생이 회복적 정의 가치를 함께 공유하고 실천함으로써 학교 공동체 전반의 문화로 확산해야 한다.

학교는 갈등이 일어나는 공간이기도 하지만 갈등이 해결되어야 할 공간이다. 학교 공동체의 평화적 하부구조를 구축한다는 것은 결국 학교에 안전한 공간safety space을 만드는 것이다. 안전한 공간은 공동체 구성원의 신뢰와 존중을 통해 경험된다. 안전한 관계망의 토대 위에 학교에서 일어나는 갈등의 요소도 건설적으로 다루어질 수 있다. 학급 공동체의 하부구조를 마련하는 것에서부터 학교 문제해결을 위한 회복적 시스템에 이르기까지 회복적 생활교육의 통합적이고 단계적인 실천은 프로그램이기에 앞서 교육 공동체의 문화를 근본적으로 바꾸어 가는 공동체 교육이자 '회복적 학교'를 세우는 과정이라 할 수 있다.

회복적 생활교육의 이정표

아래 여섯 가지의 사항[36]은 회복적 생활교육을 위한 실천의 이정표로서 학교가 추구해야 할 생활교육의 방향을 놓치지 않도록 이끈다.

---

36 한국평화교육훈련원, 위의 책(통합과정1), p. 137.

1. 갈등의 순간을 교육적 기회로 삼는다.
2. 생활교육은 학급 공동체가 함께하는 것이다.
3. 개인의 문제보다 공동체적 접근에 초점을 맞춘다.
4. 문제를 해결할 때 피해자와 피해자 중심의 접근을 시도한다.
5. 일방적인 징계보다 창의적 해결책을 제시한다.
6. 규칙강요보다 자발적 책임의 기회를 제공한다.

1) 갈등의 순간을 교육적 기회로 삼는다.

회복적 생활교육을 실천하는 교사라면 갈등의 이해부터 새롭게 정립해야 한다. 삶은 갈등의 연속이다. 우리의 삶이 갈등을 만들지만, 갈등이 또한 우리의 삶을 만든다. 우리에게 일어나는 갈등을 어떻게 바라보느냐에 따라서 갈등을 다루는 실천과 그 결과도 달라지는 것은 자명하다. 갈등을 이해하는 데 가장 중요한 관점은 '갈등을 사회적 자산'으로 보는 것이다. 이러한 관점의 함의는 크다. 우리에게 일어나는 갈등은 '제거해야 할 대상'으로 보는가? 아니면 갈등을 '사회를 발전시키는 동력'으로 보는가?

공동체가 갈등으로 깨지기도 하고 위기를 통해 건강한 공동체로 나아가기도 한다. 갈등 그 자체가 아니라 갈등에 대응하는 우리의 자세를 성찰해 볼 일이다. "갈등은 자연스러운 삶의 한 부분이다. 그러나 폭력은 선택이다"[37]라는 말이 있다. 폭력의 선택 또한 갈등을 다루는 하나의

---

37 한국평화교육훈련원, 위의 책(통합과정2), p.138.

방법이다. 갈등의 이해는 결국 폭력에 대한 태도를 근본적으로 전환한다. 갈등은 그 자체로 부정적인 것이 아니라 일종의 에너지와 같아서 우리가 어떻게 다루느냐에 따라서 다르게 경험할 수 있다.

한 중학교 선생님은 새 학기부터 회복적 생활교육을 실천하는데, 급훈 하나를 만들 때도 회복적 생활교육의 가치를 담고자 노력해 왔다.[38] 어느 해 학생들과 함께 만든 교실 급훈은 "싸워도 괜찮아!"이다. 상투적인 '근면', '성실'의 급훈도 아니지만, 이게 웬 싸움을 조장(?)하는 말인가? 알다시피 교실은 갈등의 연속이다. 이 급훈은 싸우자는 것이 아니라, 교실은 다양한 학생이 모인 공간이므로 갈등이 존재할 수밖에 없는 자연스러운 것임을 모두에게 안내한 것이다. 그리고 교실에서 일어나는 문제를 학생들과 함께 풀어 갈 수 있다는 아이들을 향한 교사의 신뢰와 믿음을 급훈을 통해 잘 보여준다. 이듬해 교사가 맡은 다른 학급의 급훈은 "우리가 해결할 수 있어!"이다.

학생들은 학기 초부터 담임교사에게 문제가 있으면 판사의 역할을 기대해 이르러 오기 마련이다. 그럴 때마다 선생님은 회복적 질문을 통해 아이들을 판단하는 사람이 아니라 아이들에게 질문자로서 다가가 대화를 통해 문제를 풀어 가는 모습을 보여 주었다. 그리고 학기 초부터 주기적으로 공동체 신뢰 서클을 통해 서로를 알아가며 관계망을 형성해 갔다. 처음에는 이르러 오던 학생들이 나중에는 "선생님, 저희 할 이야기가 있는데 토

---

38 한국회복적정의협회 회복적학교연구회가 주최한 2018 회복적 생활교육 새학기 워크숍에서 경기도 회복적 교사모임 '구인회' 정혜선 교사의 사례발표 중에서 참조.

킹스틱 좀 주세요", "선생님, 문제가 생겼는데 저희 대화 좀 도와주세요"라든지 "선생님, 저희가 먼저 대화하고 나서 선생님께 알려 드릴게요"라고 이야기한다는 것이다.

이것은 사실 엄청난 변화이다. 학생들 스스로 문제를 해결할 능력이 생겼다는 사실을 분명히 보여 준다. 학생들의 문제해결능력은 하루아침에 생기는 것이 아님을 모두가 잘 알고 있다. 그러나 아이들을 믿어 주는 선생님의 신뢰를 바탕으로 갈등을 성장의 기회로 삼아 꾸준한 노력과 실천이 만들어 낸 교실에서 우리는 스스로 문제를 해결하는 책임감 있는 아이들을 마주할 수 있다.

2) 생활교육은 학급 공동체가 함께하는 것이다.

주로 교사는 잘못을 일으킨 학생 개개인의 변화를 꾀하는 방식으로 생활지도를 해 왔다. 그래서 교사의 성향에 따라 한 학생을 위한^{For} 끊임없는 지원과 격려로 허용하고 봐 주기도 하고, 한 학생 개인에게^{To} 하나부터 열까지 '~해라', '~하지 마라' 식의 의무와 요구를 부여하는 통제 방식으로 행동의 변화를 촉구한다. 두 방식마저도 한계치에 도달하면 결국 방임^{Not}을 하기도 한다.

회복적 생활교육이 무관용 원칙의 엄벌주의는 아니지만, 그렇다고 책임을 간과하지는 않는다. 회복적 생활교육은 학생 개인을 향한 온정주의와 엄벌주의 사이의 생활지도 스펙트럼을 넘어 생활지도의 권한을 학급 공동체 구성원과 나누고 함께^{With} 다루는 관계적이고 탈권위적인 제3의 생활교육을 추구한다. 교사 개인의 생활지도 성향이 온정

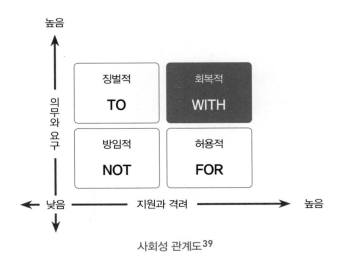

높음

의무와 요구

| 징벌적 **TO** | 회복적 **WITH** |
| 방임적 **NOT** | 허용적 **FOR** |

낮음 ← ─── 지원과 격려 ─── → 높음

사회성 관계도[39]

주의에 가까울 수 있고, 반대로 엄벌주의 성향에 가까울 수도 있다. 그러나 교사 개인의 지도 성향과는 별개로 어떻게 공동체 구성원과 함께 충분한 지원과 격려, 그럼에도 의무와 요구, 즉 책임감을 높이게 할 것인가에 대한 생활교육 패러다임을 제시한다.

　회복적 실천을 설명할 때 자주 인용되는 와치텔 박사의 사회성 관계도Social Discipline Window에 따르면, 잘못한 사람의 긍정적 행동 변화를 나타내는 최고의 환경은 권한과 힘을 가진 사람이 문제를 함께with 해결해 나갈 때이다. 잘못한 사람을 대상으로 주어지는 징벌적 대응to이나, 그냥 봐 주는 허용적 접근for은 행동 변화에 효과가 떨어진다는 주장

39　Ted Wachtel & Bob Costello, *The Restorative Practice Handbook*, International Institute for Restorative Practice, 2009. p. 50.

이다.

회복적 교사는 응보적이고 권위적인 통제 방식으로 학생에게 개별적으로 대응하는 접근을 넘어서야 한다. 과거 교사의 권위가 힘의 독점으로 주어졌다면, 이제 교사의 권위는 학생들과의 관계 형성에 기반한 상호 존중과 신뢰로부터 주어질 수 있다. 생활지도의 권한을 나눈다는 것이 교사의 입장에서는 다소 도전적으로 느낄 수 있으나, 권한의 공유란 교사와 학생의 상호 존중과 자율성에 기반해 공동체적 책임을 배우고, 교사와 학생들이 연결성을 인식하고 문제를 함께 풀어 나갈 회복탄력성을 높이는 계기가 된다.

3) 개인의 문제보다 공동체적 접근에 초점을 맞춘다.

어느 한 초등학교 5학년 교실에서 몇 명의 학생이 주도해서 다른 친구들에게 성적인 말이나 농담을 던져 반 분위기를 흐리고 있었다. 주도하는 몇 친구의 말에 따라 어떤 친구들은 웃기도 하며 동조하기도 했지만, 얼굴을 찌푸리며 불편해하는 학생들도 대다수 눈에 띄었다. 그러나 이런 친구들의 반발을 그저 장난으로 받아들일 뿐 고쳐지거나 나아지지는 않았다. 담임교사의 말을 들어 보니 몇 차례 주도하는 친구들을 불러 개인적으로 야단도 치고 반성문도 쓰게 했지만 그때뿐이었다. 보건교사를 통해 성교육도 진행했지만 호기심 많은 또래의 성적 관심만 높아졌을 뿐 고쳐지지 않는 언행과 행동으로 전체적인 교실 분위기는 교사가 감당하기 어려울 지경이었다.

이 학급은 처음부터 개입을 위한 들어간 것이 아니었다. 두 번의 회기를 나눠 들어가는 수업이기에 첫 회기는 신뢰 서클로 친구들이 서로 알아 갈 수 있도록 친밀감을 형성하는 시간을 가졌다. 문제의 내용은 사실 첫 공동체 서클을 하면서 드러난 아이들의 표현과 반응, 그리고 첫 서클 수업을 마친 뒤 담임교사와의 면담을 통해서 알게 된 사항이었다. 두 번째 회기 서클에서는 적절하게 문제를 다뤄 보고자 질문을 준비했다. 첫 질문은 그간 학급에서 친구들과 있었던 일 중에서 즐거웠던 것을 떠올려 보자고 했다. 지난 시간에 이어 학생들은 서클 방식이 낯설지만 자기표현을 잘해 주었다. 서클은 모두가 참여하는 방식을 기본으로 진행하기에 그 참여의 역동을 관찰하면서 안전한 관계망이 포착되어 있을 때 문제를 다루어 보고자 했다.

다음 질문으로는 우리 반의 친구 이름은 거론하지 말고 교실에서 친구로 인해 속상하거나 불편했던 행동에 대해 이야기해 보자고 했다. 아니나 다를까 성적인 말이나 행동 때문에 힘들어하는 이야기가 주를 이루었다. 그중 어떤 학생은 "어떤 애가 해서 따라 한 거예요"라고 하거나, "잘 몰라요"라고 넘기기도 했다. 서클 한 바퀴가 돌고는 다음 질문으로 "우리 반에 있었던 얘기를 들어 보니 어떤 마음이 드는지 이야기해 보자고 했다. "우리 반에 이런 일이 있어서 속상해요", "농담할 때 같이 웃었지만 사실 기분이 안 좋았어요"라는 말을 했다. 두 질문을 통해 교실에서 문제를 주도한 것으로 보이는 학생은 점점 고개가 내려갔다. 이어서 앞으로 우리 반이 어떤 반이 되었으면 좋겠는지 서로에게 부탁하고 싶은 것과 자신이 할 수 있는 것에 대해 이야기했다. 교실의 학생들은 "앞으로 그런 말을 하지 않을 거예요", "누가 하게 되면 말리겠어요", "다른 친구가 시작하지 않으면 나도 하지 않겠어요"라고 했다. 문제를 주도했던 친구는 "친구들에게 장난으로 한 건데 이렇게 싫어하는지 처음 알았어요"라며 "앞으로 친구들이 '하지 마!'라고 두 번 이상 반복하면 하지 않도록 노력할게요"라고 이야기했다.

아이들과 서클에서 나온 이야기를 가지고 약속을 정하고 일주일 뒤에 담임 선생님과 점검 시간을 갖기로 했다. 담임 선생님은 사실 이 문제를 해결하고자 보건실과 상담실을 쫓아다녔지만 정작 본인이 아이들을 믿지 못했다며 새로움을 경험했다고 소감을 나누어 주었다.

회복적 생활교육의 실천 사례로 회복적 질문을 활용한 문제해결 서클을 나누는 교사들의 이야기를 들을 때마다 느끼는 한 가지 공통점은 아이들을 훈육의 대상으로만 보지 않고, 문제해결의 주체로서 믿고 신뢰한다는 점이다. 학급의 문제는 잘못한 학생의 문제만 해결되면 종결되는 것이 아니라, 모든 학생의 책임감이 함께 높아질 때 비로소 문제해결을 넘어 진정한 행동 변화와 성장의 기회를 맞이할 수 있다.

4) 문제를 해결할 때 피해자와 피해자 중심의 접근을 시도한다.

보통 아이들이 문제가 생기면 교사에게 달려와 '쟤 좀 혼내 주세요'라거나 학교폭력의 피해자가 '처벌해 주세요!'라고 요청하곤 한다. 억울한 피해자의 요구를 근거로 가해자를 처벌하는 것은 모순이 없어 보인다. 하지만 처벌의 역설은 피해자의 요청에 따라 실제 처벌이 이루어지고 나면, 그 결과에 가장 만족하지 않는 사람이 피해자 자신일 가능성이 매우 크다. 사건이 종결되어도 피해자가 자신이 속한 학교나 지역을 떠나는 안타까운 경우가 많다. 혹자는 약한 처벌이 원인이라고 말할 수 있겠지만 단순히 기대했던 것보다 약한 처벌을 받았기 때문만은 아니다.

사실 가해자 처벌 중심의 응보적 생활지도에서의 책임 규명은 처벌 외에는 다른 선택지를 두고 있지 않다. 이는 문제해결의 다양한 선택 가능성마저 배제해 왔는데 결과적으로 처벌은 피해 회복과 무관한 방식의 책임으로 피해자의 피해를 직접적으로 회복할 기회조차 빼앗는다. 우리는 피해자가 이야기하는 '처벌해 주세요'라는 표현 이면에 깔린 피해자의 필요와 욕구를 살펴봐야 한다. 단순히 엄벌을 통해 상대를 고통받게 해 달라는 응보의 기대만 있는 것은 아니다.

피해자의 처벌을 요청하는 표현 속에는 자신이 경험한 피해가 크고 아팠다는 것을 알아 달라는 피해 인정의 의미, 자신이 당한 억울한 일에 대한 위로를 받고 싶다는 사과 요청의 의미, 자신의 피해를 회복하도록 지원해 달라는 배상의 의미, 다시는 자신에게 이런 일이 일어나지 않게 해 달라는 재발 방지와 안전 보장의 의미, 공동체의 압력으로 힘의 불균형을 잡아 달라는 균형의 의미, 그리고 자신은 잘못이 없는 억울한 피해자임을 알아 달라는 결백의 의미가 다층적으로 내포되어 있다.[40] 피해자가 되면서 발생한 이런 다양한 피해자의 욕구를 응보적 처벌로만 채울 수 있다는 것은 과도한 기대이다. 호주의 범죄학자 헤더 스트랭은 범죄의 영향으로 피해자들이 느끼는 분노, 불안, 두려움

---

40 이재영, 위의 책, p.48.

같은 감정은 떨쳐 버려야 할 대상이 아니라 적절하게 다루어져야 할 대상이라고 주장한다.[41]

우리는 피해자도 응보적 정의 관점에 익숙한 보통 사람이라는 사실을 인정해야 할 것이다. 피해자들은 자신들의 '정의 필요'가 정확히 무엇인지 인식하기 어렵기 때문에, 단순히 보복의 요청에 응해 주거나 섣불리 용서를 베풀라고 충고해서는 안 된다. 오히려 피해자가 피해를 회복하기 위해 필요한 것이 무엇인지 차분하게 고민할 수 있도록 돕고, 그 정의 필요를 최대한 채울 수 있는 길이 무엇인지 함께 고민하면서 그 과정을 동행해 가는 것이다.[42] 그러므로 공동체의 역할은 매우 중요하다. 피해자가 문제해결의 객체가 아닌 주체적인 당사자로서 자리매김하도록 피해자의 필요를 채우는 해결책을 찾아가는 방향성을 공동체가 함께 제시해 준다면, 피해자를 그저 피해자의 위치에 머물게 하는 것이 아니라 정의를 이루는 중요한 자원으로서 존재하며 실질적인 피해 회복을 통해 삶의 통제력을 회복해 갈 수 있다.

5) 일방적인 징계보다 창의적 해결책을 제시한다.

같은 반 장애학생을 괴롭힌 가해학생이 학교폭력의 처분 결과 특별교육 이수로 한국회복적정의협회에서 운영하는 경찰청 선도프로그램

---

41 하워드 제어·바브 토우즈 편저, 변종필 역,《회복적 정의의 비판적 쟁점》, 한국형사정책연구원, 2014, p.111.
42 이재영, 위의 책, p.49.

'사랑의 교실'[43]을 참여한 학생이 있었다. 회복적 정의에 입각한 사랑의 교실 프로그램이 아니었다면 학생은 자신의 행동과 무관한 처벌을 지루하게 수행할 따름이다. 이 학생은 교육 이수를 끝으로 이번 문제를 해결하고 책임지는 것이라고 생각했다고 솔직하게 말했다. 학생이 생각한 해결책은 "다시는 문제가 생기지 않도록 피해학생과 말도 섞지 않고 없는 사람처럼 취급하는 것"이라고 했다. 그리고 "그렇게 하는 것이 현재 제가 할 수 있는 최선이라고 생각하지만, 사실 선생님들도 그걸 원하세요"라고 했다.

이 학생이 자신이 일으킨 피해와 영향을 직면하지 못하고 학교로 돌아간다면 어떨까? 어떤 생활을 하게 될지 단언할 수 없지만 피해학생은 여전히 두렵고, 가해학생은 문제 학생으로 낙인찍혀 불만이 가득한 학교생활을 하게 될 것으로 예상된다.

안타깝지만 장애학생을 힘들게 한 이 학생은 한 번도 피해자의 입장에서 어떤 고통이 있었는지 헤아려 본 적이 없다. 회복적 접근은 학생에게 매우 생소한 경험이다. 회복을 위한 과정에는 회복적 질문을 활용한 대화가 매우 중요하다. 회복적 질문을 받고 이야기하는 경험은 매우 낯설고 생소했지만 자신의 일으킨 잘못의 영향을 처음으로 헤아려 보는 기회가 되었다. 결과적으로 학생은 자신이 한 번도 생각해 보지 못한 피해자의 상처에 대해 생각해 볼 수 있었다며, 직접 받아 줄지는 모르나 진

---

43 '사랑의 교실'은 경찰에서 열리는 청소년 표준선도 프로그램이다. 사)한국회복적정의협회에서는 기존의 선도프로그램을 회복적 정의의 가치와 방식으로 구성하여 위탁 운영하고 있다.

심 어린 사과 편지를 처음으로 작성해 보았다. 그리고 미처 몰랐던 장애인의 생활과 인권에 대해서 더 찾아봐야겠다고 말했다.

회복적 정의에 기반한 선도프로그램은 피해자와 직접적으로 만나지는 못하더라도 피해자의 아픔을 공감하고, 나아가 피해를 회복할 수 있는 책임을 고민하는 교육으로써 주로 조치 후 단계의 접근이지만, 가-피해자가 대면하는 회복적 대화 모임(조정) 단계 이전에 피해자 이해 교육으로써 필요한 접근이다.

만약 이러한 회복적 과정 없이 장애급우를 괴롭힌 학생에게 당위적으로 특별교육을 받으라고 하면 진심으로 자신의 잘못을 반성하고 바로잡는 행동을 취할 수 있을까? 강제적인 규범은 학생 스스로 변화의 지점을 성찰하게 하는 데 방해 요소가 될 수 있다. 결국 자신의 잘못으로 미친 영향을 직면하고 피해자의 필요를 직접적으로 채우는 자발적 책임의 기회를 제공할 수 있어야 한다.

앞서 논했듯이 학교폭력 이후의 조치 결정은 1호(서면사과)부터 9호(퇴학)까지의 강제적인 징계처분뿐이다. 불가피하게 처벌이 결정되더라도 그 내용을 최대한 회복의 요소와 연결될 수 있도록 하는 창의적 시도가 필요하다.

6) 규칙강요보다 자발적 책임의 기회를 제공한다.

한 초등학교에서 만난 교사가 학급에서 아이들이 스스로 만든 약속을 가리키며 어떤지 물어 왔다. 내용인즉, 아이들이 잘못했을 때 어떻게 하면 좋을지에 대해 교실에서 장난치면 오리걸음으로 교실 한 바퀴

돌기, 지각하면 500원 등의 내용으로 스스로 약속을 만들었다는 것이다. 누군가 잘못하면 체크리스트를 적고, 반성문을 쓰고, 흰 종이에 명심보감을 빽빽이 적기도 하고, 책상 공간 사이로 오리걸음을 걷기도 하고, 방과 후 교실에 남거나 지각비를 걷기도 하는 등 체벌이 아닌 나름 창의적인(?) 벌칙이 교실에 등장한다.

교사의 강압이 아닌 학생 스스로 약속을 만들었다는 것은 반가운 일이나, 학생들도 응보적 사고에 익숙해 있기 때문에 '잘못하면 벌'로 귀결되는 약속을 만들 수 있다는 사실을 알아야 한다. 교사에게 약속을 만든 이후 교실이 달라졌는지 되물었을 때, 교사는 아이들이 한쪽에서는 이르고 다른 한쪽에서는 잘못이 없다 하며 서로 비난하고 의심하느라 학급운영이 더 힘들어졌다고 말했다.

이와 같은 교실의 환경에서는 교사의 적절한 개입으로 생활지도의 방향성을 아이들에게 안내해야 한다. 자신의 행동으로 발생한 피해와 영향과 무관한 방식으로 때우는 것으로 아이들이 진정한 책임감을 얻기란 힘들다. 강제적 처벌은 자신이 입힌 피해를 직면하지 못하게 방해할뿐더러 무엇을 책임져야 하는지에 대한 길을 잃게 만든다. 진정한 책임은 자신이 저지른 행동이 다른 사람에게 어떤 영향을 끼쳤는지 알아차리는 것에서부터 시작한다. 그리고 그 영향을 바로잡으려는 노력과 행동이 책임의 열매로 드러난다. 학생들에게 책임감을 길러주는 근본적인 방향은 자신이 일으킨 영향과 피해를 깨닫고, 그 피해를 회복하기 위한 방법으로 획일적인 규칙을 강요하는 것이 아니라, 피해로 발생한 다양한 필요를 직접적으로 채워 가는 책임감을 맛보도록 하는 기회를 충분히 부여할 수 있어야 한다.

코로나 시대의 회복적 생활교육

코로나 19로 인한 전 세계적인 팬데믹 상황은 학교의 역할과 기능에 많은 도전을 불러왔다. 코로나 확산으로 학교 등교 중지 상황은 불가피했지만 교과 수업은 물론 관계 형성에 큰 영향을 초래했다. 또래 관계를 맺는 것 자체가 거의 불가능해졌고, 비대면 수업이 장기간 지속되자 물리적 접촉에 대한 불안과 공포, 더 나아가 코로나 상황에서의 대면 수업에 대한 불신과 비난이라는 책임을 감수할 수밖에 없었다. 그렇지만 기간을 두고 나누어 등교하던 상황에서 위드 코로나를 거쳐 일상 회복 상황을 맞아 전면 등교하게 된 학교 현장은 교과 수업은 물론 어떻게 아이들과 관계를 맺어야 하는지 이전과는 또 다른 부담으로 직면하게 되었다. 코로나 이전과는 차원이 다른 학교 현장 속에서 회복적 생활교육은 어떤 방향을 제시할 수 있을까?

앞으로는 교사의 능력도 학습을 가르치는 Teaching 능력이 아닌 사람 사이의 관계를 촉진하고 갈등 해결을 진행하는 Facilitating 능력이 요구될 것이다. 4차 산업혁명 시대의 미래를 대비하면 교사의 진행능력은 필수 요소가 될 것이 자명하다. 지금도 우리 일상의 많은 부분이 영상매체나 인공지능 AI으로 대체되고 있는데 아이들의 학습에 관해서는 더욱 빠르게 변모할 것이다. 어느새 아이들은 학교에서 배우는 것보다 온라인이나 컴퓨터 기술을 활용한 학습으로 배우는 내용이 더욱 많다. 교사의 교수법도 컴퓨터와 AI 기술에 의존하지 않으면 안 되는 세상에 살고 있다. 그러나 아무리 기술이 발전해도 메꿀 수 없는 영역은 분명하다. 기술의 진화가 사람들의 관계 맺음의 변화로 연결되지는 않는다. 오히려 기술 체계가 학교와 교실에 스며들수록 아이들의 관계와 공동체성이 떨어지는 결과를 우리는 코로나19 상황에서 경험할 수 있었다.

이제는 교탁을 중심으로 일렬로 앉아 일방적으로 학습을 하는 수동적 교육의 시대가 지나가고 원이나 소그룹 형태로 각자의 생각과 의견을 공유하고 소통하는 쌍방향 교육의 시대가 도래하고 있다. 미래의 학생들은 메타버스 등 다양한 교육 환경을 통해 정보를 교환하고 협업하며 의사결정하는 것을 자연스러운 학습 과정으로 인식할 것이다. 이때 필요한 교육자의 역량과 자질은 AI 기술이 대체할 수 없는 공감능력, 의사소통능력, 갈등해결능력처럼, 관계를 촉진할 수 있는 '사람의 기술'이 필수적일 수밖에 없다. 회복적 생활교육에 참여한다는 것은 미래 교사의 역량을 높이는 분명한 방안이 된다. 아이들의 미래는 회복적 생활교육이 추구하는 창의적이고 참여적인 교육을 추구하는 회복적 교사에게 달려 있다.

코로나와 함께 교육의 변화도 불가피해졌다. 코로나로 잃어버린 관계와 공동체성 증진을 위해 학교와 교사의 역할이 더욱 중요한 시대가 도래했다. 영국에서는 회복적 생활교육을 실천하는 교사 및 실천 기관이 연대하여 코로나와 공존하는 새로운 뉴노멀New nomal 시대의 교육을 위한 회복적 렌즈를 제시하여 급변하는 환경 속에서 학교가 추구해야 할 방향성을 7가지 키워드로 정리했다.[44]

● 인식^{Recognition}

일어난 일과 우리 경험에 대한 인식. 봉쇄^{lockdown} 기간 동안 모든 것이 달라졌고 우리 모두의 소중한 삶을 변화시켰다. 우리는 어떻게 모든 사람들이 지금까지 경험한 펜데믹과 관련해 본인의 이야기를 하도록 격려할 수 있는가?

● 공감^{Empathy}

가정, 학교, 지역사회, 그리고 더 넓은 세상에서 일어나는 일에 대해 반응하는 우리의 다양한 감정에 대한 공감. 교사, 학생, 부모, 어떤 역할이든지 우리는 어떻게 하면 공감, 연민, 자기 돌봄으로 다룰 수 있는가?

● 안전^{Safety}

정서적으로나 신체적으로 가장 중요한 안전. 어떻게 하면 뉴노멀 시대에 맞는 안정감을 다시금 확립하여 학생들이 배우고 모두를 성장하게 할 수 있는가? 학교를 가지 않는 동안 안전하지 않다고 느꼈을 수도 있는 사람들을 어떻게 도울 수 있는가?

● 트라우마^{Trauma}

이제는 개인적인 경험일 뿐만 아니라 집단적인 경험이 된 트라우마. 학교

---

44 Belinda Hopkins 외 공저, 'RESTORE; A restorative lens for education', 2020. restoreourschools.com

는 이 상황을 어떻게 다루어야 하는가? 봉쇄 기간 동안 매우 심각한 트라우마를 경험했거나 한층 더 불확실한 미래에 직면한 사람들을 어떻게 지원할 것인가?

● 기회Opportunity

변화가 필요한 것을 바꾸고 성찰할 수 있는 기회. 우리에게 중요한 것과 달라져야 하는 것이 무엇인지를 성찰하고 변화해야 한다. 이제 우리는 펜데믹을 통해 세상의 고착화된 양상에 대해 의문을 제기할 수 있다는 것을 알았다. 어떻게 우리는 이 경험으로부터 배울 수 있는가?

● 관계Relationship

언제나 핵심은 관계. 어떻게 하면 학교의 모든 영역에서 포용적이고 상호적인 관계를 재구축할 수 있는가?

● 참여Engacement

우리 자신의 건강과 행복, 그리고 우리에게 영향을 미치는 문제(교육, 학습, 공동체)에 대한 참여. 교사와 학생들이 자신의 삶에 대한 주인의식을 갖고, 자기 주도적인 선택을 하는 학교 문화를 어떻게 조성할 수 있는가?

앞서 제시한 키워드의 영문 앞자리를 따면 'RESTORE', 즉 '회복'이다. 결국 코로나 시대를 맞이한 학교가 어떻게 해야 학교 본연의 기능으로 되돌아갈 수 있는지를 회복적 관점을 중심으로 제공한다. 코로나 시대에 새로운 환경에서 안전하고 건강한 학교로 회복되는 데 필요한 중요한 기준을 제시했다. 그리고 미래의 학교가 어떤 방향으로 나아가야 하는지에 대한 '회복적 렌즈'를 제공했다. 이처럼 회복적 생활교육은 코로나 이전으로의 회귀가 아니라 포스트 코로나 시대 미래 교육으로 나아가기 위해 무엇을 교육의 중심 가치로 두어야 하는지 주목하게 한다.

교육 운동으로서 회복적 생활교육

회복적 정의는 실천 영역에 따라 달리 명명된다. 회복적 정의를 사법 현장에 지칭하는 명칭은 회복적 사법[45]이라 불리고, 그중 경찰단계의 실천은 회복적 경찰활동이라고 불리고 있다. 조직경영 차원에서는 회복적 조직, 지역 운동 차원에서는 회복적 도시라고 불리기도 한다. 이처럼 실천에 따라 다르지만 공통적으로 등장하는 '회복적'이란 수식어는 회복적 정의 패러다임의 가치에 기반한 특정 분야의 실천임을 의미한다. 특별히 교육 영역에서 회복적 정의 실천은 '회복적 생활교육'[46]이

---

45 한국에서 회복적 정의Restorative Justice의 Justice를 정의, 또는 사법으로 번역하면서 회복적 정의와 회복적 사법 두 용어가 모두 사용되고 있고 '회복적'인 가치와 실천의 의미를 내포하고 있다. 다만 이 책에서는 회복적 정의를 회복적 정의 패러다임과 운동의 대표적 용어로 사용하고 있다. 여기에서 일컫는 회복적 사법은 사법 체계 안에서의 회복적 정의 실천을 의미한다. 사법 체계에서의 회복적 사법은 경찰(회복적 경찰활동), 검찰(형사조정), 법원(화해권고), 교정(회복적 보호관찰, 회복적 교정) 등에서 적용되며, 각 단계의 실천에 따라 용어가 다르다.

46 회복적 생활교육은 Restorative Discipline을 번역한 용어이다. Restorative Discipline 중 Discipline이 훈육, 생활지도의 의미를 가지고 있어 2010년대 초기에는 '회복적 생활지

라고 부르며, 몇몇 교육청에서는 '관계중심 생활교육'이라고 명명하기도 한다. 또한 회복적 생활교육을 개별 학교 전체 차원에서 통합적으로 접근하는 학교를 회복적 학교라고 일컫는다.

회복적 정의 실천은 사법 영역에서 시작되었지만 회복적 정의 패러다임의 필요성이 다른 실천 영역으로 확장되면서 회복적 정의 운동의 지평은 넓어졌다. 세계적으로는 1990년대 중반부터 영미권을 중심으로 학교 현장에서 회복적 정의의 적용이 대두했다. 회복적 정의를 교육 현장에 적용하여 회복적 생활교육을 주창한 사람은 호주의 마가릿 소스본이라는 실천가이다. 호주에서는 경찰 단계의 회복적 정의 실천이 교육계에 영향을 미치기 시작하여 1994년 호주 퀸즈랜드 교육청은 학교폭력에 대한 회복적 대화 모임을 학교 차원에서 최초로 시도했다. 그 이후 이러한 학교에서의 회복적 정의 실천은 호주의 다른 주로 긍정적 영향을 끼쳤고, 학교폭력뿐만 아니라 이민자 자녀들의 정착과 트라우마 해소를 위한 공동체 프로그램으로도 적용되었다. 이후 평화로운 학교 문화를 만드는 통합적 학교 접근으로 회복적 생활교육이 주목받기 시작했다.[47]

도'로 사용하기도 했다. 그러나 위 용어가 함축하는 의미가 생활지도의 차원을 넘어서 교육 철학의 의미를 담고 있기에 '회복적 생활교육'으로 명명하여 소개했다. 회복적 생활교육은 교육 영역에서의 회복적 정의 실천을 의미한다. 해외에서도 회복적 생활교육을 다양한 용어로 표현하고 있다. Restorative Discipline, Restorative Practice, Restorative Justice in School, Restorative Approach in School, Restorative Pedagogy, Restorative Justice Education 등이다. 이 책에서는 교육 영역에서의 회복적 정의 실천을 통칭하여 국내에서 보편적으로 알려진 용어인 '회복적 생활교육'으로 명기했다.

미국에서는 이스턴메노나이트대학교[EMU]의 정의평화센터[CJP]에서 하워드 제어와 함께 회복적 정의 프로그램을 진행하고 훈련했던 로레인 수트츠만 암수투츠를 중심으로 사법현장에서 적용되던 회복적 정의 실천이 학교 현장을 위한 회복적 생활교육으로 실천되고 확장되었다.[48] 그 후 2000년 테드 와츠텔 박사의 주도로 만들어진 International Institute for Restorative Practice(IIRP)에서는 주로 교사를 위한 회복적 실천 전문대학원 과정을 개설하여 꾸준히 회복적 생활교육 실천가를 배출하고 있다.[49] 영국에서도 호주, 미국과 비슷한 시기와 방식으로 회복적 생활교육 운동이 전개되었다. 대표적으로 벨린다 홉킨스는 회복적 정의 실천을 위한 통합적 학교 접근을 소개해 왔다. '회복적 생활교육의 궁극적 목표는 학교에 회복적 문화를 창조하는 것'임을 주장했다.[50] 영국의 회복적 생활교육 운동의 흐름은 2007년 헐이란 도시가 회복적 도시를 선언하는 데까지 이른다. 2004년 헐의 한 초등학교에서 시작된 회복적 학교가 지역의 인근 학교에 영향을 주어 여러 학교가 회복적 생활교육을 중심으로 학교 문화를 바꾸어 나갔다. 이후 청소년의 범죄율과 재범률이 떨어지고, 전반적인 학교 문화가 긍정적으

---

47 마거릿 소스본·페타 블러드, 권현미·조일현 역,《회복적 생활교육 어떻게 실천할 것인가》, 에듀니티, 2017, pp.42-46, 이재영, 위의 책, pp.138-139.

48 로레인 수트츠만 암수투츠·쥬디 H. 뮬렛, 이재영·정용진 역,《학교 현장을 위한 회복적 학생 생활교육》, KAP, 2011.

49 이재영, 위의 책, p.135.

50 Belinda Hopkins, *Just Schools: A Whole School Approach to Restorative Justice*, JKP, 2003, pp.167-170.

로 달라지는 효과로 드러났다. 이후 헐 시는 청소년을 만나는 모든 기관에 회복적 정의 교육 훈련을 진행할 수 있도록 지원했다. 결국 경찰, 법원, 시청, 시의회가 회복적 정의 패러다임을 공유하고 실천함으로써 지역의 기반을 회복적 정의를 기초로 다지는 데 이르러 2007년 헐시는 세계 최초로 회복적 도시를 선언하게 되었다.[51]

국내에서도 회복적 정의 운동은 사법 영역에서 시작하여 학교 현장을 중심으로 전개되었다. 국내에서는 회복적 정의가 2000년대 중반부터 주로 사법 영역에서 시범적으로 시도되어 왔다. 그중 2007년부터 시범적으로 시도되어 2010년부터 제도화된 법원 단계의 화해권고제도는 주로 소년사건을 회복적 대화 모임으로 다뤄 왔다. 대부분 학교나 마을에서 발생한 학교폭력이나 또래 간의 사건이었다. 사법적 처벌과 별개로 청소년들의 관계나 성장을 중요하게 생각한 부모들에 의해 참여 수요가 있었고, 참석한 청소년과 보호자의 반응은 대부분 긍정적이었다. 그러나 법원 단계에서의 대화 모임은 사건 발생 후 꽤 지난 시점이기 때문에 오해와 갈등이 증폭된 상황에서 장애요소가 있었기에 더 일찍 만날 수 있었다면 학생 당사자들이 심리적으로 어려움이 줄어들었을 것이라는 아쉬움을 남겼다. 그리고 화해권고 이후 학생 당사자의 학교 공동체로의 재통합에 대해서는 관심도가 낮은 부분이 한계로 지적되기도 했다.[52]

---

51   이재영, 위의 책, pp.150-155.
52   이재영, 위의 책, pp.375-380.

회복적 생활교육은 2010년대 이후부터 학교의 생활지도 영역으로 확대되기 시작했고 학교 현장의 필요에 따라 소개되었다. 회복적 생활교육이 본격적으로 소개된 때는 로레인 스투츠만 암스투츠 & 쥬디 H. 뮬렛의 《학교 현장을 위한 회복적 학생 생활교육》이란 책이 번역 출판되면서부터이다. 이 책의 출판과 함께 2011년 교사를 대상으로 하는 첫 번째 회복적 생활교육 워크숍이 한국평화교육훈련원KOPI에서 시작되었다.[53] 이후 회복적 생활교육에 대한 높은 관심을 나타내면서 학교폭력과 생활지도 현장의 필요에 대응하기 위한 회복적 생활교육 논의가 수도권을 중심으로 시작되었다. 경기도교육청은 교사와 장학사를 대상으로 회복적 생활교육 개념과 실천을 소개하는 연수를 기획하여 3년간 꾸준히 진행했고, 그 이후 관내 교육지원청별로 회복적 생활교육 연구회를 결성하여 지역별로 연구와 실천을 할 수 있도록 지원했다. 2014년부터는 기존의 생활지도 패러다임을 바꾸어 학생인권조례와 결을 같이할 수 있는 새로운 생활지도의 필요성이 대두되면서 회복적 생활교육이 전국적으로 확산하는 계기가 되었다.

경상남도교육청의 경우 연수받은 소수의 교사들이 2015년 자발적으로 회복적 생활교육 연구회를 꾸려 동료 교사들에게 전파하면서 시

---

[53] 초기에는 좋은교사운동 소속 교원을 대상으로 회복적 생활교육 워크숍을 진행했다. 이후 좋은교사운동에서는 부설기관으로 회복적생활교육센터가 만들어졌으며, 현재는 '평화를 비추는 숲'(박숙영 대표)이란 단체로 독립하여 회복적 생활교육 운동을 전개하고 있다. 비슷한 시기에 비폭력평화물결와 비폭력대화센터 등의 단체에서 비폭력 대화에 기반한 회복적 서클(RC), 학교 현장을 위한 비폭력 대화 워크숍이 '회복적 생활교육'이란 명칭으로 교사를 대상으로 진행되어 왔다.

작된 자생적 흐름이 도교육청의 지원을 받아 점진적으로 성장하게 되었다. 현재는 회복적 생활교육 연구회뿐만 아니라, 회복적 마을교사(학부모, 지역주민), 조정지원단,[54] 회복적 학교 프로젝트 등 다양한 회복적 생활교육 실험을 진행하고 있다.

전라북도교육청의 경우 2015년부터 학교폭력 전문상담사를 중심으로 회복적 정의에 기초한 조정자 양성과정 교육을 진행했고, 2019년부터는 지역 전문가들이 중심이 된 회복조정지원단이라는 이름의 갈등조정기구를 운영하고 있다. 전라남도교육청은 2019년부터 회복적 생활교육 리더 양성과정을 개설하여 학교를 지원하는 교사 자원을 양성하는 장기 과정들을 운영하고 있다. 제주도교육청은 2020년부터 모든 학교의 교장이 회복적 생활교육 연수를 듣고 회복적 학교 운영과 지원에 대한 관심이 커지고 있다. 그 외에도 서울, 충북, 세종, 대구, 강원, 울산, 부산 등 지역에도 회복적 생활교육 연수과정이 개설되고 교육청에 의해 회복적 생활교육 연구회가 조직되어 지역 특색에 맞게 활동을 펼쳐가고 있다.[55]

회복적 생활교육이 전국적으로 확대되고 학교폭력 예방적 차원과 사후적 차원에서 다양하게 시도되고 있다. 나아가 교육 운동으로서 회복적 생활교육은 교원을 양성하는 대학에서부터 생활교육 패러다임을 배우고 준비할 수 있는 교사양성시스템, 생활지도와 교수과정을 통

---

54 경상남도교육청의 조정지원단 명칭은 관계회복지원단이라고 부른다.
55 이재영, 위의 책, pp.311-312.

합적으로 접근하는 관계 중심의 학습으로써 회복적 교육 페다고지, 학교폭력 심의 전후 모든 단계에서 갈등조정 활성화, 학교 전체 문화를 혁신하는 회복적 학교, 지역사회와 함께하는 회복적 정의의 비전을 공유하고 실천하는 회복적 도시 프로젝트 등 다양한 과제를 수행하고 있다. 이처럼 회복적 생활교육은 일상에서부터 제도와 문화에 이르기까지 개인과 사회의 공동체를 치유하는 하나의 흐름이 되고 있다.

회복적 생활교육 활성화를 위한 방향성

개인적 관심이나 교육청의 정책 지원으로 회복적 생활교육에 대한 연수를 받고 있는 교사들이 늘어나고 있다. 회복적 생활교육이 처음 소개된 이래 길게는 10년간 회복적 생활교육을 학급과 학교 전체의 생활지도 변화의 흐름으로 인식하여 회복적 정의의 관점에서 다뤄 나가려는 교육적 노력을 기울이는 '회복적 교사'의 등장은 매우 고무적이다. 또한 회복적 생활교육이 교육청의 주요 정책으로 추진되면서 학생의 관계 개선이나 학교 문화 형성에 긍정적 기여해 온 부분도 있다.

그러나 여전히 학교 현장에서 회복적 생활교육은 학생들의 흥미를 돋우는 프로그램이나 학생 생활지도를 보완할 기술과 방법으로 인식하는 측면도 없지 않은 것이 현실이다. 회복적 생활교육의 바탕이 되는 회복적 정의의 철학과 가치에 대한 근본적인 성찰 없이 문제해결이나 교실 분위기를 좋게 만드는 프로그램 정도로 이해가 확산된 지점은 매우 안타깝다. 이는 회복적 생활교육 활성화의 장애 요소이자 극복해야 할 과제이기도 하다. 이러한 현상에 대해 몇 가지 원인을 지적할 수

있다.[56]

첫째, 회복적 생활교육에 대한 이해 부족의 한계를 지적할 수 있다. 회복적 생활교육을 철학과 패러다임 전환이 아닌 생활교육을 실천하는 다양한 프로그램이나 기술 중의 하나로 여긴 탓이다. 회복적 생활교육의 '회복'에 내재한 단어의 의미를 그저 온정주의 방식의 접근으로 이해하거나, 충분히 숙고하지 못한 부분도 회복적 생활교육이 활성화되지 못한 원인으로 지적된다. 그간 소개된 회복적 생활교육 관련 도서나 교육청 매뉴얼의 주된 내용이 학급운영을 위한 실천 방법과 기술에 집중되어 있다. 그러다 보니 교사 입장에서 책을 읽고 누구나 실천할 수 있도록 만들었다는 효율적 장점은 있지만 철학이 부재한 실천의 한계로 작용했다.

둘째, 회복적 생활교육이 학교 문화로 정착하기 힘든 접근이라는 지적이다. 학교의 민주적 의사소통, 관리자와 교사, 동료 교사 사이의 관계 맺음이 회복적 생활교육을 촉진하는 부분으로 작동하는데, 회복적 생활교육이 학생지도 외의 학교 전체 구조의 변화를 요구하는 것이 교사들에게 또 다른 부담으로 작동하고 있다는 지적이다.

셋째, 회복적 생활교육 구현 과정에서 톱다운Top-down 방식의 한계이다. 회복적 생활교육이 교육청의 정책을 통해 빠르게 확산하면서 교사들의 반감이 작동했다. 정책을 통한 양적 확산 이면에는 실적 위주

---

56 강화정, 〈문제행동 접근방안으로서의 회복적 생활교육의 실천〉, 부산광역시교육청 교육정책연구소, 2020, pp. 50-52.

의 정량적 정책이 실시되었고 수직적 하달 방식이 되면서 회복적 생활교육에 대한 일선 교사들의 반발과 편견이 심화된 것이다. 톱다운 방식으로 하달된 연수 지침이나 자발성에 기초하지 않은 연구회 구성은 회복적 생활교육의 철학과 모순되기도 한다. 이와 같은 현상적 도전을 회복적 생활교육이 어떻게 극복하고 학교 문화 증진에 기여할 수 있을까?

교육 현장에서는 교실에서 학급 신뢰 서클을 운영해도 학교폭력 사안을 회복적 생활교육으로 다룰 수 없다는 의식이 팽배하다. 당장이라도 뉴스를 틀면 나오는 학교폭력과 아동학대에 대한 엄벌주의 여론에 어떠한 합리적 의심조차 없다. 오히려 교실에서 일어나는 크고 작은 갈등조차 교육적 접근으로 다루기보다는 법적 판단에 맡기고 처리하는 현실을 목격함에도 그것이 회복적 생활교육과 어떤 연관을 가지는지 모른다. 오늘날 학교는 교실 현장까지 빠르게 침투해 온 학교의 사법화 현상에 대해 문제의식조차 느끼지 못하고 대안을 제시하지 못하는 현실을 자각할 필요가 있다. 회복적 생활교육이 시류의 트렌드로서 받아야 할 연수 상품으로 소비되는 프로그램 이해가 아니라, 보다 근본적인 교육 철학으로서 회복적 정의와 생활교육에 대한 이해가 깊어져야 한다.

또한 회복적 생활교육은 학생을 위한 교육적 접근에 국한되지 않는다. 회복적 생활교육에 기초한 학생을 위한 교사 개인의 실천 역량을 넘어 학교의 구성원 모두가 같은 방향성을 지향할 때 학교 문화로 형성될 수 있다. 회복적 생활교육에 기초한 회복적 학교를 구축하기 위해서는 앞서 지적한 학교 내 민주적 의사결정, 관리자와 교사, 동료 교사,

나아가 교사와 학부모 사이의 관계 맺음이 도전 과제이지만 회복적 생활교육은 민주적인 학교 문화를 형성하는 데 적극 기여한다. 이 책에서 자세히 후술하겠지만 회복적 생활교육 실천을 위해서는 학급운영에서부터 학교 전체를 통합적으로 접근하는 구조적 안목이 필요하다. 학교 단위에서 실천할 수 있는 회복적 접근은 학교 공동체의 이해와 관계 맺음 방식에서부터 실천할 수 있다.

회복적 생활교육 정책 수립 과정에서 관 주도의 톱다운 방식을 지양하고 아래로부터의 자발성의 요구가 수용되는 보텀업bottom-up 방식이 필요하다. 경상남도교육청의 사례는 좋은 방식으로 평가될 수 있다. 교사들의 자발적 연구모임인 경남회복적생활교육연구회의 문제의식과 조언을 수용해 경남도교육청은 초중등교사가 함께하는 조정자과정을 연수로 개설하고, 연구회의 자발적 인프라에 기반하여 김해봉황초등학교를 중심으로 회복적 학교와 회복적 도시(마을) 프로젝트를 운영하여 마을교육공동체 단위로 회복적 생활교육의 가능성을 열 수 있었다.[57]

관 주도 방식에 따른 확산도 분명 회복적 생활교육 운동의 성과 중 하나지만, 교사의 자발성을 존중하고 실천을 교육청에서 지원하는 방향이야말로 점진적이지만 회복적 생활교육을 학교 문화로 정착시키는 지름길이 될 것이다. 회복적 생활교육이 교사들의 또 다른 '업무'가 되는 부담이 아니라 교사 본연의 역량으로 인식할 수 있도록 교육문화

---

[57] 강화정, 위의 논문, p.52.

의 전반적 이해를 고양하는 과제도 수반된다. 지속적으로 회복적 생활교육은 갈등을 다루는 접근 방식의 차원을 넘어 공동체를 교육과 학교 공동체를 깊이 이해하고 재정립하는 데 기여할 수 있어야 한다. 결국 회복적 생활교육은 교사가 학생과 할 수 있는 프로그램의 이해를 넘어 궁극적인 학교의 철학과 문화가 되기 위한 교육 시스템의 전반적 변화를 추구하는 교육 운동이자 사회운동이라는 인식의 변화가 필요하다.

회복적 생활교육을 통한 학교 문화의 변화는 결국 학교폭력 자체를 범죄로 접근하는 인식에 제동을 걸고 학교의 문제를 정의롭게 해결할 수 있는 문화를 만드는 데 적극 기여한다. 학교폭력이 범죄로 인식되면서 학교에서 일어나는 사안을 응보적·사법적 처리로 일관하는 흐름이 강하다. 학교폭력 피해학생이나 관계상의 어려움으로 힘들어하는 학생들이 도움을 청할 곳이 학교폭력 신고 외에는 없다는 안타까운 현실을 바로잡는 교육적 해결 접근이 마련되어야 한다.

이를 위해 학생들이 학교폭력 발생 시 도움을 청할 수 있는 회복적 절차를 학교와 교육청에 구조적으로 마련하고 적극적으로 홍보할 필요가 있다. 전국의 시도교육청에서 학교폭력 학교자체해결을 위한 관계회복프로그램 활동과 조정지원단 구축을 통해 회복적 대화 모임을 진행하고 있다. 제언하기로는 현재의 학폭법을 개정하여 분정조정을 손해배상에서 관계상의 범주로 확대하고, 회복적 대화 모임 절차를 적극적으로 안내하여 학교폭력 당사자나 학부모가 학교폭력에 대한 해결책 중 하나로 회복적 정의 방식을 선택하도록 체계를 마련할 필요가 있다. 또한 학교 내에 학교공동체회복위원회 같은 자체해결기구를 두어 학교 갈등을 대화로 풀어내는 학교 문화를 조성하는 데 회복적 생활교육을 활성화할 필요가 있다. 학교의 문제를 학교 스스로 해결할 수 있다는 자정능력의 회복이야말로 교권과 학교의 신뢰를 회복하는 주요한 요인이 될 것이다.

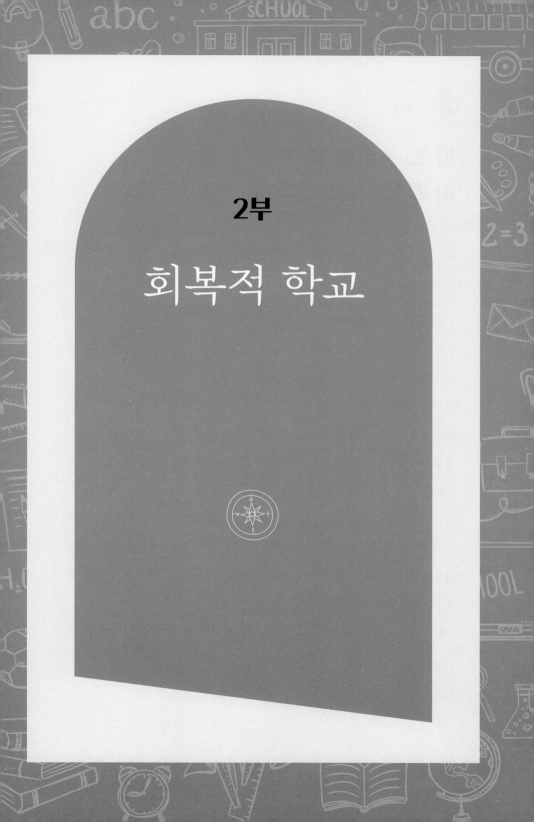

2부

회복적 학교

1장

학교 문화를 바꾼
회복적 학교 이야기

회복적 학교란 무엇인가

  회복적 생활교육의 궁극적 목표는 학교에 회복적 문화를 만드는 것
이다.[58] 회복적 문화를 학교에 만든다는 것은 회복적 생활교육이 단순
히 아이들의 생활지도 방법을 바꾸는 것을 넘어 학교 공동체에 대한
관점을 회복적 정의의 가치로 정립하고 관계를 중심으로 학교의 교육
과정과 운영체계를 새롭게 구축하는 학교를 세우는 것이다. 학교에서
생활지도와 교과 수업을 포함해 학생을 가르치는 모든 교육 과정은 소
위 소프트웨어라고 할 수 있고, 학교에서 일하는 방식인 학교 운영은
하드웨어라고 할 수 있다. 양 측면 모두의 궁극적인 변화를 추구하는
회복적 생활교육은 학교 공동체 전체를 위한 통합적 접근으로써 회복
적 학교를 구축하는 데 기여한다.

  2010년 이래 교육 영역에서 회복적 정의에 대한 관심이 높아지면

---

58 이재영, 위의 책, p. 201 벨린다 홉킨스 인용.

서 학교에서 회복적 생활교육을 실천하려는 노력이 확산되었다, 교육청 차원에서 정책적으로 회복적 생활교육이 소개되면서 회복적 생활교육에 대해 이해의 저변이 넓어지는 계기가 있었지만, 해를 거듭할수록 개별 교사의 생활지도 역량에 그치거나 학교 전체가 아니라 부분적으로 접근할 수밖에 없는 한계도 제기되었다.[59] 한계에 봉착한 회복적 생활교육이 학교의 교육 문화를 혁신하는 대안이 되기 위해서는 학교 전체의 노력으로 이루어지는 통합적 접근이 필요하다. 교사의 역량에 따른 학교의 부분적 실천을 넘어 교육 주체인 교사, 학부모, 학생 등 학교의 모든 공동체 구성원이 회복적 정의의 가치를 공유하고 같은 방향성을 추구하면서 실천하는 교육 패러다임이 회복적 학교를 위한 통합적 접근이다.

회복적 학교 Restorative school**는 학교 공동체 구성원이 회복적 정의에 기초한 회복적 생활교육을 통해 학급, 학년, 학교 단계에서 학교 공동체 전반에 통합적 접근**A whole-school approach**으로 운영되는 학교를 의미한다.**

회복적 생활교육 연수를 학교 차원에서 몇 차례 했다고 해서 바로 회복적 학교가 되는 것은 아니다. 회복적 학교가 이름만이 아니라 실질적인 학교 공동체 전반에 흐르는 문화로 자리 잡기 위한 기본적인 과정이 필요하다. 회복적 학교는 개별 학교 차원에서 학생 교육 과정과 학급 및 학교 운영 시스템의 우선순위에 회복적 정의의 핵심 가치인 존중, 관계, 책임을 구현하는 회복적 생활교육이 핵심으로 다뤄지는 학교이다. 또한

---

59 강화정, 위의 논문, p.51.

회복적 학교는 회복적 학급운영을 통해 공동체의 평화적 하부구조를 구축하는 것에서부터 학교에서 발생하는 갈등에 대한 회복적 접근에 이르기까지 예방과 사안 처리를 포함한 학교 전반의 생활교육 환경을 조성하고, 지속가능한 회복적 학교 운영을 위한 학교 시스템을 구축하는 학교이다.

일반적으로 학교가 회복적 학교로 나아가기 위해서는 최소 3년 이상의 장기적 프로젝트로 추진할 수 있어야 한다. 물론 한국 상황에서 교사의 이동에 따른 변화로 회복적 학교 계획을 세우는 것은 만만치 않은 도전이지만 불가능한 시도가 아니다. 실제로 회복적 학교는 교육 공동체 구성원과 지역사회, 나아가 교육 현장에 건강한 영향을 끼치고 있다. 회복적 학교를 세우기 위해서는 우선적으로 회복적 정의의 기본 철학을 학교 공동체 구성원이 공유하고 만들어 가기 위한 합의의 과정이 매우 중요하다. 그리고 할 수 있는 것부터 실천하고자 하는 동료 교사들과 그룹을 만들어 함께 고민하고 추진해야 한다. 회복적 학교가 되기 위해서는 어떤 과정으로 무엇을 준비해야 하는지 구체적인 회복적 학교의 사례를 통해 살펴볼 수 있다.

회복적 학교 이야기[60]

한국평화교육훈련원(이하 KOPI)은 2015년부터 회복적 정의와 생활

---

60 이재영, 위의 책, 6장 중 '회복적 학교'의 내용을 정리했다. pp.321-334.
2010년대 회복적 생활교육이 소개된 이후 학교 차원에서 회복적 학교의 여러 시도가 있어 왔다. 대표적으로 고양 덕양중학교는 좋은교사 소속 교사들의 노력으로 학교 문화를

교육에 관심 있는 경남의 교사들과 연결되기 시작했다. 이후 경상남도 교육청과 업무협약을 통해 지속적인 교육을 해 오면서 회복적 생활교육 연수를 받은 교사들이 자발적으로 회복적생활교육연구회를 만들었다. 연구회 교사들이 개별 실천을 넘어 회복적 생활교육 활성화를 통한 학교의 전반적인 변화의 필요성에 공감하면서 회복적 학교를 통한 회복적 도시 만들기에 관심이 커졌다. 그 결과 2017년 경남도교육청의 행복교육지구(경남형 혁신교육지구) 사업부서에서 김해 행복교육지구 사업 중 하나로 회복적 학교 세우기를 거점으로 하는 회복적 도시 프로젝트를 진행하기로 하고 관심과 필요가 맞는 학교를 물색했다.

그러던 중 관계자들의 추천과 핵심 교사들이 관심을 보인 '김해봉황 초등학교'가 자원하게 되었다.[61] 학생 700여 명, 교직원 75명이 함께하는 지역의 큰 초등학교가 관심을 보인 이유는 교사를 힘들게 하는 생활지도에 대한 부담이 증가하고 있었기에 돌파구가 필요했으며, 행복학교(경남형 혁신학교)로서 전반적인 학교 문화에 변화가 일어나길 바라는 교사들의 열망이 있었기 때문이다.

회복적으로 만들어 갔다. 이 책의 학교 사례는 KOPI를 중심으로 구축된 대표적인 회복적 학교 사례를 담았다.

61 경남 김해의 회복적 학교를 통한 회복적 도시 만들기 프로젝트가 추진되고 김해봉황 초가 자원한 배경에는 행복학교(혁신학교)와 행복교육지구사업을 위해 당시 경남도교육청의 학교혁신과 파견교사로 근무 중이던 전 경남회복적생활교육연구회 하경남 회장의 역할이 컸다. 하경남 교사는 경남에서 회복적 정의를 실천하는 교사, 관리자, 마을교사(학부모, 지역민)가 함께하는 '경남회복적정의실천가모임' 대표로 활동하고 있다.

1) 회복적 학교 1년 차: 씨앗 단계

2017년부터 김해봉황초등학교(이하 김해봉황초)에서 시작된 회복적 학교 프로젝트는 초기 3년 과정의 회복적 학교 세우기 계획으로 추진되었다. 2023년 현재까지 7년 차로 회복적 학교의 흐름이 교사의 이동에도 불구하고 꾸준히 지속되고 있다. 지금까지 회복적 학교가 지속될수 있었던 것은 초기부터 점진적인 계획으로 학교의 회복적 문화 조성에 힘써 왔기 때문이다. 1년 차에는 회복적 학교를 추진하기 위한 교사의 전체적 동의 과정과 중심학년 위주의 선택과 집중이 있었다.

김해봉황초의 몇몇 교사는 다른 기회를 통해 회복적 생활교육 연수를 받은 적이 있었지만, 교사 대부분이 처음 접하는 내용이었다. 교장, 교감을 포함하여 전체 교사의 참여를 필수조건으로 회복적 정의와 이에 기초한 회복적 생활교육의 철학, 그리고 학교에서 활용할 수 있는 실천을 함께 들은 뒤, 회복적 학교 프로젝트를 수행할 것인지에 대한 전체 동의 과정을 거쳤다. 그리고 처음부터 모든 학년에 적용하기보다 어떤 학년이 중심이 되어 접근할 것인지에 관해 구체적 논의가 이어졌다. 열띤 논의끝에 교사들은 4~5학년 두 학년을 중점학년으로 선정하여 회복적 학교 만들기를 진행하기로 결의했다.

회복적 학교 세우기 프로젝트 첫해의 목표는 교육 훈련을 통해 학교구성원들이 회복적 생활교육의 철학과 방법에 익숙해지도록 돕는 것이었다. 2017년 한 해 동안 교사 33시간[62], 학부모 15시간, 4~5학년에서 선발한 회복적 또래조정 동아리 학생들 15시간, 4~5학년 9개 학급 서클 2시간 등 거의 모든 학교 구성원을 위한 교육이 진행되었다.

연수에서 배운 회복적 정의 패러다임은 교사들과 학부모들에게 신선한 충격으로 다가왔다. 특히 공동체성을 강화하는 평화감수성 활동이나 서클을 통한 학급운영, 회복적 질문을 통한 일상의 갈등 문제에 대한 새로운 접근 등에 대한 반응이 좋았다. 연수 이후에는 서클을 학생들만 하는 것이 아니라 평소 진행되는 교직원 모임이나 회의, 학부모 모임 등에서 활용하게 되었다. 그 결과, 전과는 다르게 학교 내에 수평적이고 민주적인 소통문화가 점차 확산되어 학교 공동체라는 인식이 강화되기 시작했다.

첫해에 이룬 첫 번째 성과는 지속적인 연수를 통해 회복적 생활교육에 진지하게 관심을 보이는 핵심교사 그룹이 형성되었다는 점이다. 교육청에서의 회복적 생활교육 집합 연수는 회복적 생활교육에 대한 이해를 넓히고 개인 교사가 학급에서 실천하여 효과가 있긴 해도 일회성으로 끝나거나 개인적 역량 강화로 끝나는 한계가 있다. 학교 차원의 연수와 핵심교사 그룹의 형성은 교사 사이의 관계성을 향상하고 생활교육의 지향점이 한 방향으로 모이는 기회를 마련하고 실천의 지속성을 부여하는 데 주요한 역할을 했다.

두 번째 성과는 학교의 방향성과 관련해 학부모의 이해와 지지가 생겨났다는 점이다. 특히 학생들 활동으로 회복적 또래조정 동아리가 구성되어 1년간 운영되면서 또래조정을 훈련받은 자녀들이 집에서 변화된

62　KOPI는 회복적 생활교육 연수과정(RD1~4)을 단계별로 구축하고 있다. 김해봉황초에서는 1년 차에 회복적 정의와 생활교육 소개(3시간), RD1(15시간), RD2(15시간) 과정이 진행되었다. 자세한 연수 과정의 내용은 KOPI 홈페이지를 참조하길 바란다.

태도와 행동을 보이면서 학부모들이 교육 내용을 자세히 알지는 못해도, 학교에서 뭔가 좋은 교육을 받고 있다는 느낌을 갖게 되었다. 또한 학부모 연수를 통해 가정과 학교에서 연속성을 가지고 회복적 접근을 이해하고 실천하고 방향성을 지지하는 학부모들의 긍정적 인식은 김해봉황초 교사들의 새로운 시도를 지지하는 원동력이 되었다.

2) 회복적 학교 2년 차: 성장 단계

회복적 학교 2년 차의 목표는 첫해 배우고 실천해 본 교육 내용을 기초로, 새 학기부터 김해봉황초에 맞는 회복적 생활교육을 계획해서 전 학년에서 전면적으로 실시하는 것이었다. 공립학교의 특성상 교사들의 전입출로 3분의 1이 다른 학교로 옮겨가고, 새로운 교사들로 채워져 기존 교사 사이의 내용이해 공백을 어떻게 메워야 할지 매우 난감한 상황이 되었다. 그렇지만 회복적 학교의 지속성을 위해 새 학기 워크숍을 통해 기존의 교사들이 김해봉황초로 전입해 온 교사들에게 회복적 생활교육을 자연스럽게 안내하는 역할을 맡았다. 그리고 김해봉황초는 일부 반복되더라도 교사의 교육 훈련에 집중하여 회복적 생활교육을 이해하도록 했다. 그러면서 첫해 열정적으로 참여한 핵심 교사들이 중심이 되어, 회복적 학교를 도교육청의 정책연구 과제로 삼아 연구해 보기로 했다. 동시에 전문적 학습공동체와 교사 자율동아리의 주제도 회복적 생활교육으로 정해서 기존 관심 교사에 더해, 새롭게 전입한 교사들 가운데 관심 있는 이들이 자연스럽게 참여할 수 있도록 했다. 결국, 정기적 연수를 통해 내용적 공급(재공급)이 이뤄짐과 동시에 정책연구팀과 '따뜻한 봉황(따봉)'

이라고 명명한 자율연구동아리를 통해 인적 변화에도 불구하고 회복적 학교 프로젝트를 지속할 수 있는 구조가 만들어졌다.

한편, 둘째 해에도 회복적 또래조정 동아리는 계속 운영되어 자리를 잘 잡아갔다. 기존의 1년 차 4~5학년 학생들이 고학년이 되어 동아리 교육과 활동에 참여했고, 추가로 추천되어 참여한 4~6학년 학생들이 참여했다. 이 학생 동아리는 또래조정을 교육받은 학생들이 실제로 학생들 사이에서 공식적으로 조정하는 것을 기대하고 운영한 것이라기보다 교육적 측면을 기대하고 운영되었다. 비록 모든 학생이 기회를 얻은 것은 아니지만, 실제로 또래조정 훈련을 받은 학생들이 학급에서 평소 친구들과의 관계를 잘 맺어가며 성장하고, 학교생활에서 자신들의 배움을 실천한 것을 보면 교육 자체로서의 의미가 더 컸다고 할 수 있다.

첫해에 반응이 좋았던 학부모 교육은 경남도교육청에서 학부모와 주민을 대상으로 회복적 마을교사 과정이 개설되어 학교에서 따로 진행하지는 않았다. 대신 학부모회에서 자체적으로 연수를 진행했다. 회복적 학교 세우기 둘째 해인 2018년은 교사가 많이 바뀌고 중간에 교장도 바뀌는 인적 변화가 있었지만, 오히려 정책연구와 동아리를 통해 열심히 해 오던 교사들이 자율적으로 회복적 학교 세우기의 주체로 자리매김하는 계기가 되었다. 교사들 개인의 회복적 실천 역량과 받아들이는 온도차는 있었지만, 꾸준히 지속된 (재)교육을 통해 회복적 생활교육을 적용하는 내용과 방식이 더 익숙해지고 넓어지는 성과가 있었다. 이런 점에서 2018년은 위기이면서 동시에 회복적 생활교육에 기초한 자생적 학교 문화를 만드는 본격적 원년의 시기이기도 했다.

3) 회복적 학교 3년 차: 열매 단계

회복적 학교 세우기 프로젝트 마지막인 3년 차 과정의 목표는 회복적 생활교육을 학교 운영 전반에 구조화System하는 것이었다. 지난 2년간 우여곡절이 있었지만 김해봉황초에 근무하는 교사들은 회복적 생활교육 관점에 점차 익숙해졌고, 새로 전입한 교사들도 동료 교사들의 실천을 보면서 그 방향성에 동의해 가고 있었다. 그리고 언제부터인지 분명하진 않지만, 학교에서 일어나는 크고 작은 변화가 곳곳에서 감지되고 있었다. 예를 들어 학교에서 벌어지는 거의 모든 협의는 관리자를 포함하여 서클로 진행하는 수평적 소통구조가 정착됐고, 그 결과 교사 공동체의 분위기도 매우 친밀해졌다. 또한 예전에 자주 나타났던 복도에서 학생과 실랑이하는 교사의 모습은 어느덧 사라져 가고 있었다. 눈에 띄는 큰 갈등도 많이 없어졌다는 것을 김해봉황초에 오래 근무한 교사들은 이미 체감하고 있었다.

그리고 관심 있는 교사들만 열심히 하는 회복적 생활교육이 아니라 모든 교사가 자연스럽게 회복적 학교 세우기에 동참하는 흐름을 만들어야 한다는 필요성 때문에, 전체 교사 모임에서 2019년도 학교 교육과정 중점교육 세 가지 목표 중 하나로 회복적 학교를 선정했다. 2년간 진행하면서 교사 개인의 자율에만 맡겨서는 관심을 보이지 않고 큰 흐름에 동참하지 않으려는 교사들이 있다는 사실을 알았기 때문에 구조적 접근이 필요하다는 것이 핵심 교사들의 생각이었다. 이와 같은 고민의 결과로 학교 교육 과정의 중심에 회복적 학교가 들어가게 되었다. 이들은 이것을 '평화적 강제성'이라고 불렀다. 결국 3년 차의 목표인 회복적 학교 운영의 구조적 토대가 교사들에 의해 자생적으로 만들어진 셈이었다. 3년 차 교육은 전년도의 경험 때문에 처음부터 두 갈래로 기획되었다. 새로운 교사들은 회복적 생활교육 기본과정을 이수하도록 했고, 기존에 교육받아 오던 교사들은 회복적 대화 모임(조정과 문제해결 서클) 중심의 교육으로 구성하여 필요에 맞게 선택하도록 했다.

3년 차의 목표인 회복적 학교 운영체계 구축을 위한 구조화 방안으로 기존 교육과 연구동아리 운영 외에 두 가지 새로운 시도가 있었다. 학년별 회복적 생활교육 코디네이터를 세우는 것과 학교폭력에 대한 회복적 접근이 가능하도록 학교공동체회복위원회(이하 회복위원회) 운영을 준비하는 것이었다. 2019년 새 학기 워크숍에서 학년별로 회복적 생활교육을 지원할 코디네이터를 한 명씩 정해서 학년부장과 함께 학년별 생활교육 체계를 강화했다. 학년부장과 겸직 조건이 아닌 학년별로 선정한 회복적 생활교육 코디는 연구모임에 참석하여 학년에 맞는 회복적 생활교육을 고민하고, 전체 학년이 같이 진행할 주제와 프로그램을 만들어 내는 역할을 담당했다. 연구모임과 학년별 코디 교사의 역할을 통해 시기별 회복적 생활교육 실천 방안이 전체 교사에게 공유되어 개별 학급 차원에서 학년 단위별 실천을 강화할 수 있었다.

한편 학교폭력에 대한 대응이 처벌과 징계 중심으로 이뤄지다 보니 가장 중요한 시기에 회복적 접근이 근본적으로 어려운 한계가 있었는

데, 마침 2019년부터 학폭법이 일부 개정되어 학교 내 자체 해결이 가
능하게 되었다. 김해봉황초는 학교자체해결의 취지와 내실을 강화하
기 위해 회복위원회 구성과 운영을 위한 구체적 논의를 시작했다. 회

연차	목표	단계별 적용	내용	대상 및 역할
1년 차 (2017년)	이해와 훈련	회복적 생활교육 기본 교육에 집중	응보적 훈육체계를 탈피하고 회복적 생활교육 적용을 위한 기초 교육 및 집중훈련	학생: 평화감수성 훈련 교사: 관계형성 및 조정자로서 역할 학부모: 공동체 일원으로 인식
2년 차 (2018년)	실천과 습득	회복적 생활교육의 학급별 적용 및 학년별 연대	훈련된 내용에 대한 실제 적용 및 개인별 사례 및 적용법 개발 회복적 학급운영 관리 및 피드백 회복적 학교를 위한 학년별 연대 및 구성, 역할 설정(담임-부장-관리자)	학생: 또래조정 훈련 교사: 실제 적용 및 교사 연구모임 학부모: 자원봉사 등 회복적 실천에 참여 관리자: 학급운영 및 학년별 연대 지원
3년 차 (2019년)	구조와 운영	회복적 생활교육 학교 시스템 구축	공동체 회복위원회 학부모 연계체계 지역사회 및 유관기관 협조체계	관리자: 학교 정책 및 운영체계를 위한 정책 지원 학부모: 회복위원으로 활동 및 참여

교육·훈련(2017년)
- 대중강연회
- 학교선정 및 소개강의
- 중점학년 선정
- 교사, 학생, 학부모 연수
- 또래조정반 운영

실천·적용(2018년)
- 회복적 학교 정책연구
- 전문적학습공동체 운영
- 교사, 학생, 학부모 연수
- 또래조정반 운영

운영 시스템 구축(2019년)
- 자율연구동아리 활성화
- 회복위원회 운영체계 구축
- 교사, 학생, 학부모 연수
- 또래조정반 운영

김해봉황초등학교 회복적 학교 세우기 과정[63]

씨앗 심기-1년 차	거름 주기-2년 차	열매 맺기-3년 차

• 회복적 생활교육 알리기
 - 대중강연
 - 학부모 회복적생활교육 연수
• 회복적 생활교육 실천하기
 - 교사연수(RD1, 2)
 - 4, 5학년 회복적생활교육 중점학년 운영
• 회복적 생활교육 맛보기
 - 평화감수성 훈련
   (4, 5학년 학생)
 - 회복적 또래조정자 과정 운영
	• 회복적 생활교육 중점학교
	 - 각 학년 교육 과정에서 회복적 생활교육을 녹여서 실천
	• 교사 역량 강화
	 - 단계별 회복적생활교육 관련 연수 개설
	   RD1, 2: 회복적생활교육이 처음인 전임교사
	   RD3: 둥글게만나기: 작년 RD1, 2이수자 심화 연수
	 - 회복적생활교육 교사 동아리 운영
	• 회복적 또래조정과 연수
	 - 4, 5, 6학년 20명 회복적 또래조정자 연수
	 - 5, 6학년 회복적또래조정 동아리 운영
		• 회복적자치위원회 구성을 위한 교육공동체의 이해 및 동의 마련
		 - 응보적 방식이 아닌 회복적생활교육 철학을 바탕으로 문제를 해결해 가는 학교 문화 정착
		• 회복적 학급운영
		 - 신뢰서클, 평화감수성 훈련, 존중의 약속 회복적생활교육 실천
		• 학년별 이끔이 교사 세우기
		 - 더 열심히 하는 교사를 지원
		 - 교사 공동체 안에서 회복적 생활교육이 확산될 수 있도록 자생력 키우기

회복적 학교 세우기

복위원회는 교사 8명과 학부모 4명으로 구성하기로 협의했고, 회복위원회를 포함하여 학교폭력 대응 접근을 5단계로 나눠서 단계적으로 접근하도록 했다.

1단계: 담임 해결 — 2단계: 학년 해결(학년별 회복위원회) — 3단계:

---

63 한국평화교육훈련원, 〈회복적 학교 운영 성과 분석 결과보고서(김해봉황초등학교)〉, 2020. 05. 25, p.11.

필요한 학생의 경우 상담, 치료(Wee센터 등) 연계 — 4단계: 학교 회복위원회 — 5단계: 지역교육청 심의위원회 의뢰 순이다. 물론 학교 내사안을 이와 같은 자체 회복적 절차를 통해 처리하는 운영체계를 갖추기까지 시행착오를 겪게 될 것이기 때문에 좀 더 많은 시일이 필요하다. 그렇지만 학급과 학년별 예방적 노력이 정착되면, 갈등 초기 대응능력이 향상되어 학교폭력 사안 처리 과정에도 회복적 접근이 가능할 수 있다고 본 것이다. 회복위원회를 통해 갈등 사안에 대한 회복적 접근을 교사들 스스로 만들어 낸 것은 김해봉황초가 이미 회복적 학교로 변화했다는 사실을 잘 보여 준다. 3년 차를 지나면서 김해봉황초는 어느새 회복적 학교가 되어 가고 있었다.

회복적 학교 3년의 실험이 남긴 것들

초기 3년간 진행된 김해봉황초의 '회복적 학교를 거점으로 하는 회복적 도시 만들기 프로젝트'는 주관한 경남도교육청이나 기획과 교육을 맡은 KOPI, 그리고 무엇보다도 직접적으로 배우고 실천하느라 도전적 3년을 보낸 교사와 학생들에게 특별한 의미가 있는 경험이었다. 3년 동안 꾸준하게 이어진 지원과 교육 및 컨설팅, 교사들의 열정과 노력으로 김해봉황초의 학교 문화는 전과 비교하여 크게 변화했다.[64] 회복적 학교라는 특성에 걸맞게 학교에서 벌어지는 갈등의 문제를 다루는 방식이나 관계와 공동체성에 대한 인식이 높아지면서 상호 존중과

---

64 김명일, 〈김해 행복교육지구 "회복 꿈꾼다"〉, 《경남매일》, 2017. 09. 11. 참조.

협력의 문화가 학교 공동체에 스며들게 된 것이 가장 큰 성과라고 할 수 있다. 한 예로 회복적 생활교육이란 말을 전혀 들어 보지 못한 전입 행정직원들이 업무 워크숍에서 교사들과 대화와 서클을 경험하면서 학교 조직문화가 이전에 경험한 학교와 많이 다른 것을 느꼈다고 한다. 평소 교사들과 잘 소통하지 않고 업무적 관계만 유지하는 행정직원들이 학교의 문화가 마음에 들어 이 학교에서 오랫동안 열심히 일하고 싶다고 나눌 만큼 교직 문화가 열린 공동체로 정착하게 되었다.

더욱 의미 있는 변화는 일부 교사들이 회복적 생활교육을 문제행동에 대한 생활지도의 영역을 넘어, 공동체를 이해하는 교육적 내용으로 수업에 접목하기 시작했다는 점이다. 2020년 초 김해봉황초의 몇몇 교사들은 지난 3년간의 회복적 학교 세우기 프로젝트에 대한 평가모임에서 교육적 가치의 중요성을 이렇게 표현했다.[65]

"회복적 생활교육은 단순히 스킬이나 활동이 되어서는 안 된다고 봐요. 그 철학과 가치가 공유되는 것이 가장 중요하다고 생각합니다. 회복적 생활교육은 우리에게 학생들이 학교에서 자치, 자율, 자립을 경험적으로 배울 기회를 어떻게 줄 수 있을까 고민하게 만들어 줬어요. 그래서 저희는 회복적 생활교육에서 자주 하는 서클도 많이 하긴 했지만, 이 가치를 교육 과정 속에 어떻게

---

65 2020년 초, 김해봉황초의 교사들과 3년간의 회복적 학교 세우기 프로젝트에 대한 평가회가 있었다. 회복적 학교 세우기를 위해 애쓴 오세연, 허연주, 박수현, 강지빈, 황진희 교사가 참석했다.

녹여 낼 수 있을까 고민하게 되었어요. 예를 들어, 자치라면 이 가치를 무엇을 통해 할 수 있을까 고민하다가 자율동아리를 학생들 스스로 기획하고 만들어 모집하고 공부하게 했어요. 그러면서 회복적 생활교육에서 강조하는 공공성, 배려, 공감, 경청을 어떻게 녹여 낼 것인가를 고민하게 했죠."

"우리 반 같은 경우 회복적 생활교육이 추구하는 공공성, 민주성, 약자에 대한 배려, 평화 감수성 등을 어떻게 수업에서 풀어내면 좋을 것인가 생각했고, 결국 욕을 가지고 수업을 하게 됐어요. 우리나라와 세계의 욕을 골라 사전에서 그 의미를 찾아오게 했지요. 욕은 약자, 병자, 여성, 부모 등을 비하하는 경우가 많았는데 그것을 분석하면서 왜 이런 말들이 욕이 되었을까 고민하게 했어요. 이러한 수업을 하면서 아이들의 언어에 대한 평화 감수성이 발전하게 되었어요. 회복적 생활교육에서 배운 방법이나 스킬도 좋지만, 그 안에 깔려 있는 가치를 수업에 녹여 내는 것이 진정한 의미에서 회복적 생활교육이라 생각하게 되었어요."

한 교사는 학교에서 회복적 생활교육을 주제로 10회 이상의 교육 과정을 만들어 수업을 진행했고, 그 경험을 통해 회복적 생활교육이 민주시민을 양성하는 과정과 맞닿아 있다는 점을 생각하게 되었다고 했다. 이처럼 회복적 생활교육의 가치를 토대로 만들어지는 회복적 학교는 회복적 문화를 수업과 생활교육에 전반적으로 풀어내는 학교를 의미한다. 그리고 그런 토대 위에서 규칙을 지키고 잘못을 바로잡는 강제적 통제가 줄 수 없는 새로운 형태의 교육적 메시지를 포함하고 있다. 3년 차 마지막 워크숍에서 한 교사는 학교 문화의 변화가 안전하고 평화로운 학교를 세우는 생활교육의 목표임을 강조해서 이야기해 주었다.

> "우리 학교에서 지난 몇 년간 가장 좋았던 점은 우리는 '회복적 학교'라는 인식이 공유되어 있다는 점입니다. 모든 선생님이 회복적 생활교육 연수를 같이 받고 철학을 공유하며 생활지도의 방향성을 통일해 왔기 때문에, 다른 반과의 갈등이 발생했을 때 '나는 이렇게 하는데 저 선생님이 다르게 하면 어떡하지?'라는 우려가 거의 없다는 점입니다. 대부분의 선생님이 일관성 있게 지도를 하시고 일관성 있게 이야기를 해 주시기 때문에 아이들이 느끼기에 스스로 '난 안전하구나.' 하고 갈등 상황을 안전하게 받아들이는 문화가 생겼다는 점입니다."

여기서 이야기하는 학교안정은 법과 학칙에 기초하여 통제와 제거를 통해 이루고자 하는 '상식적' 안전성과는 다른 뉘앙스로 들렸다. 회복적 학교는 결국 문화를 만드는 과정이라는 것이 3년을 경험한 교사들의 일괄된 목소리다. 같은 철학과 가치를 공유한 사람들이 만들어 내는 평화롭고 민주적인 문화 속에서 느껴지는 안정은 갈등이 표면적으로 드러나지 않는다는 의미가 아니라, 그 갈등을 평화적으로 다룰 제도와 문화가 존재한다는 의미일 것이다. 학교 공동체 구성원이 누구를 만나더라도 일관된 '회복적 언어'를 가지고 사람을 만나고 공유한다는 점에서 학교의 문화 변화를 위해 김해봉황초는 3년간 나름대로 최선의 노력을 통해 새로운 학교 모델의 가능성을 제시해 주었다.

회복적 학교 3년 이후의 이야기[66]

2019년으로 김해봉황초가 3년간 진행한 프로젝트는 마무리되었지만, 회복적 학교라는 특색을 이어가도록 하기 위해 교사들이 자체적으로 연수와 실천계획을 세웠다. 그러나 김해봉황초가 3년간의 프로젝트 이후 회복적 학교로 지속될 수 있을지는 누구도 장담할 수 없었다. 이후부터는 학교 공동체의 자발성에 기초해서 학교 문화로 유지되어야 했기 때문이다. 초기에 회복적 학교 세우기에 동참한 교사들이 학교를 옮기면 김해봉황초가 회복적 학교로서 명맥을 유지하기 어렵지 않을까 하는 우려도 존재했다. 그러나 우려는 기우에 불과했고 코로나라는 큰 변수에도 불구하고 김해봉황초는 현재까지 7년 넘게 회복적 학교로서 꾸준히 지속해 왔다.

일반적으로 학교의 구성원이 바뀌거나 관리자가 바뀌면 학교 현장에서 잘 실천되고 있던 것도 그 흐름이 이어지기 어려운데, 김해봉황초가 회복적 학교를 지탱하는 원동력은 무엇보다 초기 3년의 과정을

---

66 김해봉황초에 근무하며 회복적 학교를 세우기 위해 애써 온 오세연 교사(현 김해덕정초)의 봉황초 3년 이후의 과정에 대해 작성한 원고 내용을 재정리하여 글에 실었다.
＊오세연, 〈김해봉황초 회복적 학교 3년 이후의 이야기〉, 2021.

통해 회복적 생활교육이 학교를 아우르는 철학과 가치로서 민주적 학교 문화를 형성하고 학교 구성원의 관계성과 공동체성을 세우는 학교 문화로 자리 잡았기 때문이다. 특별히 회복적 학교 3년 차에 회복적 학교를 위한 운영체계를 마련한 것이 지속성의 주요한 요인이었다. 회복적 학교 운영체계 구축은 개인 교사의 실천 의지를 넘어서 학교 시스템으로 돌아가는 회복적 학교의 바탕이 되었다. 학교 구성원의 인적 이동에도 불구하고 운영 시스템을 통해 새로 전입한 교사에게도 자연스럽게 학교의 회복적 문화를 전수할 수 있었다. 그러나 체계가 마련되었다고 문화가 만들어지는 것은 아니기에 기존 교사들의 방향성과 실천을 위한 노력이 없었다면 회복적 학교를 지속하기는 어려웠을 것이다.

4년 차부터는 KOPI의 지원 없이 자체적으로 학교가 시작되는 2월 새 학기 준비부터 기존의 교사와 새로운 교사가 함께 신뢰 관계를 형성하고, 그간 지속해 온 회복적 생활교육과 회복적 학교의 방향성을 중심으로 하는 내용의 워크숍을 진행했다. 그리고 학년별 회복적 코디네이터를 정하고 학년별 생활교육 시스템이 작동하도록 학년별 전문적학습공동체와 학교 차원의 자율연구모임(따봉)을 정례화하여 교육과정에서 회복적 생활교육을 어떻게 적용하고 실천할지를 구체적으로 기획하고 학년별로 교과 내용과 어우러지는 회복적 실천을 진행할 수 있었다. 2021년은 관리자도 연구모임에 참여하여 교사와 관리자가 철학을 공유해 가고 있다. 교사 연구모임은 회복적 생활교육을 중심으로 소통하는 창구이자 회복적 학교의 중추적 역할을 해 왔다.

회복적 학교를 세우는 교사 공동체 모임은 학교의 다른 교육 주체에게도 긍정적 영향을 주었다. 학교의 운영회의에서도 회복적 생활교육은 민주적인 의사결정, 민주적인 학교 문화를 만들어 가는 핵심이 되었다. 특히 서클 방식으로 소통하는 회의 문화는 행정실과 교무실의 관계를 개선하고 구성원들의 소속감과 주체성을 높이는 데 기여했을 뿐만 아니라 학생, 학부모를 포함한 학교 전체 구성원이 회복적 학교의 방향으로 나아가는 토대가 되었다.

학교 구성원 간의 관계성을 만드는 노력이 쉬운 것은 아니지만, 관계를 중심으로 회복적 학교 운영체계를 마련하고 회복적 학교의 문화를 전수하는 노력의 일환이 회복적 학교의 성패를 좌우하는 요인이 되었다. 회복적 학교의 교육적 접근은 크게 두 축으로 실천되었다. 하나는 회복적 학급운영을 통한 예방적 접근이며, 다른 하나는 학교폭력 사안을 회복위원회에서 다룬 것이다.

특히 2020년 학교는 코로나19라는 새로운 도전을 맞이했다. 사상 초유의 개학 연기를 비롯해 교실에서 거리두기를 실행하는 등 교육 활동에 숱한 어려움을 겪었다. 그렇지만 등교를 결정한 시기 이후로는 방역 지침을 준수하며 서클, 감정 다루기, 의사소통 훈련 등 관계를 맺는 소통 중심의 교육 활동을 해 왔다. 학기 초 관계 형성을 위한 학교 전체 프로그램과 학년별 프로그램을 학급운영에 적용한 것은 교사들에게도 매우 중요했다.

"대개 개학하면 하루 정도 서로 소개하고 바로 진도 나가는데 여기는 2주 또는 4주까지 관계 형성 프로그램을 하는 걸 보고 뭐

저렇게 비효율적인지 의심을 했어요. 그런데 6월이 지나면서 알겠어요. 애들이 싸워도 서클을 요구해요. 서로 이야기를 해 보겠대요. 대개 5~6학년쯤 되면 물리적으로 폭력이 일어날 법도 한데 여기 애들은 거의 말로 해결해요. 그게 좀 신기했고 그게 관계 형성 프로그램을 한 이유였다고 생각해요."[67]

코로나 상황으로 학생들의 관계 맺기가 어려워진 상황이었기 때문에 역설적으로 학기 초부터 집중적으로 관계망 형성을 목표로 실천하는 회복적 학급운영이 절실했다. 무엇보다 관계와 공동체를 기반으로 만들어 가는 것이 생활교육의 핵심임을 놓치지 않고 이끌어 갔던 교사들의 노력이 회복적 학교 공동체를 이루는 기반이 되었다. 회복적 학급운영과 동시에 회복적 또래조정 활동을 5학년 교과 과정 안에 적용해 도덕과 국어, 창체 시간을 활용하여 5학년 전체가 함께 배우는 활동이 아이들과 교사들에게도 의미가 있었다. 따라서 회복적 또래조정자 활동을 1년간 긴 프로젝트 학습으로 진행했다. '갈등'이라는 주제에 대해 살아가면서 한 번쯤 길게 배울 만한 가치가 있기에 이러한 교육 경험은 사실 학생들에게 큰 의미가 있었다. 학년 전체로 회복적 또래조정 프로젝트를 한다는 것은 김해봉황초만의 회복적 학교 특색이라 할 수 있다. 이처럼 교과 과정과 연계된 교육은 단순히 생활지도의 일환을 넘어 교육 철학으로 회복적 생활교육 이해가 학교 전반의 교육 과정이 되고 있음을 시사한다.

---

[67] 오세연의 위 원고 참조. 2020년 봉황초로 전입한 교사가 언급한 표현 갈무리.

한편 회복적 학교를 이루는 다른 하나의 축은 갈등을 다루는 사안 처리에 회복적 접근이 가능하도록 학교운영체계 안에 '회복위원회'를 적용해 보는 것이다. 사실 학교에서는 예방과 사안 처리가 별개일 수 없다. 별도의 사안 처리가 아닌 회복적 접근을 통해 교육의 일환으로 갈등 사안을 회복위원회를 통해 잘 다룬다면 그것으로도 예방적 효과를 기대할 수 있다. 2019년 회복위원회를 구성하고 교직원 워크숍에서 취지와 단계별 회복적 접근[68]을 공유했다. 2020년부터 본격적으로 가동한 회복위원회는 학교폭력 전담기구 역할을 하고 있다. 회복위원회가 학폭법과 어떻게 상충하는지, 과연 이것이 학교에서 실현 가능한지에 대한 의문을 제기하는 교사도 있기는 했지만 전체적으로는 학폭 상황에서 교사가 교육자로 역할을 해야 한다는 취지에 공감했다. 현재 회복위원회는 회복적 생활교육 연수를 이수한 조정 역할 수행이 가능하고 회복적 정의를 실천할 자격을 가진 위원들로 교감(총괄), 업무 담당자, 교사 6명, 학부모 위원 3명으로 구성되어 있다. 학교폭력 사안뿐만 아니라 학교에서 일어나는 모든 갈등 상황에서 당사자 간의 관계 회복에 초점을 두고, 문제 당사자들이 충분한 대화를 통해 공감과 상호 이해의 기회를 제공한다. 경미한 갈등은 학년 단계에서 대화를 통해 잘 해결하고 있다. 2년간 코로나 상황으로 학교폭력이 많이 접수되지 않았지만

---

68 5단계는 각 단계별로, 1단계 : 담임 해결 — 2단계 : 학년 해결(학년별 회복위원회) — 3단계 : 필요한 학생의 경우 상담, 치료(Wee센터 등) 연계 — 4단계 : 학교 회복위원회 — 5단계 : 지역교육청 심의위원회 의뢰 순. 사안에 따라 단계를 뛰어넘기도 하고, 여러 단계를 동시에 진행하기도 한다.

몇 건의 사안을 회복위원회에서 다루고자 시도했다.[69]

　때때로 회복위원회가 기대만큼 이상적으로 해결되지 않을 수 있다. 학교장자체해결로 가능하지 않은 사안에 대해서는 학폭법과 상충하는 어려움으로 교사들이 부담을 느끼기도 한다. 또한 학부모가 회복적 대화 모임에 대한 이해가 없다면 학교가 학교폭력을 은폐한다는 오해를 사기도 한다. 특히나 코로나 상황으로 인한 관계의 단절은 학생들과의 관계 회복의 기회마저 포기하게끔 만든다. 그래도 회복위원회에서 다루고자 했으나 심의 조치로 종결된 사안일지라도 김해봉황초의 교사들은 회복위원회가 진행되지 않은 요인을 평가하는 모임을 가졌다.

　결과적으로 학교의 회복적 절차에서 다뤄지지 못한 사안들에 대해 학교 구성원들이 안타까워했던 이유는 그만큼 회복위원회가 교육적이고 공동체적인 해결 접근이라는 경험이 있었기 때문이다. 담배 절도 사건으로 인해 선도조치가 이루어져야 했던 학생들을 대상으로 일반적인 징계 방식의 선도위원회는 교육적이지 못하다는 학교 구성원의 인식이 있었기에 회복위원회를 통해 사안을 다루었다. 학생과 학부모, 담임교사, 교장, 교무부장, 인성부장이 한자리에 모여 문제해결 서클을 통해 학생들에게 잘못에 대한 상황, 감정, 주변 영향 등에 대해 말할 기회를 부여하고, 부모와 학교 관계자는 학생들을 어떻게 돕고 지원할 수 있을지를 이야기하게 되었다. 진심 어린 걱정과 마음 덕분에 학생

69　김해봉황초 회복위원회 사례는 2021년 세계회복적정의주간 포럼 김해 봉황초 인성부장 동혜림 교사의 〈회복적 학교 김해 봉황초 사례 나눔〉 내용을 참조했다. 한국회복적정의협회 주관. 2021. 11. 18.

들이 마음을 열고 스스로 자발적 책임을 이야기할 수 있었고, 학부모도 처벌 대신 책임과 지원을 약속함으로써 문제해결 접근에 대해 다시 한번 학교와 교사를 신뢰하는 계기가 되었다.

회복위원회를 경험한 김해봉황초 인성부장 동혜림 교사는 회복위원회에 대해 다음과 같이 말했다.

> "처음에는 회복위원회가 생소하고 거창하고 대단하고 접근하기 어려운 것이라 생각했는데, 생각보다는 약간의 수고와 관심이 필요했던 것 같아요. 회복위원회가 회복적 학교로서 김해봉황초의 성장을 많이 도왔고 앞으로 어떤 방향으로 나아가야 할지 알게 되었어요. 공동체의 평화나 회복을 위해 억지로 따라야만 하는 이상이 아니라 우리 반의 문제를 옆 반 선생님이 같이 고민해 주시고 우리 학년의 갈등 상황을 학교 공동체가 같이 해결해 보고자 하는 움직임이 회복위원회의 시작이라고 할 수 있어요. 또한 선생님들이 반 문제를 공론화하는 데 있어서 가장 어려워하는 점이 혹여나 관리자나 동료 교사가 내가 학급운영을 잘못한 책임으로 보지 않을까 하는 두려움이 큰데, 회복적 학교에서는 그것에 대해 관리자나 동료 교사들이 질책하거나 책임을 묻지 않고 같이 고민해 보자고 하는 게 가장 힘이 됩니다."

향후 회복위원회 가동을 위해 학부모의 이해를 돕기 위한 기회를 제공하고 저학년 아이들부터 관계를 어떻게 강화할지 논의하기 시작했다. 새 학년 교육 과정 워크숍에서는 전체 학부모 대상의 연수, 교육 과정 설명회, 학폭심의 이후에도 할 수 있는 회복적 접근, 갈등조정기구 연계 등을 포함해 회복위원회의 효과적인 운영을 위해 논의할 예정이다.

김해봉황초가 회복적 학교로 성장하면서 학교의 구성원도 함께 성장해 왔다. 특별히 문제에 대응하는 반응과 태도가 과거와 많이 달라졌다. 어떤 교사는 휴직기에 회복적 학교 프로젝트가 진행되었는데, 몇 년 사이에 교사와 아이들이 달라져서 깜짝 놀랐다고 했다. 또 어떤 교사는 회복적 학교 이전과 이후의 아이들의 문제가 크게 줄어들지는 않았다고 했다. 다만 이전에는 문제 상황이 발생하면 어떻게 해야 하는지 생활지도에 대한 부담과 스트레스를 교사들이 많이 받았다면, 현재는 어떤 문제 상황이 와도 부담 대신 대응하는 유연함이 생겼다고 했다. 그것은 학생들도 마찬가지다. 학생들의 문제도 이전보다 관계 지향적으로 풀어갔다. 김해봉황초를 졸업한 학생들이 주변 학교 또래 관계에도 긍정적 영향을 준다고 이야기한 중학교 교사도 있었다.

회복적 학교, 확산되다

김해봉황초의 3년간 실험을 발판으로 2020년 경남도교육청 민주시민교육과에서 자발적 공모에 지원하여 선발된 6개 학교(중학교 4곳과 고등학교 2곳)[70]에서 회복적 학교 세우기 프로젝트를 새롭게 시작했다. 2020년부터 지속된 회복적 학교를 포함해 2021년 현재, 회복적 모델 학교 수를 8개[71]로 늘려서 안전한 관계망 형성을 위한 학교 교육 과정 운영안을 마련하고 회복적 생활교육을 전 학교 차원의 통합적 접근 모델로 만들고자 노력했다. 이를 위해 경남에서는 회복적 학교 컨설팅 지원단[72]이 꾸려져 학교와 매칭되어 멘토처럼 컨설팅 지원 역할을 해 왔다. 또한 경남교육청 학교혁신과 교권보호담당에서도 '이음교실 선도학교'를 공모받아 선정된 25개 학교에 수업방해 등 교권침해 예방을 위한 교육 활동에 회복적 생활교육을 중심으로 공동체 관계 형성과 대상별 집중 지원 활동을 학교 차원에서 진행하고 있다. 문제 행동에 대응하는 생활교육의 패러다임을 전환하는 이음교실 선도학교 프로젝트도 회복적 학교에 준하는 학교 문화 변화에 크게 기여하고 있다.

경남에서 추진하고 있는 회복적 학교 가운데 중고등학교 모델에서도 회복적 학교 운영을 체계적으로 만들어 가고 있다.[73] 중고등학교에서는 초등학교보다 생활지도와 학교폭력예방의 접근에서 회복적 정의의 가치와 방식을 구현하는 통합적 접근을 교육 과정에 적용하고자 노

70 2020년 경남교육청에서 자발적 공모에 의해 추진한 회복적 모델 학교는 거창샛별중학교, 거창연극고등학교, 경남전자고등학교, 김해여자중학교, 남해상주중학교, 합천대병중학교이다.

71 2021년 경남교육청에서 공모받은 회복적 모델 학교는 거제일운초등학교, 거창샛별중학교(2년 차), 거창연극고등학교(2년 차), 경남전자고등학교(2년 차) , 김해신안초등학교, 김해중앙여자중학교(2년 차), 창원신등초등학교, 합천평화고등학교 등 8개 학교가 있다.

72 경남교육청의 회복적 학교 컨설팅 지원단은 경남회복적생활교육연구회 소속 교사 7인이 참여하여 컨설틴트 역할을 하고 있으며, 현장 맞춤형 컨설팅을 지원하고 있다.

73 거창샛별중학교와 거창연극고등학교는 2년 차 회복적 모델학교이자 이음교실 선도학교이다. 두 학교의 사례는 하경남·강주리, 〈회복적 정의를 바탕으로 한 학교폭력사안의 교육적 접근 방안에 관한 내러티브 탐구〉(경남교육정보원) 2021년 교원특별연수 보고서를 참고했다.

력하고 있다.

거창샛별중학교의 경우 전교생이 서클을 통해 학생생활규정을 만들고, 교직원의 모임과 학생 모임 등에서 정기적인 서클 경험으로 서클방식의 소통이 생활화되어 있다. 갈등이 발생하면 문제해결 서클을 활용하여 학교폭력예방을 모색하고 있으며, 특히 단계별로 학교 갈등 문제 해결 시스템이 체계적으로 운영되고 있다. 수업방해 학생과 교사와의 갈등이 발생할 경우 1단계로 학급 단위로 해결이 어려운 경우, 전교사가 참여하는 회복적 생활교육 협의회에 해결 방안 요청을 의뢰하게 된다. 2단계로는 수업 방해 해결 프로그램 운영을 위한 통합 지원팀이 구성되어 갈등조정 위원회를 개최하고, 3단계로는 발생된 문제에 관한 중점을 논의하여 해결방안을 마련하고 시행하며 결과와 평가를 공유하는 절차를 운영하고 있다. 이 외에도 학생 대상의 회복적 생활교육 프로그램과 학부모 및 지역사회와 연계하여 인권 및 교권 존중을 위한 체험교육도 실시하고 있다.

거창연극고등학교는 대안고등학교로서 2020년에 개교했다. 개교하면서 회복적 생활교육을 중심으로 학교 문화를 만들어 가고자 노력했다. 처음에는 관리자의 의지와 정책에 의해 회복적 학교를 추진했지만 회복적 생활교육 연수와 컨설팅 지원으로 교사들이 회복적 학교의 철학을 공유하며 점진적으로 만들어 가는 중이다. 대안학교의 특성상 크고 작은 갈등이 끊이지 않지만 공동체 서클과 활동, 서클을 활용한 공동체 회의 문화 등을 통해 학급 단위에서부터 평화적 하부구조가 형성되고 있으며 학교 전체의 회복적 문화로 자리 잡고 있다. 또한 교내 갈등 사안 대응을 위해 학교평화위원회를 운영하고 있다. 학교에서 발생하는 문제를 회복적 대화 모임을 통해 해결하는 기구로서 교장, 인성부장, 상담교사, 교사대표, 학부모대표를 위원으로, 주된 역할은 학교폭력 예방과 학교폭력 발생 시 학교장과 학부모가 중심이 된 공동체 관계 회복 활동, 학교장 자체해결제 운영기구의 역할이다. 또한 전문 상담 교사 및 상담 전문가를 통해 위기 개입 및 관계 회복을 위한 상담 활동을 하고 있다.

회복적 정의에 기반해 학교의 비전과 방향을 새롭게 만들어 가는 회복적 학교는 학교마다 특색에 맞는 교육 과정과 문화를 형성해 가고 있다. 흔히들 초등학교는 공동체 강화를 위한 기반이 담임교사의 학급운영으로 가능하지만 중고등학교는 그에 비해 어려울 것이라고 생각해 회복적 생활교육에 회의적 시선을 보내는 교사도 있다. 그러나 회복적 학교 사례를 통해 경험하는 공통점은 모든 학교가 공동체의 평화적 하부 구조 구축을 기반으로 안전한 학교 문화를 만들어 간다는 점이다. 향후 경남에서는 회복적 생활교육 활성화의 일환으로 회복적 학교를 점진적으로 늘려갈 계획이다. 경남 외에 타 시도지역에서도 교육청 또는 교육지원청의 지원으로 통합적 접근의 회복적 학교 세우기 프로젝트를 시도하는 학교가 생기기 시작했다. 회복적 생활교육의 저변 이해의 확대를 넘어 학교 문화의 패러다임을 전환하는 회복적 학교 모델의 필요성이 더욱 중요한 시점이다.

박수현

관계가 일을 한다
(혁신학교 시스템과 회복적 생활교육)

2월에도 꽃은 핀다, 혁신학교

2018년 2월 김해봉황초에 발령을 받고 떠오르는 첫 기억은 커다란 원이다. 그리고 옆자리에 앉아 있던 처음 만난 선생님이 딸 이야기를 하며 눈물을 글썽이던 모습이다. 그때만 해도 학교 전체의 철학을 공유하고 교직원이 만나고 교류하는 장으로서 2월 새학년맞이 워크숍은 낯설고 새로운 경험이었다. 보통 2월 말에 교사들은 발령받은 학교로 간다. 그 학교의 업무 담당 선생님은 새로운 학교의 구조와 체계, 중요한 학사일정과 행사를 안내하고 교감·교장선생님께서는 준비한 학교 이야기를 하신다. 전입교사는 새 학교에 대한 정보를 수용적으로 듣고 잘 이해해야 한다. 주어진 학급과 업무를 받아들이고 적응하기 위해 애써야 한다.

하지만 김해봉황초의 2월은 좀 많이 달랐다. 전입교사부터 희망하는 학년을 선택할 수 있도록 포스트잇을 준비하고 있었고 담임교사들은 학급 경영과 수업에 집중할 수 있도록 행정 업무를 담당하는 교육과정지원팀을 운영하고 있었다. 나중에 알게 되었지만 학년 말 여러 번의 회의와 전체 다모임을 통해 매년 새로운 조건과 상황에 맞게 새 학기 학년 배정 규칙을 변경해 가고 있었다. 또 2월 새학년맞이 워크숍에서는 학교의 철학과 전통을 전입교사들과 공유하면서 새롭게 해석했으며 각자의 이야기로 학교 비전을 풀어내는 것이 매우 인상적이었다. 학교의 중요한 특색 교육이자 전반에 흐르는 철학으로서 회복적 정의와 생활교육에 대해서도 하루를 통째로 계획하여 안내하고 각 학년에서 풀어낼 시간을 주었다.

➡️ 학교 구성원이 **주체**가 되어 학교가 1년 동안 살아 온 궤적을 평가하고, 학교 구성원이 지향하는 교육적 가치와 그것을 실천하는 **과정**과 **결과**가 오롯이 담긴 워크숍

1학기 교육과정 워크숍	2학기 교육과정 워크숍	2월 새학년맞이 워크숍
• 6개의 작은 학교로 운영됨 • 학년 간 소통과 교류의 시간 • 사진으로 우리 학년을 돌아보는 교육과정	• 학생, 학부모 설문조사 • 교사, 학교 조직 진단 • 분과별 1년 학교살이 평가 후 다음 해를 준비하기	• 전입교사 환대하기 • 학교의 철학과 비전 공유 • 회복적 정의 가치 공유 및 학년별 회복적 생활교육 구체화 • 중점 교육 활동 구체화 • 공유 협력의 학교교육 기반 조성

민주적인 학교와 회복적 생활교육이라는 맞물림

김해봉황초는 경남형혁신학교, 행복학교로서 실천하고 있는 첫 번째 과제가 민주적인 학교 문화 조성으로, 학교 전반에 교직원이 대화와 소통을 통해 협의하고 합의하는 분위기가 흐르고 있었다. 선생님들은 교실 속에서 학생들과 민주주의를 실천하기 위해 학교 속에서 민주주의를 살아 내기 위해 애쓰고 있었다. 또 전반적으로 안전하고 신뢰하는 관계 맺기가 기본적으로 깔려 있었다. 5년간 학교 운영 전체를 돌아보면 행복학교의 시스템을 잘 녹여 내기 위해 민주적인 학교 문화와 회복적 정의의 철학이 맞물려 돌아가는 듯하다.

보통 교직원 회의라 하면 업무 담당자의 안내와 관리자의 훈화 말씀, 나머지 교사들의 노트 필기가 일상적인 그림이다. 하지만 혁신학교에서는 그러한 회의 문화를 바꾸면서 민주적인 학교 운영의 첫발을 떼는 듯한데 바로 다모임이라고 부르는 소통시스템이다. 한 사람, 한 사람의 목소리를 중요시하고 서로의 의견을 잘 조율하여 공동의 합의를 이끌어 내고자 한다. 처음에는 목소리 큰 사람, 말 잘하는 사람이 회의를 주도하고 그 결과 일방적으로 학교 일이 결정될 때도 있었다. 민주적인 생활 경험이 없다 보니 시행착오도 있었고 회의하다가 행복학교는 망할 거라는 얘기도 있었다. 그런 다모임에 회복적 요소가 들어오면서 조금씩 변화가 생긴 것 같다. 회의 전에 그림책으로 분위기를 말랑말랑하게 만들고, 짧게 나의 에너지 점수, 최근 일상을 모두에게 공유하면서 선생님들이 학교는 내 이야기를 꺼내도 괜찮은 안전한 공간으로 인식했다. 학교는 이제 다모임이나 회의 시간에 주제나 토론만큼 중요한 부분으로 따뜻한 관계 맺기를 위한 다양한 기회를 위해 노력한다. 또 1년에 한두 번은 '관계 맺기' 주제로만 교직원 써클을 하고 있다. 당장 주어진 안건이나 교육 문제해결만큼 중요한 것은 바로 우리가 상호 연결되어 유대감을 가지는 것이기 때문이다. '관계가 일을 한다'는 사실을 그동안의 혁신학교 운영 경험을 통해 깨닫고 김해봉황초는 2018년부터 그 바탕이 되는 학문과 철학으로 회복적 생활교육을 교직원 문화에 적용하고 있다.

	다모임 안건
3월	– 다모임의 의의 확인 및 교직원 존중의 약속 정하기 – 봉황 코로나19 거리두기에 대한 전체 약속 정하기
4월	– 김해 행복학교 네트워크 김누리 교수의 "우리의 불행은 당연하지 않습니다" – 사회복무요원 서동원 제대 기념식 – 교직원 신뢰서클 〈서로에게 스며들다〉
5월	– 스승의 날 교직원 서로 환대하기 "미래를 키우는 우리가 최고입니다"
6월	– 중점교육 〈회복적 생활교육〉 교육과정 돌아보기 – "주제가 있는 수업대화, 학년군 티타임": 〈회복적 생활교육〉 교육과정 – 김해 행복학교 학교밖학습공동체 교육과정 나눔의 날(1차)
7월	– 이그나이트로 돌아보고 나누는 1학기 교육과정 – 유치원 권영 선생님 퇴임식
9월	– 전입교사 환영 및 "네가 궁금해" 퀴즈로 알아보는 동료교사와 관계 맺기 – 김해 행복학교 학교밖학습공동체 교육과정 나눔의 날(2차, 대면) – "새로운 학교가 온다" 영상으로 〈미래학교, 지역화교육과정〉에 대한 담론 형성하기

	다모임 안건
10월	- "아이의 삶을 만나는 글쓰기" 강연: 중점교육 〈글쓰기 교육〉 관련 소통 및 Q&A - "주제가 있는 수업대화, 학년군 티타임": 〈글쓰기 교육〉
11월	- 교사·학생 글나누기 및 중점교육 〈글쓰기 교육〉 돌아보기 - 2022 학교 인적 구성을 위한 담론 형성 다모임
12월	- 소통·협의·합의로 함께 만들어 가는 학교교육과정 워크숍 - 학년 말 교육과정 워크숍 분과별 모임 - 교직원 대토론회

교육과정지원팀 운영과 회복적 생활교육이라는 양념

행복학교로서 일반학교와 또 다른 체계는 바로 교육과정지원팀 운영이다. 일반 담임교사들은 수업과 학급경영에 전념하고 학교의 행정적인 업무는 교감선생님을 팀장으로 업무부장 교사와 교무실무원들이 맡고 있다. 학교의 업무를 재구조화하고 분류·대강화하여 지원팀이 맡음으로써 다른 교사들은 교육이라는 본질에 충실할 수 있는 시스템이다. 간소화했지만 일반학교의 수십 명이 맡고 있는 일이 몇 명의 인력에게 집중되다 보면 자연스럽게 업무량도 늘어나게 되어 있다. 업무지원팀 교사는 내가 수업을 하고 가르치는 교사인지, 그냥 행정 일을 하는 공무원인지 자신의 정체성에 의문을 제기할 때도 있다. 많은 업무를 처리함과 동시에 학년 선생님들과 학부모, 학생들을 연결하면서 혁신학교의 체제를 잘 유지하기 위해서는 업무지원팀 안에서 팀워크가 대단히 중요하다. 그 팀워크는 그냥 중요하니까 서로 도와가면서 하자, 라는 구호만으로는 실천되지 않는다. 그래서 매주 수요일 우리는 써클을 한다. 일명 '지원팀 둥글게 만나기', 바쁜 업무를 잠시 제쳐 두고 때로는 2시간씩 서로의 일상을 이야기하면서 관계를 맺어 간다. 어떤 해는 매주 주제가 있었고 어떤 해는 그냥 일상적인 이야기로 진행되었다. 누구는 최근에 아이 일로 힘들어서 오후에 그렇게 힘이 없었구나, 누구는 최근에 축하할 일이 있었네, 누구는 최근에 병원 진료를 다니고 있었구나 등등 고개 숙이고 컴퓨터만 바라보다가 서로의 일상과 마음에 다가가게 된다. 그럼 자연스럽게 "많이 바빠요? 내가 도와줄 일은 없어요?" 하고 묻게 된다. 그렇게 관계 속에서 위로와 지지를 받으면서 업무를 하나씩 해결해 나갔던 것 같다.

교육 과정 내용과 회복적 생활교육

황금의 3월을 잡아라

회복적 정의가 학교 시스템 속에서 구체화되었다면 교육 내용과 방법적으로 회복적 생활교육을 찾아볼 수 있는 것이 바로 학년 교육 과정이다. 김해봉황초는 2018년부터 학교 전체의 중점교육으로 회복적 생활교육을 전 교직원이 합의하고 학년에서, 각 교실에서 회복적 생활교육의 내용적 요소와 방식을 교육 과정과 연결하여 실천해 오고 있다.

가장 먼저 3월 교실 세우기 주간을 회복적으로 계획을 세워 학년 교사들이 함께 운영하고 있다. 일명 "황금의 3월을 잡아라"라는 프로그램으로 2월 새학년맞이 워크숍 때 동 학년 교사들이 3월에 할 수 있는 회복적 생활교육 프로그램을 같이 계획 세워 실천하면서 학생들을 환대하고 있다. 자아존중감, 우정, 배려, 존중과 같은 가치를 담은 그림책을 동 학년 학생들이 같이 읽고 관련 활동을 하거나, 학기 초 관계 맺기 질문을 함께 만들어 서클로 둘러앉아 자기 이야기를 나누고 친구들의 이야기를 듣고 있다. 또 몸놀이에도 친구와 어울림, 존중과 배려를 녹여 내어 우리가 연결되어 있음을 느끼게 하고 있다. 아이들의 첫 만남부터 교육 과정, 학급 경영 속에 회복적 생활교육을 녹여 내어 동 학년이, 나아가 학교 전체가 함께 실천하고 있는 것이다. 몇 년간 지속되어 온 힘은 바로 한 두 명의 리더 교사가 이끌지 않고 몇 년 동안 꾸준히 동료 관계와 학교생활 속에서 교사들이 먼저 회복적 평화를 살아 내고 있으며, 또 그것을 교육 과정과 연결하여 교실 속에서 실천하면 좋겠다는 우리 안의 소통과 합의가 있었기 때문이다. 똑똑한 한 두 명이 아니라 따뜻한 우리가 되어 묵직하게 서서히 해 나가고 있기 때문에 사라지지 않는 것 아닐까?

연도＼학년	1학년	2학년
교육 내용	□ 그림책으로 친해지기 □ 이름 알기 □ 허그데이 운영 □ 짝형제와 학교 둘러보기	□ 그림책으로 친해지기 □ 이름 알기 □ 공동체 놀이 □ 체크인·체크아웃 기초 서클활동
교육과정시수	교과4, 자율1, 봉사1, 적응3	교과4, 자율1, 봉사1, 적응3

연도＼학년	3학년	4학년
교육 내용	□ 자기 소개 활동 □ 의사소통 훈련 : 나 전달법 □ 존중의 약속, 감정신호등 □ 신뢰 서클	□ 회복적 학급 소개하기 □ 모둠 세우기 활동 □ 감정신호등, 감정카드 활동 □ 신뢰 서클
교육과정시수	교과4, 자율1, 봉사1, 적응 5	교과4, 자율1, 봉사1, 적응5

연도＼학년	5학년	6학년
교육 내용	□ 모둠세우기 활동 □ 학급·학년 존중의 약속 □ 교실 속 1인 1역 활동 □ 학년 이름, 학급 간판 만들기	□ 인간 보석 찾기 활동 □ 존중의 약속과 자치 □ 주제 중심 신뢰 서클 □ 짝형제와 학교 둘러보기
교육과정시수	교과4, 자율1, 봉사1, 적응5	교과4, 자율1, 봉사1, 적응5

교육 과정 재구성

3월의 관계 맺기 뿐만 아니라 회복적 생활교육의 내용적 요소와 방법적 요소를 찾아 교육 과정 전반에 녹여 내고 있다. 학교 중점교육으로는 1~2학년 국어, 통합, 창체 교과에서, 3~6학년에서는 국어, 사회, 도덕, 예술 등 여러 교과에서, 회복적 요소와 주제를 찾아 교육 과정을 재구성하여 운영하고 있다. 학생들은 일반적인 수업 내용 속에서 회복적 가치를 만나고 있으며 교사들은 수업 내용을 전달하는 방식으로 서클이나 평화 감수성 활동, 회복적 질문을 활용하고 있다.

1년의 지속적인 교육 활동 속에서 동 학년이, 학교 전체가 같은 것을 목표로 하고 실행하기 위해서는 우리 안에 공유와 나눔이 있어야 한다. 전

연도＼학년	1학년	2학년	3학년
주제	경청 훈련 둥글게 만나기	집단상담 놀이와 함께 하는 회복적 생활교육	나·너 알기로 공동체 감수성 기르기
활동	□ 그림책 읽어주기 □ 친구들과 함께하는 공동체 놀이 □ 학부모 공개수업 주제	□ 집단상담 놀이를 적 용한 둥글게 만나기 □ 신뢰 서클을 통한 마 음 나누기	□ 생명평화 프로젝트 □ 그림책 만나기 □ 신뢰, 문제해결써클
교과	국어, 통합, 창체	국어, 통합, 창체	국어, 사회, 도덕, 창체
연도＼학년	4학년	5학년	6학년
주제	주제 중심 신뢰 서클	또래조정과 문제해결 서클	회복적 가치를 연결한 교과 수업
활동	□ 지속적 관계 놀이와 서클 활동을 통한 가 치학습 □ 온책읽기와 연계한 회복적 생활교육 □ 마음을 전하는 우체국	□ 인권과 헌법, 세계시 민교육 □ 비폭력대화로 학급토 론하기	□ 회복적 가치를 반영 한 교육 과정 재구성
교과	국어, 사회, 도덕, 창체	국어,도덕,사회, 미술, 창체	국어, 도덕, 미술, 창체

문적학습공동체 시간에 어떤 학년은 운영 방식을 (마음온도-자기자랑-의논거리-학급살이와 고민상담-나누고 싶은 것-학교중점교육: 회복적생활교육)처럼 하고 있기도 하다. 운영 순서에도 관계 맺기를 중요시하고, 운영 내용 속에도 회복적 생활교육이 매주 한 번씩은 선생님의 수업대화 속에 오르내릴 수 있도록 체계화한 것이다.

갈등을 해결하는 우리의 방식

학급경영과 학년 운영에서 일상적인 수업만큼 중요한 것이 교실 속 문제, 갈등, 학교폭력을 해결해 가는 일일 것이다. 내 학생, 교실의 문제가 나만의 문제가 아니라 우리 학년, 나아가서 학교의 고민으로 오픈할 수 있는 분위기가 중요하다. 내 동료들은 내 문제를 같이 고민해 줄 수 있을까? 우리 학교 교감·교장선생님은 내 문제를 진지하게 들어 주실까? 어려움 속에서 공동체를 찾을 수 있을 때 바로 학교는 교사에게도 평화롭고 안전한 공간이 되는 곳이다. 앞서 얘기한 학교 시스템과 교육 과정 내용, 전문적학습공동체에서 관계와 연결을 중요시하고 있지만 문제를 생겼을 때 회복적으로 풀어낼 구조를 마련하는 것도 중요하다. 갈등과 문제를 회복적으로 해결할 수 있어야 공동체 안에서 중심 철학으로 자리 잡을 힘이 생길 수 있다.

2019년 말 김해봉황초는 또 다른 도전을 했다. 바로 회복위원회를 만든 것이다. 풀어 설명하면 김해봉황초 학교폭력전담기구로 학급과 학년에서 일어나는 갈등을 조정하는 것뿐만 아니라 다양한 사안에 적용하여 함께 고민하는 조직이다. 학급의 아이가, 담임교사 한 사람이 책임지는 것이 아니라 '우리 모두의 아이'이기 때문에 공동체가 머리를 맞대고 고민하고, 이야기하는 학교 문화를 보여 주는 기구이다. 회복적 정의를 바탕으로 판결보다는 방향성을, 처벌보다는 회복을, 강제성보다 자발성을 강조한다. 앞에서 이야기한 여러 교육적 장면에서 공유된 철학을 바탕으로 학급과 학교를 운영하고, 갈등을 성장의 기회로 삼고 있다. 이렇게 성장한 학생, 학부모, 교직원의 신뢰를 바탕으로 우리가 만난 다양한 문제와 갈등을 일부의 판단이나 처벌에 맡기지 않고, 학년, 학교 회복위원회의 공감과 소통을 중심으로 해결해 가고 있다.

다양한 교육 주체가 협력하는 학교

멈춰 선 학부모 자치

코로나로 인해 학교는 많은 어려움과 변화가 있었다. 방역과 감염 예방이라는 큰 틀 속에서 따뜻한 관계 맺기, 어울림, 연대, 유대와 같은 가치를 어떻게 실천해 갈 수 있을지 순간순간 숙제로 다가왔다. 그중에서 많은 학교가 가장 먼저 하지 않은 것이 바로 학부모와의 협력이었다. 방역을 이유로 학부모와 지역사회로부터 문을 닫고 있었다.

처음에는 김해봉황초도 이 공포스러운 분위기에 우왕좌왕하고 원격수업을 어떻게 해야 할 것인가 하는 테크닉을 배우기에 바빴다. 감염 위험 속에서 어떻게 수업을 하고 학생들과 하루를 보낼지, 원격 수업에서 어떻게 하면 수업 내용을 제대로 전달할 수 있을지에 대한 고민과 문제해결로도 교사들은 힘들었다. 그런 상황에서 학부모, 지역사회와 교육 협력을 이어 나가기란 쉽지 않았을 것이다.

3주체가 함께해야 한다는 목소리

코로나 상황이 안정되면서 조금씩 학부모 자치도 살아나고 지금까지 잘 이어 온 학부모 참여의 불씨가 꺼지지 않도록 고민이 필요하다는 이야기도 나오기 시작했다. 다시 학부모 연수를 시작하고 회복적 생활교육과 혁신학교에 대한 내용을 전달했다. 상담·공감 동아리를 통해 학부모도 회복적 생활교육을 공부하고 학교에서 서클과 공동체 놀이, 마음 나누기를 경험하면서 공감과 위로의 시간을 가졌다. 학생들이 학교에서 배우고 있는 것의 중심 철학이 무엇인지 이해하는 시간을 제공하여 가정에서도 공동체 회복을 위해 함께 노력할 수 있도록 했다.

학부모 놀이 동아리는 코로나 이전에는 놀이 시간에 학생들에게 다양한 전래 놀이를 소개하고 같이 놀아 주고 보살펴 주었다. 이제는 어린이날 전교생에게 손수 제작 놀잇감을 제공하고, 꾸준한 놀이 연수를 통해 학부모 연대를 이어가고 앞으로 다시 부활될 중간놀이 시간을 위해 내공을 쌓고 있다. 학부모 또한 공동의 보살핌을 위해 노력하고 안전한 울타리를 세우기 위해 협력하고 있다.

3주체의 노력과 가정에서 꽃피는 회복의 향기

김해봉황초 학부모님은 우리 학교의 든든한 조력자이자 지원자이다. 코로나로 인해 잠시 멈추긴 했지만 학부모 다모임과 아침맞이, 학부모 행사에서 주도적인 역할을 함으로써 김해봉황초 학생들은 교사뿐만 아니라 학부모 그림자 선생님께도 보살핌을 받고 있다. 아이를 입학시킨 1학년 학부모님은 처음에는 본인이 학교에서 활동하지 못하니 친구들의 부모님을 보고 소외받지 않을까, 차별받지 않을까, 걱정했다고 한다. 하지만 시간이 지나면서 학교를 지지하고 가정에서 따뜻한 울타리를 세워 주는 것 또한 학부모의 역할임을 알고 학교의 교육 활동을 지지하고 있다.

따뜻한 공동체는 어떻게 만들어질까? 학교에서는 회복적 정의 아래 다양한 교육 내용과 활동을 하고 있다. 가정에서 부모님이 "너는 몇 배로 더 때려야지, 갚아 줘야지!", "걔보다 네가 못한 게 뭐야?" 하며 비교와 경쟁, 처벌과 응보로 얼룩진 교육방식에서 벗어나지 못한다면 우리가 말하는 공동체는 실현 가능하지 않을 것이다. 희망을 찾기 어려울 것이다. 그래서 학부모도 지역사회도 함께 발맞춰 한 걸음씩 같이 가야 한다. 김해봉황초 교육 구성원이 가고 있는 한 걸음은 각자 따로가 아니다. 자기 자리에서 열심히 하고 있으며 회복적 가치와 정의 아래 방향을 맞춰서 큰 틀에서 함께 나아가고 있기 때문에 지속적인 힘을 발휘하는 것이다. 김해 봉황초등학교뿐만 아니라 이곳을 다니고 있는 아이들 집 곳곳에서 회복의 향기가 솔솔 피어났으면 좋겠다.

2장

회복적 학교 세우기

회복적 학교를 세우기 위한 과정

회복적 학교의 필요성과 교육청의 지원 등으로 계획을 추진하지만, 회복적 학교를 세우는 기본적인 과정과 체계 없이 주어진 예산에 따라 교사 연수나 학생 교육 이후 자생력이 생기지 않아 지속하지 못하는 학교들도 있다. 인적 변화로 인한 담당자의 부재 등으로 교육 철학 주제로 교원들과 함께 나누지 못하는 학교의 한계도 있고, 최근에는 회복적 학교 프로젝트 시작 시점이 코로나 상황과 맞물려 통합적인 접근에 난항을 겪기도 했다. 대부분 높은 이상을 가지고 회복적 학교 만들기를 시작하지만, 학급 프로그램으로 그치거나 기존의 생활지도에 익숙한 교사들의 공감대를 얻지 못하고 회복적 학교의 철학과 비전이 충분히 공유되지 못한 채 운영된 사업의 한계도 있었다. 학교의 문화는 몇몇 프로그램으로 구현되는 것이 아니다. 학교 문화는 최소 2~3년의 장기적 계획 속에서 공동체 구성원의 참여와 관계망을 기반으로 서서히 다져진다. 회복적 학교는 학교 공동체의 동의와 참여로 시작해 교육 철학의 패러다임을 전환하고 회복적 생활교육을 기본으로 학교의 시스템을 구축하고 평화 문화를 형성하는 과정이 전제되어야 한다.

그렇다면 회복적 학교는 어떻게 세우는 것일까? 5년 넘게 회복적 학교를 지속하고 있는 봉황초의 교사는 다음과 같이 말했다.[74]

> "만약 어떤 분이 '우리 학교도 회복적 학교로 만들고 싶은데 무엇부터 해 보면 좋을까요?'라고 묻는다면 힘들게 생각할 수 있지만, 무엇보다 우선시해야 하는 것은 민주적 학교 문화를 만드는 것이에요. 수평적이고 민주적인 학교 문화 속에서 학부모, 지역사회, 교직원들이 내 아이를 넘어 우리 모두의 아이로 인식을 공유하고 그 결과로 공동체성이 마련될 수 있어요."

회복적 학교를 처음 시작한 김해 봉황초가 학교 교육 과정에 자율성을 부여하고 민주의식을 기르는 경남형 혁신학교(행복학교)였기에 회복적 학교의 특색을 잘 구현할 수 있었다는 견해도 있다. 물론 혁신학교가 회복적 학교 세우기에 용이한 측면이 있다. 그러나 결론부터 내리면 일반적인 학교도 혁신학교 못지않게 회복적 학교로 만들어 갈 수 있다. 교육 과정의 자율성을 부여하고 민주성을 표방하는 혁신학교가 회복적 학교를 세우는 선제 조건이 아니라, **회복적 정의 철학을 바탕으**

---

74 김해봉황초 교사 강지빈, 〈부산형 학교폭력 제로 만들기 정책포럼 - 회복적 학교운영 우수 사례〉, 주관: 부산교육청·부산학교폭력예방회복조정센터, 2021. 10. 28.

로 회복적 학교 문화를 형성하는 것이 학교 공동체를 혁신하고 민주적 학교 문화를 만드는 데 크게 기여한다. 회복적 학교 사례를 기반으로 회복적 학교를 세우기 위한 기본적인 과정을 안내하고자 한다. 회복적 학교를 만들어 가는 데 필요한 아래의 연차별 아이디어를 참조하되 학교 특색에 맞게 회복적 학교 세우기를 추진하는 과정이 중요하다.

회복적 학교 세우기 초기 단계(1~2년 차)

① 회복적 정의 전문기관과 협력관계 구축

회복적 학교를 세우기 위해서는 회복적 정의 전문기관 또는 회복적 컨설팅 지원단과의 협력체계를 구축하는 일이 필요하다. 전문기관과 협력하여 학교 특색에 맞는 지속적인 연수와 컨설팅을 지원받을 수 있는 체계를 마련해야 한다. 교육청을 중심으로 회복적 학교를 위한 컨설팅 지원단이 구축되어 있다면 전문기관의 슈퍼비전을 통해 지원단 주관의 긴밀한 학교 컨설팅 지원을 할 수 있다.

② 교사 대상의 회복적 생활교육 기본 연수

회복적 학교를 추진하는 주요 주체는 교사 그룹이다. 관리자를 포함해 학교의 모든 교사가 필수로 회복적 학교 연수에 참여한다. 관리자 또한 회복적 학교 운영의 중요한 구성원으로서 학교의 비전과 방향을 지지하고 교사의 실천을 적극적으로 지원하고 격려하는 역할을 할 수 있도록 회복적 학교의 전체적인 방향을 이해할 수 있어야 한다. 회복적 정의에 기반한 회복적 생활교육을 통해 학교의 방향성을 새롭게 모색하고 회복적 학교의 필요성을 인식하는 계기를 마련할 수 있다.

③ 학교 구성원의 공동체적 동의

회복적 학교를 세우는 과정에서 학교 구성원의 자발성은 매우 중요하다. 회복적 학교를 시작하면서 형식적인 서류상의 동의가 아니라 전체 교사의 협의를 통한 인식 공유와 참여 동의 과정은 필수적인 단계이다.

④ 중점학년 선정

회복적 학교 초기 단계에는 선택과 집중이 필요하다. 학교 전체가 회복적 접근을 하기보다 회복적 학교를 세우는 동의 과정에서 중점학년을 선정하여 우선적으로 회복적 생활교육을 시도하는 접근을 통해 점진적이고 실제적인 학교 변화를 견인할 수 있다. 초등학교는 우선적으로 필요성이 대두되는 1~2개 학년을 선정하고, 중고등학교는 새로 맞이하는 1학년을 중점학년으로 선정해 볼 것을 추천한다. 회복적 학교의 연차가 지속되면 중점학년을 확대해 갈 수 있다.

⑤ 핵심 교사 그룹core group 만들기

회복적 생활교육 연수 이후에 교사의 의지에 따른 회복적 실천을 넘어 자발성에 기초한 핵심 그룹이 만들어져야 한다. 회복적 학교 만들기에 동의했어도 모두가 수용하고 지지하는 것은 아닐 수 있다. 회복적 학교를 기대하는 초기 핵심 수용자들의 노력과 헌신이 현실적으로 요구된다. 이를 위해 업무를 넘어 교육 철학으로 회복적 정의를 이해하고 실천하는 자발적인 핵심 교사 그룹이 필요하다. 학교마다 다르지만 초기에는 최소 3명 이상의 구성원이 적당하다. 회복적 학교 지원을 위한 심화 연수를 우선적으로 받도록 이들을 지원하고, 학교 내 연구모임을 만들어 교사 간의 관계를 증진하고 회복적 학교 운영을 위한 방향을 설정하는 권한을 부여할 수 있다.

⑥ 회복적 생활교육 전문적학습공동체

회복적 학교에서는 핵심 교사가 필수로 참여하는 회복적 생활교육을 연구하는 전문적학습공동체 교사연구모임이 필수로 존재해야 한다. 교사 연구모임은 정기적으로 만나 학교에서 진행되는 회복적 생활교육을 연구한다. 책을 읽거나 사례를 나누고 학교 전체나 학년별로 적합한 회복적 실천을 기획해 볼 수 있다. 교사 연구모임은 교사 간의 연결과 협력을 도모하고 실천을 위한 교사 공동체의 자율모임으로서 회복적 학교를 추동하는 엔진이라고 부를 수 있다.

⑦ 공동체 서클 방식을 활용한 교사 관계 형성과 회의 운영

회복적 정의의 가치와 방식으로 학교 구성원의 건강한 관계망과 공동체를 구축하는 것이 회복적 학교의 가장 우선시되는 목표이다. 회복적 생활교육의 대표적인 실천인 공동체 서클을 활용하여 학교 구성원의 모임에 적용하는 과정이 필요하다. 동 학년별, 부서별 모임, 다모

임, 학교운영회의 등에서 일상을 나누고 회의 방식도 서클을 활용하여 모두의 의견을 수렴하고 수평적 구조로 민주적 의사결정을 할 수 있다. 학교 구성원 사이에 서로를 알아가고 연결되는 시간이 부족하다. 서클 방식을 활용한 모임은 구성원 간의 마음을 모으고 신뢰 관계를 형성하는 데 도움이 된다. 아무리 좋은 정책과 방향을 추진해도 건강한 관계에 기반하지 않으면 지속되기 어렵다. 일상에서 모두의 목소리가 공평히 들려지고 주체로 참여하는 과정과 경험은 학생을 포함한 학교 공동체 문화로 확장된다.

⑧ 회복적 학급운영

회복적 생활교육에 기초해 중점학년의 학급 단위에서부터 공동체의 평화적 하부구조를 강화하는 공동체 서클, 존중의 약속, 평화감수성 훈련 등 관계 형성 중심의 교육 과정으로 학급을 운영할 수 있도록 교육 과정을 구성한다. 건강한 관계망을 기초로 안전한 교실이 형성되도록 상호 존중과 신뢰, 책임의 요소가 담긴 생활교육 방식을 추구한다. 또한 학급에서 일어나는 문제에 대한 응보적 훈육을 넘어 회복적 대화를 통한 학급 내 평화적 소통 역량을 강화해 간다.

⑨ 회복적 또래조정 동아리 운영

회복적 또래조정 활동은 회복적 학교를 세우는 데 중요한 한 축을 감당한다. 중점학년 대상의 학생들을 선정하여 회복적 정의에 기초한 또래조정 교육을 진행하고 동아리 활동으로 만들 수 있다. 동 학년 또는 선후배 학생 사이의 학생 자율 갈등해결을 위한 또래조정 활동은 학생들의 문제해결능력을 높이고 공동체적 책임감을 기르는 중요한 교육이 된다. 학생 사이의 관계 맺음을 위해 소통 역량을 발휘하는 학생들의 성장은 학교의 변화를 체감하는 계기이자 학부모의 관심과 지지를 이끈다. 또한 학생 또래조정자는 교사의 생활교육을 돕는 회복적 학교의 중요한 주체로서 역할한다. 회복적 또래조정 활동은 교과 수업과 연계해서 진행하거나, 창의적 체험학습, 자유학기제 활동 배움 등의 과정으로 만들 수 있다.

⑩ 학부모 대상의 회복적 생활교육 연수

회복적 학교에서 학부모와의 협력은 매우 중요하다. 학부모의 관심과 지지는 회복적 학교를 추진하는 기폭제이기도 하다. 학부모에게 회복적 정의의 철학과 방향으로 가정과 학교가 연계된 교육적 접근을 실천할 수 있도록 안내하는 계기를 마련해야 한다. 특히 초등학교 저학년 대상부터 학부모 연수가 중요하다. 회복적 학교만큼은 학교를 보내는 학부모에게 의무적으로 최소 6시간 이상 회복적 생활교육 연수를 할 필요가 있다. 아이들의 싸움이 부모 싸움으로 번지는 상황이 학교 갈등에서 많이 일어난다. 싸우는 아이들 사이에서 치유하는 부모가 되도록 학부모의 역할과 인식을 전환하는 교육이 반드시 필요하다. 회복적 학교의 추진계획을 공유하고 회복위원회와 같은 문제해결 방식에 대한 신뢰와 참여의 계기를 만들 수 있다. 학부모 대상을 위한 연수는 학교를 중심으로 회복적 패러다임 가치로 안전한 지역사회 관계망을 구축하는 데 기여한다.

회복적 학교 세우기 중장기 단계(2~3년 차 이상)

① 새 학년 준비를 위한 회복적 생활교육 워크숍

공립학교의 특성상 학교 구성원의 이동이 불가피하다. 교사의 이동은 회복적 학교를 세우는 데 어려움이기도 하다. 회복적 학교의 흐름이 지속되기 위해서는 새 학년을 준비하는 첫 워크숍에서 회복적 학교의 비전을 공유하고, 회복적 생활교육의 가치와 방식을 익히는 시간이 반드시 필요하다. 기존 교사는 새로운 교사가 학교에 잘 적응하도록 안전한 관계망을 만들고, 회복적 생활교육의 철학을 공유하고 실천하도록 격려할 수 있어야 한다.

회복적 학교의 연차가 지속될수록 교사의 생활교육 역량 강화를 위한 연수가 필요하다. 새롭게 전입한 교사는 회복적 생활교육의 기본 이해와 예방적 실천을 통한 학급운영을 중심으로, 기존의 교사들은 갈등을 건설적으로 전환하는 문제해결 서클과 회복적 조정 연습을 중심으로 교사의 실천 역량을 강화할 수 있다. 새 학년 준비 워크숍을 통해 1년 교육 과정의 핵심으로 회복적 생활교육 계획을 수립하고 실천하도록 안내할 수 있다.

② 학년별 생활교육 운영체계와 회복적 코디네이터 지정

회복적 학교를 세우는 초기 단계에서 중점학년을 중심으로 회복적 생활교육을 실천했다면, 연차가 거듭되면서는 점진적으로 중점학년을 늘리거나 전체 학년 대상으로 범위를 확대한다. 이때 학교의 전담기구 중심의 생활지도 체계를 학년 중심의 생활교육 체계로 전환할 필요가 있다. 이를 위해 학년부장의 관리하에 별도의 학년별 회복적 생활교육 코디네이터를 지정하며, 회복적 코디네이터는 학년부장과 협력하여 학년의 교육 과정에 적합한 회복적 생활교육을 기획하고 동 학년 담임교사에게 안내하고 실천할 수 있다. 회복적 코디네이터, 학년부장, 담임교사 3인의 협력은 학년과 학급운영을 회복적 생활교육에 맞춰 지원한다. 또한 전문적학습공동체와 같은 교사 연구모임을 활용하여 학년의 사례를 나누고 생활교육의 방향을 함께 고민할 수 있다.

학년별 생활교육 운영체계의 구축은 교사의 개인적 생활지도 접근을 넘어 일관성 있는 생활교육 내용을 만든다. 이러한 체계는 학교에서 일어나는 갈등 상황에 대응하는 선제적 접근이기도 하다. 생활지도의 고충으로 교사가 병가를 내고 다른 교사에게(주로 기간제) 학급을 맡기는 임시방편은 결과적으로 상황을 더 어렵게 만든다. 위기에 대응할 수 있는 학년별 생활교육 협력체계 구축이 중요하다.[75]

③ 학교공동체회복위원회 운영 구축

회복적 학교는 관계 형성의 노력을 기울이는 예방적 실천과 학교폭력 사안 처리 과정에 회복적 대화 모임을 시도하는 사후적 접근을 병

---

75 이재영, 위의 책, pp. 254-255.

행한다. 특히 학교에서 문제가 발생했을 때 학급, 학년, 학교 단위에서 우선적으로 회복적 접근을 시도하는 것이 바람직한 상식이 되는 학교가 회복적 학교이다. 이를 위해 학교공동체회복위원회(이하 회복위원회)는 학교에서 일어나는 문제를 대화를 통해 해결하고 관계를 회복하는 역할을 하는 학교 내 관계회복기구로 체계화할 수 있다. 2020년부터 학교폭력 심의기구가 교육청으로 이관되면서 학교장자체해결 권한이 확대되었다. 학교 자체 해결의 여지가 열린 만큼 회복위원회는 이를 내실화할 수 있는 장이기도 하다. 학교폭력을 교육적으로 해결하고자 사건 초기부터 단계적 접근을 통해 문제를 해결하고, 교내에서 해결하기 어려우면 심의기구로 이관이 가능하도록 운영체계를 구축할 수 있다. 회복위원회의 단계는 5단계로 정리할 수 있다.

회복적 학교에서는 학교폭력 전담기구의 사안 조사에서부터 회복적 질문을 활용하여 소통한 뒤 학생과 보호자의 회복위원회 참여를 권장할 수 있다. 회복위원회는 당사자의 참여 의사가 확인되면 단계적으로

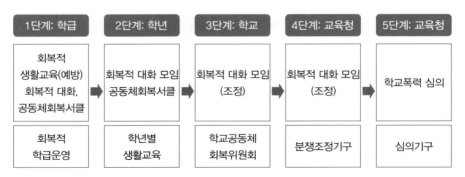

학교폭력 사안처리를 위한 회복적 접근 단계

회복적 대화 모임을 진행하여 합의된 사항을 학교자체해결로 종결할 수 있다. 위 5단계는 순차적으로 적용될 수도 있고 단계를 생략하거나 여러 단계가 동시에 적용될 수도 있다. 여러 회복적 대화 모임이 이루어지는 회복위원회는 회복적 대화 모임의 절차를 이해하고 전문적으로 훈련을 받은 교사, 학부모들이 참여하는 것이 바람직하다. 또한 몇몇 교육청에서 운영하거나 추진하고 있는 '관계회복 프로그램'[76]과 '조정지원단' 자원을 활용할 수 있다.

회복적 학교의 회복위원회는 학교폭력 사안뿐만 아니라 수업방해나 교권침해 등 학생 선도 사안(선도위원회)도 단계별 회복적 접근을 통해 다룰 수 있다. 회복적 질문에 기초한 대화나 문제해결 서클 등을 통해 잘못에 대한 영향과 피해를 바로잡고 회복하기 위한 교육적 접근으로 활용할 수 있다. 사안 처리 초기에 단계별 접근이 가장 효과적이지만 불가피하게 사후 결정 조치된 이후로도 필요에 따라 관계 회복을 위한 대화 모임이나, 징계 후 안전한 복귀를 위한 학급 서클, 피해지원 공동체서클 등의 회복적 접근을 해 볼 수 있다. 현재 학교에서 학교폭력이 일어나면 문제를 교육적으로 해결할 선택지가 별로 없는 것이 현실이다. 그러나 학생들이 갈등을 통해서 성장과 배움의 계기를 얻도록 교육적, 관계적, 회복적인 접근을 확대하여 학교가 교육기관 본연의 역

---

76 2020년 개정된 학폭법에 따라 학교자체해결제 활용을 위해 교육 현장에 적용되고 있는 프로그램을 일컫는다. 교육부의 지침으로 각 교육청에서 주관하는 관계회복프로그램은 회복적 정의 기반의 교육 철학과 회복적 조정 절차에서 구현될 때, 보다 실제적이고 효과적인 교육적 접근이 될 것이다.

할을 할 수 있도록 전환해야 한다.

④ 교과수업 연계 회복적 생활교육 교육 과정 설계

회복적 생활교육은 학생 생활지도의 대안으로 시작했지만 생활지도와 교과 수업은 분리해서 생각할 수 없는 근본적인 교육 철학의 패러다임 전환을 요구한다. 따라서 회복적 학교는 교육 과정 안에 회복적 정의가 추구하는 가치를 교과 수업과 연계하는 교육 활동을 모색할 수 있다. 학교 차원에서 별도의 시간을 내어 서클이나 공동체 활동 등의 회복적 생활교육 프로그램을 운영할 수도 있으나 교과 수업의 주제와 연결하여 커리큘럼을 구성해 회복적 수업을 할 수도 있다. 존중, 관계, 책임, 존엄, 차이, 갈등, 소통, 공동체, 정의, 평화 등 회복적 가치의 키워드를 도덕, 사회, 국어, 역사, 과학 등 교과 과목의 주제에 따라 평화감수성 활동, 독서 활동과 연계하거나 서클 방식이나 회복적 질문을 활용한 참여형 학습으로 주제에 대한 생각을 공유하고 창의적으로 배우는 계기를 마련할 수 있다. 교과 수업과 연결하는 회복적 수업은 학습 연구와 동료 교사와 협력으로 만들 수 있다. 이를 위해 전문적학습공동체 등 과정을 논의하고 설계하기 위한 교사의 연구모임을 병행해야 한다.

⑤ 지역사회와 함께하는 회복적 학교 세우기

학교는 학생과 학부모가 교육의 주체로 참여하고 학교를 지원하는 유관기관, 지역사회 구성원과 긴밀하게 연결된 소통의 창구이다. 회복적 학교는 학교 내 구성원의 노력만으로는 이루어질 수 없다. 회복적 정의 패러다임으로 훈련된 주로 학부모이면서 학교를 돕는 마을 활동가를 지역 자원으로서 활용할 수 있다. 특히 지역사회 연계의 지점에서는 관리자의 회복적 학교 이해가 중요하다. 지역 활동가들이 학교의 생활교육 흐름과 결을 같이하고, 학생들의 공동체 활동을 돕고, 학교 갈등 조정을 지원하는 역할을 할 수 있다. 아동과 청소년이 안전한 지역사회를 목표로 하는 회복적 도시의 시작은 학교의 변화에서 시작되었다. 학생들의 안전과 평화로운 학교 공동체성 형성에 주력하는 회복적 학교를 알리고 지원하기 위한 회복적 학교운영 협의체를 구성하는 등 다양한 지역 자원과 회복적 정의 패러다임을 공유하고 추진할 수 있다. 회복적 학교는 안전하고 평화로운 지역사회를 만드는 구심점으로써 주변의 학교와 지역사회에 긍정적 변화를 미치는 데 기여한다.

⑥ 회복적 학교 실행팀 구성

지속적인 회복적 학교 문화를 만들어 가기 위해서는 학교 내 회복적 학교 지원팀을 구성할 필요가 있다. 초기의 핵심 교사 그룹과 코디네이터가 실행팀의 일부 구성원이 되어 학교의 회복적 학교 시스템과 문화 조성을 위해 리더십을 가지고 방향을 제시하는 역할을 할 수 있다. 실행팀은 회복적 학교의 하드웨어(운영체계 구축)와 소프트웨어(관계 기반의 공동체 문화)를 함께 아우르는 브레인 역할을 감당한다.

이들은 학교 문화를 변화시킬 정책과 비전을 제시하고 이를 위해 체계적인 계획을 세우고 정보를 교사들에게 공유하는 역할을 담당한다.

학교에 회복적 시스템이 구축되도록 필요한 업무를 지원하고, 교사들이 변화된 시스템을 수용하고 실천할 수 있도록 교육 환경을 조성하는 역할을 한다. 그리고 다른 회복적 학교의 핵심 교사 그룹과 협력하는 채널이 되거나, 교육청 산하의 회복적 학교 컨설팅 지원단의 슈퍼비전을 학교 구성원에게 공유하고 소통하는 역할을 할 수 있다.

그러나 회복적 학교는 좋은 정책과 추진력만으로는 지속될 수 없다. 학교 구성원의 관계를 기반으로 동료 교사들의 마음을 얻는 것이 중요하다. 학교의 변화는 때때로 저항에 직면하기도 한다. 회복적 학교 만들기는 장기적 과정일 수밖에 없다. 회복적 학교를 지속하기 위해서는 학교 구성원 사이에 서로 돌봄의 문화가 중요하다. 실행팀의 목표는 당장 한 개인을 회복적 사람으로 바꾸는 것이 아니라, 관계 맺음과 실천의 계기가 긍정적 영향을 주어서 점차 '회복적'이 되게끔 하는 것이다. 즉 경험적 요인을 통해 회복적 생활교육이 교사 스스로에게 반드시 필요한 접근이라고 인식하게끔 만드는 것이다. 이를 위해서 실행팀은 관리자와 새로운 변화에 대한 긴밀한 소통과 협력관계를 만드는 것이 중요하다. 그리고 동료 교사들이 어떻게 관계 맺는지를 살피고 상호 존중과 건강한 연결을 위해 노력하는 역할을 통해 학교 구성원이 관계 맺고 일하는 방식의 방향성을 제시할 수 있어야 한다.

결과적으로 실행팀은 주도적으로 회복적 학교의 문화를 새롭게 만들어 가기 위한 정책과 교육 과정 설계를 이끈다. 이를 위해 동료 교사들과 함께 기존의 학교에서 잘하고 있는 긍정적 요소가 무엇인지를 찾아 격려하고 우리 학교에 어떤 자원이 있는지를 확인할 필요가 있다.

학급	**회복적 학급운영** – 신뢰 서클, 존중의 약속, 평화감수성 훈련 – 마음 신호등, 평화감수성 활동, 공동체성 훈련 – 회복적 질문, 회복적 성찰문, 회복적 대화/서클 – 공동체 회복(문제해결)서클, 회복적 또래조정 훈련 – 교과 수업과 회복적 생활교육 연계
학교	**회복적 학교 운영 시스템 구축 및 운영** – 학교 교육 과정으로 운영 – 학년별 생활교육 체계로 운영 – 학교공동체회복위원회 운영(학교자체해결) – 교사 회복적 생활교육 연구 동아리 – 학생 회복적 또래조정 동아리 – 학부모 대상 회복적 정의 이해 교육
교육청	**회복적 학교를 위한 지원 시스템 구축** – 회복적 생활교육 활성화 정책 – 자생적 회복적 생활교육 연구회 지원 – 회복적 학교/생활교육 자문단(전문기관 연계) 운영 – 학교분쟁 해결을 위한 조정지원단 운영(조정위원+자문위원) – 관리자, 학부모, SPO(경찰), 청소년 기관 등 회복적 생활교육 연수 – 회복적 도시 인프라 연계 시스템 구축(시청+사법기관+민간)

회복적 학교 세우기

기존에 잘하고 있는 것이 있다면 그것을 살려 학교의 회복적 역량을 발휘하도록 이끌 수 있다. 그렇지만 학교 변화를 위해 필요한 것이 있다면 무엇인지를 성찰하고 수용할 수 있는 제안을 적극적으로 제시해야 한다. 학교가 어떤 정체성으로 나아가길 기대하는지를 꾸준히 탐색하며, 무엇을 잘하고 있고, 또 무엇이 잘 안 되고 있는지를 논의할 기회를 부여하면서 학교 구성원의 공유된 철학과 가치를 바탕으로 하여 회복적 학교 시스템과 문화를 구축할 수 있다.

회복적 학교, 동료와 함께 세우라

호주의 회복적 생활교육 실천가 마거릿 소스본은 에버릿 로저스의 혁신 확산 이론을 회복적 학교를 세우는 과정에 적용하여 설명한다.[77] 학교의 교원을 인구 백분위로 환산하면 회복적 생활교육을 학교 변화의 핵심으로 받아들이고 추진하는 소수의 교사(혁신자) 3%, 회복적 학교의 방향을 지지하고 따르는 교사 그룹(초기 수용자) 16%, 회복적 생활교육 실천이 자신의 교육 활동에 실용적 도움으로 다가오면 호의적인 교사 그룹(중기 다수자) 34%, 학교 변화의 추이를 지켜보며 소극적으로 따르는 교사 그룹(후기 다수자) 34%, 학교의 변화를 거부하고 과거 방식에 의존하는 교사 그룹(지각 수용자) 16%가 있기 마련이다.

혁신 확산 이론은 학교가 어떻게 변화를 받아들이는지 잘 보여 준다. 학교에 그룹이 형성되어 있다면 변화에 따라 다른 반응을 기대할수 있다. 소수의 혁신자는 매우 중요한 사람으로서 새로운 것을 학교에 도입하는 사람들이다. 회복적 생활교육의 가치로 학교를 변화시키고자 신념을 가진 핵심 그룹이 존재한다면, 반대자들(지각 수용자)을 설득하는 데 집중하기보다는 관심을 가질 조기 수용자부터 다수에 이르기까지 점진적으로 실천의 성공 사례를 공유하고 관계 맺음을 통해 확대해 나가는 것이 중요하다.[78] 반대자들에게는 기회가 될 때 대화 모

---

77 마거릿 소스본·페타 블러드, 권현미·조일현 역, 《회복적 생활교육 어떻게 실천할 것인가》, 에듀니티, 2017, pp.98-101 내용을 재구성했다.
78 2021년 세계회복적정의주간 포럼 마거릿 소스본 초청 강연 〈회복적 학교 도전의 여정〉 내용 중 일부 참조. 한국회복적정의협회 주관. 2021. 11. 15.

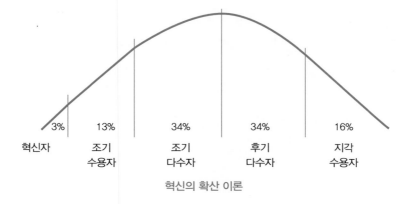

3%	13%	34%	34%	16%
혁신자	조기 수용자	조기 다수자	후기 다수자	지각 수용자

혁신의 확산 이론

임이나 교육 과정에 직접 참여하여 경험하게 하거나, 그들이 보여 주지 못한 회복적 교사의 능력치에 존중과 책임감을 느끼도록 하는 것이 필요하다. 결국 회복적 학교를 세우는 에너지를 위해 무엇을 선택하고 집중해야 하는지 파악하는 것은 매우 중요하다.

세계적으로도 회복적 생활교육은 시청이나 교육청의 지원으로 전면적으로 확대되어 많은 교사들이 연수를 들어 이해가 확대되었으나 학교의 문화가 변화되지 못한 한계가 있었다. 한국도 초기 회복적 생활교육의 세계적 흐름과 유사하게 회복적 생활교육에 대한 프로그램 이해는 확대되었으나, 철학에 있어서는 빈곤 현상을 보여 주는 상황을 초래했다. 저변의 확대를 넘어 학교가 관계에 기반해 안전하고 평화로운 공동체로의 실제적 변화를 위한 운동이 되기 위해서는 무엇보다 교사 동료와의 관계적인 노력이 중요하다. 관계와 공동체성을 기초로 한 회복적 실천을 통해 학교의 문화를 점진적으로 바꿔 갈 수 있다. 코로나로 학교는 어려움을 겪었지만 그럼에도 역설적으로 관계를 우선으로 다루어야 하는 학교의 역할이 재조명되었다. 회복적 학교를 세우는 과정은 쉬운 도전은 아니지만, 학교의 새로운 변화를 경험할 수 있을 것이며 교육 문화를 근본적으로 혁신하는 데 기여할 것이다.

3장

회복적 생활교육과
학교 지원을 위한 시스템 구축

회복적 생활교육 리부트

회복적 학교의 문화가 학교 전체에 적용되기 위해서는 학교 구성원의 자발성에 의한 통합적 교육이 선행되어야 한다. 이와 함께 회복적 학교의 방향을 설정할 수 있는 교육청 단위의 구조적 역할이 중요하다. 교육청은 회복적 생활교육 활성화와 회복적 학교를 위한 지원 체계를 마련할 필요가 있다.

회복적 생활교육도 리부트reboot할 필요가 있다. 리부트란 컴퓨터를 재시작한다는 의미의 용어이지만, 여기서는 그간의 과정을 성찰하고 새롭게 기획하여 처음부터 다시 하는 것을 의미한다. 따라서 회복적 생활교육 리부트는 회복적 생활교육을 본질적으로 성찰함으로써 앞으로의 방향을 내다보자는 의미라고 할 수 있다. 교사를 대상으로 회복적 정의에 기초한 회복적 생활교육 연수를 진행한 지 10년 정도 지난 시점이라 회복적 생활교육을 유행이 지난 교육 트렌드처럼 받아들이는 경향이 있다. 회복적 생활교육을 학생 프로그램의 일환으로만 이해하는 것이 대표적이다.

회복적 생활교육을 교사들이 회의적으로 느끼는 배경에는 교육청 중심의 위에서부터 아래로 진행되는 톱다운 방식의 영향이 크다. 대단위 교육으로 더 많은 사람이 교육받고 실천할 수 있도록 지원하는 방식은 짧은 시간에 확산과 성과를 낼 수 있다는 장점이 있지만, 회복적 정의의 신념과 교육 철학을 온전히 익혀 교사들이 학교의 문화를 근본적으로 바꿔 내기보다 생활지도를 개선하는 활동이나 방법론으로 이해하게 한 측면이 크다. 녹록지 않은 교육 현장 속에서 회복적 생활교육이 교육 철학으로 뿌리내리지 못하고 빠르게 휘발된 측면도 없지 않다.

그러나 코로나19의 세계적인 대유행으로 학교의 기능이 위기를 겪었다. 관계의 단절이 촉발한 관계 부재와 학교폭력에 대한 대안으로 회복적 생활교육이 재조명되었다. 특별히 학교폭력 사안의 학교장 자체해결제와 관계회복프로그램, 교육지원청 산하의 조정지원단 등이 정책적으로 도입되면서 이 취지를 살릴 예방 활동과 사안 처리를 통합적으로 다룰 수 있는 장점을 가진 회복적 생활교육에 대한 교사들의 관심과 수요가 늘었다. 이런 변화를 기회 삼아 다시금 교육의 본질을 묻고, 통합적인 학교 문화 변화의 가능성을 성찰하는 방향으로 회복적 생활교육 이해를 전개할 필요가 있다. 회복적 생활교육의 재활성화를 위해 다음과 같이 교사 연수 정책과 지원 체계를 마련할 수 있어야 한다.

1) 관리자 대상 교육의 중요성

교장, 교감 등 학교 관리자를 대상으로 한 회복적 생활교육 연수가 필요하다. 학교 관리자에게는 구체적인 생활교육 방식보다 회복적 생활교육의 가치로 학교 공동체의 이해를 전반적으로 새롭게 인식할 수 있도록 하는 교육 과정이 필요하다. 관리자의 회복적 생활교육 이해는 교사의 실천을 지지하고 격려하며, 학교의 공동체 문화를 바꾸는 회복적 학교를 세우는 리더십 역할을 하는 데 기여한다.

2) 저학년을 위한 회복적 생활교육 연수

초등학교 저학년 학생, 나아가 유치원부터도 관계를 중심으로 하는 회복적 생활교육을 자연스럽게 접할 수 있다면 그 자체로 예방적 생활교육이 된다. 학교폭력 예방 측면의 접근과 미래세대 교육 차원에서 초등학교 저학년 교사와 학부모 대상의 회복적 생활교육 연수가 우선적으로 고려되어야 한다. 물론 중학교나 고등학교에도 필요하다. 급별을 가리지 않고 회복적 생활교육을 접하는 것은 건강한 사회 건설을 위해 필요하다.

3) 조정지원단 구축을 위한 분쟁조정 과정

학교에서 일어난 갈등을 교육적으로 해소하기 위한 학교의 기능이 강화되도록 교육청에서는 조정지원단을 체계적으로 구축할 수 있어야 한다. 학교의 문제를 공동체 접근으로 해결하고 지원할 수 있도록 조정지원 인력을 양성하는 회복적 정의에 기초한 조정자 연수 과정이 있어야 한다. 교사, 학부모, 지역 자원 등이 참여하는 조정지원단이 활성화되려면 조정지원단의 인적 구성과 관리, 운영 등 전반적 시스템이

체계적으로 구축되도록 지원할 수 있어야 한다.

4) 자생적 회복적 생활교육 연구회 지원

교육청은 이전처럼 대단위 교육이라는 저변 확대에 관심을 쏟기보다는 정책적으로 회복적 생활교육연구회를 교사의 자율성을 기반으로 조직화할 필요가 있다. 지역마다 다른 상황이긴 하지만, 초기와 달리 시도교육청에서 직접 교원 연수를 개설하기보다 교육연수원의 커리큘럼으로 회복적 생활교육 연수를 도입하고 있다. 교육연수원 프로그램은 교사들이 연수원을 통해 회복적 생활교육을 접할 수 있다는 장점이 있지만, 연수 이후 연구회 등의 모임을 규합할 수 없다는 단점도 있다. 이러한 아쉬움을 보완하기 위해 연수원을 통해 회복적 생활교육을 접한 교사들이 원하는 경우 자발적으로 연구모임을 할 수 있도록 교육청이 지원하거나 기존의 회복적생활교육연구회가 마련되어 있다면 협업할 수 있도록 지원해야 한다.

자생적 회복적 생활교육 연구회 활성화

회복적생활교육연구회는 교사들의 자발성에 기초해 조직될 필요가 있다. 자발성은 회복적 생활교육 운동의 중심축이다. 자생력을 가질 수 있도록 지원하고 체계를 마련할 필요가 있다. 경남, 전남 등 교육청에서는 지역의 교사 수요가 있을 경우에 한해, 교육지원청 산하 회복적생활교육연구회를 만들고, 지역과 광역이 연대하는 교류를 활성화했다. 지역 연구회는 수요가 없는 지역은 점진적으로 필요에 따라 구성될 수 있도록 했다. 이처럼 교육청이 일괄적으로 지역 연구회를 개설하기보다 자발성을 기반으로 지역 모임을 구축할 필요가 있다.

몇몇 교육청에서는 회복적 생활교육 강사단을 구성하여 필요한 학교에 이를 안내하는 교사를 배출했다. 다만 짧은 시간에 서클이나 공동체 활동 중심으로 회복적 생활교육을 안내하다 보니 많은 교사들이 회복적 생활교육을 놀이 활동으로 이해할 뿐 패러다임의 근본적 변화를 꾀하는 철학으로 이해하지 못하게 된 점은 운동 전체 지형을 고려할 때 안타까운 부분이라고 할 것이다. 기존 생활지도의 한계에 직면하여 회복적 생활교육이 왜 필요한가에 대한 근본적 문제 인식이 공유되지 않고 교육적 가치를 놓친다면 주객이 전도된 교육이기 때문이다. 이런 문제를 해결하기 위해서는 전문기관과 협력하여 회복적 생활교육 강사단을 위한 재교육과 연구모임을 뒷받침할 필요가 있다.

회복적생활교육연구회는 개별 교사들이 연수 이후에 지속적인 회복적 생활교육의 실천을 위해 교사 돌봄과 연구를 목적으로 자발적으로 연대하는 교사 공동체이다. 학교에서 회복적 신념을 가진 교사가 학급운영 등의 실천을 하지만, 기존의 학교 문화 속에서 교사들이 개별로 회복적 생활교육을 실천하기란 쉽지만은 않다. 관리자나 동료 교사의 이해가 부족하다면 생활지도 방식의 차이로 혼란이 야기될 수 있기 때문이다. 학교 차원의 통합적 접근이 이루어지는 회복적 학교 모델을 구축하는 것이 이상적이지만, 그렇지 않은 상황에서는 교사 공동체의 연대가 반드시 필요하다.

주기적인 연구회의 모임을 통한 교사 돌봄, 생활교육을 위한 교육

과정 연구, 회복적 실천 연습 등은 교사 공동체의 결속력을 다지고 아이들을 향한 실천 방안을 모색하는 계기가 된다. 뿐만 아니라 회복적 생활교육연구회의 구성원이 지역의 회복적 생활교육 활성화 정책과 방향을 모색하며 교육청과 소통하여 추진할 수 있다.

전국 시도교육청에 회복적 생활교육이 소개되면서 도교육청 거점의 회복적 생활교육연구회가 꾸려진 곳들이 있다. 이따금 전국의 교사 연구회가 모여 전략워크숍[79]이나 사례를 공유하는 시도가 있었으나,[80] 체계적으로 이루어지지는 못했다. 회복적 생활교육이 교육 운동 차원에서 확산되고 활성화되기 위해서는 '전국회복적생활교육연구회 네트워크'를 구성하여, 정기적으로 지역 특색의 회복적 생활교육 사례와 현황을 공유하고, 장기적 미래 교육을 위한 방향성을 함께 모색하는 연대체가 필요하겠다.

회복적 학교 컨설팅 지원단 구성

본질적으로 회복적 생활교육이 교육 현장의 전반적인 문화로 인식되기 위해서는 경남에서 추진하고 있는 회복적 학교 모델처럼 학교 하나의 변화가 학교 구성원의 변화와 교육청과 지역사회에 긍정적 변화

---

79 2018년 11월 한국회복적정의협회 주관으로 당시 영국 회복적정의협의회 의장이자 전직 교사인 크리스토퍼 스트레이커Christopher Straker를 초청하여 '회복적 생활교육 전략 워크숍'을 개최했다. 각 시도 연구회 임원 중심으로 참여한 워크숍에서 '전국회복적생활교육 네트워크'를 발족하자는 의견이 나왔다.

80 2019년 12월 경기도회복적생활교육연구회 주최로 각 시도 교육청의 연구회와 유관 단체의 협력과 소통의 장을 마련한 포럼을 개최했다.

로 경험될 필요가 있다. 회복적 학교는 장기적 과정의 프로젝트이기 때문에 학교 구성원의 헌신과 노력도 필요하지만 학교 외부에서의 지원과 도움이 없으면 지속되기 어려운 한계도 분명히 있다. 이를 위해서는 회복적 학교의 지원과 자문을 도울 회복적 학교 컨설팅지원단 구축이 필요하다. 교육청 민주시민교육과나 혁신교육과 산하 부서의 기구로 체계를 구축하는 것이 컨설팅단의 위촉, 운영, 활동 등을 보다 용이하게 할 수 있다.

2007년 영국의 헐Hull시에 있는 작은 초등학교에서 전면적인 회복적 생활교육 기조를 통한 학교 변화가 주변의 학교에 변화를 끼쳤고, 결과적으로 회복적 도시를 선언했다. 영국의 경우, 현재까지 학교와 소년 사법을 중심으로 회복적 도시 운동이 헐시의 선언을 넘어 지역 특색에 맞게 활성화되고 있다.[81] 그중 최근에 각광받고 있는 영국 북서부의 리버풀 지역은 2015년 회복적 학교 세우기 시범사업으로 2015~2017년 2년간 우선적으로 도움이 필요한 6개 학교를 선정하여 교직원 연수와 컨설팅을 시작하며 진행됐다. 시 담당자들도 교육에 참여하여 회복적 정의에 기초한 평화로운 학교에 대한 이해를 높일 수 있었다. 2년 동안 학교들은 배운 내용을 기본으로 각자 학교에 맞는 회복적 생활교육 방식을 개발하고 창의적으로 회복적 학교 문화 형성에 노력했다. 2년간의 노력에 대한 평가는 영국교육기준청Ofsted에 의해서도 긍

---

81 회복적 도시 운동의 자세한 내용은 이재영, 위의 책, 3장 '회복적 정의 운동이 걸어온 길' 중 '세계의 회복적 도시'를 참조하라.

정적으로 증명되었다.[82] 리버풀의 파일럿 프로젝트 성공은 더 많은 학교로 회복적 실천을 확산하는 계기가 되었다. 시의 교육국 가족복지과[83]는 2018년에 10개의 새로운 학교에 같은 방식의 프로그램을 진행하도록 확대했고, 1년 후인 2019년에도 가족복지부 예산을 더 배정하여 5개의 학교에 추가로 프로그램 지원을 할 수 있게 되었다.

또한 학교 교직원뿐만 아니라 학부모들을 대상으로 하는 교육 프로그램을 진행하여, 가정에서도 회복적 자녀교육을 실천할 수 있도록 지원했다. 헐시에서 회복적 학교와 도시 프로젝트를 진행한 경험이 있는 크리스토퍼 스트레이커 전 교장이 운영하는 기관인 'Restorative Thinking'의 도움을 받아 리버풀의 회복적 학교를 통한 회복적 도시 프로젝트는 세밀한 계획 속에 진행되고 있다.[84] 또한 회복적 학교를 추진하면서 회복적 실천을 지속적으로 추진할 수 있는 15명의 전문 인적 자원을 확보하고 팀을 구축하여 확대되는 회복적 학교를 지원한다. 현재 영국은 초기 헐시에서 진행한 대단위 교육이나 프로젝트보다 소수의 학교를 지원하여 변화를 촉발하고 다른 학교로 옮겨가는 효율적인 접근 방식을 시도하고 있다.[85]

---

82 Christopher Straker & Lesley Parkinson. "Liverpoor Restorative Practice in Schools Pilot 2105-17 Project Report", *Restorative Thinking*, 2017.

83 영국은 한국과 달리 별도의 교육청이 있지 않고 시청 교육국을 두고 있다.

84 Caroline O'Neill, "Restorative Practice in Liverpool Schools" 한국평화교육훈련원 (KOPI) 2020년 회복적정의 해외연수 '영국의 회복적 도시를 가다' 여정 중 Liverpool City Council을 방문했다.

85 이재영, 위의 책, p.159.

영국의 리버풀과 같이 시청 담당자와 전문기관, 수혜 기관 세 주체가 명확한 역할 분담과 계획 속에 공유된 주도권을 가지고 시작부터 공동 프로젝트로 진행하는 방식이 한국에도 도입될 필요가 있다. 우리나라의 경우 전담부서의 교육청 담당 장학사와 훈련된 인적 자원(교사 컨설턴트), 그리고 회복적 정의 전문기관 사이의 협력 관계가 매우 중요하고, 학교와 같은 수혜 기관과의 소통과 모니터링 체계가 원활하게 운영되어야 한다. 결국 효과적인 팀 형성과 운영능력이 높아야 한다는 전제 조건이 요구되지만, 회복적 학교와 지원에 있어서는 가장 효율적이고 지속가능한 민관 협력 모델이라고 평가받는 시스템을 구축할 수 있다.[86]

회복적 마을활동가(학부모 그룹) 양성

회복적 마을활동가(회복적 마을교사)는 지역사회에 회복적 정의에 기초한 공동체성 향상과 평화로운 갈등 전환의 문화를 조성하는 데 기여하고, 학교에서 진행되는 회복적 생활교육 프로그램을 지원하는 것을 목표로 기획되었다. 또한 최근 교육청에서는 학교폭력 해결을 지원하는 조정지원단 또는 관계회복기구의 조정 인력을 회복적 정의에 입각한 대화 모임 진행자로 위촉하기 위한 목적의 일환으로 회복적 마을활동가 양성 과정에 관심을 기울이고 있다. 양성 과정의 참여자들은 대부분 학부모이다. 회복적 정의에 대한 이해를 기반으로 갈등에 대응하는 학부모의 인식 개선을 돕고 회복적 학교와 도시를 만드는 데 실제

---

86 이재영, 위의 책, p.160.

범주	공동체 서클 진행자	갈등 조정자
시기	갈등 이전 예방적 접근	사건 발생 이후 해결적 접근
특성	평상시 공동체 구성원의 관계성을 강화하고 분쟁 해결의 방향성과 원칙을 공유하기 위해 집단적 대화와 경청을 구조화하는 서클을 상시적으로 운영하여 예방적 차원에서 공동체 갈등을 접근하는 방식	공동체 내 소수의 전문적 조정훈련을 받은 사람을 양성하여 분쟁이 발생할 경우 당사자 간의 자발적 동의하에 제3자 개입을 통해 갈등의 확대를 막고 최대한의 만족을 높이는 합의를 이뤄내는 방식

회복적 마을활동가의 실천 범주

적인 역할을 할 것이다.

이상적으로는 두 모델 모두를 활용하는 것이 바람직할 것이나, 지역적 특성과 관계성, 역사성 등에 따라 더 효율적으로 접근되는 모델이 있을 수 있다. 다만 두 모델 모두 전제되어야 할 것은 갈등을 다루는 프로그램의 선택이 아니라 패러다임의 공유가 전제되어야 한다는 점이다. 잘못에 대한 처벌에 익숙하고 나에게 피해를 주었으니 더 큰 피해로 되갚아야 한다고 생각하는 응보적 관점에서 벗어나, 공동체의 가치와 관계성의 회복이 분쟁 해결의 근본이라는 사실을 이해하는 공동체 구성원이 많아지는 것이 중요하다.

결국 회복적 정의 패러다임 교육과 서클 훈련을 통해 소소한 공동체의 이슈를 대화와 집단적 지성으로 접근하는 시도가 학교나 지역 공동체에서 시도되는 것이 미래의 파괴적 피해를 막고 마을 공동체를 건강하게 만드는 시작점일 수 있다. 구성원 간의 갈등을 대화로 풀 수 있는 공동체의 훈련된 진행자가 늘어나 학교와 지역 공동체의 자원으로서 훈련된 회복적 마을활동가들이 폭력 예방과 대응에 많은 노력과 관심을 기울여 회복적 학교와 도시를 지원하는 흐름을 연계할 필요가 있다.

2022년 현재 충남 세종, 울산 등 교육청의 담당부서를 통해 회복적 마을교사 양성과정이 진행되었다. 교육청의 회복적 생활교육 활성화 정책과 조정지원단 구축과 더불어 회복적 마을교사 양성은 확대될 계획에 있다.

학교폭력 조정지원단 운영체계 마련

학교에서 발생한 문제에 따른 대응이 처벌로만 이루어질 때 학생이나 보호자, 교사 등 학교 공동체 전체에 그리 발전적 영향을 주지 못한다. 처벌을 중심으로 한 학교의 문제해결 방식은 정의를 이루는 데 한계가 있을 뿐 아니라 자라나는 학생들에게도 교육적이지 않다. 점점 더 복잡해지고 사법화되고 있는 학교폭력의 문제를 보다 교육적 접근을 하기 위해서는 학교폭력 등 학교에서 발생한 사안에 대해 우선적으로는 대화를 통한 문제해결이 시도될 수 있도록 하는 학교 문화가 정착되어야 한다. 그러기 위해서는 회복적 정의에 기초한 관계 형성과 공동체성을 높이는 예방적 접근이 활성화되어야 한다. 그리고 예방적 토대 위에 연속적인 방향성을 가지고 학교폭력이 발생했을 때 회복적 대화 모임이 가능한 운영체계가 구축되어야 한다. 최근 몇몇 교육청에서 명칭은 다르지만 교육지원청 산하에서 운영하고 있거나 준비 중인 학교폭력 '조정지원단'[87] 구축도 회복적 생활교육 활성화와 맞물려 확대할 필요가 있다.

조정지원단은 학교폭력 사안에 대해 회복적 대화 모임(조정)을 진행하는 실질적인 조정기구로서 학교 현장에 맞는 교육적 갈등해결을 시도하는 것을 목적으로 한다. 학교는 처벌 위주의 사법기관이 아니라 교육기관임을 재확인하고 이어 걸맞은 제도를 실행하는 것이 법적 분쟁으로 변질되고 있는 학교 내 갈등 문제를 해결하는 근본적인 접근이 될 수 있기 때문이다. 따라서 조정지원단은 실제적으로는 교육지원청 단위에서 운영하지만 학교에서 발생한 문제에 대한 일시적인 사안 해결을 지원을 넘어, 학교 스스로 자체 갈등해결 역량을 키울 수 있도록 학교 분쟁 조정 과정에 대한 모델링 역할을 할 수 있다. 결국 처벌이 아니라 치유라는 패러다임의 변화를 바탕으로 조정지원단을 체계적으로 구성하고 운영하는 것이 중요하다.

현재 구성되어 있거나 준비하고 있는 교육지원청 단위의 조정지원단 운영을 위한 도교육청 산하에 조정지원단 운영을 위한 총괄 기구를 구성하여 운영하고, 교육청 담당 장학사와 전문기관이 함께 참여하는 방식이 바람직하다. 총괄 기구는 갈등조정지원단의 인적 구성 기준안을 마련하고 조정위원의 위촉, 교육훈련, 관리, 컨설팅, 홍보, 자료화 및 제도화 등의 역할을 한다.

---

87 교육청마다 학교폭력 조정지원단의 명칭이 다르다. 갈등조정지원단, 갈등전환지원단, 관계회복지원단, 회복조정지원단, 화해분쟁조정지원단, 화해중재지원단 등 조정지원단의 명칭이 각기 다르나 운영되는 성격은 같다고 볼 수 있다. 본 책에서는 조정지원단이라고 명명했다. 다만, 조정지원단의 명칭 중에서 '화해'라는 명칭은 갈등당사자의 화해를 종용한다는 오해를 살 수 있어 보다 중립적 용어가 필요하다는 의견을 밝힌다.

결국 조정지원단의 성패는 조정위원의 조정 역량이 결정한다고 봐도 과언이 아니다. 조정 역량이 없는 조정위원을 위촉하고 관리하지 않는 것은 자칫 조정 무용론을 높이고 다시 학교갈등이 법적 분쟁으로 가속화하는 원인이 된다. 따라서 조정위원 위촉 시 회복적 정의 전문기관의 조정 훈련을 받았거나, 관련 자격증을 소지한 사람을 중심으로 선발하되, 그런 인적 자원이 없는 곳은 위촉한 조정자들을 위한 교육 훈련을 우선적으로 실시하여야 한다.

기본교육 이후 위촉된 조정위원은 경험 있는 조정위원을 돕는 협력 조정을 실시하고, 일정 시간 이상이 되면 조정위원으로 정식활동을 하도록 해야 한다. 또한 조정위원에 대한 재교육을 필수적으로 하고, 조정위원이 진행한 조정 사건에 대한 보고서를 모아 관리할 수 있어야 한다. 조정위원의 위촉과 해임에 대한 권한은 총괄 기구의 자문과 평가를 통해 각 교육지원청에 두고 최소 연간 수회 이상의 조정을 하는 것을 원칙으로 하는 위촉 기준과 윤리 기준을 만들어 관리체계하에 시행할 수 있어야 한다. 현재 조정위원은 기본적으로 자원봉사 시스템이지만, 조정 활동을 위한 실비가 지급된다. 차후 성과에 따라 예산 확보를 통해 조정수당을 지급하

는 쪽으로 개선할 필요가 있다.

그리고 조정지원단은 조정 과정을 진행할 조정위원과 더불어 법률, 의료, 상담, 사회복지 등의 분야를 자문해 주는 별도의 자문위원을 구성하는 것이 바람직하다. 자문위원은 조정 과정과 연계하여 필요한 도움을 줄 수 있다. 한편 조정위원은 학교의 교사도 참여할 수 있으나 외부의 훈련된 전문가가 보다 많이 참여하는 것이 필요하다. 조정위원으로서 교사가 다른 학교의 갈등에 개입하는 것이 쉬운 구조는 아니다. 뿐만 아니라 학교의 이해관계 때문에 학부모 당사자가 중립성에 대한 의문을 제기할 수도 있다. 그러므로 조정지원단의 운영 내용은 학교 단위의 회복적 생활교육, 회복적 마을활동가 양성, 갈등조정 전문가 양성 연수 등과 관련된 교육 사업과 연계해야 한다.

경기도 구리남양주교육청은 학교 단위 회복적 생활교육을 진행해 오다가 2017년 말 경기도교육청의 학교폭력에 대한 갈등조정 시범교육청이 되면서 KOPI와 함께 학교폭력에 대한 조정지원단을 구성하고 운영하기 위한 원칙을 세우기 시작했다.[88] 2018년 정식으로 운영되기 시작한 '구리남양주 학교공동체 갈등조정지원단'[89]을 통해 관내에서 발생하는 학교폭력 사안을 회복적 정의에 기초한 조정으로 풀어 나갔

---

[88] 오수정 장학사, "구리남양주 학교공동체 갈등조정지원단 시범 설치 및 운영계획" 구리남양주교육청 중등교육지원과, 2017. 11.
[89] 조정지원단 구성은 조정위원과 자문위원으로 구분하여 구성. KOPI 조정전문가 (5명), 교사(2명), 경찰SPO(2명), 상담사(1명), 변호사(1명) – 단장: 이재영 KOPI 원장, 간사: 오수정 장학사.

다. 2년간의 시범기간 동안 잘 해결된 조정사례에 기초해 처벌 중심의 학교폭력 대응 방식보다 대화를 통한 교육적 해결과 관계 회복이 왜 중요한지 인식하는 계기가 되었다. 조정지원단 운영과 함께 구리남양주 관내 교장단, 학부모, 상담사, 학교폭력대책자치위원 대상 회복적 생활교육이 교육청 차원에서 이뤄졌고, 이를 계기로 학교 갈등에 대한 회복적 접근의 필요성이 강조되었다.

2019년부터는 일반 교원들 대상으로 조정자 교육 과정이 개설되어 이수한 교사들을 조정지원단에 추가 위촉했다. 조정자 교육을 받은 교사들은 조정지원단 활동보다는 자신이 속한 학교 공동체에서 비공식적 조정을 통해 많은 문제를 해결해 나가는 성과를 거두었다. 2019년에는 구리남양주교육청의 조정지원단 성과를 바탕으로 경기도교육청이 외부 조정전문가 양성 연수를 의뢰하여 진행했고, 현재 경기도의 25개 교육지원청이 조정지원단 운영을 시도하고 있다. 그러나 한해 발생하는 학교폭력 건수에 비해 갈등조정 의뢰 건수가 현저히 적어 활성화 단계에는 이르지 못하고 있다. 더 많은 학생, 보호자들이 갈등 경험을 파괴적 경험이 아닌 성장의 기회로 선택할 수 있도록 조정지원단에 대한 홍보도 필요하겠다.

조정지원단 활성화를 위한 정책 마련

조정지원단은 학교폭력 사안처리 절차의 사건을 의뢰받아 당사자들의 동의하에 회복적 대화 모임으로 갈등해결을 시도하는 것이다. 조정지원단은 학생뿐만 아니라 교사와 학생, 교사와 학부모, 관리자와 교사, 동료 교사 사이의 갈등 사안에 개입하여 문제해결과 관계 회복을 도모할 수 있다. 조정지원단은 학교의 공식적 의뢰에 의해 학폭심의위원회가 개최되기 전, 중, 후 어느 단계에서든지 갈등 당사자들이 원할 경우 개최될 수 있다. 물론 학교폭력 심의가 개최되기 이전에 대화로 해결하는 것이 가장 효과적이다.

현행 절차상 조정은 학폭위 결정 전 학교장자체해결이 가능한 사안에 관계회복프로그램의 일환으로 대부분 적용되고 있다. 물론 학폭법 18조에 따르면 심의위원회에서도 손해배상이나 그 외 필요하다고 인정되는 사안에 당사자의 동의를 거쳐 조정할 수 있다.[90] 그러나 근본적으로는 심의위원회가 학교폭력에 따른 조치 결정에 목적이 있기 때문에 사실상 구현되기 어려운 현실이다. 현행 학교폭력 심의기구 시스템에서는 분쟁 당사자의 분리가 상식적 접근이며, 당사자가 사과를 표명해도 해결할 수 없는 구조적인 문제가 남아 있다. 이러한 구조는 당사자인 학생과 학부모는 물론, 교사 또한 갈등에서 벗어날 수 없는 근원적 한계를 낳고 있다.

그렇지만 가능한 대책으로 교육청의 학교폭력심의위원회가 사건에 따라 조정지원단에 사건을 의뢰하여 당사자 간 대화로 문제해결을 시도하고 그 결과에 따라 심의를 결정하는 방식을 시도해 볼 수 있다. 현행 사안처리 시스템에 대한 제도적 개선을 위한 회복적 정의 전문 기관과 교원 단체의 연구와 정책 제안이 이루어져야 할 필요성이 대두된다. 학폭법의

---

90 변성숙·변국희, 《학생 사안처리의 정석》, 좁쌀한알, 2020, p.144.

제도적 개선이 우선 뒷받침돼야 하겠다. 현재 사법 영역에서 적용하고 있는 화해권고와 검찰의 형사조정 등 회복적 사법의 다이버전 모델을 참고하여 현실적인 대안을 모색할 수 있다.

최근 경찰 단계에서의 회복적 정의 실천인 회복적 경찰활동이 활성화되고 있다. 전국 200여 개 경찰서의 여성청소년과와 청문감사실 피해보호전담과에서 의뢰해 온 사안을 회복적 대화 모임으로 당사자들이 대화로 문제를 해결하는 절차를 밟는다. 특히 여성청소년과에서 의뢰한 사안의 다수가 학교폭력 사건이다. 그중에서는 회복적 경찰활동으로 진행하고 합의된 약속 이행을 근거로 학교장자체해결로 종결한 사례도 다수 있다.

학교에서 회복적 경찰활동과 연계하여 회복적 대화 모임을 시도하는 것도 가능하다. 학교폭력은 경찰에서도 다루기 때문이다. 경찰 영역에서 실시하고 있는 회복적 대화 모임을 학폭 심의 이전 단계에 교육청에서

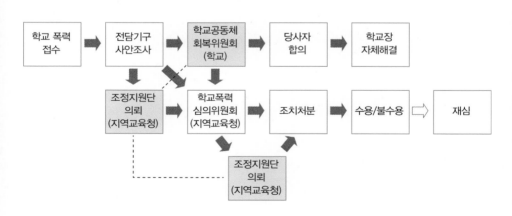

학교폭력 조정지원단 시스템

교육적 접근으로 시행하지 못할 이유가 없다. 당사자들의 자발적 동의하에 사건의 경중을 넘어 대화 모임에서 합의가 성립되면 그 결과를 반영하여 약속을 이행하고 모니터링하여 사건을 종결 처리할 수 있도록 역할을 확대해야 한다. 교육청의 학교폭력 심의기구가 학교 내 사법기구 역할을 하고 있지만, 학교의 사법화 현상과 소송제일주의에 대해 비판적 사고를 견지할 필요가 있다. 학교폭력에 대한 엄벌주의 정책이 과연 교육적인가에 대한 비판적 인식과 더불어 대안을 찾는 시도를 정책 변화와 함께 모색할 필요가 있다.

조정지원단을 활성화하려면 학교가 갈등을 이전과 다르게 해결하고자 하는 인식과 의지가 수반되어야 한다. 그리고 학교 문제를 대화로 풀어내는 프로세스를 활성화하여 지금보다 교육적이고 치유적 접근이 가능하도록 관련 법을 개정할 뿐만 아니라 제도적 기반과 문화적 기반을 조성해야 한다. 전국 시도교육청이 조정지원단을 제도적 시스템으로 잘 구축하여 학교의 갈등해결 문화를 교육적으로 전환하는 계기를 마련하길 기대한다.

실천편

회복적 생활교육의 기본 실천은 예방적인 실천이자 일상에서부터 학교의 교육
과정에 적용할 수 있는 교육 활동의 토대가 된다. 회복적 정의를 실천한다는
것은 어떤 프로그램을 시도하는 것이 아니라 자신의 언어를 회복적 관점으로
바꿔 일상에서 타인과 관계를 맺는 회복적 질문에서부터 실천하는 것이다. 즉
패러다임의 전환이 우리의 질문과 실천을 변화시킨다.

실천 편은 회복적 학교 문화를 세우기 위한 실천을 담았다. 1장은 회복적 생활교육 방법론에 앞서 교육 활동의 토대가 되는 기본 실천이 무엇인지를 안내한다. 1장의 회복적 생활교육 기본 실천을 토대로 2장은 회복적 학급 운영, 3장은 교과수업 과정에 적용할 수 있는 회복적 교육 활동, 4장은 회복적 질문을 기초로 관계를 회복하는 대화 모임, 5장은 회복적 학교 문화를 위한 교사 관계 형성 및 배움 서클을 담고 있다. 그리고 부록으로 회복적 학교 세우기를 점검하고 지속하기 위한 설문 항목을 실었다.

2~3장에는 내가 청소년교육팀장 재직 당시 KOPI 청소년교육팀 ●과 함께 만들어 온 교육 활동이 담겨 있다. 특히 학급 공동체 세우기와 평화감수성 훈련 등은 청소년교육팀의 수고와 기여로 구성된 내용임을 밝힌다. 현재 청소년교육팀은 여기에 소개한 실천 외에 청소년을 위한 프로그램을 개발하고 있다. 또한 3장 교육 과정에 적용한 회복적 수업 등은 KOPI 교육을 통해 만난 교사들의 실천 사례를 기반으로 구성했다.

실천 편에 소개하는 교육 활동은 프로그램을 넘어 상호 존중의 회복적 학교 문화를 세워 가는 실천을 구체적으로 담고 있다. 실천 편은 다소 매뉴얼적인 성격을 띠지만 회복적 정의라는 방향성을 염두에 두고 교육 현장 상황에 맞춰 얼마든지 창의적으로 적용할 수 있다. 실천에 따른 효과가 더디게 나타나더라도 '속도가 아니라 방향'이라는 격언을 생각하며 느린 호흡으로 만나 보길 바란다. 실천 편에 담겨 있는 회복적 생활교육 내용을 동료와 함께 실천하면서 회복적 학교 문화를 일구어 가는 데 도움이 되길 기대한다.

● 배현민 팀장, 권승현, 노윤희, 류혜선 연구원 등.

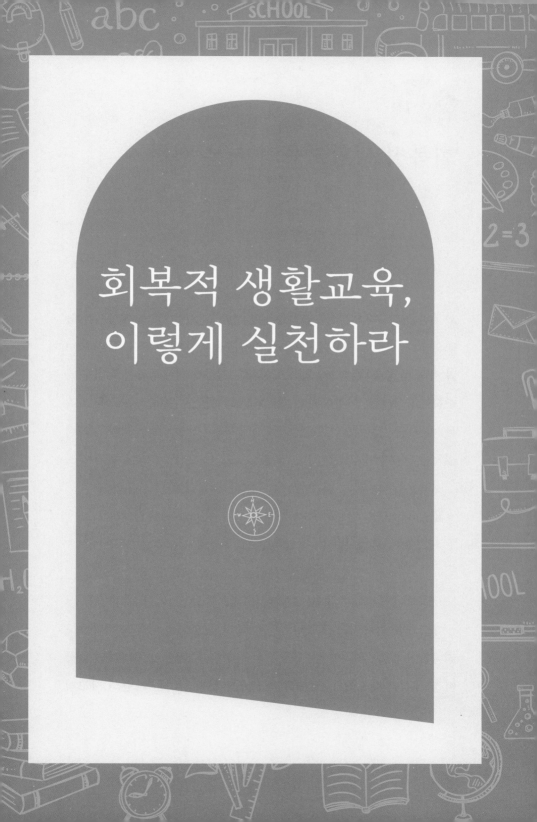

회복적 생활교육, 이렇게 실천하라

1장

회복적 생활교육의 기본 실천

회복적 생활교육의 기본 실천은 예방적인 실천이자 일상에서부터 학교의 교육 과정에 적용할 수 있는 교육 활동의 토대가 된다. 뿐만 아니라 갈등 상황을 해결하기 위한 공동체의 평화적 하부구조의 토대를 마련하는 기초적인 실천이 된다. 아래에 소개하는 회복적 생활교육의 기본적 내용을 토대로 학급운영과 학교 교육 과정에 적용가능한 회복적 실천을 모색할 수 있다.

1. 회복적 질문

교육의 힘은 질문의 힘

아이들을 가르치는 교육자라면 질문의 중요성은 아무리 강조해도 지나침이 없다. 교육의 힘은 곧 질문의 힘이다. 질문이 달라지면 대답이 달라지기 때문이다. 답이 달라진다는 것은 답하는 사람의 사고의 확장을 의미한다. 질문의 변화는 기존의 사고로부터 새로운 사고로 확장하는 변화를 위한 중요한 기초가 된다. 답하는 이가 아이들이라면 질문과 대답은 그 자체로 교육적 의미를 지닌다. 그래서 아이들을 가르치는 교사나 부모가 어떤 질문을 할 것인가는 교육적 관점에서 매우 중요하다.

사실 우리가 쓰는 질문을 포함한 언어, 표현 등은 우리의 사고방식을 크게 넘어서지 않는다. 결국 우리가 하는 질문에는 패러다임, 즉 가치관이나 세계관이 반영되어 있다. 평상시 부모가 자녀에게 안부를 묻거나 자녀가 부모에게 안부를 물을 때 하는 대표적인 인사가 있다. 바로 "밥은 잘 먹고 지내나요?"라는 식사 안부이다. 이 인사가 정말로 밥을 잘 먹고 다니는지 궁금해서 묻는 질문일까? 그렇지 않다. 우리에게 익숙한 식사 안부는 한국인의 독특한 세계관을 반영하고 있다. 사람을 만날 때 식사 여부를 묻는 안부 인사가 어디에서 비롯되었는지 살펴다 보면 우리 부모 세대 이상을 거슬러 올라가야 한다. 일제 식민 치하의 양곡 수탈과 한국전쟁의 고난을 경험한 웃어른 세대는 한 끼 먹고 사는 것을 중요하게 여겼다. 그분들의 식사 안부는 여러 세대를 거쳐 '평안'을 묻는 우리 문화 고유의 인사법으로 정착되어 있다.

그러나 외국 사람에게 '식사 여부'를 매일 물어본다면 어떨까? 물어본 사람은 알겠지만 상당히 의아하다는 반응을 들을 수 있을 것이다. 외국에는 이와 같은 식으로 안부를 묻지 않기 때문이다. 그러므로 식사 안부는 한국인이 가지고 있는 독특한 문화가 담긴 표현임을 알 수 있다. 이처럼 우리가 쓰는 말에는 패러다임이 담겨 있다. 하물며 부모나 교사가 아이들을 지도하는 질문과 표현에도 고유의 패러다임이 담겨 있기 마련이다. 그렇다면 교사가 학교에서 학생을 가르치며 하는 질문과 표현은 과연 어떨까?

정의 패러다임과 질문

앞서 살펴본 정의를 이루는 패러다임은 갈등을 다루는 과정에서 질문으로 표현된다. 두 정의 패러다임을 대비해 응보적 정의를 한 문장으로 정리한다면, "잘못한 사람에게 상응하는 처벌을 통해 가해(자)를 바로잡는 것"이라 할 수 있다. 이에 비교해서 회복적 정의를 한 문장으로 정리한다면 "자발적 책임을 통해 잘못으로 인한 피해(자)를 회복하는 것"으로 정리할 수 있다. 두 정의 패러다임은 서로 어떤 것이 좋거나 나쁜 것 혹은 옳고 그른 것이 아니라, 둘 다 정의를 구현하는 방식이지만 관점과 추구하는 방향성이 다르기에 궁극적인 실천과 결과도 대비될 수밖에 없다.

응보적 정의	구분	회복적 정의
누가 잘못을 한 사람인가?		누가 피해를 입었는가?
어떤 규칙·법을 위반했는가?	주요 질문	어떤 피해와 필요가 생겼는가?
어떻게 처벌할 것인가?		피해를 회복하기 위해 무엇을 해야 하는가?

정의 패러다임과 질문[1]

---

1 한국평화교육훈련원, 위의 책(통합과정1), p.45 Howard Zehr, *The Little Book of Restorative Justice*, Good Books, 2002 참조.

회복적 생활교육, 이렇게 실천하라

하워드 제어 박사는 두 정의 패러다임이 각기 정의를 이루는 관점에서 표현하는 주요 질문을 비교했다. 표현의 차이는 있을지라도 응보적 질문은 처벌을 목표로 그 과정에서 하는 질문으로서 '누가 잘못했는가?', '무엇을 잘못했는가?', '어떤 벌을 받아야 하는가?'를 질문한다. 반면, 회복적 질문은 피해 회복을 목표로 두고 그 과정 가운데 묻는 질문으로 '누가 피해를 보았는가?', '어떤 피해가 발생했는가?', '그 피해를 회복하기 위해 어떻게 노력할 것인가?'를 묻는다. 이와 같이 회복적 정의 패러다임에 기초해 문제를 해결하는 과정에서 묻는 질문을 회복적 질문이라고 한다.

두 정의 패러다임이 담지한 질문을 학교의 생활지도에 대입해서 살핀다면, 그간 교실에서 발생하는 문제해결을 위해 대체로 교사가 던져온 질문의 방향은 응보적 정의 방향과 질문일 확률이 높다.

누가 먼저 시작했어? 누가 그랬어? 등으로 시작해서 누가 교실에서 떠들어? 수업 시간에 집중 안 하지? 혼 좀 나볼래? 등 조금씩 표현은 다

응보적 생활지도의 질문	구분	회복적 생활교육의 질문
누가 잘못했는가? 어떤 잘못을 한 것인가? 어떤 학칙을 위반했는가? 문제 학생을 어떻게 처리할 것인가? 어느 정도 징계가 적절한가?	주요 질문	무슨 일이 있었는가? 누가 피해를 입었는가? 어떤 피해가 발생했는가? 피해를 회복하기 위해 무엇이 필요한가? 학교 공동체가 해야 할 일은 무엇인가?

생활지도의 질문2

2 이재영, 위의 책, p.244.

르지만 '누가 잘못했는지'. '어떤 규칙을 어겨 잘못했는지', '어떻게 벌받을지'에 대한 응보적 질문으로 생활지도를 해 왔다. 잘못은 곧 벌을 부른다는 응보적 정의 개념이 우리의 상식으로 깊게 자리 잡고 있기 때문이다. 학생의 문제행동에 대한 응보적 대응은 사건 발생 이후 잘못한 대상이 누구인지를 확인하고, 사실관계와 행위를 파악한 뒤, 그 결과에 따른 처벌 결정이라는 목표를 향해 진행된다. 그 과정에서 상황에 대한 이해나 행위의 동기는 처벌 결정에 참조만 될 뿐 중요하게 여겨지지 않기에 탈맥락적인 이해로 전개된다.

응보적 질문은 잘못한 행위와 잘못을 한 사람에 초점을 맞추기 쉽고 반발과 자기 합리화에 더 집중하는 실마리를 제공하며, 잘못을 한 학생에 대한 낙인이나 처벌로써 잘못에 대한 책임을 진다는 메시지를 주는 반면, 회복적 질문은 자신이 의도했든 의도하지 않았든 일으킨 피해와 그에 대한 적극적이고 창의적인 해결책을 생각하게 돕는다. 회복적 질문은 잘못된 행동이 다른 사람에게 끼치는 영향을 생각하는 기회를 제공하기 때문에, 잘못에 집중하는 것을 넘어 잘못을 일으킨 피해와 영향을 생각하게 해 준다. 본인이 일으킨 피해와 영향이 무엇인지 인지할 수 있어야 자신의 책임에 대해 스스로 생각할 수 있다. 결국 교사의 다른 질문은 단순히 질문법이나 표현을 바꾸는 것이 아니라 생활지도의 방향을 다르게 전환하는 지향점을 제시한다. 어떤 질문을 던질 것인가가 회복적 생활교육의 시작점이고 가장 중요한 패러다임 전환의 실천이라 할 수 있다.

질문의 틀을 '응보적'에서 '회복적' 관점으로 바꿔 사용한다는 것은 학생들을 어떤 존재로 대할 것인지 결정짓는 매우 큰 관점의 변화이다. 관점이 변하면 우리가 사용하는 언어부터 달라질 수밖에 없다. 회복적 정의를 실천한다는 것은 어떤 프로그램을 시도하는 것이 아니라

구분	기존의 흐름		회복적 질문의 방향
상황이해	판단		중립적 질문으로
영향파악(피해초점)	가해자		피해자와 피해로
자발적 책임	강제적		자발적 책임으로
관계설정	개인		관계 회복과 공동체로
성장의 기회	갈등		교육의 기회로

구분	주요 질문
상황이해	**무슨 일이 있었나요?** 왜 이런 일이 일어났다고 생각하나요? 그때 이후로 어떻게 지냈나요?
영향파악 (피해초점)	**누가 이번 일로 가장 큰 영향을 받았나요?** 그 일로 상대방의 마음은 어땠을까요? 그때 이후로 지금 무엇이 가장 힘든가요?
자발적 책임	**어떻게 발생한 피해를 회복할 수 있을까요?** 피해 회복을 위해 할 수 있는 것이 무엇이라고 생각하나요? 무엇을 하면 이 상황을 좀 더 좋게 만들 수 있을까요?
관계설정	**앞으로 어떤 관계가 되길 바라나요?** 상대방에게 무엇을 부탁하고 싶나요? **주변 사람들이 어떻게 도와주길 바라나요?**
성장의 기회	**이번 일을 통해 배운 점은 무엇인가요?** 이와 비슷한 일이 생기면 어떻게 할 수 있을까요? 대화를 통해 새롭게 알게 된 점은 무엇인가요?

회복적 질문의 기준[3]

3 한국평화교육훈련원, 위의 책(통합과정1), p.174.

자신의 언어를 회복적 관점으로 바꿔 일상에서 타인과 관계를 맺는 회복적 질문에서부터 실천하는 것이다. 즉 패러다임의 전환이 우리의 질문과 실천을 변화시킨다. 자녀를 훈육하는 부모, 미래세대를 교육하는 교사, 갈등을 다루는 조정자, 일상에서 타인과 관계를 맺는 모든 시민에 이르기까지 회복적 질문은 일상의 대화에서부터 공식적인 회복적 대화 모임에 이르기까지 가장 중요한 실천이다.

회복적 질문을 한다는 것은 단순히 표현을 순화하는 것이 아니라 질문의 방향을 완전히 바꾸는 것이다. 회복적 질문은 질문 하나하나를 외워서 활용하는 질문법이 아니다. 회복적 질문을 활용하기 위해서는 회복적 질문의 기준을 명확히 이해하고, 각 구분 기준을 중심으로 상황과 대상에 따라 핵심 질문과 파생 질문을 활용하여 소통하는 것이 핵심이다.

회복적 질문의 기준

회복적 질문의 첫 번째 기준은 사건을 중립적으로 파악하는 '상황 이해'이다. 가장 먼저 물어야 할 질문의 중요성은 아무리 강조해도 지나침이 없다. 문제를 해결하는 첫 질문에서 '누가 그랬어?' 식의 대상 확인 질문은 누가 잘못했는지를 찾고자 하는 교사의 판단과 선입견이 포함되어 있다. 그러나 회복적 질문의 첫 질문은 판단을 배제한 채 상황을 중립적으로 묻는 질문이어야 한다. '무슨 일이 있었는가?', '그때 어떤 기분이었는가?', '왜 이 일이 생기게 되었는가?' 등 상황과 맥락을 중립적이고 종합적으로 이해하는 질문을 통해 자신의 입장에서 충분히 말할 수 있도록 해야 한다. 첫 질문은 회복적 질문의 기준에 있어 매우 중요하고 꼭 물어야 할 질문이다. 누군가가 일방적으로 잘못했다 할지라도 해당 행위를 한 학생의 상황을 충분히 자신의 입장에서 이야기할 수 있도록 해야 하는 이유는 누구의 행동이 옳고 그른지 판단하는 데 있지 않다. 교사로 하여금 학생의 입장에서 왜 그 행동을 할 수밖에 없었는지, 그 행위의 동기나 맥락을 충분히 공감하고 이해하는 데 있다. 상황을 공감했다고 하여 잘못한 학생의 행위를 정당화하고 동의하는 것이 아니며, 피해를 준 잘못에 면죄부를 주는 것도 아니다. 가장 중요한 것은 누구에게나 목소리가 있다는 사실을 존중하는 것이다.

두 번째 기준은 '영향 파악'이다. 우리는 자연스럽게 사건이 발생하면 누가 잘못했는지를 찾고 무엇을 잘못했는지에 대해 묻는다. 사실 이 질문 자체가 가해행위와 가해자에게 초점이 맞춰져 있다. 사건 대응과 질문의 초점이 가해자에게 향하면 잘못한 사람은 방어와 자기 합리화에 더 집중하게 된다. 그러는 사이 피해자와 피해 회복의 길은 소원해진다. 잘못은 곧바로 처벌을 부르는 것이 아니다. 그보다 앞서 잘못을 하면 누군가가 아파하고 힘들어한다는 사실을 직면해야 한다. 그리고 피해로 발생한 필요를 채우는 것이 처벌보다 앞선 책임의 방향으로 자리매김되어야 한다. 그 방향을 찾아갈 수 있도록 '자신의 행동으로 누가, 어떤 피해와 영향을 받았는지'를 묻는 피해초점의 질문이 있어야 한다. 자신이 의도했든 의도하지 않았든 간에 일으킨 피해와 영향이 무엇인지를 찾아가는 질문은 스스로 직면하는 뼈아픈 과정이지만 직면하지 않으면 변화의 과정은 일어나지 않는다.

세 번째 기준은 '자발적 책임'이다. 잘못한 행위와 그 행위를 한 사람에게 초점을 맞춘 응보적 질문은 결론적으로 그 책임을 처벌로 귀결시킨다. 어느 정도의 처벌이 합당한가를 판단해 내린 결정은 이미 학생 스스로에게 변화 가능성이 없다고 판단하여 강제성을 부여한 것이다. 그러나 이러한 처벌 내용은 피해자의 회복과는 직접적으로 연관이 없는 책임일 뿐만 아니라 오히려 학생에게 수동적으로 주어진 책임을 수행하게 하는 결과를 초래한다. 이러한 강제적이고 수동적인 책임 부과가 아이들의 변화에 어떤 영향을 줄 수 있을지 의문이다. 교사는 자신이 일으킨 피해에 대한 능동적이고 창의적인 해결책을 찾을 수 있도록 돕는 질문을 해야 한다. '어떻게 하면 피해를 회복할 수 있는가?', '피해를 회복하기 위해 구체적으로 할 수 있는 것은 무엇일까?' 등 자발적 책임의 질문은 잘못한 사람에게는 진정한 책임의 길로 이끄는 질문이자 피해를 본 사람에게는 자신의 피해를 주체적이고 능동적으로 해결하고 회복할 수 있는 방향을 제시하는 질문이 된다.

네 번째 기준은 '관계 설정'이다. 응보적 접근은 처벌로 사건을 종결한다. 그러나 사건이 종결된다 해도 갈등을 겪은 학생 사이의 관계가 나아지는 것과는 별개이다. 당사자 학생 사이의 관계상의 상처나 감정이 남은 채 교실과 학교에서 불편하게 마주쳐야 하는 상황이 지속된다. 학교는 이들에게 안전한 공간이 아니다. 요즘 관계에 대한 기대가 없는 학생들이 많다. 이를 보고 이기적인 세대의 문제로만 치부하기는 어려울 것이다. 대화보다는 경쟁이 익숙하고, 문제해결에 있어 회피 내지는 단절과 처벌 요구에 익숙한 어른들에 의해 만들어진 문화일 가능성이 크다. 갈등을 겪은 학생들에게 당장 화해하고 친하게 지내라는 요구는 아무리 좋은 것이라도 강제하기 어렵다. 다만 한 공간에서 '앞으로 어떻게 지내길 바라는가?', '다시 이런 일이 생기지 않도록 무엇을 노력해야 하는가?', '주위 사람들이 어떻게 도와주면 좋겠는가?' 등 관계 회복과 재발 방지를 위한 방향의 질문을 함으로써 관계성에 기초한 안전을 생각해 볼 수 있게 한다. 관계를 위한 질문은 개인의 문제를 넘어 공동체적 차원에서 인식을 확장할 수 있도록 돕는다. 학급에서 두 아이가 다퉜다면, 사실은 그것을 지켜본 학급 친구들, 더 나아가 교사, 부모 등 연결된 모두가 영향을 받는 일이기도 하다. 회복적 질문은 개인을 넘어 공동체 구성원의 책임성을 함께 높일 교육적 기회가 된다. 또래 친구의 일을 자신과 상관없는 일이 아니라 함께 해결하고 도와야 하는 공동의 책임으로 연결될 수 있도록 한다.

다섯 번째 기준은 갈등이 '성장의 기회'가 되도록 묻는 질문이다. 생활지도를 경험하고 나서 '다음에는 걸리지 않도록 조심해야지'에 대한 경계심을 넘어 이와 유사한 일이 발생했을 때 스스로 어떻게 선택해야 하는지 문제해결 능력을 배우는 기회가 된다. 학교에서 갈등은 배움과 성장을 위한 교육적 기회가 된다. 회복적 질문을 통해 잘못은 피해를 낳고 피해를 회복하는 것이 진정한 책임과 자리매김의 역할임을 배우고 성장할 수 있도록 이끌 수 있다.

회복적 질문의 기준을 유념하길 바란다. 우리가 응보적 사고에 익숙하여 회복적 질문을 사용하는 것이 낯설고 어려울 수 있다. 그러나 그것은 우리가 회복적 정의 패러다임에 익숙하지 않기 때문에 생기는 자연스러운 현상이다. 정의 패러다임의 전환으로 회복적 질문을 보다 자연스럽게 자신의 표현으로 만들어 갈 수 있다. 회복적 질문은 표현을 순화하는 것이 아니라 질문의 방향을 완전히 전환하는 것임을 다시 한 번 강조한다.

학생 변화에 앞서 나의 변화로

혹자는 회복적 질문을 하면 당장 아이들이 달라질 것으로 기대하기도 한다. 그러나 회복적 정의는 만병통치약이나 요술방망이가 아니다. 회복적 질문은 자신의 행동을 직면하게 돕고 자발적 책임을 통해 일으킨 피해를 회복하는 방향성을 제시한다. 회복적 질문에 기초하여 성찰문(반성문)을 바꿔 만들어 본 것이 '회복적 성찰문'이다. 보통 백지의 반성문을 쓰면 교사에게 '죄송합니다', '잘못했습니다', '한 번만 용서해 주세요' 같은 내용을 길든 짧든 작성하지만, 회복적 질문이 들어간 회복적 성찰문은 자신의 감정과 상황, 자신으로 인해 발생한 어려움이나 피해, 어떻게 피해를 회복할 수 있을지를 스스로 고민하게 만들어 자기 성찰과 자발적 책임에 대해 성찰하게 한다.

회복적 성찰문을 활용한 교사에게 "이렇게 질문을 바꿔서 회복적 성찰문 써 보니 학생들이 달라지던가요?"라고 물은 적이 있다. 돌아온 답변은 "이 종이 하나 쓰게 한다고 학생들이 달라지면 누가 생활지도를 못하겠습니까?"라는 답변이었다. 그러나 바로 이어서 "그런데 이걸 쓰면서 확실히 달라진 것이 하나 있다면 학생들이 생각하는 범위가 달라졌다는 겁니다." 회복적 성찰문이 행동을 바로 바꾸지는 못할 수 있다.

하지만 학생들이 무의미하게
채워 넣는 반성문이 아니라 다
른 사람에게 끼친 영향에 대해
생각하게 해 주고 한 번이라도
고민하게 하는 것은 중요한 교
육이다.

한 교사는 "학생부에서 선
도나 학폭을 다루고 많은 아이
들을 만나며 때론 내가 교사인
지 형사인지 혼란스러울 때가
있었어요, 그런데 회복적 질문

이 나를 다시금 교육자로 서게 했어요"라고 답변했다. 아이들이 변화
하는 가운데 보람과 성장을 경험할 때야말로 교육자는 다시금 아이들
을 만날 용기로 다가서게 된다. 어떤 방법론이 통하지 않는다고 해서
포기하고 회복적 생활교육 무용론을 이야기할 것인가? 교사가 아이들
을 만날 힘을 교사 힐링 프로그램이나 스트레스 해소를 위한 여가활동
처럼 학교 외부요인에서 찾는 것도 충분치 않다. 아이러니하게도 아이
들의 변화 이전에 교사가 아이들을 대하는 관점의 변화가 출발점이다.
관점이 바뀌지 않으면 질문의 변화도 따르지 않는다. 결국 질문의 변
화는 곧 교육의 힘이다. 회복적 질문이 학교를 회복하는 교사의 힘이
되었다는 교사의 고백을 더 많이 들을 수 있기를 기대한다.

2. 존중의 약속

존중의 의미

회복적 정의의 핵심 가치인 존중을 기반으로 공동체 구성원의 책임과 관계를 증진하는 공동체 약속을 만드는 것을 존중의 약속이라 할 수 있다. 그렇다면 존중이란 무엇일까? 자신은 다른 사람을 배려하고 존중한다고 하는 행동이지만, 상대가 존중을 느끼지 못한다면 그것을 존중이라고 말하기는 어려울 것이다. 상대방이 느끼고 경험해야 비로소 존중받았다고 말할 수 있다. 교사가 친구를 배려하고 존중하라며 가르치지만 과연 존중이란 무엇일까? 존중이란 있는 그대로 '상대를 인정하는 것'이다. 그러나 우리는 존중을 말하면서 "너와 나는 서로 다르니까 존중해. 그러니까 서로 상관하지 마!"라는 의미로 'I don't care!'라고 말하기도 하지만, 이는 존중의 바른 예는 아니다. 존중이라는 말에는 '허용한다'는 시혜적 의미가 아니라 다른 사람의 필요를 적극적으로 채우는 '살핌'과 '돌봄', 즉 영어로 'care'의 의미가 함의되어 있다. 상대의 필요를 알아차리고 적절하게 대응하는 것이 존중의 진정한 의미이다.

미국의 철학자 랠프 월도 에머슨은 "교육에 비결이 있다면 그것은 학생 존중에 있다"고 했다.[4] 존중이란 힘과 권한에 대한 전환Power shift을 동반한다. 전통적인 학교 규칙이 질서 유지의 통제 수단으로써 교

---

4   로레인 수트츠만 암수투츠·쥬디 H. 뮬렛, 위의 책, p.15.

사의 권위적 지시와 힘으로 작동해 왔다면, 공동체가 함께 만드는 존중의 약속은 교사의 권한과 힘으로 학생을 지배하는 것이 아니라 교사와 학생 간의 상호 존중, 즉 인정과 동의의 과정에 능동적으로 참여하는 책임을 배움으로써 작동한다. 이는 교사를 포함한 교실 구성원인 학생 스스로가 힘이 있다는 것을 확인하고 공동의 책임에 참여하는 과정이기에, 존중의 약속은 교사로 하여금 자신이 가진 힘과 생활지도의 권한을 공동체와 공유하게 돕는 유용한 실천이다. 진정한 존중은 힘의 전환을 요구한다.

앞서 존중은 돌봄의 의미를 포함한다고 했다. 공동체의 돌봄을 위해 모든 교사가 아이들에게 존중과 배려를 가르칠 것이다. 그렇다면 존중, 돌봄, 배려는 누가 할 수 있는 것일까? 존중을 받아 본 사람만이 다른 사람을 존중할 수 있다는 것은 당연한 이치이다. 어쩌면 학생들은 존중이라는 두 글자를 몰라도, 부모든 교사든 친구들에게 존중과 배려를 받아 본 경험을 통해 다른 사람을 어떻게 존중할 수 있는지 경험적으로 알 수 있다. '말을 끊지 않고 들어줬을 때', '만나면 반갑게 인사를 해 줬을 때', '자신의 어려운 일을 상의해 줄 때', '수고했다고 격려해 줬을 때' 등으로 존중은 '구체적인 행동'으로 경험할 때 존중받았다고 말한다. 반대로 이야기하면 존중이라는 두 글자를 알아도 구체적인 행동으로 존중받은 경험이 부족하다면 다른 사람을 존중하기 어렵다. 결국 '상대가 나에게 어떻게 해 주길 바란다'는 요청에 허락 여부가 아니라, '나는 다른 사람으로부터 어떨 때 존중을 느끼는가'를 이야기할 수 있어야 하는 것이다. 자신이 경험하고 느낀 존중의 경험을 헤아리는 일이 타인을 배려하고 존중하는 토대가 되며, 상대방이 어떻게 존중받는지를 알아차릴 수 있도록 초대하는 마중물이다.

그렇다면 약속이란 무엇일까? 교칙과 교실 규칙은 교사가 정해 놓은 바를 학생이 일방적으로 지켜야 하는 톱다운 방식의 규칙이다. 교사가 학급 질서를 유지하기 위해 무엇을 해야 하고 하지 말아야 하는지에 대한 통제 요구의 내용을 규칙으로 안내하지만, 학생들은 그것이 아무리 바람직하더라도 강제적이고 수동적으로 받아들이게 된다. 그러나 존중의 약속은 반드시 지켜야 하는 'rule'이기 이전에 'agreement' 즉 '상호 동의'여야 한다. 교사가 학생들에게 일방적으로 무엇을 지켜야 하는지 요구하는 것을 넘어 공동체 구성원이 동의하고 능동적으로 참여하는 과정을 거쳐 만들어 가는 약속으로서 기존의 규칙과는 다른 의미를 지닌다.

존중의 약속을 만드는 공동체가 학급이라면 학생 수만큼 존중의 경험이 다르고 필요도 다양하지만, 교실에서 함께 잘 지내기 위해 서로가 느끼는 존중이 무엇인지 이해하고 서로를 존중하기 위해 동의할 수 있는 관계적 기반을 만드는 과정을 존중의 약속이라 할 수 있다. 존중의 약속은 강제되는 규율이 아니라 능동적으로 참여하여 존중을 느끼는 개인 간의 경계(영역)와 전체 공동체의 경계를 함께 만들어 가는 과정이고 결과이다. 그러므로 존중의 약속은 '무엇을 지키게 할 것인가?'라는 질문에서 '우리는 언제 존중받는다고 느끼는가?'라고 주체와 관점을 달리하는 질문을 기초로 이뤄진다.

회복적 생활교육, 이렇게 실천하라

존중의 약속 만들기

따라서 존중의 약속을 만드는 과정은 '네가 이렇게 규칙을 지켜라!'가 아니라 '나는 언제 존중을 느끼는가'라고 질문하는 것에서부터 시작한다. '다른 사람으로부터 언제 어떻게 존중을 경험했는가' 혹은 '어떻게 배려받았고 고마웠는가'를 질문하고 대답하는 것이다. 자신의 존중을 표현하는 것은 듣는 사람에게 '상대방은 이럴 때 존중받는구나' 하고 이해하는 계기이며, 상대의 필요를 알고 참여할 수 있는 초대의 기회를 주는 것이다. 그 초대에 응하는 것은 상대방의 선택이지만 그 자

A ⟶ B	B ⟶ A
① 교사는 학생/관리자/학부모가 어떻게 할 때 존중받는다고 느끼는가? ② 직원은 관리자가 어떻게 할 때 존중받는다고 느끼는가? ③ 부모는 자녀가 어떻게 할 때 존중받는다고 느끼는가?	① 학생/관리자/학부모는 교사가 어떻게 할 때 존중받는다고 느끼는가? ② 관리자는 직원이 어떻게 할 때 존중받는다고 느끼는가? ③ 자녀는 부모가 어떻게 할 때 존중받는다고 느끼는가?
A ⟷ A'	All ⟷ All
① 학생들은 학급 친구들이 어떻게 할 때 존중받는다고 느끼는가? ② 교사는 동료 교사가 어떻게 할 때 존중받는다고 느끼는가? ③ 자녀는 서로 어떻게 할 때 존중받는다고 느끼는가?	우리가 공동체 공간, 시설을 존중할 방법은 무엇인가?

* 화살표가 가리키는 대상이 존중받을 때가 언제인지를 박스 안에 채워 넣는 방식으로 작성하고 이야기를 나눈 후, 화살표 방향의 대상에게 존중할 수 있는 약속을 정리하여 하나의 표로 모아 완성하면 된다. 위에 표시한 것처럼 학급에서는 교사와 학생 사이에, 학교에서는 직원과 관리자, 그리고 교사와 학부모 사이에 활용할 수 있다.

존중의 약속 만들기[5]

체가 상호 존중을 위한 방향으로 나아가는 기초가 된다. '우리가 어떨 때 존중을 느끼는지'를 모아 게시하는 것으로도 공동체의 관계맺음 방식을 설정하는 존중의 약속으로서 유의미하다. '어떻게 지킬 것인가'에서 '어떨 때 존중을 느끼는가'를 공동체가 공유하는 장을 통해 자신과 상대의 필요를 새롭게 발견하게 되고, 공동의 존중을 위한 책임감을 높일 수 있다.

또한 부탁과 합의 과정을 거쳐 존중의 약속이라는 결과를 도출할 수 있다. 이 합의 과정 자체가 민주적 의사결정을 배우는 중요한 기회가 된다. 예컨대 학급 존중의 약속을 만들 때 '서로 어떨 때 존중을 느끼는지'를 표현하고 이를 게시하는 것 자체로도 일차적으로 존중의 약속을 만든 것이지만, 구체적으로 상호 동의의 과정을 만들어 내고자 한다면 다음과 같이 만들 수 있다. '나는 상대로부터 어떨 때 존중을 느낀다'를 표현한 내용은 존중을 이렇게 받고 싶다는 '부탁'이 되기도 한다. 학급 친구들은 그 부탁에 '동의'한 내용을 약속으로 정할 수 있다.

한편 친구가 이야기하는 존중의 '맥락'이 무엇인지 충분히 이해하나 그것에 동의하기 어려우면, 그 부탁은 약속으로 정해지는 것이 아니라 '보류'가 된다. 또는 제3의 의견으로 도출되어 부탁에 보완된 내용으로 약속이 정해지기도 한다. 다만 보류된 부탁은 '왜 그 부탁이 중요했는

---

5 한국평화교육훈련원, 위의 워크북. pp.199-207.
* Ron & Roxanne Claassen, Discipline that Restores: Strategies to Create Respect, Cooperation, and Responsibility in the Classroom, Booksurge Publishing, 2008에서 참조하여 응용했다.

지', '그 부탁을 어떤 이유에서 약속으로 정하기 어려웠는지'를 충분히 소통하는 과정이 필요하며, 그것이 결과를 만들어 내는 것보다 더욱 중요하다.

보류된 의견은 소수 의견일 가능성이 큰데, 교사가 따로 메모해 두어 약속을 점검하거나 보완할 때 다시 논의할 수 있다. 그리고 '학급 친구들을 위해서 할 수 있는 것'을 표현하여 지키겠다고 약속한 내용은 그 자체로 약속에 포함할 수도 있지만, 다 함께 지킬 수 있는 내용인지를 확인하고 협의하는 과정을 거쳐 모두가 동의하는 약속의 결과물을 만들어 낼 수 있다. 협의하고 의견을 취합하는 과정은 학급의 상황에 맞게 다양하고 창의적인 방법을 찾아볼 수 있다. 메모지나 스티커를 활용하거나 개별 작업과 모둠 작업을 거쳐 전체 의견을 취합할 수도 있다. 협의 과정에서 중요한 것은 어떤 방법이 효과적인가를 넘어 공동의 인식과 참여를 독려하는 데 있다.

존중은 계속되어야 한다

어느 중학교 학급에 '배려하기, 힘든 친구 도와주기, 물건 안 가져온 친구 빌려주기' 등의 내용이 게시된 약속을 보고 감탄하며 학생들한테 어떻게 만들었는지 물어보았다. 대답은 다소 황당했다. "이거 작년부터 붙어 있었던 건데요." 시간이 조금 지나니 학생들은 아무도 약속을 신경 쓰지 않고 지키지도 않았다.

학급에서 만든 존중의 약속은 모두가 잘 보이는 곳에 게시한다. 그리고 게시한 존중의 약속은 반드시 지속적으로 점검해야 한다. 학생들과 약속을 만들면 반드시 짚고 넘어가야 할 것이 있다. 약속의 점검 시기를 확인하는 것이다. 존중의 약속을 완성하면 학생들에게 '우리가 만든 약속이 잘 지켜졌는지 언제 점검할 수 있을까?'를 묻고, 아이들의 대답에 따라 교사는 점검 시기를 정할 수 있다. 예컨대 2주 뒤에 점검하자고 동의했다면, 존중의 약속이 잘 지켜졌는지 일정에 맞춰 서클 방식으로 점검할 수 있다. 점검하면서 아이들과 다음의 질문을 나눌 수 있다.

첫째, 우리가 만든 존중의 약속 중에서 잘 지켜져서 좋았던 점을 이야기하고 축하한다.

둘째, 존중의 약속 내용이 잘 지켜지지 않아서 불편했던 점에 대해서 이야기 나눈다.

셋째, 수정하거나 보완할 약속의 내용이 있는지 질문하고 공동체 의견을 수렴해서 새로운 약속을 추가하거나 현실적으로 가능하지 않은 약속은 수정하거나 보완할 수 있다.

존중의 약속을 만들면 시기를 정해서 주기적으로 점검하여 함께 만든 약속의 의미를 되새길 필요가 있다. 존중의 약속은 만드는 것보다 점검 기간을 두어 주기적으로 실천하는 것이 더 중요하다. 교실 안에서 존중이 지속될 수 있도록 노력해야 한다. 한 번 만들어 놓고 일 년을 게시하는 약속은 아무도 신경 쓰지 않는, 있으나 마나 한 종이일 뿐이다. 존중의 약속은 거창하게 꾸미거나 예쁘게 코팅해서 게시하지 않아도 된다. 약속 내용을 정리하여 잘 보이는 곳에 게시하되 주기적인 점검을 통해서 수정하고 붙일 수 있도록 활용하는 편이 좋다.

존중의 약속은 시기적으로 학급 구성원 사이에 충분한 관계가 형성되었을 때 만드는 것이 효과가 있다. 새 학기를 기준으로 적용한다면 공동체 서클 프로세스로 관계의 기초를 쌓은 다음, 3월 말이나 4월에 만드는 것을 추천한다. 아이들이 생활하면서 느낀 경험 속에서 겉으로 드러나진 않았지만, 갈등의 요소를 토대로 논의한다면 구체적이고 생활에 밀접한 존중의 약속을 만들 수 있다.

그렇게 만든 존중의 약속은 공동체가 전체로 지켜 가는 것과 동시에 학생들 간의 생활지도와 훈육에서도 효과적으로 다룰 수 있다. 존중의 약속은 모두가 참여한 결과물이기에 갈등이 발생하면 일차적으로 학생을 존중의 약속이 게시된 곳 앞으로 초대하여 함께 만든 내용을 확인하게 할 수 있다. 그 과정에서 어떤 존중의 약속이 지켜지지 않았는지, 왜 지켜지지 않았고, 그래서 누구에게 어떤 어려움이 생겼고, 이를 회복하기 위해 무엇을 할 수 있는지, 함께 만든 약속을 지키기 위해 어떤 노력이 필요한지 등을 공동체가 함께 만든 존중의 약속을 기반으로 회복적 대화를 할 수 있다.

한편 교사가 유념해야 할 것은 존중의 약속을 어기면 벌주기 위한 수단으로 사용해서는 안 된다는 점이다. 존중의 약속은 교실을 통제하기 위한 또 하나의 수단이 아니다. 즉 존중의 약속을 어떤 규칙을 어겼고, 그래서 어떻게 벌을 줄 것인지 판단하는 응보적 잣대로 활용해서는 안 된다.

회복적 정의는 이기고 지는 승패의 게임에서 벗어나 공생하기 위한 방식을 찾는 길을 걷는 것이다. 약속의 합의에 이르는 과정은 학급 상황에 맞춰 다르게 적용할 수 있다. 합의에 이르는 과정 자체가 공동체를 세우는 과정이며, 그것이 결과를 만들어 내는 것보다 더욱 중요하다. 합의의 과정 자체가 관계를 만드는 것이고 공동체를 세워 가는 과정이기 때문이다. 약속을 만드는 과정 중에 생기는 관계의 변화를 잘 관찰하고 확인한다면 그 자체가 서로를 존중하는 방식을 아이들이 배우는 교육이 된다.

3. 공동체 서클

서클의 유래

서클은 어느 날 갑자기 새롭게 만든 프로그램이나 기법이 아니다. 서클은 오래전부터 전해 내려온 원주민의 전통적인 대화방식에서 유래했다. 오늘날 회복적 정의가 태동하기까지 그 배경의 한 축으로 원주민 전통문화가 존재한다.[6] 원주민 마을에서는 공동체에서 일어나는 크고 작은 일을 결정하거나 문제를 다룰 때 다 같이 둘러앉아 이야기를 나누는 전통이 있다. 그것이 바로 서클의 원형原形이다. 오늘날 북

---

6 회복적 정의의 뿌리에 관한 자세한 내용은 이재영, 위의 책, '3장 회복적 정의 운동이 걸어온 길을 참고하길 바란다.

미의 경우 원주민 마을에서 문제가 생기면 사법 당국이 개입을 최소화한다. 원주민 마을에서 어떤 문제가 발생하면 마을 사람 모두가 둘러앉아 문제를 다루고 방안을 결정한다. 즉 원주민 공동체가 결정한 책임의 결과를 사법 절차에서 그대로 인용하거나, 결과를 토대로 최소의 개입으로 사법적 양형을 결정하기도 한다는 것이다. 그만큼 원주민 문화의 지혜가 담긴 서클 대화방식은, 오늘날 처벌로 결론 내리지만 공동체 내 깨어진 관계의 회복과 무관한 사법적 정의가 지닌 한계의 대안으로서 회복적 정의의 실천에 크게 기여했다.

원주민 공동체에서 서클은 치유의 대화를 나누는 공간이다. 그래서 원주민은 서클을 치유 서클로 부른다. 서클은 한 마을에서 일어난 문제에 대해 당사자와 가족, 마을주민들, 공동체 리더들이 참여하여 전통적 의식과 절차에 따라 진행된다. 서클로 초대되는 시작부터 일상의 대화와 구별된 시간임을 상징하는 의식을 치르는데, 입장하는 순간부터 독특한 향기가 나는 풀 sweet grass 을 태운 연기를 온몸에 두르고 참여한다.

서클에서 마을의 리더는 어떤 이야기를 할지 안내하고 준비한 '토킹 스틱'을 들고 돌아가며 이야기를 나눈다. 공동체에서 발생한 일로 상처받고 고통받은 이야기를 공개적으로 나누고 공유하면서 모두가 힘든 직면의 시간을 가진다. 경청, 수용, 그리고 책임의 내용을 함께 만드는 신성하고 엄숙한 시간이다. 때로는 서클 안에서 이루어진 결정이 상식과 달리 공동체 내의 맥락에서 마련되기도 한다. 예컨대 문제를 일으킨 당사자들에게 산맥을 넘어 어떤 미션을 수행하고 나면 공동체가 받을지를 결정하기도 한다. 대화 이후 당사자와 마을 리더는 치유 의식을 진행한다. 작은 텐트 안에 당사자들이 들어가 뜨겁게 달궈진 돌에 물을 부어 생긴 수증기에 몸을 흠뻑 적시고 땀을 내는 과정을 반복하며 과거를 치유하고 새로운 관계로 거듭나는 상징적 치유 의식을 치른다.

원주민 마을에서 이루어지는 서클은 그들의 종교적 의식과도 연관되어 있지만 마을 공동체의 위기를 풀어 가는 문화와 지혜를 담고 있다. 원주민들은 자신의 존재가 세상 만물과 연결되어 있고, 생명도 죽음도 분리되지 않는다는 전통적 세계관을 가지고 있다. 이들의 세계관 속에서 사람 사이에 발생하는 문제를 공동체의 힘으로 함께 치유해 갈 수 있다는 전통적 신념이 존재한다. 관계, 공동체, 더 나아가 자연 만물과의 '상호연결성'을 중요하게 생각하는 원주민 전통에서 범죄나 잘못은 개인에게 끼친 손해를 넘어 상호연결성을 깨뜨린 행위이자 대자연의 섭리를 훼손한 행위이다. 그러므로 서클은 원주민에게는 깨어진 연결성을 회복하는 과정이며 정의를 이루어 가는 자연스러운 과정이다. 이처럼 서클은 진정한 의미의 갈등 전환이자 회복적 접근으로써 오랜 세월 인류의 지혜가 담겨 내려온 대화 방식임을 알 수 있다.

서클의 구성요소[7]

오늘날 공동체 구성원이 둥글게 둘러앉아 서로의 이야기를 경청하고 소통하는 서클은 인류에게 있어 가장 오래된 의사소통 방식이라고 할 수 있다. 서클은 '토킹스틱'이라는 물건을 들고 주어진 질문에 대해서 돌아가며 이야기하고 함께 듣는 단순한 구조의 대화 방식이지만, 서클이 가지는 힘은 매우 크다. 서클이라는 안전한 공간에서 모두가 존중받고 방해받지 않고 말할 기회를 가지며, 자신의 이야기를 경청하는 공동체로부터 공감받고 연결되는 과정을 통해 신뢰가 형성되고 공동체성이 높아지는 경험을 할 수 있다. 서클에서는 다양한 감정이 수용되며 공감과 신뢰, 용기와 포용, 용서와 사랑 등의 숭고한 가치가 구현될 수 있다. 그러려면 서클은 필수적으로 모두에게 안전한 공간이 되어야 한다. 서클이 안전한 공간이 되기 위해서 서클을 이루는 다섯 가지 구성요소를 이해해야 한다.

● 공간space

서클을 이루는 데 무엇보다 중요한 구성요소는 다름 아닌 공간이다. 공간은 물리적 공간만이 아니라 사람들이 이야기를 나눌 수 있을 만한 심리적, 정서적 공간을 포함한다. 서클은 모두에게 '안전한 공간'이어야 한다. 많은 교사가 회복적 생활교육의 실천으로 서클을 해봤는데 '잘 안된다'고 하며 어떻게 하면 서클을 잘할 수 있는지 방법을 물어 오곤 한다. 서클에서 가장 먼저 염두에 두어야 할 것은 '우리 공동체가 서클을 하기에 모두가 안전한가?'를 고려하여 진행 역량을 높인다면 많은 부분 의문을 해소할 수 있다.

---

7 케이 프라니스, 강영실 역, 《서클 프로세스》, KAP, 2012, pp. 45-52를 참조하여 재구성했다.

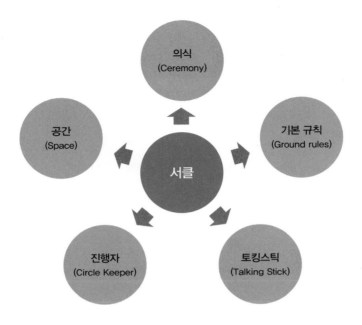

서클의 구성요소

그렇다면 안전한 공간이란 무엇을 의미하는 것일까? 서클에서 진솔하게 자신의 이야기를 하게 되면 긍정적인 모습뿐만 아니라 자신이 가진 취약함도 함께 자연스럽게 드러나기 마련이다. 인간은 유한한 존재이기에 모든 사람에게 취약함이 있기 마련이고, 이를 누군가 앞에서 드러내고 싶지는 않다. 뿐만 아니라 사람은 자신의 취약함을 감추기위해 타인의 취약점을 공격하여 수치심을 줌으로써 자신의 존재를 증명하기도 한다.

서클 참여자가 안전한 공간으로 느낀다는 것은 편안한 분위기 조성의 차원을 넘어 어느 누구의 취약함도 비난받지 않는 존중을 경험하는 것이다. 서클은 다른 참여자로부터 충고나 조언을 듣는 자리가 아니다. 또한 서클에서 나온 이야기를 가지고 비난하거나 함부로 판단하지 않는다. 서클에서 자신이 누구인가를 이야기할 때 참여자들은 경청과 공감을 통해 서로 연결된다. 서클은 함께 경청하는 공간으로서 물리적, 심리적, 시간적으로 안전하게 자신의 이야기를 나눌 수 있는 안전지대로 유지된다. 즉 모든 감정과 생각이 판단되거나 방해받지 않고 수용되는 공감과 연결의 장이다. 서클이 모두에게 안전한 공간이라면 개인의 취약함은 비로소 우리 모두의 취약함으로서 함께 공감할 수 있으며, 그렇기 때문에 서로의 돌봄이 필요한 존재로서 라포를 형성하고 연대하는 힘으로 전환될 수 있다.

● 의식 ceremony

의식은 서클의 중요한 구성요소이다. 서클은 일상에서 나누는 대화와는 구별될 필요가 있다. 교사들은 차를 마시면서 담소할 수 있고, 학생들은 쉬는 시간에 친구들과 대화할 수 있지만, 서클은 일상의 소통과 구별된 시공간이라는 메시지를 상징적으로 드러내는 의식을 통해 안내할 수 있다. 앞서 원주민 전통에서는 서클 시작에 앞서 향모 sweet grass를 태운 연기를 몸에 두르고 참여하는 것처럼, 그들의 전통적 의식이 서클을 일상과 구분하는 매개가 된다.

서클을 학교에서 진행할 때 의식의 요소를 활용할 수 있다. 서클을 시작하는 '여는 의식'으로 좋은 시 읽기, 음악 듣기, 명상, 의미 있는 영상 시청, 또는 신체를 움직이는 활동 등을 통해 서클이 일상과 구별된 만남과 대화의 장이라는 것을 인식하도록 준비할 수 있다. 또한 서클로 둘러앉은 공간 중앙에 '센터피스center piece'라고 부르는 도구들을 놓을 수 있다. 참여자의 편안한 시선 처리를 위한 초나 화병, 함께 기억할 만한 상징적이고 의미 있는 물건, 공동체가 함께 만든 작품, 자기 표현을 돕는 교구 등을 센터피스로 두어 일상과 다른 시공간임을 가시화하고 안전한 서클을 기대할 수 있도록 한다. 또한 최근 학교가 공간 혁신에 많은 관심을 기울이는데 학교에 비어 있는 교실이 있다면 공동체 서클을 위한 '서클 교실'로 꾸며 두어 누구나 언제든 필요하면 서클에 참여할 수 있는 구분된 장소로 둘 수 있다. 이러한 의식적 요소는 서클이 가지는 함의를 깊게 할 수 있고 안전한 공간으로 초대하는 데 더욱 효과적으로 활용할 수 있다.

● **토킹스틱**talking stick

'토킹스틱'이란 서클을 할 때 돌려가며 차례로 자신의 이야기를 방해받지 않고 말할 수 있게 하는 도구로 토킹피스talking piece라고도 부른다. 북미 원주민은 '토킹스틱'을 차례로 돌려가며 자신의 이야기를 하는데, 이때 토킹스틱은 단순한 발언권 이상의 의미를 지닌다. 서클이 열리면 마을의 리더는 오늘 무슨 이야기를 나눌 것인지 취지를 설명하고 자신이 가지고 있는 지팡이나 막대기 따위를 옆 사람에게 건넨다. 받은 사람은 차례로 각자의 이야기를 하는데 리더가 건네는 이 물건이 바로 토킹스틱의 유래이다. 마을 사람들이 공동체의 리더가 건넨 물건을 잡고 이야기할 때마다 리더를 향한 존중의 자세로 똑같이 들어 달라는

'존중의 가시적 도구'가 바로 토킹스틱이다. 서클을 진행하면서 학생들에게 토킹스틱을 존중하도록 안내할 수 있다. 토킹스틱이 함의한 존중의 의미를 함께 나누면 보다 안전한 서클을 만들 수 있다.

토킹스틱은 서클 진행자가 준비해야 할 필수 도구이다. 토킹스틱은 손에서 손으로 넘겨 가며 가진 사람이 말하고, 나머지는 들을 기회를 가지는 대화방식의 구조를 형성하는 중요한 도구이다. 그래서 토킹스틱은 단순한 발언권을 넘어 '경청', '존중'을 보여 주는 상징적 도구이므로, 교사가 아이들과 학급에서 서클을 진행할 때 적절한 토킹스틱을 준비하는 것이 필요하다.

토킹스틱은 손에서 손으로 전하는 도구이기에 깨지거나 손이 타서 변질되기 쉬운 물건은 적절하지 않다. 공동체 구성원과 함께 나누기

물방울 토킹스틱

물방울처럼 작지만 내가 할 수 있는 최선을 통해 공동체 안에 회복적 문화의 물줄기를 만들길 기대하는 메시지를 담은 토킹스틱

나침반 토킹스틱

길을 잃어도 방향성을 잃지 않으면 흔들리지 않고 회복의 여정을 갈 수 있다는 메시지를 담은 토킹스틱

토킹스틱(talking stick)[8]

---

8 피스빌딩 토킹스틱 시리즈 smartstore.naver.com/pbstore(피스빌딩 스토어)

좋을 의미 있는 물건이나 상징적인 물건, 진행자의 스토리가 담긴 물건을 준비해 볼 수 있다. 토킹스틱으로 볼펜 같은 물건을 즉흥적으로 가져오는 일은 없길 바란다. 서클을 위해 토킹스틱을 준비하는 것에서부터 존중이 시작된다.

● **기본 규칙**ground rule

서클의 기본 규칙은 공동체 구성원이 서클을 어떻게 참여해야 하는지를 안내하는 약속이다. 기본 규칙은 자신의 이야기를 진솔하게 말하도록 돕고, 안전한 방식으로 서로가 연결될 수 있다는 기대를 갖도록 한다. 서클의 기본 규칙은 다음과 같다.

첫째, 토킹스틱을 든 사람이 이야기한다.
둘째, 다른 사람의 이야기를 경청한다.
셋째, 서클을 처음부터 끝날 때까지 함께 유지한다.
넷째, 서클에서 나온 이야기는 비밀을 보장한다.

이 기본 규칙은 서클에 참여하는 모든 이에게 안내하고, 원활한 대화가 이루어지도록 이행할 책임을 공유한다. 따라서 서클을 진행할 때 기본 규칙을 모두가 볼 수 있도록 서클 규칙 포스터를 게시하거나, 규칙을 적은 종이를 바닥에 두어 아이들이 언제든 보고 상기할 수 있게끔 할 수 있다. 대화를 위해 준수해야 하는 기초가 되는 규칙이므로 진행자가 참여자와 합의를 거쳐 주제와 대화의 성격, 공동체의 상황에

따라 서클의 규칙을 얼마든지 추
가할 수 있다.

서클의 기본규칙 포스터9

학생의 경우 처음부터 규칙을
잘 지키고 경청하게 되는 것이 아
니다. 서클은 내가 한 번 이야기
하면 모든 친구의 이야기가 끝나
기를 기다려 다시 나의 이야기를
하는 구조이다. 즉 자신이 이야
기하는 것보다 친구들의 이야기
를 더 많이 듣는 구조이다. 학생
들이 서클을 지속적으로 경험하
여 서클 규칙이 통제가 아닌 상호 이해를 위한 경청을 연습하는 용도
로 이해될 수 있기를 바란다. 사실 누군가의 말을 경청한다는 것은 어
른으로서도 쉬운 일이 아니다. 초등 저학년부터 서클의 목표를 토킹스
틱을 든 친구의 이야기를 경청하는 것으로 삼고 도전해 보길 바란다.
어렸을 때부터 경청으로 소통하는 방식을 꾸준히 경험한다면 이 아이
들이 자란 미래는 지금보다 밝은 소통 사회로 나아갈 것이라 기대한다.

- **진행자** circle keeper

서클을 이루는 데 빠질 수 없는 요소는 바로 진행자이다. 관계를 형

9 피스빌딩 회복적정의 포스터 시리즈 smartstore.naver.com/pbstore(피스빌딩 스토어)

성하는 서클은 진행자가 진행의 역할만 맡지 않는다. 즉 서클의 진행자는 진행하면서 질문을 안내하면서도 차례가 오면 참여자로서 자신의 이야기를 할 수 있다. 또한 문제해결을 다루는 서클에서는 진행자는 보다 주도적으로 대화를 촉진하는 역할로 전환한다. 진행자는 서클의 처음과 끝을 안내하는 사람으로서 준비된 질문을 통해 대화를 이끈다. 또한 서클에서 이야기가 잘 들려지지 않을 때 규칙을 다시 한번 상기시키거나 적절히 개입하여 대화가 원할히 진행되도록 이끌고, 목소리가 작은 사람의 힘을 북돋워 주는 역할을 통해 모든 사람이 서클에서 존중받도록 진행한다.

진행자의 집중과 경청은 참여자 사이의 공감과 연결을 낳는다. 그래서 서클 진행자를 서클을 유지하는 서클 키퍼circle keeper라고도 부른다. 훌륭한 서클 진행자의 자질은 서클을 마음대로 통제하는 것이 아니라 물흐르듯 대화가 저절로 흘러가도록 자연스럽게 이끌지만, 이에 따른 과정과 결과의 책임을 공동체가 공유할 수 있도록 만드는 능력이다.

한편 이러한 서클 진행자의 특징이 학교 공동체에서 서클을 진행하는 사람인 교사에게는 부담으로 작용하기도 한다. 진행 역할을 넘어 학생과 동등한 참여자가 되는 것을 교사의 권위가 내려가는 것으로 오해하기도 한다. 교사도 학생들의 이야기가 궁금하고 학생도 선생님의 이야기가 궁금한데도, 교실에는 모두의 이야기를 안전하게 들을 수 있는 공간이 없다. 그러므로 교사는 서로를 존중하는 안전한 공간을 마련하고, 서로가 연결된 관계로서 신뢰를 형성하고 학교생활 속에서 학생이 가져야 할 공동의 책임감을 갖추도록 교육하는 계기를 서클을 통해 마련할 수 있다. 이렇게 학생들을 향한 교사의 호기심과 믿음이 교실 내 소통의 문화를 만드는 서클을 실천하는 원천이 된다.

서클의 교육적 활용과 가치

서클은 목적에 따라 다양하게 명명될 수 있다. 관계를 형성하고 잠재적 갈등을 다루는 예방적 차원의 서클을 공동체 서클, 신뢰 서클, 평화형성 서클 등으로 부른다. 또한 공동체에서 발생한 문제를 공동체 접근으로 다루는 서클을 공동체 회복 서클, 문제해결 서클, 등으로 부른다. 이 외에도 서클의 주제에 따라 치유 서클, 애도 서클, 스터디 서클, 징계 후 복귀 서클 등으로 부를 수 있다.

우리나라에서는 2010년대부터 학교를 중심으로 회복적 정의를 소개하며 공동체가 함께 둘러앉아 이야기를 나누는 모든 서클 형태의 대화 모임을 '회복적 서클'로 명명했다가 비슷한 시기 브라질에서 비행 청소년과 함께 일해 온 영국인 도미닉 바터Dominic barter가 개발한 비폭력 대화에 기반한 대화 모임인 '도미닉 바터의 회복적 서클Restorative Circle(이하 RC)'이 한국에 소개되면서, 현재는 혼동을 피하기 위해 전자의 서클을 주로 '공동체 서클'로 명명하고 있다.[10] 회복적 서클RC은 회

---

10   KOPI에서는 초기 관계 형성을 위한 공동체 서클을 '신뢰 서클'로 소개했으나, 다른 기관에서 진행하는 '파커 파머의 신뢰 서클' 프로그램과의 용어 혼동을 피하기 위해 현재는 '공동체 서클'로 부르고 있다. 그러나 회복적 생활교육을 초기부터 소개한 이름의 신뢰 서클이라는 용어가 관계 형성을 위한 서클의 명칭으로 학교 현장에서 불려지고 있음을 참조하기 바란다. 또한 공동체 문제를 공동체가 집단으로 서클 방식으로 해결하는 대화를 회복적 서클로 불렀으나, 도미니 바터의 '회복적 서클RC'과 혼돈을 필하기 위해 문제해결

복적 정의 패러다임에 기반한 실천 중 하나이자 대화 모델이다.[11] 전 세계에서 회복적 서클로 명명된 프로그램은 다수이나, 그중 한국에서 많이 소개된 회복적 서클[RC]은 후자에 소개한 도미닉 바터가 고안한 서클 형태의 대화 모임이다.[12]

회복적 생활교육으로 실천되는 서클은 크게 두 부류로 나눠진다. 바로 예방적 접근의 '공동체 서클'(신뢰 서클)과 문제 발생 이후의 해결적 접근으로서 '공동체 회복 서클'(문제해결 서클)이다. 공동체 서클은 학급 공동체의 평화적 하부구조를 구축하고 강화하는 대표적 실천이다. 사건이 발생하지 않더라도 공동체 구성원 사이의 신뢰 관계를 형성하는 공동체 서클의 경험이 축적되어 있다면, 문제를 개입하는 '공동체 회복 서클'은 더욱 효과를 발휘할 수 있다.

일상적으로 서클을 주기적으로 경험하면 아이들 사이의 신뢰 관계를 형성하는 데 도움을 줄 뿐만 아니라 건강한 또래 압력을 만든다. 공

서클로 불렸다. 최근에는 문제해결 서클의 목표는 문제해결 자체보다 공동체 구성원의 관계에 기반한 대화를 통해 관계 회복을 추구하기 때문에 문제해결 서클을 공동체 회복 서클로 부르고 있다. 이와 마찬가지로 현장에서 공동체 회복 서클의 명칭을 (RC가 아님에도)회복적 서클, 문제해결 서클 등으로 부르고 있다.

11 회복적 정의는 정의를 구현하는 패러다임이자 철학이다. 회복적 정의 실천에는 대표적으로 서클Circle, 조정Mediation, 협의회Conference가 있다. 이재영(2020)은 각각의 실천 모델을 통칭하여 '회복적 대화 모임'으로 부를 것을 제안했다. 서클은 회복적 정의의 실천 중 하나이다. 따라서 회복적 정의와 회복적 서클을 동등한 개념으로 비교하는 것은 적절치 않다.

12 회복적 서클[RC]은 갈등과 폭력 상황에 대응하는 공동체 자기돌봄 프로세스의 대화 모델이다. 학교 현장에서 회복적 정의와 생활교육 실천의 하나로 회복적 서클이 알려져 있는데, 이에 대해서는 《회복적 서클 가이드북》(박성용 저, 대장간, 2018), 《회복적 서클 플러스》(박성용 저, 대장간, 2021)을 참고하길 바란다.

동체 서클의 지속적인 참여 경험은 학생 스스로 주체의식을 갖고 공동의 책임감을 발휘할 역량을 키우는 생활교육이 된다. 축적된 신뢰를 기반으로 학급에서 발생한 문제에 서클로 개입하게 되면 아이들이 문제를 숨기는 것이 아니라 스스로 자신들이 받은 영향과 피해를 드러내고 그것을 어떻게 바로잡을 수 있을지 혜안을 모색하게 된다. 평화적 또래 압력이 작동하는 공동체 회복 서클은 개인의 잘못에 집중하는 것이 아니라 공동체적으로 훼손된 관계의 회복을 중심으로 문제해결의 실마리와 방향성을 제시한다.

관계성의 기반 없이 교실에 문제가 발생했을 때 서클을 진행하면 근본적인 관계의 문제를 다루지 못하고 표면에 드러난 갈등만 봉합하게 될 수 있다. 또한 신뢰의 기반 없이 다루는 갈등 해결은 자칫 마녀사냥으로 오해될 우려도 있다. 서클의 단계가 있다면 우선적으로는 신뢰 형성을 기반으로 한 공동체 서클로 공동체 하부구조를 구축하여 평화적 또래 압력을 높이고, 그다음으로 깨어진 관계와 공동체를 회복하는 공동체 회복 서클의 단계가 필수적이다. 우선적 필요에 의해 갈등에 개입하는 공동체 회복 서클을 진행했다면, 이후에는 문제가 아닌 일상을 공유하고 친밀감을 형성하는 공동체 서클을 병행해야 한다.

서클은 학교에서 다양하게 활용할 수 있다. 학교의 공식적인 프로그램으로 교육 과정에 포함하여 새 학기 초부터 주기적으로 시간을 갖고 공동체 서클을 활용할 수 있다. 여기에는 신입생 오리엔테이션, 학기 초 관계 형성, 학급 규칙(존중의 약속) 세우기, 주제별 서클(진로, 가족 등), 학급 회의, 선후배 만남, 학교행사 전후(수학여행, 운동회), 방학 전후, 학년 말 서클 등 학교의 주요 행사와 병행해 서클 일정을 기획할 수 있다. 학교 차원의 공식적인 서클타임 기획은 깊이 있게 서클을 경험하여 학교 전반의 문화를 바꾸는 데 일조할 수 있다.

뿐만 아니라 학교나 학급 차원에서 공식적으로 기획한 서클이 아니더라도, 일상에서 비공식적으로 아이들과 서클로 만날 수 있다. 조회 check in 또는 종례check out 서클, 교과목 시작 기대 나누기, 전학생 송별과 환영, 시험 전후, 축하 서클, 감사 서클 등으로 형식을 최소화하여 간단한 질문으로 일상에서 서클을 자주 경험하게끔 하여 교실에서 서클로 만나는 것이 자연스러운 문화가 되도록 실천할 수 있다.

구체적인 갈등이 발생하면 사후적 접근으로 공동체 회복 서클을 기획하여 진행하고, 사안에 따른 피해 지원, 가해 선도, 징계 후 복귀 등을 서클 방식으로 다룰 수 있다. 또한 학생뿐만 아니라 학부모, 교사 공동체를 대상으로 교육 주체 전반의 공동체성을 높이는 계기로 서클을 활용할 수 있다.

공동체 구성원의 관계를 형성하고 갈등을 다루는 데 유용한 서클을 특별히 학교에서 교육적 접근으로 많이 활용하고 있다. 학교 현장에서 회복적 생활교육 프로그램으로 서클이 많이 소개되어 실천하고 있지만, 회복적 정의의 가치를 교육적으로 구현하는 것과 별개로 학생들의 친밀감을 높이는 프로그램 정도로만 소개되고 있는 것은 안타까운 현상이다. 이 때문에 '회복적 생활교육=서클'로 이해하는 교사도 많다. 강조하지만 회복적 생활교육과 서클은 동의어가 아니다. 서클을 해야만 회복적 생활교육을 실천하는 것도 아니다. 정리하면 서클은 회복적 정의의 대표적인 실천 중 하나이다.

꼭 서클을 하지 않더라도 궁극적으로 회복적 정의의 가치인 존중, 관계, 책임을 교육적으로 담아낼 수 있다면 그것이 바로 회복적 생활교육의 실천이 될 수 있다. 그런데 학교 공동체에서 서클을 가장 많이 활용하고 있는 것은 서클이 담지한 참여, 경청, 공감, 소통, 협력, 창의성, 공동체성, 갈등전환 등을 서클을 통해 종합적으로 구현할 수 있기 때문이다. 어떻게 하면 학급에서 아이들과 서클을 잘 진행할 것이냐는 방법론을 넘어 회복적 생활교육의 의미와 가치를 깊이 이해하여 현장에 맞게 적용할 때, 건강한 학교 공동체 문화를 만드는 작업으로써 서클을 실천할 수 있다.

서클은 권력(힘)의 불균형을 원이란 단순한 모델로 재균형화하려는 혁명적 사회변혁의 대화 모델이다.[13] 우리는 자라나는 어린 학생들에게 일찍이 건강한 힘의 균형을 가르칠 수 있어야 한다. 모든 종류의 폭력에는 힘의 불균형이 자리하고 있다. 서클은 모든 사람에게 고유한 자신의 목소리가 있다고 가르친다. 서클 안에서는 누구도 소외되지 않고 동등한 존재로 연결되어 있다. 서클은 원이라는 단순한 구조를 통해 수직적 힘의 구조를 수평적 구조로 전환하는 힘이 있다. 교실이 사회의 축소판이라면 서클은 불의한 사회의 권력구조를 답습하거나 재생산하는 교육이 아니라, 기존의 질서를 낯설게 성찰하고 정의로운 공존을 위한 사회를 구축하는 미래세대를 위한 중요한 교육으로써 수행

---

13 한국평화교육훈련원, 위의 책(통합과정1), p. 232.

되어야 한다.

공동체 서클의 과정과 질문

서클은 모두가 둘러앉아 진행자가 준비한 질문에 대해 토킹스틱을 돌려가며 이야기하는 구조의 대화 모임이다. 안전한 서클을 만들기 위해서는 대상, 인원, 장소, 시간 등을 파악하여 주제와 목적에 따라 서클에서 나눌 질문을 미리 준비하고 전체적인 흐름을 기획할 수 있어야 한다.

단계	진행 과정
도입부	환영 및 소개
	여는 의식
	서클의 목적 안내
	토킹스틱 소개
	기본 규칙 안내
이야기 나누기	여는 질문
	주제 질문
	실천 질문
	배움 질문
마무리	감사하기

서클의 일반적인 진행과정[14]

---

14 한국평화교육훈련원, 위의 책(통합과정1), p.223.

일반적으로 서클의 과정은 도입부 단계와 이야기 나누기 단계로 나눌 수 있다. 도입부 단계는 서클 참여자들이 본격적으로 이야기 나누기에 앞서 안전한 공간으로서 서클을 열기 위한 작업으로, 참여자들에게 예측 가능한 기대로 서클에 참여할 수 있도록 초대하는 과정이다. 특히 여는 의식으로 시, 노래, 명상, 몸 활동 등 일상과는 구별된 시간과 공간임을 안내할 수 있다.

다음으로 이야기 나누기 단계는 준비한 질문에 답하며 이야기하는 단계이다. 서클에서 자신을 소개하고 참여자 사이의 공감과 신뢰를 통해 관계의 긍정적 역동이 일어나도록 미리 목적과 질문을 기획해야 한다. 서클을 마무리하면서는 진솔한 이야기를 나눠 준 참여자들과 감사의 인사를 나누고, 서클의 전체 흐름과 연결될 수 있는 닫는 의식을 준비할 수 있다.

일반적으로 서클이 어떻게 진행되는지 전체 흐름을 이해한다면 서클을 기획하는 데 도움이 된다. 진행 과정과 순서는 고정된 틀이 아니라 참여 대상과 상황에 따라 변동이 가능하다. 미취학 아동이나 초등학교 저학년의 경우 집중할 수 있는 시간이 짧기 때문에 이야기 나누기 단계에서 활동과 질문을 병행하여 서클을 진행할 수도 있다. 서클은 둘러앉아서 대화를 나누는 역동 속에 관계가 긴밀하게 연결되므로 서클의 취지에 적합한 질문을 준비하는 것이 필수적이다. 잘 준비된 질문이 서클을 움직인다.

서클을 실천하는 진행자라면 외부에서 주어진 질문을 그대로 진행하는 것을 넘어, 자신이 속한 공동체에 필요한 서클을 적재적소에 기

여는 질문	가볍고 부담 없이 쉽게 대답할 수 있는 질문 신체적, 정서적의 상태를 확인할 수 있는 질문
⬇	
주제 질문	열린 질문으로 자신의 이야기를 꺼낼 수 있는 질문 부정적 접근보다 긍정적 가치를 중심으로 탐색할 수 있는 질문 주제와 관련한 구체적인 내용을 질문의 형태로 표현
⬇	
실천 질문	공동체에서 실천할 약속에 대한 질문 미래의 계획이나 방향성을 묻는 질문
⬇	
배움 질문	서클을 통해 새롭게 배운 점, 느낌을 나누는 질문

공동체 서클의 질문 유형[15]

획하는 역량이 중요하다. 관계 형성을 위한 공동체 서클의 경우 질문 유형에 따라 다음과 같이 기획해 볼 수 있다.

서클을 이루는 네 가지 유형의 질문은 질문을 기획하는 틀이자, 서클을 진행할 때 흐름을 유지하는 틀이 된다. 기획 단계에서 보통 여는 질문과 주제 질문은 각각 2~3가지, 실천 질문과 배움 질문은 각각 1가지로 준비하지만, 진행 시간과 흐름에 따라 질문의 분량을 정할 수 있다. 네 가지 질문의 유형별로 기획하되, 실제 서클에서는 기획 상황에 맞게 질문의 흐름과 분량을 정할 수 있다.

서클은 질문이 역동을 만든다. 질문이 흥미롭다고 답변이 흥미로운 것은 아니다. 그러므로 흥미로운 질문이 아니라 흥미로운 답변이 나

---

15 한국평화교육훈련원, 위의 책(통합과정1), p. 238.

올수 있는 질문을 구성해야 한다. 질문에 대답하는 참여자가 자연스럽게 자신의 이야기를 할 수 있도록 이끄는 질문이 좋다. 이를 위해 부정적인 피드백이 나오는 질문보다는 가능한 긍정적인 질문을 해야 한다. 상상력과 창의력을 끌어올릴 수 있는 질문도 서클의 흥미를 돋우는 좋은 질문이다. 참여자는 준비된 질문에 따른 대답을 이어가지만 진행자는 질문의 구성에 따라 서클의 방향과 흐름을 만들 수 있다.

효과적인 서클 진행을 위한 가이드

서클은 둥글게 모여 앉아 기본적으로 한 번 이야기하면 참여자의 수만큼 듣는 단순한 구조를 띤다. 학교의 경우 아이들은 둥글게 만나는 형태로 함께 말하고 듣는 대화방식에 익숙하지 않다. 그렇기에 진행자는 아이들의 반응에 동요하지 말고, 아이들이 내는 목소리와 태도에 주목하여 의미를 발견해 나가는 자세와 마음이 중요하다. 진행자는 서클이 안전한 공간이 되도록 최선의 준비를 하면서도 참가자들이 역동을 만든다는 사실을 기억해야 한다. 안전한 서클을 효과적으로 진행하기 위해서는 다음의 가이드를 참고해 볼 수 있다.

1) 진행자가 자신을 먼저 열 수 있어야 한다. 진행자가 먼저 질문의 답변을 준비하여 진행하길 바란다. 진행자의 답변이 참여자의 답변에 영향을 미치기도 한다. 진행자는 서클 키퍼이자 참여자로서 서클에 존재한다.

진행자는 서클이 공동체의 문화가 되도록 주기적으로 실천하는 것이 좋다. 서클을 하는 이유는 공동체에 안전한 대화 문화를 창조하는 데 있다. 학급서클의 경우 처음에는 대부분 비자발적으로 시작하겠지만, 서클의 방식이 익숙해지도록 꾸준히 지속할 필요가 있다.

2) 참여자가 감정과 생각을 자유롭게 표현하도록 돕는 교구나 상징물을 활용할 수 있다. 건강한 자기 표현은 스토리텔링을 낳고, 스토리텔링은 서클의 역동을 만든다.

3) 서클 시작과 마무리를 연결할 수 있는 활동을 준비한다. 여는 의식과 닫는 의식을 활용해 일상과 구별된 안전한 공간임을 확인할 수 있게 한다. 여는 의식은 서클을 환대로 초대하는 시간, 닫는 의식은 서클을 마무리하며 연결된 시간을 축하하고 감사하는 시간으로 만들 수 있다.

4) 참여자의 자리를 다양하게 배치하면 집중도를 높일 수 있다. 학생의 경우 대부분 친한 또래들과 가깝게 앉기 때문에 놀이나 활동을 통해 자연스럽게 자리를 섞어 앉게 할 수 있다. 새로운 존재와의 만남은 호기심을 자극해 친밀한 관계를 형성하는 데 도움이 된다.

5) 서클에서는 누구도 소외되지 않도록 힘을 실어 주어야 한다. 목소리가 작거나 공동체에서 소외된 참여자의 경우에는 진행자가 해당 참여자 곁에서 답변을 모두에게 전달할 수 있다. 서클은 모두가 말할 기회를 갖도록 공정하게 만나는 대화의 장이다.

6) 참가자가 질문에 답변을 하지 않을 수 있다. 생각이 나지 않거나 준비할 시간이 필요한 경우, 패스할 수 있되 다음 차례에 이야기할 수 있도록 한다. 그런데도 답변하지 않는다면 침묵을 대답으로 존중해 주어야 한다.

7) 질문에 같은 대답이 반복적인 경우, 진행자는 다양한 자기 표현이 나올 수 있도록 도울 수 있다. 예컨대 서클의 소감으로 '재밌어요'가 반복되는 경우, 다른 표현을 하도록 요청할 수 있다.

8) 서클에서 장난을 치거나 경청을 방해하는 참여자의 경우, 서클을 잠시 멈추어 기본 규칙을 상기하도록 한다. 여러 차례 안내해도 계속 방해한다면 비난이나 처벌 성격의 제재가 되지 않도록 주의하며 진행자의 솔직한 마음을 표현하고 학생들과 이야기 나눌 수 있다. 드문 경우지만 서클을 멈추고, 다음 서클을 기약할 수도 있다. 불가피하게 멈추게 되었다면 이유를 설명하고 이제까지 경험한 서클의 소감을 함께 나누는 것이 중요하다. 그리고 서클 이후 해당 학생과 회복적 훈육을 통해 서클에 참여하기가 왜 어려웠는지, 다음 서클에는 어떻게 참여할 수 있는지에 대한 대화와 약속을 통해 참여시킬 수 있다.

9) 공동체 서클은 진행자가 어떤 의도를 가지고 참여자들을 조정하려 하지 않아야 한다. 주도적으로 서클의 흐름을 이끌어 가는 것은 가능하지만, 진행자가 의도한 대로 질문하고 답변을 몰아가는 것은 지양해야 한다. 예컨대 처음으로 서클을 경험하는 경우 여는 질문과 주제 질문의 빈도를 높이고 진행자의 의도가 드러날 수 있는 실천 질문을 하지 않는 편이 좋다. 실천 질문은 서클을 2~3회 지속적으로 경험한 이후에 하는 것이 적절하다.

10) 서클은 다양한 진행방식으로 역동을 높일 수 있다. 대그룹과 소그룹을 병행할 수 있으며, 순차적 진행방식만이 아니라 비순차적 Popcorn 진행방식을 통해 서클의 역동을 경험할 수 있다. 뿐만 아니라

이중의 원을 만들어 어항서클Fishbowl Circle을 진행할 수도 있다. 서클 형태로 학습과 활동을 함께하는 방안을 다양하게 모색할 수 있다.

11) 진행자는 복수 이상의 공동 진행을 통해 관계의 역동을 관찰할 수 있다. 공동 진행 시 역할을 나눠 다양한 참여자를 돌보고 지원하기 위한 협력을 할 수 있다. 서클 경험을 아이들과 충분히 했다면 학생들을 정하여 서클 진행 훈련을 한 뒤 교사와 함께 서클을 기획하거나 교사의 진행을 돕는 역할을 해 볼 수 있다.

학교에서 실천할 수 있는 서클의 종류

학교에서 할 수 있는 서클의 주제는 다양하다. 회복적 생활교육의 대표적인 실천으로 서클은 학교의 관계망과 공동체성을 높이는 데 기여한다.

- 조회/종례 check in/check out
- 학기 초/학기 말
- 학급 규칙 세우기(존중의 약속 만들기)
- 방학 전/후
- 과목 시작
- 학교행사 전후(수학여행, 운동회)
- 축하/징계 후 복귀
- 주제(가족, 친구, 학업성취)
- 학급회의
- 시험 전후
- 전학
- 선후배
- 학부모 상담주간
- 학부모 총회

• 공동체 서클 기획을 위한 양식

도입부 기획			
대상		인원	
목적			
토킹스틱		센터피스	
여는 의식/활동			
이야기 나누기 기획			
여는 질문			
주제 질문			
실천 질문			
배움 질문			

4. 평화감수성 훈련

평화감수성이란

'평화'라는 단어를 들으면 어떤 것을 떠올릴까? '비둘기', '올림픽', 'UN', '통일'과 같은 단어를 먼저 연상하게 된다. 우리는 '평화로운 학교'처럼 평화를 수식어로 사용하지만, 구호나 표어에 지나지 않을 뿐 일상과는 동떨어진 개념어로 평화를 말하고 있다. 평화를 마치 파랑새처럼 마냥 좋은 이상향을 추구하는 것으로 이해하고 있는 셈이다. 전통적으로 안보, 통일 등의 한정된 범주 속에 인지적 학습으로 평화를 접해 왔기에 일상과의 적용점을 찾기란 쉽지 않다. 어떻게 하면 일상에서 평화를 실감하는 배움의 영역으로 안내할 수 있을까?

평화는 눈에 보이지 않는다. 그러나 평화를 우리의 일상과 맞닿는 모든 관계 속에서 실감할 수 있어야 한다. 전체적인 이해를 돕고자 '감수성'이란 표현을 먼저 살펴보면 우리의 일상과 평화가 어떻게 배움의 경험으로 연결될 수 있는지 찾아볼 수 있다.

감수성이란 사전적으로 '외부 세계의 자극을 받아들이고 느끼는 성질이나 성향을 의미'한다. 몇 해 전 공중파 공개 코미디 프로그램에서 '감수성'이란 타이틀로 개그를 하는 코너가 있었다. 전쟁 중 적군을 붙잡아 사약을 먹이는 상황인데 감수성이 예민한 캐릭터들이 불쌍한 마음이 들어 어찌할 줄 모르는 모습을 개그 소재로 우스꽝스럽게 담았다. 개그 코너를 예로 들었지만 감수성은 자신과 연결된 상호 관계에서 나타나는 일에 대해 자신이 추구하는 가치관에 따라 감정의 흐름을 섬세하게 감지하고 대응하는 실천으로 나타난다.

최근에는 생태감수성, 젠더감수성 같은 용어가 회자하고 있다. 예컨대 생태감수성은 생명에 대한 존중과 연결되어 있다. 어떤 채식주의자는 단순히 고기를 먹지 않는 삶을 선택한 것이 아니라 자신이 생명을 가진 존재와 연결되어 있음을 감지하고 개인적 실천을 넘어 세계관을 확장하는 사회적 실천을 하는 것이다. 젠더감수성 또한 성별을 남녀로 구별 짓는 생물학적 성별의 구조를 넘어 성별을 '젠더Gender', 즉 사회적 성별로 보아 다양한 성정체성을 가진 사람을 존중하며, 성과 관련해 누구도 차별받지 않고 모두가 공존하기 위한 실천으로 나아간다.

그렇다면 평화감수성이란 무엇일까? 평화감수성은 평화란 개념을 이해하는 것에서부터 알아볼 수 있다. 평화학이란 학문을 통해 평화의 개념을 정리한 요한 갈퉁에 따르면 평화는 소극적 평화와 적극적 평화로 구분된다.[16] 소극적 평화negative peace란 평화를 '물리적인 폭력, 직접적인 폭력이 없는 상태'로 이해한다. 소극적 평화는 전쟁이 없는 상태나 개인이나 재산의 물리적인 피해의 부재를 의미하는 것이라고 이해하기 때문에 평화 유지를 위한 방법도 외형적인 폭력이나 분쟁을 종식하는 일에 초점을 맞춘다. 가까운 예로 본다면 SPO 경찰을 통해 학교에서 진행하는 학교폭력예방교육이 이에 해당한다. 어떤 것은 학교폭력이기 때문에 주의를 주고, 주위에서 학교폭력을 발견하면 신고하

16　John Galtung, "Violence, Peace and Peace Research", *Journal of Peace Research* NO. 3, 1969.

도록 하는 내용을 다루는 교육은 물리적 폭력의 부재에 초점이 맞춰져 있기 때문에 외면적으로 드러나지 않는 관계적 맥락이나 근본적 원인이 되는 구조를 다루지 못하는 한계가 있다.

진정한 평화는 폭력의 부재 이상을 의미한다. 눈에 잘 드러나지 않지만 직접적 폭력의 원인과 배경이 되는 간접적 또는 구조적 폭력, 구조적 폭력을 정당화하는 문화적 폭력이 없는 상태를 적극적 평화positive peace라고 한다. 사회적으로는 특정 계층이 부와 특권을 누리는 동안 빈곤과 가난의 고통을 양산하는 경제, 정치, 사회구조가 물리적 폭력만큼이나 위험한 구조적 폭력이며, 이러한 불평등 구조 속에 내재된 인식과 차별이 문화적 폭력이다. 이러한 관점에서 학교폭력을 살펴본다면 성적 위주의 입시경쟁, 주입식 학습, 학교 문제 해결의 엄벌주의 기조 등이 학교폭력 현상 이면의 구조적 문화적 맥락임을 살펴볼 수 있다.

평화는 '평화로운' 또는 '평온'한 상태를 만드는 것이 아니다. 이러한 평화 이해는 갈등을 자연스러운 삶의 일부로 보지 못하게 한다. 그리하여 갈등을 해소하고자 노력하는 대신 회피하면 사라질 것이라는 인식을 불러일으킨다. 그러나 평화를 만드는 길은 인간이 더 인간답게 사는 길을 더불어 만드는 것이다. 평화는 대결적이고 파괴적인 상호작용을 협력적이고 발전적인 관계로 전환transformation하는 과정이다.[17] 갈등 전환은 바로 이러한 이해에 기초한다. 따라서 온전한 평화는 관계망을 기초로 개인과 공동체의 다양한 필요를 만족시킬 수 있어야 한

---

17 히스키아스 아세파, 이재영 역, 《평화와 화해의 새로운 패러다임》, KAP, 2003, p.19.

다. 갈등이 발생했을 때 부분적으로 대처하는 땜질식 해결이 아니라 문제가 드러나지 않았더라도 적용할 수 있는 과정으로 평화 형성, 즉 피스빌딩peacebuilding 과정이 돼야 한다. 회복적 생활교육은 이러한 평화의 철학과 패러다임을 통해 개인과 공동체의 존엄성과 가치, 공동체성을 키우고 회복하는 데 기여한다.

평화감수성 훈련의 의의

따라서 평화감수성이란 폭력을 통찰하고 극복하는 반응의 감각과 능력이라고 할 수 있다. 폭력이란 단어는 '힘'vis과 '위반'violo을 뜻하는 라틴어 'violentia'에서 유래했다. 직역하면 '지나친 힘'이라고 할 수 있다. 한자 폭력暴力은 문자 그대로 '사나운 힘'이다. 즉 정도가 지나쳐 피해를 주거나 파괴를 수반하는 힘을 뜻하는 폭력에 대한 민감성, 힘에 대한 통찰이 평화를 적극적으로 만든다. 결국 우리에게 평화감수성이 필요한 이유는 일상에 내재화되어 정당화된 폭력의 문제에 대한 비판적 사고를 갖추기 위함이다.

이를 위해서는 '평화감수성 훈련'을 일상의 평화교육으로 실천할 수 있다. 관계 속에서 차이와 다름을 인정하고 공존과 공생을 위한 존중과 책임을 배우고 실천하는 교육이 평화감수성 훈련이다. 평화는 단번에 이루어지는 일이 아니라 사고를 넘어 몸으로 체화되고 관계와 공동체 속에 구현되기까지 숱한 경험과 연습이 필요하다. 따라서 평화감수성 훈련은 일방적인 인지적 학습이 아니라 공동체 놀이나 활동, 서클과 함께 프로그램을 넘어 교육 과정과 일상에서 적용할 수 있어야 한다.

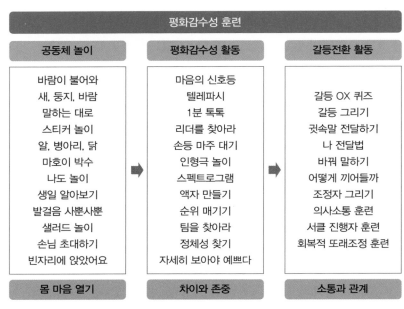

평화감수성 훈련		
공동체 놀이	**평화감수성 활동**	**갈등전환 활동**
바람이 불어와 새, 둥지, 바람 말하는 대로 스티커 놀이 알, 병아리, 닭 마호이 박수 나도 놀이 생일 알아보기 발걸음 사뿐사뿐 샐러드 놀이 손님 초대하기 빈자리에 앉았어요	마음의 신호등 텔레파시 1분 톡톡 리더를 찾아라 손등 마주 대기 인형극 놀이 스펙트로그램 액자 만들기 순위 매기기 팀을 찾아라 정체성 찾기 자세히 보아야 예쁘다	갈등 OX 퀴즈 갈등 그리기 귓속말 전달하기 나 전달법 바꿔 말하기 어떻게 끼어들까 조정자 그리기 의사소통 훈련 서클 진행자 훈련 회복적 또래조정 훈련
몸 마음 열기	**차이와 존중**	**소통과 관계**

평화감수성 훈련을 위한 활동

평화감수성 훈련은 공동체 놀이, 평화감수성 활동, 갈등전환 활동의 세 단계로 분류된다. 각 단계는 활동의 주제에 맞게 범주화한 것으로 서클이나 교과 수업에 단계를 교차해서 활용할 수 있으며, 개별 활동으로도 적용할 수 있다. 공동체 놀이는 몸과 마음을 여는 활동으로 공동체 구성원의 친밀감을 높이고 관계를 촉진하는 비경쟁적인 공동체 활동이다. 공동체 놀이는 이기고 지는 승패 구조의 '게임'이 아니라 비경쟁적이고 협력적인 활동이어야 한다. 그러므로 진행자가 게임보다는 놀이나 활동으로 지칭하는 편이 더 적합하겠다. 놀이는 그 자체로 주가 되기보다는 관계와 공동체성을 촉진하는 요소로 서클이나 학습 과정에 배치하는 편이 적절하다.

평화감수성 활동은 차이를 존중하는 배움의 공동체를 세우는 데 집중한다. 서로의 차이를 존중하지 못하고 차별과 폭력이 되기까지 우리가 가진 편견, 고정관념, 힘power 등을 성찰하고 그것을 자신의 일상에 적용점을 찾아 어떻게 존중하고 실천할 것인지를 다양한 활동을 통해 경험한다. 평화감수성 활동의 일환으로서 갈등전환 활동은 학생의 갈등해결 역량을 기르는 데 주목한다. 갈등을 자연스러운 삶의 일부로 이해하고 갈등을 다루는 데 필요한 의사소통과 대화 연습을 통해 또래 갈등의 위기를 성장의 기회로 전환하는 회복적 또래조정자를 양성하는 교육이 된다. 평화감수성 활동은 교실에서 소외된 목소리에 힘을 실어 주고 회복적 정의에 기초해 갈등을 공동체의 평화를 만드는 데 기여한다.

평화감수성 훈련이라는 경험에 기반한 참여적 학습은 기존의 지식 전달 중심의 인지적 학습과는 다른 페다고지를 구현한다. 교육사상가 파울루 프레이리는 교사가 정보를 '독점' 주입하고 학생은 수동적으로 받아들이게 하는 교육에서 벗어나, 교사를 단순히 가르치는 사람이 아니라 학생들과 대화 속에서 배우는 사람으로 보고 학생 역시 배우면서 가르치는 성장 과정의 공동의 책임을 지는 사람으로 보는, 새로운 페다고지를 제시한다.[18] 결국 회복적 정의가 추구하는 가치인 존중, 관계, 책임, 참여, 신뢰, 존엄성 등을 온몸의 공감각을 활용해 경험과 성찰을 중심으로 배우는 평화감수성 훈련은 교사가 학생에게 시혜적으

---

18 파울루 프레이리, 남경태 역, 《페다고지》, 그린비, 2002, p.96.

로 베푸는 활동이나 주입식 교육 방식이 아니라 교사가 아이들과 함께 배우며 성장하는 배움의 공동체를 세우는 회복적 교육 페다고지이다.

아이들과 평화감수성 훈련 활동을 진행할 때의 원리를 몇 개의 키워드로 다음과 같이 정리해 볼 수 있다. 이는 활동 진행의 기술을 익히는 것이 아니라 어떤 원리로 평화감수성 훈련을 진행해야 하는지를 안내하는 중요한 지침이 된다.

1) 참여: 평화감수성 훈련은 참여자의 자발적인 참여에 기반한 경험 중심의 활동으로 구성된다. 참여자의 적극적인 참여는 배움의 역동을 더욱 일어나게 한다.

2) 협력: 평화감수성 훈련은 이기고 지는 경쟁 게임이 아니다. 상호 협력하는 공동체 활동을 지향한다. 결과보다 협력을 통한 관계의 변화 과정을 중요하게 여긴다.

3) 소통: 배움의 주된 방식은 교사의 일방적 전달 방식이 아니라 상호 소통과 대화에 기반한다. 열린 질문과 대답의 상호작용은 사고를 새롭게 확장하는 기회를 마련한다.

4) 포용: 진행자는 해석과 판단이 아니라 참여자의 생각과 감정을 수용하고 공유할 수 있도록 열린 자세가 필요하다. 공동체 활동은 누구의 목소리도 배제되지 않도록 참여한 모든 이에게 배움의 기회를 제공한다.

5) 성찰: 평화감수성 훈련을 통해 느낀 점, 배운 점을 새롭게 발견하고 성찰할 수 있다. 또한 자신이 속한 공동체와 일상에서 비판적으로 사고하고 구체적으로 적용할 수 있는 실천을 찾는다.

2장

회복적 학급운영을 위한
회복적 생활교육

1. 새 학년 공동체 세우기

새 학년을 여는 공동체 서클

새로운 학년을 시작하는 교실은 새로운 친구와 선생님에 대한 기대와 설렘, 낯선 환경으로 인한 걱정과 우려가 공존한다. 새 학기를 시작하며 학급 구성원의 친밀감을 높이고 건강한 관계를 형성하는 공동체 서클로 만나 보자. 회복적 학급운영을 위한 안전하고 평등한 교실을 만드는 방식이자 학습의 과정으로 학생들이 학년의 시작부터 서클을 자연스럽게 경험하게 하는 것이 중요하다. 서클은 교탁을 중심으로 일렬로 배치된 교실 구조의 수직적 문화에서 벗어나 모두가 둥글게 앉아 이야기 나누는 '교실의 대화 문화'를 만드는 데 의의가 있다.

새 학기에는 일반적으로 학생들이 겉으로 드러난 피상적인 정보를 가지고 친구를 사귀거나 배제하고, 그룹을 형성하게 된다. 새 학기가 시작되는 3월부터 서클을 활용하여 자신을 소개하고 서로에 대해 알아 갈 수 있다. 또한 새로운 시작을 맞이하는 기대와 우려를 나누는 시간을 통해 또래에 대한 동질감, 친밀감, 호기심을 느끼게 하고 나아가 신뢰 관계와 학급의 공동체성을 형성할 수 있다. 회복적 생활교육에서는 학급에서 건강한 또래 관계를 형성하는 회복적 실천을 통해 공동체의 평화적 하부구조를 구축하는 과정이 중요하다. 그렇다면 학기 초에 얼마나 시간을 들여 몇 회기의 서클을 하면 공동체가 형성될까?

결론부터 말하자면 몇 회기의 프로그램을 진행한다고 해서 학급 구성원이 공동체성을 그저 느끼게 되는 것은 아니다. 관계 형성에는 왕도가 없다. 주기적이고 일상적인 회복적 생활교육의 실천을 통해 학생들의 관계의 면과 질이 달라지는 것을 체감할 수 있다. 아이들이 서클이라고 하는 대화 방식에 조금씩 익숙해지고 교실 전반에 소통의 문화가 형성될 때까지 공동체 서클을 포기하지 말고 지속해 보길 권한다. 왕도는 없지만 새 학년 학기 초부터 학급 구성원의 관계를 형성할 수 있는 3회기의 학급 공동체 서클을 중심으로 회복적 학급운영을 위한 첫걸음을 내디뎌 보자. 3회기의 공동체 서클은 최소 1주에 한 번 1~2차시의 시간을 내어 일상과 구별된 프로그램 형태로 구현할 수 있다. 회복적 학급운영을 위해 주기적 시간을 내는 교사와 학교의 노력은 일회적 프로그램을 넘어 관계를 학급운영의 중심으로 두고자 하는 교육 관점의 전환 속에서 가능하다.

다음에 공동체 서클과 연계할 수 있는 공동체 놀이 및 평화감수성 활동을 정리했다. 새 학기 관계 형성을 위한 공동체 서클 질문도 예시로 정리했다. 아울러 이해를 돕기 위해 참고할 수 있는 진행 멘트나 효

과적인 운영 팁을 제시했으니 참고하여 적용해 보길 기대한다. 제시된
예시는 학급 구성원과 교육 환경에 맞추어 다양하게 접목할 수 있다.

1회기: 첫 만남, 서클로 둥글게 만나기

※ 소요 시간 : 2차시 80분

• 여는 의식

첫 시간의 여는 의식으로 교사가 아이들과 1년 살이를 위해 상징물
을 준비하거나 메시지를 함축적으로 보여 줄 수 있는 시, 음악, 영상 등
을 준비할 수 있다. 서먹한 친구들이 친밀감을 높이고 서로 알아갈 수
있도록 공동체 놀이 활동을 준비할 수 있다.

첫 만남과 어울리는 시

그랬으면 좋겠습니다

도종환

말없이 마음이 통하고
그래서
말없이 서로의 일을 챙겨서 도와 주고
그래서 늘 서로 고맙게 생각하고
그런 사이였으면 좋겠습니다

방풍림처럼 바람을 막아 주지만
바람을 막아 주고는

그 자리에
늘 그대로 서 있는 나무처럼
그대와 나도 그렇게 있으면 좋겠습니다

물이 맑아서
산 그림자를 깊게 안고 있고
산이 높아서
물을 깊고 푸르게 만들어 주듯이
그렇게 함께 있으면 좋겠습니다

산과 물이 억지로 섞여 있으려 하지 않고
산은 산대로 있고
물은 물대로 거기 있지만
그래서
서로 아름다운 풍경이 되듯
그렇게 있을 수 있다면 좋겠습니다

• 공동체 놀이 1

움직이는 빙고

 활 동 방 법

소요 시간: 10분
준비물: 활동지, 펜

❶ 모두에게 움직이는 빙고 활동지와 펜을 나눠
준다.

❷ 자신의 빙고 활동지에 이름을 작성하게 한다.

❸ 선생님이 시작이라고 하면, 학생들은 서로 돌아다니며 인사를 하고 움직이는 빙고지에 해당하는 미션을 수행한다. 미션을 수행하면 상대에게 사인을 받을 수 있다. 단, 중복 사인은 할 수 없다.

❹ 빙고 활동지에 사인을 모두 채운 사람은 "빙고"라고 외친다.

움직이는 빙고

나는 _____입니다.

이 활동지는 각 문항당 다른 사람에게 사인을 받아야 합니다.
절대 같은 사람에게 중복 사인을 받을 수 없습니다.

1	친구 등에 손가락으로 자기 이름 쓰기	
2	어깨동무하고 점프 3번 하기	
3	생일이 짝수 달인 친구에게 생일축하 노래해 주기	
4	가위바위보 3번 하기	
5	양쪽 눈을 번갈아 가며 윙크하기	
6	'안녕 내 이름은 _ _ _야. 만나서 반가워'라고 말하기	
7	아직 한 번도 이야기 못 나눈 친구와 악수하기	
8	친구와 하이파이브 하기	
9	10초 동안 어깨 마사지해 주기	
10	포옹해 주기	

회복적 생활교육, 이렇게 실천하라

날아라 비행기

 활 동 방 법

❶ 모두에게 A4 용지와 펜을 나눠 준다.

❷ A4 용지를 긴 변으로 3단이 되도록 접고 다시 편다.

❸ 3단의 제일 윗 칸에 자신의 이름을 적는다. 중간 칸에는 자신이 좋아하는 것을 적는다. 아래 칸에는 자신이 학급 친구들에게 듣고 싶은 말을 적는다.

❹ 종이비행기를 접는다. (정해진 종이비행기 접는 법은 없다. 어떤 비행기 모양도 괜찮다.)

❺ 모두가 둥글게 둘러서서 선생님이 하나, 둘, 셋을 외치면 서클 가운데를 중심으로 "호~" 하면서 비행기를 날린다.

❻ 가까이 있는 비행기를 집어 선생님의 구호에 맞춰 다시 비행기를 날린다. 같은 방식으로 2~3번 반복한다.

❼ 자신의 것이 아닌 비행기를 집어 종이를 펼친다.

❽ "＿＿＿＿을 좋아하는 ＿＿＿＿야!(이름)"를
말하며 비행기의 주인을 찾는다. 주인을 찾
으면 비행기를 돌려주면서 "나는 ＿＿＿＿을
좋아하는 ＿＿＿＿야. 만나서 반가워!"라고
인사하고, 비행기 주인이 듣고 싶었던 말을
해 준다.

• 공동체 놀이 2

자연스럽게 자리를 섞을 수 있는 공동체 놀이를 준비한다. 친한 친
구들끼리 앉아 있는 학생들을 흩어지게 해 새로운 친구들과 소통할 수
있도록 자리를 배치하는 데 효과적이다. 다양한 자리섞기 놀이를 알면
서클 진행에 도움이 된다.

바람이 불어와

활동 방법

소요 시간: 10분
준비물: 의자

❶ 참여자보다 하나 적게 의자를 준비한다. (진
행자가 교사일 때 자신의 의자를 잠깐 빼거
나 돌려놓는다.)

❷ 가운데 한 참가자(능력자)를 두고 모두가 서
클로 둥글게 앉는다.

❸ 모든 참가자가 팔을 좌우로 흔들며(바람을 손으로 표현하면서) "바람이 불어와~"라고 외친다.

❹ 그 후 가운데 사람은 능력자로서 앉은 참여자의 공통점 또는 한 가지 특징을 찾아서 말한다. 예를 들어 '안경 안 쓴 사람에게로'라고 한다면,

❺ 해당되는 사람은 앉은 자리에서 일어나 원의 가운데를 지나서 다른 자리를 찾아서 앉는다. (바로 옆자리로 앉지 않도록 안내한다.)

❻ 그 사이에 가운데 있는 능력자는 빈자리를 찾아서 앉는다.

❼ 자리에 앉지 못한 사람이 능력자가 되어 같은 방식으로 활동을 이어 간다.

▶ 바람이 불어와 앞에 수식어로 '큰', '봄', '산들' 등을 붙여 표현할 수도 있다.

※ 첫 만남 서클 안내의 중요성

첫 만남 서클을 시작할 때 서클이 무엇이고 어떤 방식으로 진행되는지 명확히 안내하는 것이 중요하다. 서클이 학급의 소통방식으로 익숙해지고 대화의 문화가 되게 하려면 교사는 서클을 하는 목적을 학생들에게 공유할 수 있어야 한다.

환영과 인사

오늘은 선생님과 친구들이 처음으로 만나는 시간인데, 모두 다 같이 얼굴을 마주 보며 둥글게 앉아서 이야기하는 시간을 가질 거란다. 서로 어색하고 낯설지만 이 시간을 통해 1년간 함께 지낼 친구들에 대해 서로 알아갈 수 있으면 좋겠다.

서클의 취지

지금 우리가 어떤 모양으로 앉았지? 동그라미를 영어로 '서클'이라고 하지? 서클은 아메리카 원주민들이 공동체 마을 안에서 중요한 대화나 의사결정을 하기 위해 둥글게 모여 이야기를 나누는 전통적인 방식이란다. 옛사람들의 지혜가 담겨 오늘날까지 내려온 대화 방식이지. 서클에서는 누구든 평등하게 자기 이야기를 할 기회가 주어지고, 모두 함께 이야기를 들음으로써 서로 연결되는 시간을 가진단다. 서클에서는 둘러앉아 서로 알아가며 좋은 관계를 맺기 위해 이야기를 나누거나 마을에 문제가 발생했을 때 함께 대화로 문제를 해결하거나 관계를 회복해 가기도 해.

앞으로 우리 반은 교실에서 친구들과 다 같이 대화할 일이 있거나 문제가 있을 때 함께 둘러앉아서 이야기하는 공동체 서클을 통해 만날 거란다. 또 수업 시간에도 서클로 친구들의 생각을 나누고 함께 배울 기회도 가질 거야. 한 사람만 일방적으로 말하고 듣는 시간이 아니라 누구나 자기 생각과 마음을 표현하고 서로를 알아가고 배워 가는 공동체를 세우기 위해 서클로 만날 거란다.

서클의 목적

오늘은 첫 만남 서클 시간으로 친구들이 둥글게 앉아 서로 알아가는 시간을 가질 거란다. 어색하고 낯설겠지만 서로의 얼굴을 보면서 선생님이 준비한 질문에 따라 편하게 자기 생각이나 경험을 이야기하면 된단다. 오늘 서클을 통해 우리 반 친구들이 서로 친해지고 서로에게 좋은 친구가 되어 행복하고 의미 있는 학교생활을 하면 좋겠어.

토킹스틱 소개

(토킹스틱으로 준비한 물건을 꺼내며) 오늘 선생님이 준비한 이것은 ○○○인데, 이것을 '토킹스틱'이라고 부른단다. 토킹스틱은 서로의 이야기에 귀 기울이고 존중하며 들을 수 있도록 돕는 도구야. 이 토킹스틱은... 이러한 의미를 가지고 있어. 오늘 이 토킹스틱의 의미를 기억하면서 서클에 잘 참여해 보자.

서클 규칙 안내

교실에는 여러 사람이 있기 때문에 대화를 잘 나누기 위해서는 기본적인 서클 규칙을 잘 알아두어야 해. 다음의 서클 규칙을 함께 살펴볼까? (포스터 등으로 잘 보이게 게시한 기본 규칙을 함께 읽게 할 수 있다. 안전한 공간을 만들기 위해 규칙에 따른 의미를 함께 설명할 수 있다.) 여기 앞에 있는 포스터를 보면서 하나씩 살펴보자.

첫째, 토킹스틱을 가진 사람이 이야기할 수 있다.

서클 안에서는 토킹스틱을 가진 사람이 이야기하는 것을 잘 기억해 두렴.

둘째, 다른 사람의 이야기를 경청한다.

토킹스틱을 들지 않은 사람은 무엇을 할 수 있지? 바로 경청이란다. 서클에서는 다른 사람이 이야기할 때 끼어들지 말고 경청해야 해. 경청이란 무엇일까? 경청은 귀로만 듣는 것이 아니라 말하는 사람의 눈을 마주 보고, 그 사람이 무슨 이야기를 하는지 공감하면서 귀 기울이는 태도를 의미한단다.

셋째, 서클은 처음부터 끝까지 유지한다.

서클을 같이 시작했으니 마무리도 함께 하도록 하자. 선생님의 지시 없이 자리를 바꾸거나 하지 않도록 하고. 혹시 먼저 이동해야 한다면 선생님에게 알려 주렴.

넷째, 서클에서 나온 이야기는 비밀을 보장한다.

오늘 나온 이야기는 우리 안에서만 간직하기로 하자. 친구들이 진솔하게 자기 이야기를 하고 들을 수 있도록, 다 같이 안전한 공간을 만들기 위해 비밀을 잘 지켜 주길 바란다.

지금까지 이야기한 규칙이 무엇이었는지 다시 한번 짚어볼까? (학생들과 함께 규칙을 상기한다.) 혹시 더 추가하고 싶은 규칙이 있니? 지금 없으면 서클 중간에라도 제안해 주길 바란다.

자, 그러면 이제 서클을 시작해 보자. 선생님이 준비한 질문이 몇 가지 있는데, 먼저 선생님부터 시작해서 옆 친구 방향으로 토킹스틱을 돌릴게. 다음 질문은 반대 방향으로 돌리도록 할게.
그럼, 첫 번째 질문은 _____이야. 잠깐 생각할 시간을 줄게. 이제 시작해 볼까? 선생님부터 말할게.

이야기 나누기
(질문을 마치면) 이야기를 잘 나눠 줘서 고마워. 이제 토킹스틱을 이용해서 서클이 어떻게 진행되는지 잘 알겠지? 친구들이 이야기한 것 중에 어떤 공통점이 있었지? 혹시 어떤 대답이 기억에 남았니?
그렇구나. 얘기해 줘서 고마워. 그럼, 다음 질문으로 넘어가 볼게.

(끼어드는 학생이 있다면) ○○야, 지금 토킹스틱을 누가 들고 있

지? 이야기 좀 들어볼까?

(방해가 반복되는 경우) 자, 잠깐. 이야기가 잘 안 들리는데, 너희는 어떠니? 우리 서클 규칙을 다시 한번 기억해 보자. 같이 한번 따라 읽어 볼까? 첫째, 둘째, 혹시 추가하고 싶은 규칙이 있니? 자, 그럼 규칙을 잘 지키면서 이야기를 경청해 보자.

(생각할 시간이 필요한 경우) 생각할 시간을 더 줄까? 혹시 패스했다가 다음에 다시 이야기해 줄래?

(같은 대답이 반복되는 경우) 너희는 공통점이 많구나. 잘 알았는데 다음 친구부터는 다른 이야기를 해 줄래? ※ 3명 이상 같은 대답이 나오면 활용해 볼 수 있다.

(말을 하지 않는 학생이 있는 경우) 하고 싶은 말이 있으면 편히 이야기해 주길 바란. (전체 학생에게) 한 사람씩 토킹스틱 잡고 말할 때 걸리는 시간만큼 ○○가 토킹스틱을 잡고 있는 동안은 온몸과 마음으로 이야기를 들어 보도록 하자.

마무리

오늘 선생님이 준비한 질문에 대해 이야기해 줘서 고마워. 이제 서클에 대한 소감을 이야기해 줄래? 오늘 서클을 하면서 어땠는지, 새롭게 알게 된 것이나 배운 점도 이야기해 주렴. 선생님은 오늘 너희가 서클에 잘 참여해 주고 이야기도 잘 해 줘서 고맙다. 선생님도 친구들과 친해진 것 같아 기분이 좋아.

자, 이렇게 다들 소감까지 잘 얘기해 줘서 고맙다. 앞으로도 이렇게 서클로 만나는 시간을 가져 볼 거야. 그때도 오늘처럼 잘 참여해 주길 바라고 다들 수고했어. 서로 얼굴 보면서 박수로 마무리하도록 하자.

• 새 학기 공동체 서클 질문: 1 첫 만남, 서클로 둥글게 만나기

여는 질문	① 자신의 이름과 좋아하는 것 두 가지가 있다면? ② 만약 초능력이 생긴다면 어떤 초능력을 갖고 싶은가? 그 이유는? (타인을 공격하거나 피해를 주지 않는 선에서 찾도록 안내한다.) ③ 학교 급식으로 나왔으면 하는 음식은?
주제 질문	① 새 학년이 되어서 기대되는 것과 걱정되는 것은?
실천 질문	① 올해 친구들과 함께 꼭 해 보고 싶은 한 가지는?
배움 질문	① 오늘 서클을 처음 해 본 소감은?

첫 만남의 서클 질문은 서클 방식에 친밀해질 수 있도록 흥미를 돋우는 재미있는 여는 질문을 많이 활용하는 편이 효과적이다. 차시나 회기에 따라 질문의 수와 질문의 유형을 적절히 선정할 수 있다. 첫 만남 서클은 친밀감을 형성하고 서로 알아가는 것에 목표를 두어 학생들이 긍정적인 경험을 할 수 있도록 하는 편이 학급운영에 도움이 된다. 따라서 새 학기를 준비하면서 학급에서 서클로 만날 수 있도록 교사들이 함께 준비하고 학교 차원의 교육 과정이 마련된다면 더욱 효과적으로 아이들과 건강한 관계를 만들어 갈 수 있다.

2회기: 긍정적 자기 표현으로 관계 맺기

• 공동체 놀이 1

알 병아리 닭 봉황

 활 동 방 법

소요 시간: 5분

❶ 모두가 쪼그려 앉은 채 손을 알처럼 모으고 '알알알~'이라고 소리를 낸다. 이 동작을 '알'이라고 한다.

❷ 선생님이 시작이라고 하면, 학생들은 서로 돌아다니며 둘씩 가위바위보를 한다.

❸ '알'은 '알'끼리만 둘씩 가위바위보를 할 수 있다. 이긴 사람은 '병아리'가 된다.

❹ '병아리'는 무릎을 굽힌 자세로 짧게 양팔로 날갯짓을 하며, '삐악삐악' 소리를 낸다.

❺ '병아리'는 '병아리'끼리만 둘씩 가위바위보를 할 수 있다. 이긴 사람은 '닭'이 되고, 진 사람은 다시 '알'의 단계로 내려간다.

❻ '닭'은 무릎을 피고 허리를 굽힌 채 '꼬꼬댁

/ 회복적 생활교육, 이렇게 실천하라

꼬꼬' 소리를 낸다.

❼ '닭'은 '닭'끼리만 둘씩 가위바위보를 할 수 있다. 이긴 사람은 '봉황'이 되어 자기 자리로 돌아가 놀이를 하고 있는 사람들을 양팔 끼고 지켜보면 된다. 진 사람은 '병아리' 단계로 내려간다.

❽ 어느 정도 '봉황'이 나오면 놀이를 정리한다.

• 공동체 놀이 2

새 둥지 바람

활 동 방 법

소요 시간: 10분

❶ 모든 사람이 세 명씩 짝을 짓는다.

❷ 두 명이 서로 손을 마주 잡는다. 손을 맞잡은 두 사람을 '둥지'라고 한다. 그리고 한 명이 손을 맞잡은 두 사람 안으로 들어간다. 이 사람을 '새'라고 한다.

❸ 짝을 짓지 못한 한 사람은 술래가 되어 새,

둥지, 바람 중에 하나를 외친다.

❹ 술래가 '새'라고 하면, '새'들이 다른 '둥지'를 찾아 들어간다. '둥지'라고 하면 '둥지'들이 움직여서 다른 새를 찾아 새로운 짝과 함께 둥지를 만든다. '바람'이라고 하면, 모든 참가자가 새로운 짝을 지어 '새'와 '둥지'가 된다.

❺ 남은 사람이 술래가 되어 활동을 반복한다.

• 공동체 놀이 3

생일 순으로 앉기

 활동 방법   소요 시간: 5분

❶ 둥글게 서클을 만들고 한 자리를 기준으로 정한다.

❷ 기준 자리를 중심으로 왼쪽 방향으로는 태어난 연도와 상관없이 월과 일을 기준으로 생일이 빠른 사람 순으로 앉고, 오른쪽 방향으로는 생일이 늦은 순으로 앉도록 안내한다. 같은 생일이 있을 경우 나란히 앉도록 한다.

❸ 단, 자리를 찾기 위해 서로 생일을 물어볼 때 말을 하지 않고 찾도록 한다. 몸짓과 손짓은 가능하다.

❹ 선생님이 시작을 외치면, 침묵 속에서 생일 순으로 자리를 찾아 앉도록 한다.

❺ 모두가 자리를 찾아 앉으면 토킹스틱을 들고 생일을 확인하도록 한다.

▶ 성을 제외한 이름(가나다, 알파벳)순, 아침에 학교 오는 시간순으로 앉을 수 있다. 서클 시작 시 자리를 바꾸는 활동의 일환으로 활용할 수 있다.

• 긍정적 자기 표현을 돕는 센터피스

학생들이 서클 활동을 하면서 감정이나 마음을 잘 표현하도록 서클 중앙부에 배치하는 센터피스를 활용할 수 있다. 예컨대 자신의 현재 기분이나 감정, 생각 등을 말할 수 있도록 감정카드, 가치카드, 자기표현카드, 그림카드, 이미지카드 등 다양한 카드를 펼쳐 센터피스로 두고 서클 안에서 자기 표현을 연습하도록 도울 수 있다.

● 새 학기 공동체 서클 질문: 2 긍정적 자기표현으로 관계 맺기

여는 질문	① 오늘 내 몸과 마음의 상태를 색으로 표현해 본다면? (날씨, 온도, 혹은 감정 단어로 상태를 표현할 수도 있다.) ② 생일 때 받고 싶은 선물은? (가급적 돈 대신에 돈으로 무얼 하고 싶은지 이야기하게 한다) * 〈나도, 나만!〉 활동으로 진행할 수 있다.
주제 질문	① 아주 사소하지만 내가 잘하는 것 한 가지가 있다면?
실천 질문	② 올해 안에 개인적으로 꼭 이루고 싶은 목표 한 가지는?
배움 질문	① 오늘 서클에서 친구에 대해 새롭게 알게 된 것은 무엇인가?

두 번째 회기의 서클은 주로 자기 감정과 생각을 이야기하는 질문으로 구성하여, 긍정적 자기 표현을 통해 학급 구성원이 서로 알아가고 연결되는 시간을 갖게 하는 데 목표를 둔다. 학생들이 자기 표현을 자연스럽게 할 수 있도록 연습하고 격려하며 서로 경청하는 서클 방식을 배우는 과정이 필요하다. 관계와 공동체성을 형성하기 위해 학급 구성원이 함께 무언가를 만들고 실천하는 질문도 필요하지만, 개인적이더라도 긍정적 표현을 함으로써 서로 연결되는 경험을 하는 것이 관계를 긴밀하게 촉진하는 데 도움이 된다. 따라서 새 학기에 진행하는 서클에서는 학생들이 개인적 경험과 생각을 자유롭게 표현하면서도 서로에게 흥미를 발견할 수 있도록 하는 질문을 다양하게 해 보기를 권한다.

3회기: 평화로운 공동체 세우기

• 공동체 놀이 1

텔레파시 활동

 활동 방법

소요 시간: 5분

❶ 둘씩 짝을 지어 마주 보고 앉는다. 활동하는
동안 소리를 내지 않는다.

❷ 서로 텔레파시가 잘 통하도록 눈을 10초 이
상 마주 보게 한다.

❸ 선생님이 질문을 하고 난 후 천천히 하나,
둘, 셋 하면, 동시에 대답한다.

❹ 대답이 맞으면 서로 하이파이브를 하고, 다
른 대답이 나오면 틀린 것이 아니라 서로 다
르다는 것을 알 수 있도록 안내한다. (답을
맞히는 것이 이 활동의 목표가 아니다.)

❺ 짝을 바꿔 가면서 질문을 달리해 활동을 반
복한다.

▶ 텔레파시 활동의 예시 질문
냉면 종류, 중국집 하면 생각나는 음식, 신호등 색깔 중 하나, 사계절 중 하나, 무
지개 색깔 중 하나, 냉장고에서 꺼내면 바로 보이는 음식, 교실에 들어오면 바로
보이는 것 등.

• 공동체 놀이 2

스티커 놀이

활 동 방 법

소요 시간: 10분
준비물: 스티커(1명당 5~6개)

❶ 스티커를 개인별로 나누어 준다.

❷ 선생님이 시작이라고 하면, 돌아다니며 두
명씩 가위바위보를 한다.

❸ 이긴 사람은 본인의 스티커 중 1개를 떼어 진
사람의 얼굴에 붙인다.

❹ 자신이 가진 스티커를 다 떼면 자리에 앉도
록 한다.

❺ 사람들의 얼굴에 스티커가 많이 붙어 있으면
활동을 멈추고 사람들이 가지고 있는 남은
스티커를 모두 걷는다.

❻ 스티커가 붙은 서로의 얼굴을 보게 한다.

❼ 선생님이 시작이라고 하면, 같은 방식으로
다시 가위바위보를 하여 이번에는 진 사람이
자신의 얼굴에 있는 스티커 중 한 개를 떼어
이긴 사람의 얼굴에 붙인다.

⑧ 활동을 멈춘 뒤 옆 사람의 도움을 받아 얼굴의 스티커 개수를 세어 보도록 한다.

⑨ 가장 많은 스티커가 붙은 사람에게 '오늘의 마스코트'로 선정되었음을 알리며 마무리한다.

▶ 얼굴에 스티커를 붙이기 어려운 상황인 경우, 손에 붙이게 하거나 비닐이나 코팅 종이를 얼굴을 대신하여 사용할 수 있다.

• 공동체 놀이 3

친구 초대하기

 활 동 방 법　　　　　　　　　소요 시간: 10분

❶ 둥글게 서클로 자리를 배치한다. 인원수보다 빈 의자를 하나 더 추가로 배치한다.

❷ 놀이와 함께할 즐거운 음악을 준비한다.

❸ 음악이 시작되면 빈 의자 양옆에 있는 사람 두 명이 손을 잡고 둘러앉은 사람 중 한 명을 정중히 초대하여 가운데 빈 의자에 앉힌다.

❹ 두 사람에게서 초대받은 사람은 초대를 거절

할 수 없으며 빈자리로 이동해야 한다.

❺ 초대받은 사람의 빈자리가 생기면 위 순서의 활동을 음악이 마칠 때까지 반복한다.

❻ 음악이 마칠 때 자리에 앉지 못한 사람은 선생님의 활동을 돕는 '오늘의 마스코트'가 될 수 있다.

▶ 두 학생이 동성인 경우, 남학생들은 여학생을, 여학생들은 남학생을 초대하여 이동하도록 한다.

• 스토리텔링을 활용한 여는 의식

벌새 크리킨디 이야기

세상에서 가장 작은 새는 벌새입니다.
아메리카 원주민들 사이에 '벌새의 물 한 방울'이란 이야기가 있습니다.

어느 날 크리킨디라고 불리는 벌새가 살아가는 숲에 큰불이 났습니다.
오랫동안 사랑하고 살아왔던 터전이었기에 벌새는 불이 난 숲을 떠나지 못하고
하늘 위로만 빙빙 돌면서 눈물을 흘렸습니다.
그러다가 눈물 한 방울이 불 속으로 똑 떨어지는 것을 보았습니다.
이후 벌새는 숲 옆에 있는 호숫가에 가서 작은 부리에
물을 한 방울씩 머금고 불이 난 숲 위로 떨어뜨리기를 반복했습니다.

그때 숲속의 다른 동물들은 앞다투어 도망을 가고 있었습니다.

도망가는 동물들은 벌새의 모습을 보고 벌새에게 말했습니다.

"그런다고 불이 꺼지지 않아"
"더 이상 무모한 짓 하지 마!"
"쓸데없는 짓이야. 너도 빨리 도망가."
"도대체 무슨 소용이 있니?"

그러자 벌새 크리킨디는 도망가는 동물들에게 이렇게 대답했습니다.

"나는 지금 내가 할 수 있는 최선을 다할 뿐이야."

원주민 전통에서 내려오는 우화인 벌새 크리킨디 이야기를 아이들과 나눠 보자. 각자 지금 할 수 있는 최선의 실천을 통해 평화로운 공동체를 만들어 갈 수 있다는 메시지가 담겨 있다. 교실의 평화가 당장 손에 잡히고 눈에 드러나는 것은 아니지만 각자 할 수 있는 작은 실천이 모여 모두가 체감할 수 있는 안전과 평화를 관계 안에서 경험할 수 있다. 이처럼 서클 주제에 따라 공유하고 싶은 메시지를 학생들의 눈높이에서 여는 의식으로 활용하여 나누면 서클 질문에 따른 본격적인 대화에 앞서 주제를 상기하는 데 효과적이다.

회복적 생활교육, 이렇게 실천하라

• 새학기 공동체 서클 질문 3: 평화로운 공동체 세우기

여는 질문	① 마법의 요술램프가 있다면 소원으로 빌고 싶은 것은? ② (시공을 초월하여) 누군가와 저녁 식사를 할 수 있다면 초대하고 싶은 세 사람은? 그 이유는?
주제 질문	① 평소 살아가면서 중요하게 생각하는 가치는 무엇인가? (가치 키워드 활용) ② 친구들이 이해해 주거나 알아 줬으면 하는 나만의 모습이 있다면?
실천 질문	① 친구를 배려하고 존중하기 위해 내가 할 수 있는 것은?
배움 질문	① 오늘 서클을 통해 배운 점은 무엇인가?

관계 형성을 위한 공동체 서클을 통해 각자 중요하게 생각하고 이해받고 싶은 것을 말하면서 자연스럽게 학급 친구들을 이해하는 시간을 만들 수 있다. 뿐만 아니라 친구들이 함께 지내기 위해 어떻게 이해하고 배려해야 하는지를 서클을 통해 인식하고 노력할 수 있는 지점을 찾아볼 수 있다. 서로를 이해해가는 학기 초의 학급 공동체 서클 시간은 학급 구성원 사이의 상호 건강한 경계를 위해 필요한 존중의 약속을 만들고 공동체적 관계망을 구축하는 데 도움이 된다.

학교와 교실 상황에 따라 서클의 차시나 질문의 세부적인 전개는 다를지라도 새 학기 초에 공동체 서클을 통해 소통을 연습하고 학급 구성원 간 신뢰를 형성하기 위해 서클을 반복적이고 주기적으로 경험하게 하는 것이 중요하다. 주기적인 서클 경험은 공동체의 하부구조를 강화하는 중요한 바탕이 된다. 코로나19 상황처럼 관계 형성이 어려운 때일수록 관계를 기반으로 학급운영의 방향을 잡는 것이 교실 문화를 바꾸고 학교 공동체 문화를 변화시키는 토대가 된다.

학급 공동체 존중의 약속 만들기

학기 초가 시작되는 3월 동안 주기적인 학급 서클로 공동체의 관계망을 갖춘 뒤에는 학급 공동체 존중의 약속 만들기를 추천한다. 서클을 통해 연결되는 관계 경험은 교실에서 반드시 필요하다. 학급 공동체에 속한 아이들에게는 함께 지내기 위해 구체적인 경계가 필요한 시점이 찾아온다. 한 달 정도 아이들이 함께 생활한 시점에서 존중의 약속을 만드는 것이 가장 효과적이다. 새 학년이 시작되자마자 약속을 만드는 학급이 있는데, 대체로 교사의 통제 욕구가 반영된 결과로 드러날 가능성이 크다. 개학 이래 약 3주 정도가 지난 시점이면 학급 구성원 사이에서 배려와 존중의 필요를 보다 구체적으로 표현하여 약속을 만들 수 있는 조건이 된다. 존중의 약속을 만드는 기본적인 방법은 앞서 다룬 회복적 생활교육의 기본 실천의 존중의 약속 만들기를 참조하되, 다음을 참고하여 학급 상황에 맞게 적용해 보길 바란다.

• 존중의 약속을 만들기 위한 공동체 서클

존중의 약속을 만드는 과정에서 공동체 구성원이 존중에 대해 생각과 경험을 서클로 이야기 나누는 게 효과적이다. 서클의 여는 의식으로 존중의 의미를 배울 수 있는 자료나 영상을 참조할 수 있다. 초등학교의 경우 〈친구사용설명서〉 영상을 함께 보고 서클과 존중의 약속 만들기를 해 볼 수 있다. 또한 존중을 성찰할 수 있는 평화감수성 활동과 함께 서클을 진행할 수도 있다.

• 여는 의식(초등)

※ 영상 시청: 〈친구사용설명서〉(전남 보성 조성초등학교 제작), 2016년
부천청소년평화영화제에서 금상 수상.[19]

• 평화감수성 활동

인형극 놀이

활 동 방 법

❶ 두 사람씩 짝을 지어 가위바위보를 한다.

❷ 이긴 사람은 진 사람의 코앞 10cm를 두고
손바닥을 댄다.

❸ 진 사람은 이긴 사람의 손바닥만 볼 수 있다.

❹ 선생님이 시작이라고 하면, 이긴 사람은 손
을 마음껏 움직이며 이동한다.

❺ 진 사람은 이긴 사람의 손바닥만 보고 움직
임을 따라간다.

❻ 약 30초 정도의 시간을 주고 활동을 정리

---

19   참조: 유튜브 〈친구사용설명서〉, https://www.youtube.com/watch?v=FfHfsFFZWVc

한다.

❼ 이번에는 진 사람과 이긴 사람의 역할을 바꿔 같은 순서로 인형극 놀이를 진행한다.

❽ 활동을 마친 후 아래의 성찰 질문을 던진다. (팝업 방식)

▶ 활동 후 성찰 질문

① 손바닥으로 사람을 조종해 보니 어떤가요?

② 조종을 당해 보니 어떤가요?

③ 내가 조종할 때 상대를 배려해 주었다고 생각한 사람이 있나요?

④ (배려했다고 한 사람 옆 사람에게) 상대에게 배려를 받았나요?

⑤ 배려를 받았다면 어떤 배려를 받았나요?/배려받지 못했다면 왜 그렇게 느꼈나요?

⑥ 내가 배려해 줬지만 상대가 배려를 느끼지 못했다면 존중이라고 말할 수 있을까요?

⑦ 존중과 배려는 누구의 언어일까요?

⑧ 어떻게 하면 상대가 배려로 느낄 수 있을까요?

⑨ 내 주변에 존중과 배려가 필요한 사람은 누구일까요?

⑩ 이 활동을 통해 무엇을 배우고 느꼈나요?

● 존중의 약속 만들기를 위한 서클 질문

여는 질문	① 우리 교실에 가져다 놓고 싶은 것은?
주제 질문	① 나에게 좋았던 반은 어떤 모습인가? (없었다면 앞으로 바라는 학급의 모습을 말하게 한다.) ② 초등학교 1학년부터 지금까지 좋은 기억에 남는 담임 선생님은?
실천 질문	① 나는 친구들이 어떻게 해 줄 때 존중을 받았다고 느끼는가? ② 우리 반에서 꼭 지켜졌으면 좋겠다고 생각하는 것은 무엇인가?
배움 질문	오늘 서클에 참여한 소감은 무엇인가?

● 존중의 약속 만들기를 위한 진행 멘트 예시

존중의 약속 취지 안내

이번 시간엔 우리 학급 존중의 약속을 만들어 볼 거란다. '존중'이란 친구들을 있는 모습 그대로 인정해 주는 것이란다. 교실에서 친구들을 어떻게 배려하고 존중할 수 있을지 약속을 정하는 시간을 가져 볼 거야. 그동안 선생님이 정한 규칙을 그대로 따르는 경험을 많이 했지? 너희의 의견이 반영되지 않은 규칙을 그대로 따라야 하는 일이 많았을 텐데, 오늘 이 시간에는 모두 같이 존중의 약속을 만들어 볼 거야. 지키지 않으면 혼나고 벌 받는 그런 규칙이 아니라 서로 배려하고 건강하게 지내기 위한 약속을 만들어 볼 거란다.

활동 방법 안내

다른 사람이 나에게 어떻게 해 달라는 기대나 바람을 담는 것이 아니라 내가 다른 사람으로부터 언제 고마움을 느꼈고, 존중받았는지를 떠올리면서 서로를 위한 약속을 만들 거란다. 앞서 서클에서 나눈 존중의 경험과 느낌을 토대로 다른 사람을 어떻게 존중할 수 있는지를 다짐하면서 약속을 만들 거야. 그러니까 우리 각자가 교실에서 잘 지내기 위해 무엇을 노력하고 실천할 수 있을지를 생각하면서 만들어 보자.

존중의 약속을 만들면서 중요한 점은 모두가 합의하는 의견을 만드는 거란다. 내가 제안한 의견이라 하더라도 친구들의 의견과 다르다면 보류될 수 있어. 또 내가 제안한 의견이 아니더라도 친구의 의견이 좋다면 동의하는 합의 과정을 거칠 거야. 여기서 중요한 점은 친구들이 왜 그러한 의견을 내는지, 무엇을 중요하게 생각하는지, 왜 존중이 필요한지 등의 의견을 들어 보는 과정이란다. 우리가 만드는 존중의 약속은 결과보다 만드는 과정이 더 중요하다는 걸 기억하면 좋겠구나. 우리가 함께 만드는 약속인 만큼 적극적인 참여를 부탁해.

회복적 생활교육, 이렇게 실천하라

• 존중의 약속 만들기

존중의 약속 만들기

소요 시간: 서클 포함 총 2차시(80분)
※ 1차시 40분 학생, 시설 / 1차시 40분 교사-학생
준비물: 전지, 매직, 포스트잇, 펜

 활 동 방 법

❶ 학생 5~6명씩을 하나의 조로 구성하고, 조별로 메모할 수 있는 펜과 전지 4장을 준다.

❷ 각 종이에 '학생이 학생에게', '학생이 선생님에게', '선생님이 학생에게', '공동체를 위하여 (환경, 질서)'라고 적는다.

❸ 칠판 위에 '존중의 약속'이라는 제목을 적고 다음과 같은 표를 그린다.

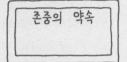

〈존중의 약속 만들기〉

선생님 → 학생	학생 → 선생님
학생 → 학생	공동체(시설, 환경)

❹ 조별로 '학생이 학생에게' 어떻게 했을 때 고마움을 느꼈고, 존중과 배려를 받았는지 적어 본다. (요구가 아니라 존중의 경험과 느낌을 쓰도록 안내한다.)

❺ 조별로 '공동체를 위하여' 어떻게 배려하며

사용할 것인지 적어 본다.

❻ 조별로 쓴 내용 중에 존중을 위해 반드시 지켜야 하거나 혹은 지켜졌으면 하는 약속 2~3가지를 충분히 이야기해 보고 정해진 약속을 적도록 한다.

❼ 정리가 다 된 그룹은 칠판에 영역별로 자기 그룹의 종이를 붙인다.

❽ 종이를 다 붙이면 선생님이 하나씩 짚으면서 학생들에게 의견과 동의 여부를 물으며 약속을 확정한다. 이때 동의하기 어렵거나 이견의 여지가 있으면 그 약속을 정하게 된 계기나 의미를 이야기하도록 한다. 그래도 동의가 이뤄지지 않는다면 보류한다. 보류된 내용은 선생님이 따로 정리해 둔다.

❾ 약속이 만들어지면 큰 종이에 다시 정리해 잘 보이는 곳에 게시한다.

❿ 첫 번째 존중의 약속을 점검할 시기를 학생들과 함께 정한다. 약속을 수정, 보완하고 유지하기 위해 정기적인 서클을 열 것을 제안하고 그 주기를 논의한다.

▶ 학생 사이의 존중과 공동체 시설에 대한 약속을 만들었으면, 이후 교사와 학생, 학생과 교사 사이의 약속도 마찬가지 과정으로 만든다.

❶ 조별로 '선생님이 학생에게' 어떻게 했을 때 고마움을 느꼈고, 존중과 배려를 받았는지 적어 본다. (요구가 아니라 존중의 경험과 느낌을 쓰도록 안내한다.)

❷ 선생님은 '학생이 선생님에게' 어떻게 했을 때 고마움을 느꼈고, 존중과 배려를 받았는지 적어 본다. (요구가 아니라 존중의 경험과 느낌을 쓰도록 안내한다.)

❸ 정리가 다 된 그룹은 칠판에 영역별로 자기 그룹의 종이를 붙인다.

❹ 종이를 다 붙이면 선생님이 하나씩 짚으면서 선생님과 학생 사이에 존중을 위해 반드시 지켜야 하거나 혹은 지켜졌으면 하는 약속 2∼3가지를 충분히 이야기해 보고 정해진 약속을 적도록 한다. 학생들에게 의견과 동의 여부를 묻고 약속을 확정한다. 이때 동의하기 어렵거나 이견의 여지가 있으면 그 약속을 정하게 된 계기나 의미를 이야기하도록 한다. 그래도 동의가 이뤄지지 않는다면 보류한다. 보류된 내용은 선생님이 따로 정리해 둔다.

❺ 첫 번째 존중의 약속을 점검할 시기를 학생들과 함께 정한다. 약속을 수정, 보완하고 유

지하기 위해 정기적인 서클을 열 것을 제안
하고 그 주기를 논의한다.

▶ 존중의 약속을 만드는 시간은 대략 2차시(시간)가 필요하다. 따라서 1차시씩 진
  행할 경우 학생과 공동체를 위한 약속, 교사와 학생 사이의 약속을 따로 만드는
  편이 효율적이다.

　존중의 약속을 만들었으면, 존중의 약속에 대한 향후 점검이 중요하
다. 약속이 잘 지켜지는지, 지켜지지 않는다면 그 이유가 무엇인지 점
검하고 존중의 약속이 지속적으로 효력을 유지할 수 있도록 해야 한
다. 한편 존중의 약속을 어겼을 경우, 처벌을 부르는 수단이 되지 않도

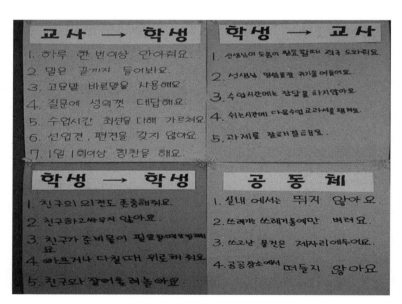

학급에서 만든 존중의 약속[20]

회복적 생활교육, 이렇게 실천하라

록 하는 것이 중요하다. 약속이 안 지켜지면 그 문제에 대해 학급 구성원이 함께 해결책을 찾아보는 과정으로 삼아 교실 안에서 관계, 존중, 책임의 가치를 공유할 수 있도록 해야 한다.

20 전북부안 회복적생활교육연구회'회복바람꽃' 송현진 교사의 회복적 학급운영 사례발표 참조.

황경윤

존중의 약속 만들기

회복적 생활교육을 배우는 과정에서 저는 제가 속한 공동체가 안전하고 평화로운 공동체가 되기를 기대하게 되었고, 그런 공동체를 세우기 위해 실천하고 노력하는 것이 무엇보다 중요하다는 사실을 깨닫게 되었습니다. 하지만 현실 속에서 공동체는 파커 파머의 이야기처럼 내가 가장 함께 하고 싶지 않은 사람이 있는 곳인 경우가 많습니다.

학급이라는 공동체도 마찬가지인 것 같습니다. 어느 영상에서 "친구는 저 둘 뿐이에요. 다른 애들은 그냥 같은 반 학생이에요."라고 한 이야기가 떠오릅니다. 함께 있고 싶지 않은 학생들과 어떻게 안전하고 평화로운 공동체를 만들어나갈까, 라는 고민에 대한 해결은 회복적 생활교육의 핵심 가치 '존중'에 대한 연수를 받고 난 뒤였습니다.

입학 후 중학교 학생들이 만나게 되는 가장 안전하지 못한 공간은 사이버공간입니다. 학년 초 반단톡방을 만들고 나면 여러 가지 불편함을 접하게 됩니다. 장난스럽게 댓글로 올라오는 욕과 비난. '10대들의 문화일 수 있다. 꼰대처럼 잔소리 하지 말고, 감정과 생각, 본심 등으로 바꿔 말하기를 해 보면서 댓글을 달아 보자.' 그렇게 각오를 다지며 실천하다가도 어느 순간 '단톡방을 없애 버릴까? 그냥 공지만 하는 곳이라고 하고 대화를 하지 않도록 할까?' 등의 극단적 생각을 하게 됩니다.

존중의 약속 만들기 활동을 배운 후 가장 먼저 안전한 공간이 필요하다고 생각되는 공간(담임인 학급반에서는 사이버공간인 단톡방, 교과반에서는 모둠)에서 존중받은 경험과 존중받지 못한 경험을 나누며 존중의 약속을 정하는 시간을 가졌습니다.

- 비난하거나 욕설하지 않고 예쁜 말 쓰기
- 개인적인 이야기는 개인톡으로 하기
- 밤 12시 이후에는 톡하지 않기
- 궁금한 것에 대해 물어보면 답해 주기
- 대화 중 상대에게 실수로 잘못했을 때는 즉각 사과의 말 전하기

우리 반 학생들과 함께 정한 단톡방에서의 존중의 약속입니다. 존중의 약속을 만들면서 알게 된 것은 교사인 제가 굳이 이야기하지 않아도 학생들은 공간 속에서 필요한 존중의 약속을 찾아낸다는 것이었습니다. 그리고 학생들의 표현이 훨씬 구체적이고 직설적이어서 실천으로 옮기는 데 더 좋았던 것 같습니다.

존중의 약속을 정할 때 매번 학생들에게서 듣게 되는 동일한 질문이 있습니다.

"선생님, 약속 안 지키면 어떻게 돼요?", "벌 받나요?"

반가운 질문이었습니다. 회복적 정의를 이야기할 때가 온 것이지요.

"앞서 우리, 존중받지 못한 경험을 이야기 나누면서 어떤 기분과 생각이 들었는지 이야기 나눈 것 기억하나요? 존중의 약속을 지키지 않으면 어떻게 될까요? 누군가가 힘들어집니다. 우리는 우리의 공동체를 안전하고 평화로운 공동체로 세우기 위해 존중의 약속을 함께 만들었습니다. 함께 만든 이 약속을 지키지 않으면 어떻게 되는지에 대해 집중하기보다는 어떻게 하면 약속을 함께 지킬 수 있을지, 어떤 이유에서 지키지 못하는지 서로 물어보며 창의적 대안을 함께 찾기 위해 노력해 보는 것은 어떨까요?"

이렇게 이야기해 주면 학생들은 조용해집니다.

함께 정한 존중의 약속은 초반에 잘 지키는 모습을 보입니다. 하지만 약속을 어기는 순간이 어김없이 나타납니다. 간단하게는 존중의 약속을 사후 점검해 보기도 하고, 조금 더 깊이 다뤄야 할 경우는 회복적 질문을 통해 상황을 이해하고, 자발적 책임을 지도록 기회를 주었습니다. 이를 통해 함께 정한 우리의 약속을 다시 지켜려고 하는 학생들의 모습을 볼 수 있었습니다.

왜 존중의 약속 만들기 활동을 해야 할까요? 저는 이 활동을 통해 학생들의 습관과 성향, 사고방식을 알게 되었고 어떻게 행동할 때 상대가 존중받는다고 느끼는지 알게 되었습니다. 즉, 상대를 이해하고 인정하며 다가서는 법을 배웠습니다.

저는 학생들이 존중의 약속 만들기 활동을 통해 공개적인 자기 표현과 차이를 인정하는 경청의 문화, 합의하는 과정에서 관계를 만들고 공동체를 세워 가는 과정을 배울 수 있다고 봅니다.

그래서 저는 존중의 약속 만들기를 학기 초뿐만 아니라 현장체험학습 떠나기 전이나 축제 같은 행사를 시작하기 전, 우리 공동체에 존중의 순간이 필요한 모든 상황에 진행합니다. 가정에서도 존중의 약속을 함께 정합니다. 모든 만남의 순간이 존중이 필요한 순간이기 때문입니다.

너와 내가 만든 우리의 존중의 약속은

너와 나를 존엄과 존중으로

초대하는 안내문이다.

존중의 약속을 만드는 과정, 존중의 약속을 지키는 과정. 모두 힘든 과정이지만 실천하면서 많은 배움을 얻을 수 있기에 함께 도전해 보았으면 합니다.

학급 임원 선출을 위한 공동체 서클

학기 초에는 학급의 임원을 선출하기 위한 학급 선거가 이루어진다. 학급의 리더로서 다른 학생을 섬기고 봉사하는 역할을 하고자 자원하거나 추천받은 학생이 다수의 지지를 받아 임원으로 선출된다. 학급에 필요한 리더십을 세우는 과정에서 리더는 나름의 성실한 공약으로 친구들을 설득하기도 하고, 또래 학생들의 인기를 얻기 위해 선심성 공약을 제안하기도 한다. 이러한 과정에서 학급 공동체를 위해 필요한 리더십의 자질을 생각하고, 임원을 뽑는 과정에서 민주주의를 경험할 수 있도록 해야 한다. 모두가 함께 둘러앉아 이야기하는 서클은 민주주의의 원형이자 모두의 의견을 수렴하고 지혜를 모으는 장이다. 서클을 통해 어떤 리더십이 우리 교실에 필요한지 각자의 목소리로 구체적인 이야기를 나누는 시간은 민주성과 공동체성을 함양하는 데 도움이 된다.

● 공동체 놀이

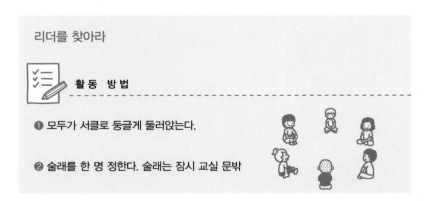

리더를 찾아라

활 동 방 법

❶ 모두가 서클로 둥글게 둘러앉는다.

❷ 술래를 한 명 정한다. 술래는 잠시 교실 문밖

으로 나간다. (교실 안을 보지 않는다.)

❸ 리더를 한 명 정한다.

❹ 리더는 자유자재로 동작을 바꿔 가며 움직인다.

❺ 리더를 제외한 모든 사람은 리더의 동작을 똑같이 따라 한다.

❻ 술래는 교실로 들어와 동작을 이끄는 리더가 누구인지를 찾는다.

❼ 술래는 세 번 사람을 지목할 수 있다.

❽ 술래가 세 번 이내에 리더를 찾으면, 그 리더는 술래가 된다.

❾ 술래가 세 번 이내에 리더를 찾지 못하면, 사람들은 리더가 누구인지 밝힌다. 술래가 다음 차례 술래를 정한다.

❿ 위 순서를 반복한다.

• 서클 질문: 회복적 반장 선거를 위한 서클[21]

여는 질문	① 내가 존경하는 위인은 누구인가?
주제 질문	① 우리 반은 (　　　　　　　　) 반이면 좋겠다. ② 우리 반의 반장은 어떤 사람이면 좋겠는가? ③ 우리 반의 부반장은 어떤 사람이면 좋겠는가? (친구의 이름을 거론하지 않고 리더의 자질에 관해 이야기하도록 한다.)
실천 질문	① 우리 반의 임원을 도와 내가 할 수 있는 것은 무엇인가?
배움 질문	① 오늘 서클에서 새롭게 배운 것은 무엇인가?

위와 같이 서클을 한 이후에 임원 투표를 진행할 수 있다. 학급의 임원을 정하기 전에 서클로 학급에 필요한 리더십을 이야기하는 과정을 통해 임원이 되고자 하는 학생은 친구들의 요구를 귀 기울여 들을 수 있다. 이런 참여적 대화를 통해 학급을 만들어 가는 것은 리더에게만 요구되는 역할이 아니라 학급 구성원 모두가 함께 참여해야 하는 일임을 배울 수 있다.

교과 수업 첫 만남 서클

교과 수업을 서클로 시작하여 학생들로 하여금 교과목에 대한 흥미와 목표를 발견하는 계기로 삼을 수 있다. 보통 교과 수업 첫 시간에 학습 안내가 이뤄지지만 학습에 참여하는 학생들과의 소통은 제대로 이뤄지지 않는다. 학급의 관계 형성을 넘어 교과 과목과 연계하는 회

21　한국회복적정의협회 회복적학교연구회에서 주최한 2018년 회복적 생활교육 새학기 워크숍에서 경기도 회복적 교사모임 '구인회' 김애경 교사의 사례발표 중에서 참조.

복적 생활교육 수업을 만들어 갈 첫 단추인 첫 교과 수업 시간을 공동
체 서클의 기회로 만드는 것은 무척 중요하다.

• 서클 질문[22]

여는 질문	① 나를 사자성어로 표현한다면? (한자가 아니어도 괜찮다.) ② 초등학교 때나 중학교 때 가장 좋았던 수업은?
주제 질문	① ○○ 과목 시간 하면 생각나는 것은 무엇인가? ② ○○ 과목에서 배운 것을 일상생활에서 활용했던 경험은?
실천 질문	① ○○ 과목 시간에 올해 내가 이루고 싶은 목표는? (점수도 좋고 태도에 　 대한 것도 좋다.) ② 수업 시간에 꼭 지켰으면 하는 것은? (우리끼리의 약속)
배움 질문	① 오늘 서클에서 새롭게 배운 것은 무엇인가?

회복적 생활교육 안내를 위한 가정통신문

학교에서 회복적 생활교육을 통해 학급운영의 철학과 방법을 만들
어 가려는 교사에게 학부모의 협력과 지지가 필요하다. 교사는 회복적
생활교육을 소개하는 가정통신문을 보내어 회복적 생활교육에 기초한
학급운영과 교육 과정을 안내하고 학부모들에게 협조를 구할 수 있다.
교육의 한 주체인 학부모가 학생의 성장을 위한 학교와 교사의 회복적
접근 노력을 이해하고 관심을 보일 수 있도록 계기를 마련한다.

22　경기도 회복적생활교육 교사연구모임 '구인회', 〈새학기 회복적생활교육 자료집〉,
2015. 8, p.83 참조.

안녕하세요?

봄꽃처럼 환한 아이들을 맞아 설레는 마음으로 인사드립니다. 저는 ○학년 ○반 담임 ○○○입니다.

올해 아이들을 맞는 저의 마음은 조금은 특별합니다. 진정한 배움과 건강한 성장이 있는 공동체를 아이들과 함께 만들어 가야겠다는 소망이 생겼기 때문입니다. 그 소망을 '회복적 생활교육'이라는 방식으로 이루어 나가려고 준비하고 있습니다.

회복적 생활교육은

'처벌' 위주의 응보적 생활지도 방식에서 벗어나 '회복'에 관심을 두고 학급의 크고 작은 갈등을 소통, 책임, 참여 방식을 통해 해결함으로써 평화로운 학급 공동체를 만들어 가려는 생활지도의 새로운 패러다임입니다.

회복적 생활교육의 원리는

첫째, 잘못의 처벌보다는 피해의 회복에 관심을 둡니다.

둘째, 잘못을 자발적으로 책임지게 함으로써 잘못한 학생의

---

23 '구인회', 위 자료집, pp. 18-21 참조.

회복과 성장에 관심을 둡니다.

셋째, 갈등 해결에 공동체 구성원 모두가 참여하고 스스로 책임짐으로써 건강하고 안전한 공동체로 성장하도록 합니다.

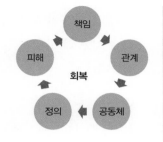

회복적 생활교육은 이렇게 이루어집니다.

서클을 통해 서로를 연결하고 갈등을 해결합니다.

학생들이 원으로 둘러앉아 진행자가 던지는 질문에 평등하게 이야기를 나누는 구조입니다. 이를 통해 우리는 서로 연결된 존재라는 사실을 깨닫고 한 사람 한 사람을 존중하고 신뢰하는 경험을  하게 됩니다. 서클은 소통의 장으로서 용서, 사랑, 신뢰, 용기, 지지를 경험할 수 있는 구조로, 정기적으로 또는 크고 작은 갈등이 생길 때마다 열리는 회복적 생활교육의 핵심 소통 구조입니다.

함께 존중의 규칙을 세워 나갑니다.

회복적 생활교육의 철학에 맞는 학급 규칙을 함께 세워 나갑니다. 선생님이 학생에게, 학생이 선생님에게, 그리고 학생이 학생에게 지켜 나가야 할 존중의 규칙들을 함께 만들어 지키도록 노력합니다.

갈등을 직면하고 함께 해결합니다.

어디에나 갈등은 생겨납니다. 갈등이 없는 학급을 만드는 것이 아니라 갈등이 일어났을 때 두려워 회피하는 것이 아니라 용기 있게 직면하여 건강하게 해결하는 방법을 배우고 이 모든 과정을 공동체가 함께하여 정의를 스스로 일궈 나갑니다.

평화와 회복의 물결에 함께해 주세요.

'한 아이를 키우는 데 한 마을이 필요하다'는 말이 있습니다. 한 아이가 건강하게 성장하기까지 많은 사람의 정성과 노력이 필요하다는 말이라고 생각합니다.

우리의 소중한 아이들이 소통과 사랑을 통해 진정한 배움을 이뤄 갈 수 있도록, 그래서 건강한 공동체를 이루고 안전하고 행복하게 살아갈 힘을 기르도록 돕는 일에 부족하나마 최선을 다할 것을 약속드리며, 이 작은 발걸음에 부모님들의 지지와 참여를 부탁드립니다.

20 . 3. 담임 ○ ○ ○ (전화번호)

건강한 우리 학급 공동체를 위해 이런 활동을 합니다.

서클을 통해 서로를 연결해요.

서클은 원으로 둘러앉아 모두가 평등하게 이야기를 나누는 것입니다. 원으로 둘러앉아 한 사람도 빠짐없이 나의 이야기를 하고 다른 사람의 이야기를 듣습니다. 서로에 대해 알면 알수록 우리는 연결되어 서로를 존중하고 이해할 수 있습니다. 아무 문제가 없는 때에도, 문제가 생겼을 때에도 우리는 둘러앉아 이야기를 합니다.

★서클의 기본 규칙
1. 토킹스틱을 가진 사람만 이야기할 수 있어요.
2. 다른 사람이 이야기할 때는 경청해요.
3. 서클이 끝날 때까지 자리를 이탈하지 않고 함께해요.
4. 서클에서 있었던 이야기가 서클 밖으로 나가지 않도록 해요.

함께 존중의 규칙을 만들고 지켜요.

우리가 평화롭게 지내기 위해 지켜야 할 약속을 함께 만들고 지킵니다. 약속을 지키지 못했을 때는 벌칙을 주는 것이 아니라 그 이유를 생각해 보고 더 잘 지킬 수 있는 방법을 함께 생각해 봅니다. 이렇게 함으로써 우리는 스스로 우리 공동체를 잘 가꾸어 나갈 수 있습니다.

갈등이 생기면 공동체가 함께 해결해요.

사람 사는 곳이니 갈등이 당연히 생기겠죠? 하지만 갈등을 두려워하지 않고 우리는 둘러앉습니다. 선생님, 친구들 그리고 필요하다면 부모님들까지 함께 둘러앉아 대화를 통해 문제를 해결할 방법을 찾습니다.

-------------------------- **학부모 동의서** --------------------------

① 회복적 생활교육이 우리 학급의 주요한 생활교육의 방향임을
  이해하였습니다.

② 자신의 행동이 가지는 다양한 영향과 결과를 직면하고 스스
  로 책임지는 과정이 학생에게 배움과 성장의 기회가 된다는
  것을 신뢰합니다.

③ 본인의 자녀와 관련된 갈등 사안이 발생한 경우 피해를 회복하
  고 자발적 책임을 질 수 있도록 돕는 회복적 대화 모임(학교공
  동체회복위원회)에 참석하여 학교 공동체의 지원을 받겠습니다.

④ 학생의 생활과 교육에 필요한 가정적 지원과 조치에 대해 협
  력하여 전인적 교육이 가능하도록 학교에 협조하겠습니다.

                    20   년   월   일

         학부모 성함: (인) (학생:)

학부모를 위한 공동체 서클

  회복적 생활교육을 실천하며 교육의 한 주체로서 학부모의 지지를
얻는 가장 좋은 방법은 회복적 생활교육의 실천을 직접 경험하게 하는
것이다. 학부모 대상 공동체 서클은 교사의 회복적 학급운영 방식과
방향을 안내하는 중요한 실천 가운데 하나이다. 학부모 총회를 활용하

여 개별 학급에서 교사와 학부모가 만나는 시간에 공동체 서클을 활용해 보는 방법을 추천한다.

● 여는 의식

참여하는 학부모 인원수만큼 의자를 준비해 둥글게 서클로 만들고, 중앙부에는 학생들의 사진이나 활동 작품으로 센터피스를 꾸민다. 학부모 입장에서는 서클로 둘러앉아서 이야기 나누는 것이 낯설기 때문에 향초나 화병, 화분 등을 활용하여 편안하고 따뜻한 환경을 조성하면 좋다. 시를 낭독하거나 음악을 함께 들으며 환대의 분위기로 서클을 초대할 수 있다. 필요에 따라서 동적인 몸 활동과 자기 표현을 돕는 교구를 활용하여 자연스럽게 이야기를 나눌 수 있게끔 도울 수 있다.

노래 함께 듣기

꿈꾸지 않으면

꿈꾸지 않으면 사는 게 아니라고
별 헤는 맘으로 없는 길 가려네
사랑하지 않으면 사는 게 아니라고
설레는 마음으로 낯선 길 가려 하네
아름다운 꿈꾸며 사랑하는 우리
아무도 가지 않는 길 가는 우리들
누구도 꿈꾸지 못한
우리들의 세상 만들어 가네

회복적 생활교육, 이렇게 실천하라

배운다는 건 꿈을 꾸는 것
가르친다는 건 희망을 노래하는 것
우린 알고 있네 우린 알고 있네
배운다는 건 가르친다는 건
희망을 노래하는 것

시 낭송

방문객

정현종

사람이 온다는 건
실은 어마어마한 일이다.
그는
그의 과거와
현재와
그리고
그의 미래와 함께 오기 때문이다.
한 사람의 일생이 오기 때문이다.
부서지기 쉬운
그래서 부서지기도 했을
마음이 오는 것이다 — 그 갈피를
아마 바람은 더듬어볼 수 있을
마음,
내 마음이 그런 바람을 흉내낸다면
필경 환대가 될 것이다.

● 학부모를 위한 서클 질문 1

여는 질문	① 오늘 오면서 가장 신경 쓴 부분은 무엇인가? ② 요즘 시간 가는 줄 모르고 하는 것은?
주제 질문	① 자녀의 장점이 있다면 무엇인가? ② 자녀를 키우면서 힘든 점이 있다면? ③ 자녀를 키우면서 가장 행복했던 순간은?
실천 질문	① 부모로서 자신에게 칭찬해 주고 싶은 것이 있다면?
배움 질문	① 오늘 서클에 참여한 소감은 무엇인가?

● 학부모를 위한 서클 질문 2

여는 질문	① 이름의 의미나 이름에 얽힌 에피소드가 있다면? ② 최근 나를 웃게 한 일은?
주제 질문	① 자녀를 키우면서 가장 고민되는 것은? ② 올해 학교에 다니면서 아이 또는 학부모가 꼭 경험하길 바라는 것은?
실천 질문	① 올해 자녀에게 가장 주고 싶은 선물은? (물건이 아니어도 괜찮음.)
배움 질문	① 오늘 서클에 참여한 소감은 무엇인가?

학부모와의 서클은 인원에 따라 질문을 선택할 수 있으나 대체로 학교에 대한 요구보다 자녀에 대한 이야기를 중심으로 학부모 사이의 관계를 형성하는 대화의 장으로 마련한다. 교사가 정성스럽게 준비한 학부모 서클을 경험한 학부모는 교사의 교육 방식과 철학에 자연스럽게 관심을 보이게 된다. 교사는 학부모와 서클을 진행하면서 서클의 대화 방식이 학급에서 자신이 아이들과 만나는 교육 방식이며, 갈등이 있을 때도 서클로 만나는 것을 학부모들에게 전달할 필요가 있다.

교사는 학부모와의 서클에 앞서 가정통신문 등을 활용하여 회복적 생활교육의 실천으로써 서클을 왜 교실에서 하고자 하는지에 대해 안내해야 한다. 회복적 생활교육의 취지와 교육적 가치를 학부모에게 소개하여 학부모가 회복적 생활교육에 관심을 두고 협력할 수 있도록 계기를 마련하는 것이 중요하다.

학부모와의 서클을 계기로 학부모 동아리를 조성하여 서클을 지속하는 방안을 모색해 볼 수 있다. 또한 갈등이 있을 때 학교의 공동체회복위원회나 회복적 대화 모임 같은 절차를 활용하여 갈등 국면을 교육의 기회로 삼도록 학부모의 역할을 안내할 수 있다. 교사는 학부모와 만날 때마다 회복적 생활교육의 실천을 통해 회복적 학급운영에 대한 신뢰를 얻는 기회로 활용할 수 있다.

교사-학생-학부모 3자 대면 서클[24]

학생 상담 주간을 활용하여 교사는 교사, 학생, 학부모가 만나는 3자 대면의 공동체 서클을 진행할 수 있다. 학기 초는 가장 바쁜 시기이지만 교육의 세 주체가 만나는 3자 서클은 학생을 중심으로 교사와 학부모가 학생을 두고 민원인으로 만나는 것이 아니라 성장과 돌봄을 위한 동반 관계로 재설정하는 계기가 될 수 있다. 교사의 수고와 노력으로 모든 학생과 학부모를 만나 서클을 진행할 수 있고, 학생과 학부

24　2018년 한국회복적정의협회 회복적학교연구회 주관 새학기워크숍에 발표한 교사 김애경(구인회)의 실천 사례를 참조.
*　'구인회', 위 자료집, p. 26 참조.

모의 동의를 거친 가족과 서클을 진행할 수 있다. 필요에 따라서는 학부모 모임에 잘 참여하지 못하는 학생이나 특별한 관심이 필요한 학생의 부모를 우선적으로 초대하여 별도의 시간을 통해 3자 대면 서클을 진행할 수도 있다.

• 학부모 초대의 글

학부모 상담주간
학생과 학부모가 함께하는 서클
초대의 글 – 문자

[○○고 ○○○ 학부모님께] 1학기 학부모 상담주간 안내

학부모 상담 기간이 다음 주에 있습니다~ 문자로 신청해 주세요.

1. 기간: 5월 18일(월)~5월 22일(금)

2. 내용: 학생의 위기 상황 예방, 학교 적응력 향상, 진로·진학 상담

3. 장소: ○-○○ 교실

학생, 학부모, 담임 선생님 3자가 같이 모여 한 아이의 성장과 발전을 위해 함께 이야기하는 시간을 가지면 좋겠습니다. 학부모님과 담임 샘이 아이의 성장을 위해 함께 고민하는 시간이 될 것이라 생각합니다. ^_^ **내 아이가 자랑스러웠던 순간, 아이에 관해 걱정되는 점 등을 함께 나누면서 아이와 평소 나누지 못한 마음의 이야기를 터놓고 나누는 시간이 되었으면 합니다. 그 소중한 시간에 부모님들을 초대합니다.**

○○월 ○○일 저녁 5시부터 9시까지 시간 비워 두고 기다리겠습니다. ♥

참석 가능하신 분은

"○○ 부모, ○○월 ○○일 ○요일 ○시 상담 요청합니다." 이렇게 답변해 주시면 됩니다.

아이와 함께 시간 맞춰 오시면 감사하겠습니다. 남은 하루도 즐겁게 보내시길 바랍니다. ♥

● 서클 질문

여는 질문	① 학생은 어른이 된다면, 교사 및 부모는 10대가 된다면, 꼭 하고 싶은 것? ② 최근 가족과 함께 행복했던 순간이 있다면?
주제 질문	① 서로에게 고마웠던 순간은? ② 요즘 가장 걱정되는 부분은?
실천 질문	① 나의 성장을 위해 필요한 것은? ② 서로의 성장을 위해 도울 수 있는 것은?
배움 질문	① 오늘 서클에 참여한 소감은?

학부모 서클과 마찬가지로 3자 대면 서클은 회복적 생활교육을 통해 학생의 성장과 관련하여 교사와 학부모 사이에 신뢰 관계를 형성하는 데 큰 도움이 된다. 3자 서클을 진행한 교사의 사례 나눔에 따르면 학기 초 바쁜 시기이지만 학생마다 약 30분 남짓 서클을 진행한 결과 1년이 편안하다고 했다. 교사의 교육 철학을 학부모가 이해한다면, 교사는 회복적 생활교육을 실천하고 학생의 문제를 해결하는 데 신뢰를 얻을 수 있게 된다. 그런 의미에서 회복적 생활교육을 통한 학부모와의 건강한 관계 맺음은 교사의 성장에도 중요한 밑거름이 된다.

김애경

학생의 성장을 돕는 3자 대면 서클

학부모 상담주간이면 늘 그렇듯 상담이 필요한 학생은 신청을 안 하고, 상담이 필요 없을 것 같은 학생들의 부모들만 상담을 신청한다. 첫날 첫 3자 대면 서클도 그러했다. 엄마와 딸 사이에 소통도 잘되고 서로 이해도 잘하는 관계, 굳이 서클을 이용한 소통이 필요치 않아 보이는 사이 같아 보였다. 그래서 서클을 할까 말까 망설이다가 그냥 해 보기로 했다.

5시 종례를 얼른 마치고, 수업자료실에 의자 세 개를 놓고 엄마, 딸, 담

임 교사 이렇게 세 명이 앉았다. 서클에 대한 규칙 같은 건 설명하지 않았다. 그냥 평소 쑥스러워 말하지 못한 진심을 나눠 보자고 말씀드렸다. 첫 질문은 간단하게~

"요즘 가장 행복한 시간은?"

질문을 하고 진행자가 먼저 이야기를 시작해야 하는데, 어머니가 질문이 떨어지기가 무섭게 말씀을 하셨다. 어머니들은 역시 하고 싶은 이야기가 많으신 듯하다. 어머니가 중국어 등등 배우고 싶은 게 많고 어떤 것이든 배우고 있을 때가 가장 행복하다는 말씀을 하시는데… 우리 반 아이가 울기 시작했다.

"엄마도 하고 싶은 게 많은데, 자식들 때문에… 우리 하고 싶은 거 하게 해 주시느라 못 하시는 게 죄송해요."

엄마와 딸의 진심 어린 이야기가 첫 질문에서 시작되었다. 딸의 마음을 읽고, 엄마가 대답하고, 다시 딸이 이야기를 이어가는 것을 듣고 있었다. 들으면서 우리 반 아이에 대해 정말 많이 알게 되었다.

상담을 하다 보면 조언을 해 줘야 한다는 의무감이 있어서일까? 설득하려고 하는 경우가 많다. 이렇게 생활습관을 바꿔야 한다는 둥, 이런 마음가짐으로 살아야 한다는 둥. 그런데 3자 대면 서클의 자리는 내가 단순한 진행자가 아니라 또 한 명의 참가자로 함께하는 기분이었다. 모녀의 이야기를 들으며 나도 엄마와 나의 관계를 생각했고, 가족들과의 시간을 떠올렸다. 함께 눈물 흘렸고, 그렇게 이야기 나누다 보니 마음까지 시원해지는 기분이었다. 게다가 아이에게 바라는 점을 다 이야기할 수 있었다. 엄마와 아이가 집중하는 가운데 말이다.

담임으로서 바라는 건 '일찍 자서 수업 시간에 졸지 않았으면 좋겠다는 것'이었고, 그걸 위해 가정에서 이뤄져야 할 것들에 대해서도 같이 이야기했다. 참 따뜻한 시간이었다. 힘이 들어가지 않은 부드럽게 진행되는 상담 시간이었다.

3자 대면 서클을 진행하는 둘째 날, 체력이 떨어져 지치기 시작했다. 웬만해선 지치지 않는 체력을 자랑하건만, 첫날 일과 끝난 후 집중해서 서클을 진행해서 그런지 에너지를 많이 쓴 것 같았다. 3자 대면 서클을 진행하려면, 다른 행사나 다른 일정을 과감히 줄여야 한다고 말씀드리고 싶다. 학교에서 누군가가 강제로 나에게 이런 걸 하라고 한다면 절대로 안 하고 싶을 것 같다. 담임 교사로서 많은 시간과 감정과 에너지가 필요한 일이므로.

그렇지만, 다른 곳에 쓸 감정과 에너지를 아껴 두었다가, 안 해도 되는 것들은 과감히 쳐내고, 그 에너지를 모아서 3자 대면 서클을 꼭 해 보시라고 권해 드리고 싶다. 너무도 소중한 시간을 갖게 될 것이므로.

둘째 날은 남자아이들 가족이었다. 말을 잘 안 하는 남자애들은 가족끼리 대화하는 데도 입을 잘 열지 않았다. 토킹스틱을 받고 입이 열리기를 기다리는 1분. 그 1분을 참아내지 못하고 "네 마음을 얘기해. 솔직하게 말해. 얼른 말해." 하고 얘기한 건 부모님들이었다.

딸과 엄마의 서클처럼 남학생 가족의 서클은 부드럽고 감동적인 서클이 되진 못했다. 그러나 우리 반 아이들을 좀 더 정확하게 볼 수 있는 시간이었다. 부모님들이 다 말해 주셨으니까.

두 가족이 아버지와 함께 서클을 했는데 아버지들의 이야기는 묘한 울림이 있다. 평소 잘 이야기하지 않던 속내를 보여 줘서 그런 걸까?

학교라는 곳에 처음 와보셨다는 ○○ 군의 아버지는 바쁜 시간 내서 온 보람이 있다고 하셨다. 역시 학교에 처음 오셨다는 ○○ 군의 아버지는 부자 관계에 문제가 무엇인지 알게 된 것 같다고 말씀하셨다. ○○ 군의 어머니는 엄마 혼자 말할 땐 ○○ 군이 잔소리로만 듣던 것을 선생님과 같이 이야기하니 같은 편이 된 것 같아 좋다고 하셨다.

몸은 많이 힘들었지만, '가족은 뭘까?' 그런 걸 생각해 보게 된 시간이었다. 그리고 부모들의 고뇌, 아버지들의 외로움, 자식의 존재 이유 등 삶의 이야기를 들을 수 있었다.

3자 대면 서클 셋째 날. 입을 잘 열지 않은 남학생 가족에 비해 술술 속내를 잘 털어놓는 여학생 가족은 훨씬 힘이 덜 드는 것 같다. 둘째 날 세 가족의 서클을 진행하고 나니 너무 힘들어서 저녁에 쓸 에너지를 남겨 두느라 낮 동안 체력을 비축해야 했다. 이 때문에 수업 준비가 상대적으로 소홀해졌다. 다 잘할 순 없다고 스스로를 위로하면서….

낮에 힘을 비축해 뒤서 그런지 셋째 날은 훨씬 덜 힘들었다. 에너지가 있어서인지, 여자애들 가족이라 그런 건지 모르겠지만, 첫날처럼 물 흐르듯 부드럽게 흘러갔다.

서클을 통해 학부모를 만나면 좋은 점은 자녀에 대한 과장 없이 허물까지 드러내며 솔직해질 수 있다는 것이다. 자녀에게 바라는 점을 이야기하면서 솔직하게 다 이야기하신다. 그 이야길 듣다 보면 저 아이가 왜 그렇게 행동했는지 더 잘 이해할 수 있게 된다. 엄마가 이야기하는 걸 듣다 보면, 내가 두 달 정도 만난 걸 가지고 아이에게 했던 조언이 얼마나 어쭙잖은 것이었는지 부끄러운 순간도 있다.

아이를 가장 잘 알고 있는 부모가 아이에게 해 주는 이야기를 난 들어 주기만 하면 된다. 그래서 편하다. 둘째로는 부모님과 내가 한편이 된다. 아이의 성장을 돕는 동지가 된 느낌이다. 가끔 아이 편을 들기도 해서 왔다 갔다 박쥐가 되기도 하지만, 어쨌든 교사에 대한 탐색전, 우리 아이를 잘 봐 달라는 청탁 비슷한 것들이 없어서 좋다.

함께 아이의 성장을 위해 어떻게 지원할 것인지 의논하는 자리가 된다. 오늘은 특히 ○○ 양 엄마와 만나며 세상의 힘든 일을 거쳐 오면서 단련된 어머니의 인생 철학을 들을 수 있었다. 진심으로 존경스러웠다.

3자 대면 서클, 참 좋다. 하면 할수록.

"우리 가족에게 의미 있는 시간 만들어 주셔서 감사해요."

"엄마와 선생님이 저에 대한 이야기를 하시고 저를 어떻게 생각하는지 이야기를 들을 수 있어 좋았어요."

이런 소감을 듣지 않았어도, 함께하고 있는 그 시간의 느낌으로도 알수 있었다. 참 좋다는 것을.

3자 대면 서클을 할 때, 남학생들은 속내를 잘 드러내지 않는 건지, 생각이 없는 건지 알 수 없지만, 입을 열게 하는 데 힘이 많이 들어간다. 그점이 좀 어렵고, 다른 부분은 정말 좋다. 그래서 꼭 한번 해 보시라고 권하고 싶다. 단, 학교의 강요가 아닌 경우에!

3자 대면 서클을 하고 일주일 후, 우리 반 여학생 한 명이 와서 이야기한다.

"우리 엄마, 요즘 얼마나 웃긴 줄 알아요? 엘리베이터 앞까지 와서, 잘다녀오라고 인사한다니깐요? 어휴! 정말…(까르르~)"

엄마가 등교할 때 얼굴 안 보고 인사해서 기분이 안 좋다는 이야기를 했던 아이의 엄마는 그 서클 이후에 엘리베이터 앞까지 와서 인사를 하고 있다고 했다. 그런 모습의 엄마 이야기를 자랑스럽게 이야기해 줬다. 30분간 시간을 투자했는데, 이런 소통의 시간이 될 수 있었다는 것이 정말 놀랍다. 3자 대면 서클의 힘이다.

서클은 교사와 학부모가 대결 구도, "담임, 뭐했어요?"라고 따지면 방어적으로 대처하는 그런 관계가 아니라 아이를 사이에 두고 동반자, 협력자가 되게 하는 힘을 지니고 있다. 교사와 학부모의 신뢰 관계가 형성되는 소중한 시간이 될 수 있다.

2. 학기 중 회복적 생활교육 실천하기

1. 일상에서 활용하는 회복적 생활교육 실천

일상과 구별된 시간을 할애하여 학교의 회복적 프로그램으로 교육 활동을 전개할 수 있지만 공동체의 평화적 하부구조를 강화하기 위해서는 학급에서 아이들과 일상에서 비공식적으로 회복적 생활교육의 실천들이 진행될 수 있어야 한다. 학교에서 생활을 시작하고 마무리할 때 공동체 서클을 활용하여 학생들의 관계를 살피고 공동체로 연결되는 기회를 만들 수 있다. 회복적 실천은 일상 속에서 시간을 많이 들이지 않고도 적용할 수 있다는 장점이 있다.

체크인 서클^{check-in circle}

조회 서클이라고도 하는 체크인 서클은 오전 수업을 시작하기에 앞서 5분 정도 시간을 할애해 학생의 몸 상태나 기분을 확인하는 질문을 한두 가지 묻고 답하는 서클이다. 책상이나 의자를 옮기지 않고 모두가 일어서서 서클로 이야기하고 듣는 시간을 가진다. 체크인 서클은 하루 또는 한 주의 공동체 생활의 시작을 알리는 의식으로 활용할 수 있다.

• 서클 질문

- 오늘 나의 몸과 마음의 상태를 점수/색깔/온도/날씨로 표현한다면?
- 오늘 학교 오면서 눈에 띈 것은?
- 지난 주말에 가장 기억에 남는 일은?
- 우리 반 친구들에게 부탁하고 싶은 일은?
- 이번 주 친구들과 꼭 해 보고 싶은 것은?

체크아웃 서클 check-out circle

하루의 시작을 알리는 체크인 서클이 있다면, 하루의 마무리를 공동체와 함께하는 체크아웃 서클이라고도 하는 종례 서클이 있다. 서클의 형태는 체크인 서클과 같다. 체크아웃 서클은 하루 또는 한 주간 교실에서 생활하면서 기억에 남는 일이나 감사한 일, 새롭게 배우고 알게 된 점 등을 나누고 새로운 만남을 기대하는 서클로 이야기 나눈다.

• 서클 질문

- 오늘 아침과 달리 지금 나의 몸과 마음의 상태를 점수/색깔/온도/날씨로 표현한다면?
- 오늘 학교에서 생활하면서 가장 기억에 남은 일은?
- 오늘 하루 친구에게 도움을 받았거나 감사했던 일은?
- 이번 주 가장 맛있었던 학교 급식 메뉴는?
- 이번 주 가장 많이 웃고 즐거웠던 일은?
- 이번 주 힘들었지만 나에게 도전이 되었던 일은?
- 오는 주말에 꼭 해 보고 싶은 것은?

마음의 신호등

마음의 신호등은 아이들이 감정을 가시적으로 표현하는 장으로 활용하여 다른 또래와 건강한 관계를 맺는 통로를 만들 수 있다. 회복적 생활교육에서 감정의 표출은 매우 중요하다. 아이들의 행동은 원하는 필요를 적절하게 채울 때 드러나는 감정이 만드는 것이다. 따라서 어떤 행동의 동기와 함께 드러나는 자연스러운 감정 표현은 거부되어야 할 것이 아니라 안전하게 드러나야 한다. 회복적 생활교육이 만드는 안전한 공간 안에서 아이들의 다양한 감정이 수용되어 관계의 맥락과 자연스럽게 연결될 수 있도록 한다.

마음의 신호등은 교사와 학생이 함께 자신의 캐릭터를 사진이나 그림을 그려 만들어 교실에 게시된 신호등 색깔의 판넬에 자기 감정의 상태를 붙인다. 초록색은 좋고 밝은 긍정적인 감정일 때 붙인다. 노란색은 무덤덤하거나 별로 느낌이 없을 때 붙인다. 빨간색은 슬프거나 화가나는 부정적인 감정일 때 붙인다. 감정의 상태에 따라 신호등 색깔에 붙이고 오전에 붙인 캐릭터는 일상의 변화에 따라 옮길 수 있다. 마음의 신호등은 매일의 감정을 확인하여 체크인-체크아웃 서클로도 활용할 수 있고, 갈등 시 또래 관계상의 감정을 다루는 접근에서도 사용할 수 있다.

마음의 신호등의 목표는 학급 생활에서 느끼는 감정을 안전하게 표현할 수 있는 학급 공간을 만드는 것이다.[25] 자신의 감정을 표현하는

---

25 정진, 《회복적 생활교육 학급운영 가이드북》, 피스빌딩, 2016, p.147.

법을 연습하는 용도로도 적극 활용할 수 있다. 마음의 신호등을 활용해 다양한 감정의 표현을 익히는 배움으로 확장할 수 있다. 마음의 신호등을 활용하는 학생은 "나의 감정을 잘 표현해서 좋고, 다른 아이들이 붙여 놓은 것을 보고 기분이 안 좋은 아이가 있으면 조심히 대해 줘요"라고 말했다.[26] 자신의 감정을 건강하게 표현하고 다른 친구들의 마음을 이해하는 것은 관계와 공동체를 연결해 가는 중요한 일상의 교육이다.

적극적 경청

경청이란 무엇일까? 경청이란 언어적 비언어적 메시지로 구성되는

---

26 경상남도교육청 민주시민교육과, 〈회복적 학교 이야기〉 동영상 참조.

의사소통에 관심을 기울이고 의미를 이해하며 반응하는 과정을 말한다. 경청의 과정은 듣는 사람의 의지와 노력이 수반된다. 따라서 경청을 듣기와는 별로도 영어로 'Active Listening' 즉 적극적 경청이라고도 부른다. 경청을 잘하기 위해서는 말하는 사람의 이야기를 들으면서, 그 안에 말하는 사람의 감정과 의도를 같이 들을 수 있어야 한다. 따라서 경청을 위한 연습도 동반되어야 한다.

적극적 경청의 일환으로써 공감적 듣기는 말하는 사람에 대한 의도를 이해하고 공감을 불러일으킨다. 공감Empathy은 '다른 사람의 입장에서 보는 능력'으로, 그 사람의 관점에서 감정을 느껴보고 이해한 바를 말로 표현하는 것을 의미한다. 공감은 말하는 사람의 세계를 그대로 이해하려는 태도를 수반한다. 교사가 아이와 소통할 때 공감적 듣기를 통한 적극적 경청의 자세가 중요하다. 다음의 방해 요소는 경청을 어렵게 하는 요소이자 삼가야 할 듣기 태도이다.

듣는 사람의 평가와 판단, 섣부른 충고와 자기 해석을 덧붙이는 행

탐정형	문제를 풀어 주어야 한다는 의식이 강하다.	"내 말대로 해" "확실해?"
독심술사형	당사자의 심리를 읽으려 하고 미리 짐작한다.	"당연하지" "그럴줄 알았어"
조언자형	자신의 경험이나 남의 경험을 기초로 충고를 한다.	"원래 다 그런거야" "내가 알아"
판단형	자신의 기준에 따라 남을 판단하여 미리 답을 정한다.	"그건 아니지" "니가 잘못했네"
몰두형	마치 자신의 문제인 양 몰두하여 대화를 주도해 간다.	"나도 그런 적 있는데, 그건 말야…"

회복적 생활교육, 이렇게 실천하라

위는 경청을 방해할 뿐 아니라 삼가야 할 듣기 태도이다. 평가나 판단
은 말하는 사람에 대한 객관적인 관찰과 이해를 어렵게 만든다. 그렇
다고 말하는 사람의 입장을 동정하거나 동일시하는 태도와 구별되어
야 한다. 입장에 동일시하게 되면 그것 자체로 판단이자 합리화를 만
드는 요소가 된다. 타인의 경험을 공감하는 것과 동일시하는 것은 다
르다.

  일상에서 적극적인 경청을 잘하기 위해서는 말하는 사람의 내용을
통해 그것이 무슨 일인지에 대한 '사실', 말하는 사람의 '감정', 그리고
말하는 사람이 원했던 '가치'를 들을 수 있는 역량을 길러야 한다. 이를
공감적 듣기의 3요소라고 부른다. 물론 말하는 사람이 이러한 요소를
다 표현하지 않을 수 있다. 그렇더라도 듣는 사람은 말하는 사람에게
집중하여, 이해하고 반응하기 위해 세 요소를 적극적으로 들을 수 있

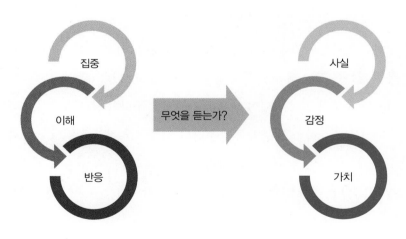

공감적 듣기의 3요소[27]

어야 한다. 결국 경청은 말하지 않는 것을 듣는 능력이다.

　사람마다 공감적 듣기의 세 요소 중 자신의 장점이 더 발휘되는 요소가 있을 수 있다. 경청에서 자신의 장점을 인식하고 그렇지 않은 듣기 요소를 훈련을 통해 보완할 수 있어야 한다. 어느 한 영역만 잘 듣는다고 해서 소통이 잘되는 것은 아니다. 사실을 밝혔을 때만 문제가 해결된 것으로 오해하는 것처럼 말이다. 세 영역을 모두 잘 들을 수 있도록 경청할 수 있어야 한다. 세 요소 중 특히 가치를 읽어줄 때 더 큰 공감을 일으킨다.

　경청이란 교사가 학급을 운영하며 가져야 할 중요한 가치 중 하나이다. 회복적 생활교육이 어떤 프로그램이기 이전에 학생들과 소통하며 적극적으로 듣는 경청의 자세야말로 일상에서 회복적 학급을 운영하고 실천하는 방법이다.

회복적 질문을 활용한 대화

　회복적 질문은 갈등 상황에만 적용되는 것이 아니다. 일차적으로 회복적 질문은 갈등 상황을 해결하기 위한 질문으로 인식해 활용하지만, 기존의 응보적 관점을 넘어 회복적 관점으로 우리의 궁극적인 사고 패러다임을 전환하는 질문이면서 우리의 일상생활 전반에 걸쳐 적용할 수 있다. 회복적 정의는 어떤 방법을 넘어 삶의 패러다임으로 적용되기 때문이다. 따라서 회복적 질문은 반드시 학급에서 갈등이 일어났을

27　한국평화교육훈련원, 위의 책(통합과정2), p.217.

때만 적용할 것이 아니라 일상에서 아이들과 함께 연습하고 활용할 수 있어야 한다.

회복적 질문은 교사로 하여금 판단하는 사람이 아니라 대화를 통해 이해하고 스스로 해결할 수 있는 문제해결 능력을 키우는 진행자로서의 교사 역량을 발휘하는 데 효과적인 접근이다. 교사는 아이들의 거울이기에 교사의 말 한마디가 아이들의 배움과 성장에 직결된다. 따라서 판단하는 교사를 넘어 질문하는 교사로서 역할을 전환하는 데 회복적 질문을 적극 활용할 필요가 있다. 물론 기능적인 회복적 질문이 아니라 회복적 정의의 패러다임에 기초한 사고로 질문할 수 있어야 하므로 회복적 정의에 대한 기본적인 신념이 아이들을 가르치는 교육 철학 전반에 있어야 한다.

영국의 회복적 생활교육 실천가 벨린다 홉킨스 박사는 회복적 질문이 교육적으로 중요하게 다루어져야 한다고 강조한다. 회복적 질문에는 회복적 정의가 추구하는 신념이 담겨 있기 때문이다. 벨린다 박사가 고안한 회복적 정의의 다섯 가지 신념과 질문을 정리하면 다음과 같다.

회복적 생활교육의 신념	회복적 질문
핵심신념 1 누구나 자신만의 독특한 관점과 목소리를 가지고 있다.	무슨 일이 있었는가? 그 일이 왜 발생했다고 생각하는가?
핵심신념 2 사람의 생각은 감정에 영향을 주고 감정은 행동에 영향을 준다.	그때 어떤 생각이 들었는가? 그동안 어떤 생각을 했는가? 그때 어떤 감정이 들었는가? 그 일을 생각하면 지금 기분이 어떤가?
핵심신념 3 모든 행동은 자신뿐만 아니라 주변사람들에게 영향을 준다.	그 일로 누가 영향을 받았을까? 그 사람들이 어떤 방식으로 영향을 받았을까?
핵심신념 4 필요를 채우는 것이 문제해결을 위한 최고의 방법이다.	영향을 받은 사람이 필요로 하는 것은 무엇일까? 더 나은 상황을 만들기 위해 무엇이 필요할까?
핵심신념 5 문제해결의 최고의 자원은 바로 당사자이다.	문제를 해결하기 위해 무엇을 할 수 있는가? 주변 사람들이 어떻게 도와주면 좋겠는가? 내가 할 수 있는 것은 무엇인가?

회복적 생활교육 신념과 질문[28]

벨린다 박사는 회복적 질문을 갈등 상황과 훈육에만 적용하는 질문이 아니라 우리의 모든 일상에서 활용할 수 있는 질문이라고 강조한다. 벨린다가 제시한 회복적 접근의 5가지 핵심 신념에 따른 질문을 기초로 갈등을 넘어 일상의 모든 상황에서 회복적 질문에 기초한 대화를 할 수 있다. 예컨대 현장체험학습을 회복적 질문을 활용하여 공동체 서클을 한다면 다음과 같이 질문할 수 있다.

---

28 Belinda Hopkins, *The Restorative Classroom: Using Restorative Approaches to Foster Effective Learning*, Routledge, 2011. p. 32 참조.

● 회복적 질문을 활용한 서클 질문 : 현장체험학습을 주제로 이야기 나누기

---

① 이번 체험에서 가장 기억에 남은 것은 무엇인가?
② 이번 체험에서 무엇을 느끼고 생각하게 되었는가?
③ 이번 체험이 나와 주변 사람에게 어떤 영향을 주었는가? (긍정적/부정적 영향)
④ 이번 체험에서 내가 얻고 싶었던 필요나 목표는 무엇이었는가?
⑤ 이번 체험을 기반으로 내가 스스로 노력할 수 있게 된 것은 무엇인가?

갈등 상황과 같은 부정적인 일이 아니더라도 모든 상황에서 회복적 질문을 활용한 대화가 가능하다. 우리 일상에서부터 회복적 정의가 추구하는 회복적 신념을 사고할 수 있다면 회복적 질문을 모든 상황에 적용할 수 있다. 그러므로 회복적 질문은 단순한 대화 기법이 아니다. 회복적 질문을 보다 유용하게 활용하려면 갈등 상황 뿐만 아니라 일상에서 회복적 질문으로 대화해 보는 편이 좋다.

회복적 질문을 자연스럽게 체화할 수 있는 가장 좋은 비결은 다름 아닌 아이들과 함께 회복적 질문을 연습하는 것이다. 아이들과 일상의 안부를 묻는 대화에서부터 회복적 질문의 흐름으로 소통해 보길 추천한다. 학생들에게 회복적 질문을 안내하고 교실에서의 의사소통 기술로 연습할 수 있다. 소통은 연결을 낳고 연결된 관계는 긍정이든 부정이든 영향을 주고받는다. 그리고 상호작용 속에 관계는 더욱 단단해지며 공동체를 연결 짓는 책임감도 높아진다. 일상에서 부터 관계적 갈등에 이르기까지 회복적 질문을 통해 판단자가 아닌 질문자로 교사의 신념을 바꾸면 아이들의 질문도 달라진다. 교사의 방향성을 기초로 학생들도 일상에서 회복적 질문을 활용하여 또래 사이의 갈등을 다루거

나 심지어 자신의 갈등에도 회복적 질문을 활용할 수 있다.

회복적 질문은 갈등 해결을 위한 질문을 뛰어넘어 우리의 일상생활 속에 긴밀하게 활용할 수 있는 것임을 기억하고 일상에서 연습하고 적용할 수 있길 바란다. 회복적 질문은 질문법이나 표현을 순화한 것이 아니라 패러다임의 전환을 요구한다. 질문을 바꿔야 대답이 바뀌듯 패러다임을 전환해야 질문도 바뀐다. 일상의 질문이 바뀌지 않으면 생활교육의 변화도 따르지 않는다는 사실을 명심해야 한다.

2. 회복적 학급운영으로 공동체 세우기

가족을 주제로 한 공동체 서클

학급에서 학생들과 가족을 주제로 공동체 서클을 경험해 보자. 가족을 주제로 한 서클 경험을 토대로 학기가 무르익은 5월 즈음에는 학생들이 가정에서 해 볼 수 있는 가족 서클을 기획할 수 있다. 학기 초부터 서클을 지속적으로 경험한 학생은 어느 정도 회복적 생활교육을 통해 서클 대화가 학생들에게 낯설지 않은 방식으로 익숙해질 수 있다. 뿐만 아니라 학부모도 기회가 될 때마다 학교에서 서클을 경험한다면, 아이가 학교에서 어떻게 배우고 친구들과 관계 맺는지 이해할 수 있게 된다. 이를 전제로 5월 가정의 달을 맞아 학생이 직접 가정에서 진행할 서클을 준비하고 진행하여 그 결과를 과제로 수행해 오게 할 수 있다.

교사가 학생들과 시간을 마련하여 공동체 서클의 기본적인 틀을 활용하여 가족과 함께 나눌 질문을 기획해 보고 간단한 서클 진행방식을 연습해 볼 수 있다. 학생들이 준비한 서클의 기본 규칙과 진행방식을 유인물을 만들어 안내하고 가정통신문을 통해 가족이 서클에 참여하도록 협조를 구할 수 있다. 회복적 생활교육은 학교에서 실천이 학생이 속한 공동체인 가정에서도 연계되도록 접점을 만드는 것이 중요하다.

• 서클 질문 : 가족을 주제로 이야기 나누기[29]

여는 질문	① 가족이 해 준 요리 중 가장 맛있게 먹은 음식은? ② 나에게 가족이란? 다섯 글자로 말하기
주제 질문	① 가족과 함께 행복했던 기억은? ② 가족과 함께 슬펐던 기억은? ③ 내가 부모의 나이가 되어 내 나이 또래의 자녀가 있다면 어떤 말을 해 주고 싶은가?
실천 질문	① 오늘 집에 가서 가족에게 꼭 해 주고 싶은 한 가지는?
배움 질문	① 오늘 서클에 참여한 소감은?

학생이 진행하는 가족 서클

학생들에게 위의 질문 목록을 주고 가정에서 가족 서클을 진행해 보게 한다. 학생이 진행자가 되어 가족 서클을 하고 난 뒤 소감을 간단하게 적어 과제로 수행해 오게 하고 발표형식으로 나눠 볼 수 있다.

---

29 '구인회', 위 자료집, p.43.

● 서클 질문 : 가족 신뢰 형성

여는 질문	① 최근 일주일 동안 먹어 본 음식 중 가장 맛있었던 음식은? ② 요즘 내가 관심을 가지고 주로 하는 것은?
주제 질문	① 최근 한 달간 가족과 함께 한 시간 중에 가장 기억에 남는 일은? ② 우리 가족에게 고마울 때는 언제인가? ③ 가족에게 듣고 싶은 기분 좋은 말은 무엇인가?
실천 질문	① 출근하고 등교할 때 나만의 인사법을 만들어 본다면?
배움 질문	① 오늘 서클에 참여한 소감은?

학생들에게 위의 질문 목록을 주고 각 가정에서 가족 서클을 진행하게 한다. 학생이 진행자가 되어 가족 서클을 하고 난 뒤 소감을 간단하게 적어 과제로 수행해 오게 하고 발표형식으로 나눠 볼 수 있다. 가족 사이의 대화가 부족한 현대 사회에서의 가족 서클의 경험은 가족 간에 대화와 소통의 중요성을 다시금 성찰하게 한다. 과제 이후 가정에서의 긍정적인 서클 경험을 기반으로 일상에서 특별한 계기가 없이도 서클을 진행할 수 있도록 아래와 같은 질문을 제시하고 가족 구성원 중 누구나 서클을 진행할 수 있도록 안내한다. 회복적 생활교육을 기반으로 안전한 공동체를 세우는 방향성이 학교와 가정에서 지속될 수 있도록 연결지점을 만들어 가는 것이 중요하다.

- 일상에서 가족과 가볍게 할 수 있는 서클 질문

- 오늘 하루 가장 좋았던 일은?
- 오늘 하루 제일 후회하는 일은?
- 오늘 하루 우리 가족에게 감사한 일은?
- 엄마나 아빠에게 가장 듣고 싶은 이야기는?
- 가족을 위해 내일 하고 싶은 일은?

가족 존중의 약속 만들기

가족 서클과 마찬가지로 가족 공동체를 위한 존중의 약속을 만들어 보고, 만든 과정과 소감을 과제로 제출하게 할 수 있다. 가정마다 약속을 만들지만 존중과 상호 동의에 기반한 약속 만들기 과정을 통해 가족 구성원이 서로 언제 존중을 경험하고 느끼는지, 서로 존중하기 위해 무엇이 필요하고 노력할 수 있는지를 이야기하는 장으로 존중의 약속을 만들 수 있다.

- 가족질문 예시

부모 → 자녀	자녀 → 부모
1. 잔소리-현재초점으로 5분 이내	1. 밥을 규칙적으로 먹을 때
2. 대화 시 말을 끊지 않을 때	2. 옷을 단정하게 입을 때
3. 하루에 한 가지씩 칭찬할 때	3. 부모님 요구에 짜증내지 않을 때
4. 최소 일주일에 한 번 외식할 때	4. 부모님께 안부, 애정 표현을 할 때
5. 공부하라는 말을 하지 않을 때	5. 일정이 바뀌면 미리 연락할 때
자녀 → 자녀	**우리 → 가정**
1. 허락 없이 물건을 가져가지 않을 때	1. 앉아서 소변보기
2. 심부름을 시키지 않을 때	2. 분리배출 하기
3. 서로 돈 거래 하지 않을 때	3. 자기 방은 자기가 청소

진로 탐색을 위한 서클[30]

초등학생 뿐만 아니라 중고등학생은 미래의 진로와 직업에 대해 많은 관심을 기울인다. 학교가 학생의 미래에 대한 고민에 반응하고 성장과 꿈을 위해 돕는 역할을 서클이라는 안전한 공간을 통해 만들어 갈 수 있다. 미래를 위해 나만 고민하는 것이 아니라 함께 고민하고 있다는 공감대를 형설할 수 있다. 이를 통해 진로 교과 수업을 서클과 연계해 볼 수 있다.

● 서클 질문

여는 질문	① 타임머신을 타고 미래나 과거 어디든 여행할 수 있다면 언제로 가고 싶은가?
주제 질문	① 나에게 아무런 환경적 제약(성적, 경제상황, 능력 등)이 없다면 하고 싶은 일은 무엇인가? ② 진로(상급학교)를 결정할 때 가장 고려하는 것은 무엇인가? ③ 꿈을 이루기 위해 극복해야할 것이 있다면 무엇인가?
실천 질문	① 꿈을 이루기 위해 주변 사람들이나 선생님이 도와주었으면 하는 것은 무엇인가? ② 10년 후의 내가 시간여행을 통해 지금 내 옆에 온다면 어떤 말을 해 주고 싶은가?
배움 질문	① 오늘 서클에 참여한 소감은?

학생 리더십 역량 강화를 위한 서클

서클을 통해 각자 생각하고 경험하는 것을 넘어 다른 사람을 통해

---

30 '구인회', 위 자료집, p.43 참조.

다양한 리더십의 자질을 배울 수 있다. 어떤 역할로서가 아니라 모든 구성원이 공동체의 생활에서 필요한 가치를 고민하는 계기로 삼을 수 있다. 이러한 주제의 서클은 학급 임원 모임이나 학교 학생회 리더십 역량 강화를 위한 교육으로 활용할 수 있다.

• 서클 질문

여는 질문	① 존경하는 인물이나 롤 모델이 있다면?
주제 질문	① 리더로서 힘들었던 경험과 보람되었던 경험은? ② 내가 생각하는 리더십으로서 중요한 가치와 덕목이 있다면?
실천 질문	① 내가 리더가 된다면 다른 사람에게 어떤 리더로 기억되고 싶은가?
배움 질문	① 오늘 서클에 참여한 소감은?

학교 행사(현장체험학습, 체육대회, 축제 등)와 서클

• 학교 행사 전·후로 활용할 수 있는 공동체 서클 질문

여는 질문	① 학교 행사를 (준비)하면서 가장 기대되는 점은 무엇인가? ② 학교 행사를 (준비)하면서 가장 좋았던 장면은 무엇인가?
주제 질문	① 학교 행사를 (준비)하면서 고마웠던 친구의 말이 있다면? ② 학교 행사를 (준비)하면서 아쉬웠던 점이 있다면? ③ 학교 행사를 (준비)하면서 힘들었지만 보람찬 것은 무엇인가? ④ 학교 행사 때 가장 기억에 남는 장면은 무엇인가?
실천 질문	① 남은 학기 동안 학급 친구를 위해 노력할 수 있는 것은?
배움 질문	① 오늘 서클에 참여한 소감은?

체육대회나 축제 등의 학교 행사를 준비하거나 이후 나눔의 과정을 서클로 마련할 수 있다. 학급 구성원이 단합하고 협동해야 하는 과정 속에 있었던 일을 솔직하게 나누고 관계와 공동체를 강화하기 위한 서클을 진행할 수 있다. 학급 행사의 결과보다 관계의 변화를 관찰하고 긴밀히 연결하는 시간을 만들 수 있다.

방학 전후의 학기 말 학기 초 서클

한 학기를 마치며 그간 어떻게 생활했는지 서클을 통해 매듭짓고 방학생활을 시작하는 시간을 가질 수 있다. 또한 방학 후 학기가 시작되는 만남의 자리를 서클로 열고 새로운 학기의 기대를 나누는 시간으로 시작할 수 있다.

• 방학 전 학기 말 서클 질문

여는 질문	① 여름/겨울이 되면 생각나는 음식은?
주제 질문	① 이번 학기 동안 친구들과 지내며 가장 기억에 남는 장면은? ② 한 학기 동안 가장 아쉽거나 힘들었던 일은 무엇인가? ③ 한 학기 동안 친구들에게 고마웠던 일은 무엇인가?
실천 질문	① 여름방학 때 꼭 해 보고 싶은 것은 무엇인가?
배움 질문	① 오늘 서클에 참여한 소감은?

● 방학 이후 학기 초 공동체 서클 질문

여는 질문	① 방학 때 가장 기억 남는 일은 무엇인가?
주제 질문	① 지난 학기 친구들과 즐거워서 또 했으면 하는 것이 있다면? ② 이번 학기에 친구들과 새롭게 꼭 해 보고 싶은 것은 무엇인가?
실천 질문	① 이번 학기에 우리 반이 좀 달라졌으면 하는 것은? ② 평화로운 학급생활을 위해 할 수 있는 노력이 있다면?
배움 질문	① 오늘 서클에 참여한 소감은?

학생 서클 진행자 훈련과 소그룹 서클

학생들이 교사가 진행하는 다수의 서클 경험이 축적된 전제가 있다면 학생도 서클을 진행할 수 있다. 학급 구성원 전체로 진행하기에는 어려울 수 있으나 5~6명의 소그룹 서클은 진행할 수 있다. 그러나 서클 경험이 없거나 교사의 진행 역할을 학생에게 전가하는 형태의 진행은 하지 않는 편이 좋다. 학생이 서클 진행자가 되려면 충분한 서클 경험이 전제되어야 가능하다.

교사는 일상에서 학급 서클을 꾸준히 이끌며 다양한 학생을 만날 수 있다. 학생 중에 몇몇 학생을 교사의 서클 진행을 돕는 서클 진행자로 역할하도록 훈련하고 소그룹 서클을 진행하게 할 수 있다. 교사와 아이들이 서클 주제를 기획하고 질문을 함께 만들어 보거나, 서클로 나누고 싶은 질문을 학생에게서 받아 본 뒤 교사와 학생 서클 진행자들이 괜찮은 질문을 추려서 소그룹으로 서클을 진행할 수 있다. 때로는 교사와 준비한 질문보다 아이들이 만든 질문이 더 재미있고 기발하다는 것을 발견할 수 있다.

학생 서클진행자 훈련을 위해서는 서클에 대한 유래와 5가지 구성요소(공간, 의식, 기본규칙, 토킹스틱, 진행자)를 이해하고 안전한 공간을 위한 존중과 경청의 중요성을 알려야 한다. 그리고 자신만의 토킹스틱을 준비하게 하거나 함께 만들어 보게 하고, 편안한 분위기를 조성할 수 있도록 센터피스를 직접 꾸며 보게 연습할 수 있다.

교사가 서클을 진행하는 것과 달리 학생이 진행하는 서클은 많은 질문의 리스트를 준비하는 편이 좋다. 교사의 기대보다 학생이 진행할 때 토킹스틱이 빠르게 돌 수 있기 때문이다. 학생들이 흥미롭게 이야기 할 수 있는 여는 질문과 주제 질문을 중심으로 준비하는 편이 좋다. 교사는 상대를 비난하게 되거나 위험성이 있는 질문을 피하도록 조언해 줄 수 있다.

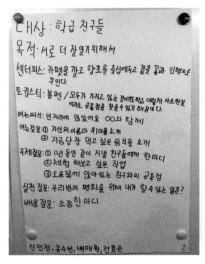 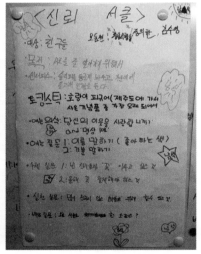

학생 서클진행자 훈련과 진행

　효과적인 학생 서클 진행을 위해 전체 구성원의 형태보다는 소그룹 형태의 서클이 효율적이다. 준비한 질문을 순서대로 진행하거나 준비된 질문을 소그룹 안에서 제비뽑기 형식으로 뽑고 이야기를 나눌 수 있다. 학생들이 소그룹 서클을 진행하는 동안 교사는 둘러보면서 서클에 잘 참여하는지 관찰하거나 진행 도움이 필요한 학생을 도와주는 역할을 할 수 있다. 학생이 진행할 때는 교사의 진행만큼 통제가 잘되지 않을 가능성도 있지만 소그룹 서클로 아이들 사이의 라포가 잘 형성되고 있다면 그것으로도 서클의 목표를 이루는 셈이다. 소그룹 서클 경험은 자연스럽게 아이들을 서클 진행자로 키우고 교사의 회복적 생활교육을 돕는 학생으로 이끌 수 있다.

공동체 서클 질문 리스트

다음은 공동체 서클을 위한 질문 리스트이다. 대상과 주제의 특색에 맞게 서클을 기획하고 질문 유형에 맞추어 진행 흐름을 구성해 볼 수 있다.

- 내가 가장 좋아하는 급식 메뉴는?
- 일주일간 나를 웃게 한 친구는?
- 요즘 시간이 가는 줄도 모르고 재미있게 하는 일은?
- 나를 소개할 수 있는 것 3가지 말하기
- 내가 만들 수 있는 음식 중 가장 잘하는 것은?
- 최근에 내가 기뻐했던 일 하나는?
- 내가 가장 좋아하는 계절은?
- 10년 후의 내가 지금의 나에게 해 주고 싶은 말은?
- 10년 후의 나는 어떤 사람이 되어 있을 것 같은가?
- 시간을 여행할 수 있다면 언제로 가고 싶은가?
- 일주일의 자유시간이 주어진다면 하고 싶은 것은?
- 친구가 고맙다고 느꼈을 때는?
- 친구와 잘 지내기 위해 부탁하고 싶은 것은?
- 나에게 상처가 된 한마디는?
- 친구들에게 해 주고 싶은 위로나 격려의 말은?
- 올 한 해 나에게 주고 싶은 선물은?
- 올해 꼭 이루고 싶은 것은?
- 친구들 사이에서 가장 힘들었을 때는 언제인가?
- 친구들에게 이해받고 싶은 자신의 모습이 있다면?
- 친구와 함께할 때 행복하거나 기뻤던 기억은?
- 친구들이 나에게 힘이 되었을 때는 언제인가?
- 학급에서 함께 생활하며 어렵거나 힘든 점은?
- 자신을 돌아봤을 때 다른 사람이 힘들었을 것 같은 행동은?
- 우리 학급을 떠올리면 생각나는 단어는?
- 우리 학급을 위해 가져다 놓고 싶은 것은?
- 우리 학급에 왕따가 생긴다면 나는 어떻게 할까?
- 우리 가족을 다섯 글자로 표현한다면?
- 가족으로 인해 기뻤던 기억은?
- 가족으로 인해 슬펐던 기억은?

- 내가 부모가 된다면 어떤 부모가 되고 싶은지?
- 우리 가족에게 꼭 해 주고 싶은 한 가지는?
- 너무 힘들어서 위로받고 싶었던 경험은? 그때 받고 싶었던 위로는?
- 지금의 내가 있기까지 가장 고마운 사람은?
- 요즘 나를 가장 힘들게 하는 것은?
- 내 인생의 황금기 또는 암흑기는?
- 새해를 맞이하면서 버리고 가고 싶은 것은?
- 새해에 받고 싶은 선물은? (물건이나 가치)
- 10년 후 나에게 우리 학급은 어떤 의미, 어떤 모습으로 남아 있을까?
- 10년 후에 다 같이 만나서 하고 싶은 이야기, 하고 싶은 것은?
- 학년 초 우리 학급에 들어왔을 때의 첫 느낌은?
- 1년 동안 함께하며 친구에게 하지 못한 말은?
- 학급 친구들에게 마지막으로 하고 싶은 말은?

학년 마무리 감사 서클

학년 말 공동체 서클은 일 년을 함께한 학생들과 학교 생활을 돌아보는 시간이다. 학급 공동체로 만나 생활하며 함께한 추억을 기억하고 서로 감사와 축하를 하는 시간으로 헤어짐의 아쉬움을 뒤로한 채 새로운 출발을 격려하는 이야기를 함께 나누는 서클을 준비해 보자.

- 여는 의식

비우고 채우기

 활동 방법

❶ 이번 학년도에 버리고 싶은 것을 포스트잇에 써 보게 한다.

❷ 무엇을 썼는지 서클로 나누고 한 사람씩 가운데 휴지통에 버린다. (서클 가운데 휴지통을 준비한다)

❸ 이번 학년도에 물건이 아닌 선물로 받고 싶은 것을 이름과 함께 포스트잇에 적는다.

❹ 메모한 종이는 가운데 센터피스에 놓는다.

❺ 토킹스틱을 가진 사람이 자기 앞에 놓인 포스트잇에 써 있는 사람에게 간다.

❻ 포스트잇 주인에게 "내가 너에게 _____을 선물로 줄게."하고 말해 주면서 안아 준다.

• 서클 질문

여는 의식	• 1년간 학급 활동 사진을 모아 영상으로 보여 주기
여는 질문	① 우리 교실, 우리 학교 하면 떠오르는 것은? ② 우리 교실이 사람이라면 해 주고 싶은 말은?
주제 질문	① 일년을 되돌아보았을 때 가장 기억에 남는 일은? ② 일년의 생활 동안 나를 돕거나 지지해 준 고마운 일은?
실천 질문	① 함께 지낸 친구들에게 인사와 덕담 등 하고 싶은 말은?
배움 질문	① 오늘 서클에서 소감은 무엇인가?

● 평화감수성 활동

발걸음이 사뿐사뿐

 활 동 방 법

- -

이 활동은 전체가 의자를 뒤로 하고 돌아앉은 채 시작한다. 학생들에게 침묵하기를
요청하고 교사의 지시에 따르도록 한다. 잔잔한 음악을 준비한다.

❶ 교사가 2~3명 학생의 어깨를 조용히 터치하
면 그들은 눈을 뜨고 중앙으로 와서 선다.

❷ 교사가 질문 예시 중 하나를 말하면 중앙에
서 있던 학생은 질문을 듣고 자신에게 해당
되는 이들을 찾아가 조용히 그들의 어깨를
터치하고 자기 자리로 돌아가 앉는다.

❸ 모든 학생이 앉은 뒤 교사는 어깨 터치를 받
은 학생들을 서클 가운데로 오게 한다.

❹ 교사가 질문 예시를 말하면 가운데 학생들이
❷와 같은 방식으로 활동한다.

❺ 활동을 마무리한 뒤 소감을 나누도록 한다.

질문 예시
신뢰할 수 있는 친구는? / 추억을 공유하고 있는 친구는? / 유머감각이 뛰어난 친

구는? / 비밀을 공유하고 있는 친구는? / 고맙다고 말하고 싶은 친구는? / 힘을 주거나 지지하고 싶은 친구는? / 성실하고 책임감이 강한 친구는? / 더 친해지고 싶은 친구는? / 가장 따뜻한 마음을 소유한 친구는?

활동 후 질문

터치를 받았을 때 기분이 어땠는가?

터치를 해 줄 때 기분이 어땠는가?

▶ 진행 중에 학생들이 눈을 뜨지 않도록 하고, 천천히 활동을 진행하도록 한다.

▶ 교사는 혹시 터치에 소외된 학생이 없는지 살펴본다. 교사도 함께 터치할 수 있다.

▶ 마지막 질문에 교사는 모든 학생을 터치하여 감사를 나눌 수 있도록 한다.

3장

회복적 생활교육, 교육 과정으로 실천하기

회복적 생활교육의 대표적인 실천인 공동체 서클을 통해 학급을 운영하고 관계를 만들어도 그것이 회복적 정의와 어떤 연관성이 있는지 알지 못한 채 실천 방법만 소개되는 경향이 없지 않다. 학생들의 상식이 응보적 사고에 익숙해 있기 때문에 교실의 갈등을 해결하는 방식으로 응보적 선택을 하기 쉽다. 그러므로 아이들의 눈높이에 맞는 회복적 정의 이해를 교육 과정에서 다룰 수 있어야 한다. 교사의 회복적 실천은 아이들에게 회복적 정의가 무엇인지를 알려 주는 회복적 정의 이해 교육을 통해 더욱 힘을 받을 수 있다.

1. 회복적 정의 배우기: 정의 패러다임의 전환

우리가 일반적으로 알고 있는 정의 즉, 잘못을 저지른 사람에게 그에 응당한 처벌을 하는 정의를 '응보적 정의'라고 한다. 하지만 응보적 정의를 통해 잘못한 가해자와 피해를 입은 피해자 모두가 만족하는 모습을 찾기는 어렵다. 가해자는 처벌이 과하다고 생각하고 피해자는 처벌이 부족하다고 생각하기 때문이다. 또한 처벌을 통해 행동을 변화시키고 재발을 방지하려는 목적을 가진 응보적 정의와 그 방법은 가해자의 실질적인 반성과 변화를 끌어내기 어렵고 피해자가 당한 피해나 주변 사람들이 받은 영향을 돌보지 못한다. 이러한 한계점을 가진 응보적 정의 방식을 학생들의 일상 안에서 살펴보고, 이에 대한 학생들의 생각을 서로 나눔으로써 정의에 대한 패러다임 전환, 창의적 문제해결 방식 등을 생각해 볼 수 있다. 응보적 정의와 달리 회복적 정의로 문제 상황을 바로잡는 과정을 통해 어떻게 깨어진 관계와 피해를 '회복'할 것인가에 초점을 맞추는 정의 패러다임을 이해하고, 회복적 정의가 담고 있는 중요한 가치를 성찰할 수 있다.

이럴 땐 어떻게 하면 좋을까?: 4컷 만화 그리기

- 소요 시간: 30분
- 준비물: 시나리오, 포스트잇, 펜, 색연필, 전지

시나리오 1 - 물에 빠진 사자

숲속 동물 마을에 다양한 동물이 살고 있었다. 사자는 동물 마을에서 가장 힘이 센 동물이었다. 사자는 자신의 힘을 이용하여 다른 동물을 괴롭혔다. 다른 동물에게 먹을 것을 나눠 주기는커녕 빼앗기도 했다. 그런데 하루는 사자가 나무 다리를 건너다가 강물에 빠지게 되었다. 사자는 "사자 살려~ 나 좀 살려줘"라고 외쳤다. 길을 가던 숲속 동물들이 강물에 빠진 사자를 보았다. 동물들은 긴급히 모여 물에 빠진 사자를 어떻게 해야 할지 고민했는데…

시나리오 2 - 지각생

우리 반에는 특별한 학급 규칙이 있다. "모두 다 함께"라는 학급 좌우명 아래 모두가 하나가 돼야 한다는 것이다. 이 규칙은 학생들과 담임 선생님이 만들었는데, 학기 초에 새 학년에 대한 기대를 나누던 중에 "무리 짓지 말고 두루두루 함께 친한 반"이 되면 좋겠다는 기대가 많이 나왔기 때문이다.

하지만 규칙 중에 학생들이 싫어하는 것이 생겼다. 지각한 학생이 생기면 그날은 반 전체가 함께 일정한 시간을 교실에 남아 있어야 한다는 규칙이다. 한 사람이 지각해도 반 전체가 남게 되었고, 몇몇 고질적인 지각생 때문에 모두가 피해를 보게 되자 불만이 속출했다. 그래서 선생님과 학생들이 서로의 불만과 불편한 점을 이야기 나누며 새로운 규칙을 만들기 위해 모였는데…

시나리오 3 - '벨튀' 사건

어느 날 두 명의 학생이 학교를 마치고 집에 가던 도중 재미있는 장난거리를 생각했다. 남의 집 초인종을 누르고 도망가는 소위 '벨튀'라고 하는 장난이었다. 재밌겠다고 생각한 아이들은 학교에서 가까운 아파트에 들어가 벨을 누르고 도망가는 장난을 치면서 돌아다녔다. 어느 날 학교는 아파트 관리사무소로부터 민원을 받았다. CCTV를 확인한 결과 학생들이 벨을 누르고 도망가는 장난으로 주민들이 불편을 느끼고 있다는 내용이었다. 학교는 수소문 끝에 장난을 친 두 명의 학생을 알아냈고, 이를 처리하기 위한 학교 선도위원회가 열리게 되었는데…

위에 제시한 시나리오는 학생들의 눈높이에 맞춰 정의 패러다임을 사고해 볼 수 있는 사례라 할 수 있다. 학생들의 특성에 맞춰 그림책이나 신문기사에서 시나리오를 발굴할 수도 있다. 학급에서 실제로 발생한 문제를 활용할 수도 있으나 직접적으로 거론하기보다는 비슷한 시나리오를 찾아 우회적으로 학급 상황을 반추할 수 있도록 시나리오를 구성하는 편이 효과적이다. 시나리오 중 하나를 선정하여 다음과 같은 과정으로 회복적 정의 이해 교육을 진행할 수 있다. 활동 과정에서 아이들에게 익숙한 응보적 사고를 교사가 미리 재단할 필요는 없다. 질문을 통해 처벌이 가진 한계를 비판적으로 인식할 수 있도록 하는 접근이 중요하다.

• 활동 방법

① 5~6명씩 조를 만든다.

② 교사는 시나리오 중 하나를 정해 학생들에게 공유한다. 시나리오에 대한 간단한 소개와 설명을 한다.

③ 조별로 시나리오의 상황에 등장하는 인물들이 어떤 생각과 감정을 느낄지 생각해 보게 한다.

④ 조별로 어떻게 하는 것이 문제를 해결하는 최선의 방식인지 찾아보도록 한다.

⑤ 조별로 학생들이 의견을 나누도록 한뒤 ③, ④에 해당하는 답을 포스트잇에 정리하게 한다.

⑥ 시나리오 이후의 문제해결 과정을 네 컷 만화로 그리게 한다.

⑦ 조별로 만화를 발표한다.

⑧ 발표를 마친 후 교사는 바닥(또는 칠판)에 일직선으로 점수 표시 (0점, 50점, 100점)를 일정한 간격으로 둔다.

⑨ 교사는 차례로 아래 질문을 던진 다음 학생들이 생각하는 점수에 이름을 적은 포스트잇을 붙이게 한다. (칠판을 활용할 경우 이름을 적을 수 있다.)

⑩ 팝업 형태로 왜 자신이 해당 점수를 골랐는지 이유를 말하게 한다.

교사는 각각의 질문을 통해 참가자가 가진 생각의 위치를 확인하고, '회복적 정의'를 이해하기 위한 답변을 구할 수 있다.

Q1. 잘못한 사람에게 벌을 내리면, 벌을 통해 그 사람의 행동이 변할 수 있을까?
Q2. 벌을 받는 사람의 기분은 어떨까?
Q3. 잘못한 사람이 벌을 받으면 피해를 본 사람의 기분은 어떨까?
Q4. 잘못한 사람이 벌을 받으면, 피해를 본 사람의 피해가 회복될까?
Q5. 어떻게 하면 잘못한 사람이 반성하고 피해를 본 사람도 회복할 수 있을까?

▶ 교사는 정답을 요구하거나 판단하기보다 학생들이 다양한 생각을 말할 수 있도록 한다. 특히 Q1, Q2 질문을 할 때 당사자의 감정이나 생각 등이 어떨지 창의적이고 비판적인 사고를 할 수 있도록 이끈다.

무엇이 정의로운 해결일까?: 시나리오 워크숍[31]

• 소요 시간: 30분

• 준비물: 시나리오, 매직, 전지

학교폭력 시나리오 (뉴스 보도 요약)

※ 자료: SBS 뉴스 〈돈 안 가져왔다고 또래 집단폭행…무서운 중학생들〉
https://news.sbs.co.kr/amp/news.amp?news_id=N1004678894&cmd=amp

2018년 3월 00시 중학생 8명이 또래 학생 한 명을 집단폭행하는 사건이 발생했다. 피해학생은 지난달부터 가해학생들을 알게 되었고, 지속적으로 돈 상납 요구를 받은 것으로 드러났다. 피해학생은 할당금액 5만 원을 상납하지 않자 폭행을 당했다. 폭행은 20분 가까이 계속되었고, 광대뼈 위쪽 부근에 심한 멍이 들고 코뼈와 앞니가 부러지는 상해를 입었다. 피해학생은 가해학생에게 이전에도 폭행당한 경험이 있으며 기자에게 "가해학생들이 신고하지 못하도록 핸드폰을 뺐었다"라고 전했다. 가해학생들의 학교 교장 A 씨는 (가해학생들이) 다른 건으로 징계를 받은 상태인데도 계속 그렇게 행동하는 것 같다며 학교에서의 해결 방법이 없다고 말했다.

• 활동 방법

① 5~6명씩 다섯 모둠을 만든다. 전지와 매직을 제공한다.

② 교사는 위 시나리오에 대해 소개한다.

---

31 한국회복적정의협회·한국평화교육훈련원, 《회복적 정의에 기반한 사랑의 교실: 청소년 선도프로그램》, 피스빌딩, 2019, p.33.

③ 교사는 조별로 아래에 인물의 입장이 될 것을 안내하고, 각 인물의 입장에서 두 가지 질문에 대해 조원들과 상의해서 전지에 정리해 보도록 한다.

---

1. 피해학생과 보호자
2. 가해학생과 보호자
3. 학교 선생님 및 관계자
4. 학교 또래 친구들
5. 동네 주민들

Q1. 내가 겪은 어려움과 피해는?
Q2. 이번 일이 정의롭게 해결되기 위한 나의 요구는?

---

④ 두 가지 질문에 대해 조별로 정리한 내용을 발표한다.

⑤ 각자의 입장에서 나온 해결 방안을 모두가 받아들일 수 있는 것인지, 아니라면 그 이유는 무엇인지 토의해 본다.

⑥ 서로 원하는 바가 다른 상황에서 어떻게 해결하는 것이 모두를 만족시키는 정의로운 해결인지에 대해 토의해 본다.

▶ 교사는 결론을 내리기보다는 서로 다른 의견을 공유하게 하고, 이해 당사자의 욕구가 다른 상황에서 서로의 필요를 채우기 위해 무엇이 '정의'로운 해결인지를 상기시킨다.

최초의 회복적 실험, 엘마이라 사건^{Elmira Case} 32

오늘날 회복적 정의의 효시가 된 '캐나다 엘마이라 사건'을 통해 응보적 방식가 아닌 회복적 정의 접근의 사례를 살펴보며 회복적 정의를 이해할 수 있다. 앞서 시나리오 워크숍을 통해 기존의 응보적 정의가 가진 한계를 인식해 보았다면, 이를 극복한 사례와 연속해 비교하여 살펴보면서 새로운 정의 패러다임으로 회복적 정의를 이해할 수 있다. 회복적 정의 이해와 더불어 회복적 정의가 회복하고자 하는 5가지 회복의 요소를 통해 안전하고 평화로운 공동체를 세우기 위해 무엇이 필요한지 성찰할 수 있다.

- 소요 시간: 30분
- 준비물: 포스트잇, 펜, 키워드 카드, 시청각 기자재
- 활동 방법

① 최초의 회복적 정의 실험인 '캐나다 엘마이라 사건' 동영상을 시청한다. 영상을 보면서 엘마이라 사건과 같은 해결 방식이 이루어질 수 있었던 요인을 키워드로 메모하도록 한다. (사전에 포스트잇을 제공한다.)

※ 동영상 자료:

[MBC 기획특집] 〈2010 청소년 범죄보고서—나쁜 아이들〉

---

32 한국평화교육훈련원·경기도청소년상담복지센터, 〈회복적 정의 패러다임에 기초한 청소년 갈등전환 프로그램 – 둥글게 만나기〉, 2015, p.33 참조.

https://www.youtube.com/watch?v=JpqwMHzFDfI

(12분 30초부터 19분 00초까지 참조)

● 엘마이라 사건 이야기

1974년 어느 날, 캐나다 온타리오주 엘마이라라고 하는 작은 마을에 두 명의 고등학생이 술에 취해 밤새 마을을 돌아다니며 난동을 부려 자동차 타이어, 집 울타리, 유리창, 교회 십자가 등을 훼손하여 22가정에 피해를 입힌 사건이 일어났다. 당시 두 명의 학생은 불우한 가정 환경에서 비롯된 분노를 제어하지 못하고 문제를 일으켰다. 다음 날 아침 경찰에 체포된 두 학생은 이전에 일으킨 다른 문제에 이어 재범을 일으킨 터라 이대로라면 법의 심판을 통해 소년원에 수감될 확률이 높았다. 이들을 관리해 온 보호관찰관 마크 얀츠^{Mark Yantzi}와 자원봉사위원 데이브 워스^{Dave Worth}는 판사에게 보내는 보고서에 두 청소년이 "피해자를 직접적으로 만나 자신들이 일으킨 일의 결과를 보게 하는 것이 더 치유적이겠다"는 의견을 담아 전달했다. 재판을 맡은 맥코넬^{McConnell} 판사는 두 청소년을 보호관찰관과 함께 자신들이 피해를 입힌 이웃인 피해자를 직접 만나게 했다. 당시로서는 사법에서 피-가해자가 직접 만나는 일은 전례가 없는 일이었다. 판사의 전향적인 판결로 두 명의 청소년은 피해를 본 22가정을 일일이 방문하며 피해자의 이야기를 듣고 어떻게 그 피해를 회복할 수 있을지와 관련해 자발적인 책임을 다할 수 있었다.

단순히 타이어가 찢어진 문제만 있을 줄 알았는데, 이로 인해 회사의 중요한 미팅에 참석하지 못해 손해를 봤다는 이야기, 유리창이 깨진 이후 아이가 집 밖이 두려워 나오지 못하게 됐다는 이야기, 가족이 불안을 느껴 노부모를 요양시설로 보내려 한다는 이야기 등 피해와 그 영향까지 직접적으로 들을 수 있었다. 피해자의 이야기를 듣는 것은 두려운 일이었으나, 피해자의 이야기를 직접 듣고 진심 어린 용서를 구했다. 피해를 회복하기로 협의한 두 학생은 자발적 책임을 지기 위해 자신들이 부순 울타리를 고치고 잔디를 깎았다. 아울러 자신들의 인생 계획을 담은 내용과 함께 사과의 편지를 지역신문에 보내어 올렸다. 피해액 전체를 배상할 형편이 안 되었기에 지역 카센터에서 일한 뒤 보수의 일부를 손해를 배상하는 데 썼다. 교회 십자가를 고치고 설치하는 것으로 마지막 책임을 다했다. 이렇게 두 명의 청소년은 진정으로 책임을 다할 수 있었고 피해자들과 마을 공동체는 안정을 되찾을 수 있었다.

② 영상을 보고 내용을 간략하게 설명한 후, 응보적 정의 방식과 엘마이라 사건에 해당하는 회복적 정의 방식을 아래와 같이 시각적으로 보여 준다. 키워드를 적은 종이를 준비한 다음 차례대로 내려놓으며 설명한다.

③ 엘마이라 사건의 영상을 보며 작성한 키워드가 무엇인지 서클 방식으로 나눈다.

④ 교사는 가해자 처벌을 중심으로 하는 응보적 정의 방식과 비교하여 회복적 정의가 무엇인지 소개한다.

> 회복적 정의는 잘못이 발생했을 때,
> 그 피해와 영향의 대상이 누구이고 무엇인지를 확인하고
> 그 피해를 최대한 회복하기 위해
> 당사자의 자발적 책임과
> 피해자의 참여와 공동체의 역할을 부여하는 과정을 의미한다.[33]

⑤ 교사는 회복적 정의가 회복하고자 하는 5가지 회복의 요소를 최초의 회복적 사건인 엘마이라를 통해 설명한다. 아래의 키워드를 준비하여 보여 주면서 설명의 이해를 도울 수 있다.

(캐나다 엘마이라 사건을 이야기로 풀어내며)
('피해' 카드를 내려놓으며) "엘마이라에서 두 명의 청소년으로 인해 마을 안에서 피해가 일어났어요. 술에 취해 자동차 타이어를 찢기도 했고, 유리창을 깨고, 22가구를 엉망으로 만들었지만, 피해자의 이야기를 직접적으로 듣고 직면하여 피해를 가능한 직접적으로 회복하기 위한 책임을 강구합니다."
('책임' 카드를 내려놓으며) "법대로라면, 소년원에 가야 했던 두 소년이 보호관찰관의 요청에 따라, 자신들이 피해를 입힌 21가구를 직접 방문하게 됩니다. 자신들이

---

33 한국평화교육훈련원, 위의 책(통합과정1), p.38.

피해를 입힌 사람들을 만나서, 왜 그런 행동을 했으며 어떤 책임을 질 수 있는지를 이야기하게 되죠. 예를 들면, 피해를 회복하기로 협의한 자발적 책임으로 자신이 부순 울타리를 고치고 잔디를 깎기도 했고, 미래가 있는 청소년이기에 자신의 인생 계획을 담아 쓴 사과의 편지를 지역신문에 올렸어요. 또한 지역 카센터에서 열심히 일하고 받은 보수의 일부를 피해를 회복하는 데 썼어요. 두 학생은 자신들이 피해를 입힌 사람들을 직접 찾아가 자신들이 할 수 있는 책임을 직접 지게 되죠."

('관계' 카드를 내려놓으며) "보통 이런 일이 일어나면 서로 만나보지도 못한 채 상처만 남는 관계가 되기 쉽지요. 사건이 종결돼도 가해자와 피해자의 관계가 나아지기는 어렵습니다. 그러나 엘마이라 사건에서는 청소년들이 직접 찾아와서 사과하고 책임을 지면서 한 동네에서 서로 피하지 않고 마주하는 관계로 회복될 수 있었어요."

('공동체' 카드를 내려놓으며) "마을에서 이 사건이 일어난 뒤 사람들은 매우 걱정했다고 해요. 영상에 나온 것처럼 이 조용한 마을에 이게 무슨 일일까? 내가 이 마을에서 계속 살 수 있을까? 또 범죄가 일어나는 건 아닐까? 불안해할 수밖에 없고 하마터면 범죄가 일어난 마을로 낙인찍힐 수도 있었지만, 대면하는 과정을 통해 마을 공동체는 안정을 되찾고 회복하게 됩니다."

('정의' 카드를 내려놓으며) "이 모든 과정을 통해 잘못에 대한 처벌만이 정의를 이루는 방법이 아니고, 피해를 회복하기 위해 책임을 지게 하는 것이 진정한 정의를 이뤄 회복되는 길임을 알 수 있어요."

"이처럼 회복적 정의가 회복하고자 하는 것은 피해, 책임, 관계, 공동체, 정의입니다. 다섯 가지 회복의 요소가 회복되어 가는 과정 가운데 우리가 속한 공동체도 보다 안전하고 평화로워질 수 있어요."

▶ 청소년을 위한 회복적 정의 안내서로 《십대의 손으로 정의로운 사회 만들기》[34]를 추천한다. 회복적 정의에 기반해 정의와 평화를 만든 실제 사례를 중심으로 새로운 정의 패러다임으로서 회복적 정의를

청소년의 눈높이에서 안내하는 책이다. 교실에서 학생들과 함께 읽고 소감이나 독후감을 나누면 회복적 정의를 배우는 데 도움이 될 것이다.

회복적 동화 만들기

우리에게 익숙한 전래동화는 동서고금을 막론하고 권선징악, 인과응보의 교훈을 담아 세대를 걸쳐 읽혀 왔다. 우리도 모르게 상식으로 알고 있는 정의가 '잘못하면 벌을 받는다'는 식의 응보적 정의일 수밖에 없는 이유이다. 단순히 선과 악이 대결하고 이기는 이분법적 정의 사고를 넘어 창의적이고 비판적인 사고를 통해 회복적 정의의 가치를 발견하고 이해할 수 있도록 배움의 과정을 만들 수 있다. 우리에게 널리 알려진 동화 중에서 응보적 요소를 헤아려 보고 회복적 정의 관점으로 상상력을 발휘해 새로운 동화를 만들어 보는 작업을 해 볼 수 있다. 응보적 메시지의 동화를 회복적 동화로 만드는 과정은 학생의 눈높이에서 한 번도 생각해 보지 못한 인과응보의 메시지를 새롭게 해석하며 흥미롭게 회복적 정의를 이해하고 정의 패러다임을 전환하는 교육이 된다.

---

34 마릴리 피터스, 김보미 역, 《십대의 손으로 정의로운 사회 만들기》, 우리교육, 2018.

● 일반적인 동화 1

〈아기 돼지 삼형제〉 줄거리

아빠, 엄마 돼지는 세 아기 돼지에게 독립해서 집을 짓고 살라고 했다. 첫째 돼지는 게으른 나머지 짚으로, 둘째 돼지는 나무로 집을 빠르게 짓고 쉬었다. 그러나 부지런한 셋째 돼지는 형들과 달리 시간은 걸렸지만 벽돌로 튼튼한 집을 지었다. 그런데 어느 날 늑대가 나타났다. 늑대는 첫째가 짚으로 지은 집에 입으로 바람을 불어 무너뜨렸다. 첫째는 놀라 둘째의 나무집으로 도망쳤다. 나무로 엉성하게 만든 집을 늑대가 손으로 밀어 부서뜨렸다. 첫째와 둘째는 막내 셋째네로 도망가서 숨었다. 늑대가 아무리 애를 써도 셋째의 벽돌집은 끄떡없었다. 방법을 찾던 늑대는 굴뚝을 통해 집으로 들어가려고 했다. 이를 간파한 셋째 돼지는 벽난로에 불을 떼며 대비하고 있었다. 굴뚝을 통해 들어간 늑대는 꼬리에 불이 붙은 채 '날 살려라' 줄행랑을 치며 도망쳤다. 돼지 삼형제는 행복하게 지냈다.

회복적 동화 만들기를 위한 질문

Q1. 돼지 삼형제는 이후로도 계속 행복했을까?

Q2. 꼬리에 불이 붙어 줄행랑을 친 늑대의 입장에서는 어떤 마음이 들었을까?

Q3. 늑대의 입장에서 동화를 본다면 어떤 말을 할 수 있을까? (왜 돼지를 찾아갔을까?)

Q4. 돼지와 늑대가 서로 안전하게 지내기 위해 부탁하고 싶은 것은 무엇일까?

• 일반적인 동화 2

<흥부와 놀부> 줄거리

옛날 어느 마을에 흥부와 놀부가 살고 있었다. 동생 흥부는 착했지만 형 놀부는 심술 많은 욕심쟁이였다. 아버지가 재산을 사이좋게 나누어 가지라고 했지만, 놀부는 흥부의 재산을 독차지하고 쌀도 주기 아까워 흥부를 쫓아냈다. 가난해서 배가 고픈 가족을 위해 흥부는 놀부 가족을 찾아가 밥을 달라고 했지만 주걱으로 뺨을 맞기 일쑤였다. 얼굴에 밥알이 붙은 흥부는 이내 반대쪽 뺨도 때려 달라고 했으나 곤장을 맞고 쫓겨나고 말았다. 하루하루 힘들게 살던 흥부는 어느 날 구렁이에게 잡아 먹힐 위기에 처한 제비 새끼를 구해 준다. 그 과정에서 다친 제비 새끼를 발견하고 정성껏 치료하고 돌봐 주었다. 이듬해 제비는 흥부에게 박씨를 하나 건네고 날아갔다. 흥부는 자신의 초가지붕에 박을 키웠다. 박이 커지자 흥부네 가족이 박을 열었는데, 그 속에서 금은보화, 비단, 곡식 등이 쏟아져 나왔다. 흥부네가 부자가 되었다는 소문을 들은 놀부는 멀쩡한 제비를 잡아 다리를 부러뜨리고 치료하여 보냈다. 이윽고 제비가 박씨를 물어 와 놀부에게 주었다. 놀부는 기와지붕에 박을 키워 큰 박을 수확하고자 박을 열어 보았다. 박이 터지자 온갖 도깨비가 튀어나와 놀부네 가족을 방망이로 흠씬 두들겼다. 쫄딱 망한 놀부는 흥부에게 찾아가 잘못을 빌었고 흥부는 용서하여 두 형제는 행복하게 살았다.

회복적 동화 만들기 위한 질문

Q1. 흥부와 놀부는 이후로도 계속 행복했을까?

Q2. 도깨비에게 혼쭐난 상황에 대해 놀부와 흥부는 각각 어떤 마음을 가지고 있을까?

Q3. 정말 흥부는 착하고 놀부는 나쁜 욕심을 가지고 있었을까?

Q4. 흥부와 놀부가 행복하게 지내기 위해 무엇을 부탁하고 약속할 수 있을까?

• 소요 시간: 40분

• 준비물: 전지, 색연필, 매직

• **활동 방법**

① 4~5명을 조로 만든다.

② 교사는 준비한 전래동화를 들려준다.

③ 회복적 동화로 만들기 위한 질문을 하고 소그룹 서클로 이야기한다. (팝업 형식으로 진행할 수 있다.)

④ 회복적 동화를 만들기 위한 가이드로 회복적 정의가 회복하고자 하는 5가지 회복의 요소(피해, 책임, 관계, 공동체, 정의)를 학생들에게 소개한다.

- 동화에 드러나지 않은 등장인물들이 받은 피해와 영향을 발견해 볼 것(피해 회복)
- 권선징악, 인과응보를 넘어서는 내용을 고민할 것(자발적 책임, 정의)
- 등장인물 사이의 관계 회복과 안전하게 지내기 위한 요소를 살려 볼 것(관계, 공동체)

---

⑤ 모둠별로 전지에 4~5컷의 만화로 회복적 동화를 만들어 보도록 한다. 동화를 구성하면서 다음의 요소를 선택할 수 있다.

- 새로운 동화의 시작은 원작의 모든 시점에서 가능하다. 처음부터 재구성하거나 이후의 스토리를 새롭게 회복적 동화로 만들 수 있다.
- 응보적 대상이 된 주요 등장인물의 입장에서 동화를 재구성해 볼 수 있다. (단순 보복은 지양할 것)
- 조원끼리 토의하여 줄거리를 먼저 구상한 뒤, 개인별로 한 컷씩 그림을 그려 작품을 완성할 수 있다. (그림 실력이 중요한 것이 아님을 안내한다.)

---

⑥ 조별로 새롭게 재구성한 회복적 동화를 발표한다.

> ▶ 위에 제시한 〈아기 돼지 삼형제〉, 〈흥부와 놀부〉 외에도 인과응보의 메시지가 담긴 다양한 동화(만화나 영화)를 선정할 수 있다.
> ▶ 교사는 아이들에게 다양한 생각과 관점을 자유롭게 표현할 수 있도록 이끌고, 교사가 생각하는 만큼 재구성한 동화가 회복적이지 않을지라도, 기존의 동화에서 당연시하는 인과응보를 성찰하고 회복의 요소를 학생들이 발견하게 하는 것이 중요하다.

회복의 언어로 전환하기

학생들이 일상생활을 하면서 26.7퍼센트가 습관적으로 욕을 한다는 조사 결과가 있다.[35] 욕은 나쁜 것이고 하지 말아야 한다고 배우지만 그것을 실천으로 옮기기는 쉽지 않은 실정이다. 말 한마디에 상처를 입고 관계가 깨지는 만큼 학생의 언어습관을 바르게 고치는 교육은 반드시 필요하다. 회복적 생활교육을 통해 아이들은 단순히 욕을 하지 말아야 한다는 것을 배우는 데 그치지 않고 나와 친구들, 주변 사람들에게 어떤 부정적 영향을 끼치는지 직면하여 이를 고치기까지의 책임감을 기르는 효과적인 수업을 구성할 수 있다. 아이들의 일상에서 사용하는 언어를 전환하는 것만큼 중요한 생활교육은 없다. 욕과 관련한 수업은 성격상 프로젝트에 기반한 수업이지만, 회복적 생활교육이라

---

35 허택회, 〈대전 전교조 "대전 학생 상당수 욕을 입에 달고 산다"〉, 《한국일보》, 2018. 10. 08.

고 해서 특정한 프로그램을 진행하는 것이 아니라 아이들의 건강한 생활을 위해 교실에서 배우는 일상의 교육이라는 의미에서 회복적 생활교육의 본질을 추구한다.

- 소요 시간: 40분
- 준비물: 전지, 매직, 시청각 기자재
- **활동 방법**
  ① 5~6명씩 조로 만든다. 조별로 전지와 매직을 제공한다.
  ② 전지에 또래 학생 한 명을 크게 그린다.
  ③ 전지에 그린 학생의 얼굴을 제외하고 몸의 안과 밖에 자신이 그동안 해 왔던 욕이나, 들었던 욕설을 써 본다.
  ④ 작성한 욕설을 실제로 들었을 때의 감정을 떠올리며 비워둔 얼굴에 표정으로 그려 본다.
  ⑤ 조별로 작성한 욕설의 뜻과 어원을 조사하여 올 것을 숙제로 제시한다.

조별 과제 수행 이후

조별로 수행한 과제를 발표한다. 과제 발표 후 다음과 같이 서클을 진행한다.

〈욕의 반격〉 동영상 시청

※ 동영상 자료 : [EBS 지식채널 e] 욕의 반격[36]

서클 질문
- 과제를 수행하고 다른 조의 발표를 들으며 무엇을 배웠는가?
- 욕의 기원이 왜 여성, 장애인, 사회적 약자에게 집중되고 연관된다고 생각하는가?
- 만일 내가 욕을 한다면 누구에게 피해가 간다고 생각하는가?
- 내가 고쳐야하는 언어 습관이 있다면 무엇인가?
- 친구로부터 듣고 싶은 말이나, 들으면 힘이 되는 말은 무엇인가?
- 오늘 수업을 통해 새롭게 알게 된 것은 무엇인가?

학생들이 사용하는 욕설의 기원을 조사하면 대부분 여성이나 장애인, 사회적 약자를 비하하고 혐오하는 내용이 주를 이룬다. 이를 통해 욕설은 분노의 감정을 쏟아 내는 것을 넘어 약자를 차별하는 폭력이라는 사실을 성찰할 수 있다. 학습 내용이 자신의 생활과 밀접하게 연결되어 성찰할 때 비로소 상호 존중의 평화 감수성을 키우고 행동 변화를 만드는 요인으로 작동한다. 회복적 생활교육은 교실의 일상생활에서 만나는 다양한 이슈를 배움의 주제로 다루어 공론화하고 학습의 기회로 삼을 수 있다. 나아가 회복적 생활교육을 매개로 개별적 학습을 넘어 공동체적 접근을 통해 구성원의 상호 존중과 책임감을 기르는 방향으로 이끌 수 있다.

---

36 https://jisike.ebs.co.kr/jisike/vodReplayView?siteCd=JE&prodId=352&courseId=BP0PAPB0000000009&stepId=01BP0PAPB0000000009&lectId=10175667

회복적 정의의 이미지

학생 눈높이에서 응보적 정의와 회복적 정의의 패러다임을 비교하여 살펴보고 관점을 전환하도록 돕는다. 회복적 정의 이해를 통해 상상력과 창의력을 가지고 회복적 정의의 이미지를 그려 볼 수 있다. 우리가 일반적으로 여기는 정의의 상像이 눈을 가린 채 저울과 칼을 든 여신의 이미지라면, 회복적 정의의 상像은 어떻게 그릴 수 있을지 생각해 보자.

• 소요 시간: 40분

• 준비물: A4 용지, 펜, 전지, 매직, 시청각 기자재

• 활동 방법

① 4~5명씩을 모둠으로 만든다.

② 사람들에게 A4 용지를 주고 "정의란 _____이다"라는 문장의 빈칸에 들어갈 내용을 간략히 써 보게 한다.

③ 자신이 적은 '정의'가 무엇인지 이야기하게 한다.

④ 다음의 이미지를 제시한다.

⑤ 위 사진과 정의 패러다임을 연결하여 토의해 본다.

- 정의의 여신 이미지에서 무엇을 관찰할 수 있으며 각각이 상징하는 바는 무엇일까?
- 우리가 흔히 접하는 만화나 영상에서 문제가 발생하면 어떻게 해결해 왔는가?
- 위 이미지에서 공통적으로 발견되는 정의는 어떻게 이루어진다고 생각하는가?
- 정의를 위해 악당을 물리치며 해결하는 동안 또 다르게 발생하는 문제는 없을까?
- 사랑과 정의의 이름으로 용서는 정말 불가능한 것일까?

▶ 교사는 잘못이 발생하면 이에 상응하는 처벌을 통해 가해를 바로잡는 응보적 정의
  에 대해 설명하고 응보적 정의가 가진 한계를 아이들과 함께 생각해 볼 수 있다.
  예) 가해자에게 벌을 주면 피해가 회복되는가? 잘못한 사람이 반성하는가? 강력
     한 응징과 엄벌로 우리가 사는 사회와 공동체가 과연 안전해질까?

▶ 응보적 정의Retributive Justice
- 잘못한 사람에게 벌을 주어 정의를 이룬다는 신념이다.
- 잘못은 법과 규칙을 위반한 행동이다.
- 잘못한 행동에 대하여 그에 맞는 처벌을 주어 사람의 행동을 변화시킬 수 있다.
- 정의는 잘못에 상응하는 합당한 처벌로 이루어진다.
- 갈등 당사자 사이에 서로 이기고 지는 대결 구도가 이루어진다.

⑥ 위에서 제시한 사진에 담긴 응보적 정의의 메시지와 한계가 무엇인지 포스트잇에 적는다.

⑦ 응보적 정의와 다른 정의 패러다임인 회복적 정의 개념에 대해 소개한다.

▶ 회복적 정의 Restorative Justice

- 잘못은 법과 규칙을 위반한 것에 앞서 피해를 주고 관계를 깨뜨린 것이다.
- 잘못은 피해를 낳는다. 피해를 바로잡는 것이 진정한 책임이자 정의라고 본다.
- 가해자 처벌의 내용은 대체로 피해 회복과 무관하다.
- 정의는 잘못이 일으킨 피해를 회복하는 것으로 이루어진다.
- 피해를 회복하기 위해서는 당사자의 자발적 책임이 중요하다.
- 피해자의 참여와 공동체의 역할이 중요하다.
- 갈등 당사자 사이의 상처와 관계를 회복하는 데 기여한다.

▶ 응보적 정의와 회복적 정의의 비교

응보적 정의	구분	회복적 정의
가해자 처벌	목표	피해 회복
강제적 책임수행	방식	자발적 책임의 기회
처벌자	주체	당사자/공동체

⑧ 모둠에 전지와 색연필, 사인펜 등 그림 도구를 주고 새로운 정의의 이미지를 그린다. 응보적 정의와 달리 새로운 정의 패러다임인 회복적 정의는 정의의 여신 이미지가 없다. 회복적 정의 이해를 기초로 새로운 정의의 상을 그림으로 그려 보도록 한다.

⑨ 조별로 그린 그림을 발표한다.

※ 참고: 이미지로 생각해 보는 회복적 정의

회복적 정의의 여신은 없지만 새로운 정의의 상에 대한 이미지는 필요하다. 같이
상상해 보자.

37

38

39

40

37 clipartkey.com

38 https://www.wnpr.org/post/has-lady-justice-ditched-her-blindfold

39 https://lindseypointer.com/2018/09/19/if-a-picture-is-worth-a-thousand-words-
how-can-we-illustrate-restorative-justice/

40 프랑스 조각가 니키 드 생팔(niki de saint phalle)의 〈Justice〉(1998) 라는 제목의 작
품. https://denisbloch.com/artworks/artists/niki-de-saint-phalle/justice-card-no-8/

회복적 정의에 기초한 학교폭력 예방교육

학교폭력이 사회문제로 대두하면서 학교에서 학교폭력 예방교육을 학기별로 의무적으로 진행하고 있다. 학교폭력 예방교육은 학교폭력이 무엇이고 이에 해당하는 것이 무엇인지를 안내하고, 학교폭력을 발견했을 때 어떻게 신고해야 하는지를 안내하는 내용이 주를 이룬다. 이러한 학교폭력 예방교육은 폭력이라는 드러난 현상을 막고 제어하기 위한 '소극적 평화'의 접근이기 때문에 학교폭력의 근본적인 원인이 되는 관계상의 맥락과 구조, 문화적 측면을 다루는 데 한계를 보인다. 학교폭력을 신고하도록 안내하는 것을 넘어 예방적 차원에서 생활교육으로 공동체 관계를 돌아보고 학교폭력에 대해 회복적 관점을 갖추도록 가르치는 것이 중요하다.

학교폭력 예방교육을 회복적 정의 접근으로 아이들에게 교육할 때 다루어야 할 지점을 중심으로 소개하겠다. 우선 학교폭력에 대한 설명에 앞서 학교폭력이 왜 일어나는지에 대해 갈등 이해를 기초로 안내할 수 있다. 교실에서 학교폭력은 갈등이 부정적으로 표출된 문제로 드러난다. 갈등을 떠올리면 답답하고 속상한 부정적 감정이 들지만, 회복적 정의 관점에서는 갈등 자체를 부정적으로 보지 않는다. 갈등은 공동체가 있는 곳이라면 피할 수 없다. 그러므로 갈등을 자연스러운 우리 삶의 일부로 이해할 수 있어야 한다. 학교폭력의 이해에 앞서 갈등의 이해가 중요하다. 갈등은 에너지와 같아서 어떻게 다루느냐에 따라 그 결과로 친구 관계가 더 단단해지기도 하고 파괴적 경험으로 이어지기도 한다. 우리 삶에서 갈등이 존재하는 것이 자연스러운 현상이라면, 그러한 갈등을 어떻게 해결할 것인가는 우리의 선택에 달렸다. 결국 갈등은 자연스러운 현상이지만 폭력은 선택의 문제라는 것이다.

학교폭력은 대부분 장난에서 시작된다. 나는 장난이라고 생각해도 다른 사람이 피해를 당한다면 그것은 곧 폭력이 된다. 따라서 학생들의 학교폭력을 예방하는 우선적인 접근은 내가 아닌 상대방의 입장에서 생각해 보는 것이다.

- 소요 시간: 40분
- 준비물: 시청각 기자재
- 활동 방법

① 영상시청 후 등장인물들의 마음을 살펴본다. 다음의 순서로 팝업 형식으로 키워드 중심으로 이야기하도록 한다.

상대방의 입장에서 생각해 보기[41]

▶ 영상시청

※ 동영상 자료: [대한민국정부포털] 건강한 사회 만들기 〈폭력·따돌림 없는 학교 만들기〉

https://www.youtube.com/watch?v=DqDprU0eByM

▶ 학교폭력으로 인한 마음
- 괴롭히는 친구들의 마음: 그냥, 분풀이, 재미, 심심풀이, 자기과시, 장난 등
- 구경하는 친구들의 마음: 겁난다, 재미있다, 안타깝다, 미안하다, 도와주고 싶

---

41 한국평화교육훈련원, 〈회복적 정의에 기초한 회복적 마을공동체 만들기〉.

다, 난 왜 용기가 없을까 등
- 괴롭히는 친구들의 마음: 친구들은 왜 나를, 부모님은 왜 나를, 전학 가고 싶다, 복수하고 싶다, 죽고 싶다 등

② 괴롭힌 친구가 학교폭력으로 처벌을 받았다. 처벌로 인한 친구들의 마음은 과연 어떨까?

▶ 처벌로 인한 마음
- 괴롭힌 친구: 미안하다, 짜증난다, 억울하다, 불안하다, 재수 없다, 복수해야지, 다음에는 걸리지 말아야지 등
- 괴롭힘 당한 친구: 여전히 무섭다, 창피하다, 후회된다, 불안하다, 더 큰 벌을 받았으면, 보복하지 않을까?, 다시 친하게 지낼 수 있을까? 등

③ 그렇다면 어떻게 우리는 갈등을 평화적으로 해결할 수 있을까?

▶ 학교폭력 발생 시 우리의 관심
- 누가 이겼대?
- 왜 그랬대?
- 선생님은 아셔?
- OO는 앞으로 어떻게 된대?

→

- 얼마나 아플까?
- 얼마나 속상할까?
- 지금 어떻게 지낸대?
- 어떻게 도울 수 있을까?

▶ 관련 이해를 돕는 영상시청
※ 동영상 자료: 학교폭력 예방 캠페인송 〈사랑엔 조건이 없습니다〉(정부 자료)
https://www.youtube.com/watch?v=xf6WyuPDuWY

학교폭력 예방교육의 내용을 회복적 정의에 기초해 다음의 핵심 내용을 전달하는 방향으로 구성하여 교육할 수 있어야 한다.

1. 갈등은 자연스러운 것이지만 폭력이 아닌 평화적인 해결방법을 선택하는 것이 중요하다.

2. 학교폭력 해결에서 중요한 것은 가해의 처벌보다 피해의 회복에 있다.

3. 갈등을 평화적으로 해결할 수 있는 자원이 공동체에 있음을 믿고 실천한다.

4. 평화로운 학급을 위해 내가 할 수 있는 실천을 약속한다.

학교폭력이 일어나면 우리의 주된 관심사는 가해자의 처벌에 집중된다. 그러나 처벌이 능사가 아니라는 사실을 예방교육을 통해서 이해할 수 있어야 한다. 학교폭력을 예방하는 시작점은 아이들이 학교폭력 당사자와 주변 사람들의 마음을 살피는 것이다. 가해자 처벌에 중심을 두기보다 피해자의 피해가 최대한 회복되도록 관심과 노력을 기울이는 것이 학교폭력을 예방하고 회복하는 길이다.

회복적 질문을 활용한 수업

사람들의 관계 속에서 발생한 갈등을 해결하기 위한 방안으로 회복적 정의 패러다임에 기초한 회복적 질문을 활용하는 접근은 무척 중요하다. 그러나 회복적 질문의 범위를 문제에 국한하지 않고 배움 영역으로 확장하는 것이 무엇보다 중요하다. 이러한 교육적 실천은 갈등 상황에서 회복적 질문을 활용한 대화나 서클을 운용하는 정도의 회복적 생활교육 이해를 넘어 왜 회복적 정의를 근본적인 교육 철학의 패러다임으로 이해하고 적용해야 하는지를 보여 준다. 회복적 생활교육의 기본 실천에서 살펴보았듯이 회복적 질문은 응보적 정의와 달리 회복적 정의의 가치와 방향을 담지하고 있다.

회복적 생활교육을 실천하는 교사는 학교에서 갈등을 다루는 것을 넘어 일상의 대화와 학습의 과정까지 동일한 회복적 언어를 갖추고 배움의 과정을 만들어야 한다. 회복적 질문을 활용한 수업은 학생이 스스로 성찰하여 배운 내용을 일상에서 실천하는 데 효과적이다. 이러한 방법은 교사가 프로젝트 수업으로 적용하기에 용이하며 회복적 정의의 가치를 교과 수업의 주제와 연계할 수 있다.

- 공평한 지구 공동체: 사람의 행동으로 인해 지구에 무슨 일이 일어나는가?[42]
- 소요 시간: 40분
- 준비물: 시청각 기자재, 펜
- 활동 방법
① 4~5명씩 조를 만든다.

42　경남회복적생활교육연구회 백정연 교사(창원동진여중)가 한국회복적정의협회 회복적정의전문가 1급 자격과정의 프로젝트 과제로 제출한 '회복적 질문을 활용한 배움중심수업' 사례를 참조.
* 백정연, 〈회복적 질문을 적용한 배움중심수업안〉 2021 참조.

② 아래의 사진을 보여주고 어떤 일이 발생했는지 생각해 보도록 한다. 인간이 지구의 생물 공동체에서 어떤 역할을 하고 있는 것으로 보이는지 자신의 삶을 돌아보며 생각해 보자.

③ 조별로 회복적 질문을 제시하고, 각 질문에 대해 소그룹 서클로 나누도록 한다.

- 위 사진 속 생물들에게 무슨 일이 일어났는가?
- 위 생물에게 일어난 일과 관련하여 사람은 어떤 역할을 하고 있을까? (자신을 포함한 인간의 삶과 연결 짓기)
- 사진 속 생물들은 어떤 기분이 들까? 자신은 어떤 기분이 들까?
- 누가, 무슨 피해나 영향을 받았는가?

---

④ 다음의 내용을 개인적으로 적은 후 전체 서클에서 나눈다. 지구

의 생물 공동체를 위해 다음의 회복적 질문을 묻고 적은 후 공유한다.

- 나는 무엇을 할 수 있는가?
- 왜 그것을 하려고 하는가?

위 내용은 중학교 1학년 과학 교과에서 생물 다양성 보전 단원을 공동체를 주제로 하여 진행한 프로젝트 수업이다. '인간의 삶이 생물에 미치는 영향'이라는 주제로 수업안을 구성했다.

> "사람의 행동으로 인해 지구에 무슨 일이 일어나는가?", "누가 어떤 영향과 피해를 받는가?", "그 피해를 바로잡기 위해 무엇을 할 것인가?"라는 회복적 질문을 활용하여 탐구와 배움을 전개하도록 했다.

인간이 자신의 이득을 위해 무심코 행한 일들이 지구의 생물 공동체에 어떤 피해와 영향을 주는지를 직면하기 위한 효과적인 질문이 회복적 질문으로 다뤄졌다. 회복적 질문을 통해 상황을 이해하고 생물 공동체에 일어난 피해를 직면하면서, 자신이 할 수 있는 일을 일상에서부터 구체적으로 찾아가도록 하며, 이를 서클의 방식으로 공유할 때 다양한 집단 지성과 실천 행동이 나타난다.

위와 같은 수업은 생물 다양성 보존이나, 지구온난화 및 기후변화, 에너지 절약 등 다양한 환경 이슈로 범위를 넓혀 적용하면 사회적 책임을 학습 과정을 통해 배우고 감수성을 기르는 중요한 교육적 실천으로 적용할 수 있다. 또한 학생들에게 후속 과제를 주고 주도적으로 수행하고 참여하도록 기회를 제공할 수 있다. 교사가 준비하지만 학생이 스스로 질문하며 주도하는 배움은 교사와 학생과의 관계 형성에 도움이 될 뿐만 아니라 교사를 성장하게 한다.

회복적 생활교육에서 회복적 질문은 학교폭력을 비롯한 갈등 사안이 발생했을 때 주로 활용되겠지만, 교실을 넘어 일상의 영역에서 실천된다면 어떤 문제가 발생하더라도 회복적 질문을 자연스럽게 적용할 수 있게 된다.

백정연

회복적 질문을 수업에 적용하기

회복적 질문은 회복적 정의의 주요 질문이다. '무슨 일이 있었는지, 어떤 피해가 발생했는지, 피해를 회복하기 위해 무엇이 필요한지'를 주요 내용으로 하는 회복적 질문은 자신이 일으킨 피해의 회복을 위해 져야 할 책임을 스스로 생각할 기회를 준다.

 회복적 질문을 수업에 적용하는 시도는 우연하게 시작되었다. 2021년 중학교 1학년 과학 교과에서 '생물의 다양성'이라는 수업을 준비하던 중이었다. 이 단원의 성취 기준 중에는 '[9과03-03] 생물 다양성 보전의 필요성을 이해하고, 생물다양성 유지를 위한 활동 사례를 조사하여 발표할 수 있다'라는 내용이 있다. 생물의 다양성은 지구의 생태계를 안정적으로 유지하기 위한 필수 조건이고 지구 공동체라는 관점에서 볼 때 인간의 삶과 직접적으로 연결되어 있다. 그래서 이 단원의 첫 번째 학습주제를 '인간의 삶은 지구의 생물에 어떤 영향을 끼칠까?'로 정하게 되었다. 그리고는 학생들에게 '로드킬 노루, 기름을 뒤집어쓴 바닷새, 그물망 속 물고기, 군인이 총을 들고 지키는 멸종 위기에 처한 코뿔소' 사진 4장을 제시하면서 회복적 질문을 했다. 마지막 질문은 '지구의 생물 공동체를 위해 나는 무엇을 할 수 있는지, 왜 그것을 하려고 하는가?'였다. 아직 어린 중 1 여학생들은 사진 속 동물과 눈을 못 맞추겠다며 안타까워했고 순간 숙연해지기도 했다. 회복적 질문은 지구의 많은 생물이 인간으로 인해 어떤 피해를 겪고 있는지 깊이 성찰하게 했고, 아이들의 말을 통해 표현되었으며, 자연스럽게 실천 행동으로 나아가도록 돕기에 충분했다. 무엇보다 회복적 질문은 인간이 자신들만의 생존과 이득을 위해 무심코 행한 일들이 지구의 생물 공동체에 어떤 피해와 영향을 주는지를 직면하기에 가장 효과적인 질문이었다.

2학기에는 '물질의 상태 변화' 단원을 '물질로 공평해지는 지구 공동체'라는 프로젝트로 연결하여 수업하게 되었다. 특히, 우리 생활에서 주로 관찰 가능한 물의 상태 변화가 지구온난화 및 기후위기와 관련되어 피해를 입은 사례를 찾고, 회복적 질문을 이용하여 지구온난화와 기후위기로 인한 피해와 영향을 탐구하고, 지구를 살아가는 모든 생명체가 물질로 공평해질 수 있는 실천 방안을 자발적으로 제안해 보기로 했다. 물론 과학 수업에서 지구 공동체, 공평 등을 키워드로 하면서 회복적 질문을 적용하여 탐구를 진행하고, 배움의 과정을 이끄는 것이 쉽지는 않았다. 프로젝트를 진행하는 내내 아이들과 걷는 이 길이 과연 옳은 길인가를 끊임없이 고민했다. 수치화된 성적을 산출하지 않아도 되는 자유학년인 중 1이라는 사실이 프로젝트를 시도하는 용기를 주었지만 교과 내용이나 지식적인 부분의 배움이 약해지는 것에 대한 두려움은 있었다. 하지만 교실에서의 배움이 학생들의 삶과 연결되지 않는다면 배움이 진정한 의미로 학생들에게 남기는 어려울 것이다. 특히, 회복적 질문은 지구공동체 프로젝트를 이끄는 핵심 질문의 역할을 해 주었고, '지구의 온도가 올라간다면 무슨 일이 일어날까?', '지구의 온도를 올리는 완벽한 방법은?', '지구 온난화는 물 부족 문제와 어떻게 연결되어 있을까?' 등의 다양한 질문으로 탐구를 진행하는 길잡이가 되었다. 이러한 회복적 질문은 인간만의 삶을 유지하기 위해 행하는 것들이 지구를 살아가는 누구에게, 어떤 피해와 영향을 일으키는지를 뼈저리게 직면하도록 도왔다고 확신한다. 또한 1학기 생물 다양성의 보전 수업과 마찬가지로 아이들의 직면과 피해에 대한 공감이 깊은 만큼 자연스럽게 지속가능한 실천 행동을 제안했고, 80명의 아이가 온라인 밴드에서 지구를 살리는 작은 약속을 실천하고 있는 것을 인증해 주었다.

2022년, 나는 고등학교 2학년들과 화학 1을 하고 있다. 화학의 발전이 인간 삶에 끼친 긍정적인 영향은 어마어마하고, 이는 '화학의 유용성'이라는 단원을 통해 소개되고 있다. 반면에 화학의 발전에 의한 부정적인 영향 또한 만만찮다. 회복적 질문이 필요한 순간이다. 그러던 중 이런 질문을 받았다. 이 단원에 너무 많은 시간을 쓰는 거 아니냐고, 우리는 언제 몰mol을 배우냐는 걱정 어린 질문이었다. 3월 말 모의평가를 앞둔 시점이었다. 학생들의 필요는 소중하므로 조금 미루어 학기 말에 시도해 보려고 마음먹고 있다.

　수업은 늘 두려움이다. 100점짜리 수업을 했다는 확신을 가진 적도 없다. 하지만 망하더라도 시도는 값지다고 생각한다. 화학 1을 함께하는 40명의 고2와 회복적 질문으로 화학의 유용성을 돌아보면 어떤 실천 행동이 나올지, 그로 인해 우리 학생들의 삶이 어떻게 변할지 기대된다.

2. 평화 감수성 훈련

앞서 회복적 생활교육의 통합적 접근을 통한 하부구조 만들기의 중요한 기본 실천으로 평화감수성 훈련의 가치와 중요성을 다루었다. 이와 같은 평화감수성 훈련의 주제에 따라 구체적인 활동을 소개하고자 한다. 다음의 활동은 공동체 서클이나 교과 수업과 연계해 적용할 수 있다. 또한 회복적 또래조정 수업을 위한 교육 활동으로 전개할 수 있다. 평화감수성 활동은 학교 구성원 사이에서 편견 없이 서로의 다름을 존중하며 평화적 관계를 만들고, 나아가 갈등을 건강하게 다루는 데 필요한 자질을 갖추는 데 도움이 된다. 교실에서 평화감수성 수업은 일방적인 학습이 아니라 몸과 마음을 움직이는 참여 활동, 성찰적 질문을 통해 스스로 지혜를 모색하는 장으로 열어 갈 수 있다.

1. 평화감수성 수업 — 편견 다루기

평화감수성의 중요한 주제인 편견 다루기 수업은 차이가 갈등의 원인이 될 수 있음을 알고, 우리에게 있는 편견에서 벗어나 차이를 존중하기 위해 노력을 기울이는 배움으로 안내한다. 우리의 상식이 편견 혹은 편견으로 강화된 고정관념일 수 있음을 깨닫고 그 결과로 나타나는 차별이나 폭력을 성찰해 본다. 그리고 차별과 폭력을 극복하는 통합적 사고와 관점을 갖추고 차이를 존중하고 인정함으로써 건강한 또래 관계를 만드는 사회적 감수성을 계발할 수 있다.

순위 매기기[43]

• 소요 시간: 30분

• 준비물: 시청각 기자재, A4 용지, 펜

• 활동 방법

① 4~5명을 한 조로 만든다.

② 다음의 지시문을 제시하고 조별로 토의해서 하나의 우선순위를 정하도록 한다.

> Q. 여러분이 선생님이라면 다음 5명 중에서 외국에 교환학생으로 보낼 학생으로 누구를 먼저 선발할지 우선순위를 정해 보세요.
> • A는 공부를 못한다.
> • B는 의욕이 매우 높다.
> • C는 청각에 장애가 있다.
> • D는 끈질기게 매달려 연구를 잘한다.
> • E는 사람들이 별로 좋아하지 않는다.

③ 조별로 정한 우선순위와 이유에 대해 발표한다. 교사는 발표한 조별 우선순위를 칠판에 적는다.

④ 교사는 위에 제시한 A, B, C, D, E가 사실은 한 사람이 가진 모습

---

43 평화여성회 부설갈등해결센터, 《학생갈등해결을 위한 또래조정자 훈련 교사용지도서》, 교육과학기술부, 2013, p.44.

이라는 사실을 설명하고, 그 사람이 누구인지 맞혀 보도록 한다.

⑤ 위에 제시한 사람이 누구인지 알려 준다.

⑥ 제시된 사람이 바로 발명왕 에디슨이었음을 알린다.

⑦ 조별로 매긴 순위를 다시 살펴보며 아래의 질문을 통해 이야기 나눈다.

- 어떤 기준으로 순위를 정했는가?
- B와 D를 선순위, A, C, E 후순위로 둔 이유가 있는가?
- 우리의 일상과 연결해 본다면 무엇을 발견하고 성찰해 볼 수 있는가?

---

⑧ 학생들의 대답에 따라 추가 질문을 통해 편견이 무엇이고, 어떻게 작동하는지 토의해 볼 수 있다.

- 편견이란 무엇일까?
  편견: 전체를 보지 않고 일부분만 보면서 생기는 견해 또는 의견
- 편견이 강화되면 어떻게 될까?
  편견의 결과: 고정관념, 차별, 혐오, 폭력 등
- 편견을 줄이기 위해 무엇을 할 수 있을까?

정체성 의자[44]

- 소요 시간: 30분
- 준비물: 정체성 예시문(A4용지), 빈 의자
- **활동 방법**

① 모두가 원으로 둥글게 앉고, 빈 의자를 하나 둔다.

② 교사는 빈 의자를 가리키며 여기 앉은 사람에게 잠시 새로운 정체성이 부여된다는 것을 설명한다.

③ 빈 의자에 앉을 사람을 초대한 후, 교사는 의자 뒤에서 새로운 정체성을 부여하는 카드를 보여 준다. 정체성 의자에 앉은 사람은 교사가 들고 있는 카드를 볼 수 없지만 다른 사람들은 볼 수 있다.

> **정체성 예시**
>
> 푸른 눈의 금발 외국인, 외국인 노동자, 탈북민, 성소수자, 10대 미혼모, 지적 장애인 등

④ 다른 사람들은 정체성 의자에 앉은 사람에게 일반적인 대중의 관점에서 말을 건넨다.

⑤ 이야기를 다 듣고 난 뒤, 정체성 의자에 앉은 사람으로 하여금 자신에게 부여된 정체성이 무엇인지 맞히게 한다.

---

44 피스모모, 《평화교육, 새롭게 만나기 - 진행자를 위한 핸드북》, 피스모모, 2019, p. 50.

⑥ 정체성을 바꿔가며 순서를 진행한다.

⑦ 순서가 끝나면 정체성 카드를 전체 가운데 게시한 뒤 아래의 질문을 활용해 팝업 형식으로 이야기를 나눈다.

- 의자에 앉았을 때 어떤 기분이 들었는가?
- 들었던 말 중에 어떤 것이 기억에 남는가? 그 이유는 무엇인가?
- 어떤 말들이 공통적으로 들렸는가?
- 우리 사회에서 볼 수 있는 편견과 차별은 무엇이 있을까?
- 우리의 일상과 연결해 본다면 무엇을 발견하고 성찰해 볼 수 있는가?
- 정체성 의자 활동을 통해 새롭게 느끼고 배운 점은 무엇인가?

▶ 활동을 진행하면서 누군가에게 상처가 되지 않도록 구성원의 특성을 고려하여 주의를 기울인다.

팀을 찾아라

- 소요 시간: 30분
- 준비물: 5색 스티커
- 활동 방법

① 모두 둥글게 앉는다.

② 모두가 눈을 감고 말소리를 내지 않도록 한다. 교사가 눈을 뜨라고 할 때까지 감고 있는다.

③ 교사는 학생들이 눈을 감고 잠시 건강한 공동체, 협력, 팀웍Team work 등을 생각해 보도록 한다.

④ 생각하는 동안 교사는 학생들의 이마에 색깔 스티커를 붙여 준다. 이때 4~5명씩 같은 색깔의 스티커를 붙이고, 오직 한 명에게만 다른 색깔 스티커를 붙인다. (5가지 색깔 스티커를 미리 준비해 둔다.)

⑤ 교사는 이제 눈을 떠도 되지만 말하지 않고 일어서서 움직이면서 활동해야 한다고 설명한다.

⑥ 그리고 교사는 "팀을 찾으세요"라고 학생들에게 말한다. (교사는 다른 말을 하지 않고 오직 "팀을 찾으세요"라고만 말한다.)

⑦ 스티커 색깔별로 모이는데 어느 팀에도 소속되지 못한 학생에게 찾아가 질문한다.

• 지금 무슨 일이 일어났는가?
• 어느 팀에도 소속되지 못했는데 기분이 어떤가?

---

⑧ 나머지 사람들에게 아래의 질문으로 파업 형식으로 이야기를 나눈다.

• 모두 팀을 만들었는가?
• 한 사람이 팀을 찾지 못했는데 왜 그렇게 되었는가?
• 여러분은 어떤 기준으로 팀을 만들었는가?
• **교사는 "팀을 찾으세요"라고 지시했을 뿐인데, "왜" 색깔별로 팀을 만들었는가?**
• 팀을 찾지 못한 사람의 기분은 어떨까?
• 우리는 때때로 어떤 기준으로 사람을 나누는가?
• 우리의 일상과 사회에서 사람들과의 관계를 구분 짓는 사례가 있다면?

▶ 학생들이 성찰을 통해 고정관념, 편견 등에 대해 인식했다면, 어디에서 그것이 근거했는지 토의할 수 있다.
▶ 질문을 통해 편견과 고정관념을 어떻게 극복할 수 있을지 생각하고 이야기를 나누도록 한다.

⑨ 교사는 학생들에게 처음에 눈을 감고 팀에 대해 생각했던 것을 떠올리게 하며, 다시 팀을 만든다면 어떻게 구성할 수 있을지 보기 위해 "다시 팀을 찾으세요"라고 주문한다.

⑩ 모두가 한 팀이 되는 순간에 활동을 마무리하고 소감을 나누도록 한다.

자세히 보아야 예쁘다

- 소요 시간: 15분
- 준비물: 5색 스티커
- 활동 방법
① 모두 둥글게 앉는다.
② 잔잔한 음악을 준비하고, 나태주 시인의 〈풀꽃〉을 낭독한다.

풀꽃

나태주

자세히 보아야 예쁘다.
오래 보아야 사랑스럽다.
너도 그렇다.

③ 시의 문구를 떠올리며 다른 사람과 눈이 마주치면 10초간 사랑스러운 눈빛으로 서로 바라보도록 한다.

④ 10초 정도 마주 보고 나면 서로 눈인사를 한 뒤 다른 사람과 눈을

마주치도록 한다.

⑤ 위와 같은 방식으로 최소 10명 이상 10초씩 일대일로 마주 보도록 한다.

2. 평화감수성 수업 — 갈등 다루기

평화적으로 갈등을 해결하기 위해 기초적인 갈등 이해와 평화감수성 활동을 소개한다. 앞선 편견 다루기와 함께 갈등 다루기 활동은 회복적 또래조정 교육과 연계하거나 도덕, 사회 등의 교과 수업과 연계하여 진행할 수 있다. 갈등에 대한 이해를 통해 갈등을 우리 삶의 자연스러운 일부로 받아들이고, 갈등을 해결하는 창의적인 해결 능력을 갖출 수 있다.

갈등 그림 그리기

• 소요 시간: 40분
• 준비물: A4 용지, 색연필, 시청각 기자재
• 활동 방법
① 갈등을 생각하면 어떤 느낌이나 단어가 떠오르는지 묻고 칠판에 적으며 이야기한다.
② 갈등의 어원을 살펴 갈등이 무엇인지 알아본다.

서양의 갈등은 영어로 'Conflict'이다. 이 단어는 '함께'라는 의미의 'con'과 '다투다'라는 의미의 'fligere'라는 라틴어에서 기원했다. 갈등은 서로 충돌하고 다투는 현상으로 이해할 수 있다. 그래서 서양 문화권에서는 사람이나 집단 사이의 다툼을 종결하기 위해 문제가 무엇인지 분석하고 진단하여 그것에 해당하는 솔루션을 제시하는 접근으로 갈등을 해결한다.

한편, 동양의 갈등은 칡나무 갈葛과 등나무 등藤이 합쳐진 단어이다. 칡나무는 왼쪽에서 오른쪽으로 감아 올라가는 성질이 있는 반면 등나무는 오른쪽에서 왼쪽으로 감아 올라가는 성질이 있어서, 두 나무는 정반대 방향으로 얽히고설킨 모양으로 자라난다. 두 나무의 자연적인 성향이 다르듯 사람이나 집단 간의 갈등 또한 다양한 이해와 입장 차이에서 오는 자연스러운 현상으로 이해할 수 있다. 갈등을 '푼다'라는 말도 이러한 갈등의 이해에 기반한 표현이라고 할 수 있다. 따라서 동양 문화권에서는 한의학에서 말하는 체질 변화와 같이, 드러난 문제를 해결하기 위한 접근을 넘어 상호 의존에 기반한 갈등 전환의 관점과 해결 방안을 제시한다.

결국 갈등은 다양한 사람들이 살아가면서 일어나는 자연스러운 일로 받아들이는 것이 갈등을 건강하게 해결하는 기초가 된다. 갈등은 그 자체로 부정적인 것이 아니라

칡나무와 등나무가 자라는 모습

회복적 생활교육, 이렇게 실천하라

어떻게 다루는지에 따라 부정적일 수도 있고 긍정적인 발전과 변화의 계기가 될 수도 있다. 갈등을 겪는 것 자체가 문제가 아니라 자신과 상대가 서로 다르다는 사실을 이해하고, 갈등을 풀어가면서 서로의 관계를 더욱 돈독하게 만들 수 있다.

- 갈등은 자연스러운 삶의 일부
- 갈등은 '어떻게 해결해 나갈 것인가'의 문제

③ 학생들에게 A4 용지와 색연필을 나눠 준다.

④ '갈등' 하면 떠오르는 느낌이나 이미지를 그림으로 표현하게 한다.

⑤ 자신이 그린 갈등 그림을 서클 방식으로 전체에게 설명한 뒤, 서클 중앙부에 그림을 전시하듯이 내려놓고 원래 자리에 앉는다.

⑥ 그림 이야기를 모두 마치면, 교사는 서클 중앙에 놓인 '갈등 그림'에 대해 추가적으로 궁금한 질문을 받고 대답하면서 갈등에 대한 다양한 생각과 느낌을 공유한다.

⑦ 갈등에 대한 다양한 이해 속에서 아래와 같은 질문으로 '갈등에 대한 이해'를 확장한다.

- 그림들에 특징이 있다면 무엇인가?
- 그림들을 보면서 어떤 느낌이 드는가? (교사는 대답에 따라 부정적인지, 긍정적인지 이끌어 갈 수 있다.)
- 갈등이 없는 세상이 있을까? 갈등을 경험해 보지 않은 사람이 있을까?

▶ 진행 순서 ①~②와 ③~⑦을 바꿔서 진행해 볼 수 있다. 학생들이 그린 '갈등 그림'이 교사의 의견으로 판단되지 않고 전시되도록 한

다. 갈등에 대한 새로운 이해를 가지도록 짚어주는 데 초점을 맞추도록 한다.

갈등 OX 퀴즈

- 소요 시간: 20분
- 활동 방법

① 교사는 아래의 질문으로 퀴즈를 낸다.

퀴즈 질문
- 갈등은 나와 맞지 않는 사람과 생기는 것이다.
- 갈등은 피할 수 있으면 피하는 게 최선의 방법이다.
- 갈등은 시간이 지나면 해결된다.
- 갈등을 해결하는 방법으로 '눈에는 눈, 이에는 이'가 필요하다.
- 나는 나만의 갈등 해결 방법을 가지고 있다.

---

② 퀴즈 질문에 맞다고 생각하는 사람은 두 팔을 머리 위로 올려 동그라미 O 모양을 만들어 표시한다. X라고 생각하는 사람은 두 팔을 X 모양을 만들어 표시한다.

③ 몇 명에게 어떤 선택을 했는지 이유와 함께 이야기하도록 한다.

▶ 갈등 그림 그리기와 마찬가지로 학생들의 의견을 판단하기보다 갈등에 대한 이해를 새롭게 가지도록 질문하고 안내하는 역할을 한다.

손등 줄다리기

- 소요 시간: 10분
- 준비물: 시청각 기자재
- 활동 방법

① 두 사람씩 일어서서 한 조로 짝을 짓는다.

② 두 사람이 악수하듯 손을 잡는다.

③ 교사가 "자신의 손등을 허리에 최대한 많이 갖다 대세요, 그리고 몇 번 갖다 댔는지 수를 세주세요"라고 제시한다.

④ 교사가 시작이라고 하면, 활동을 시작하고 교사는 학생들의 활동을 관찰한다.

⑤ 활동을 마친 뒤, 몇 번을 허리에 갖다 댔는지, 서로 어떻게 갖다 댔는지, 그 결과가 어땠는지 물어본다.

⑥ 손을 갖다 댄 횟수가 많은 조와 손을 댄 횟수가 적은 조를 초대하여 처음에 했던 대로 활동해 보도록 한다. 나머지 학생들이 차이가 극명한 두 조를 관찰하게 한다.

⑦ 아래의 질문을 통해 활동에 대해 이야기할 수 있다.

- 상대방의 손등을 허리에 몇 번 갖다 댔는가?
- 서로 횟수가 다른데 왜 다르다고 생각하는가?
- 손등을 허리에 최대한 많이 대기 위해서는 어떻게 할 수 있을까?

---

⑧ 아래의 그림을 보여 주고 질문을 통해 이야기할 수 있다.

- 그림에서 당나귀는 어떤 모습인가?
- 여섯 컷의 당나귀 그림 중 자신이 가장 중요하다고 생각하는 그림은 무엇인가?
  왜 그렇게 생각하는가?
- 지혜롭게 갈등을 해결해 본 경험이 있다면?
- 두 당나귀처럼 갈등 상황에서 서로 만족할 수 있는 갈등 해결 방법은 무엇일까?

▶ 갈등을 평화롭게 해결하기 위한 다양한 방식이 있다는 사실을 안내한다.

⑧ 평화로운 갈등 해결을 위한 3단계의 실천을 안내한다.

갈등 해결을 위한 3단계 실천

1. 멈추고 생각하기
   - 무슨 일이 일어났는지 생각해 보기
   - 내가 왜 화가 났는지 생각해 보기
   - 내가 원하는 것이 무엇인지 생각해 보기

2. 듣고 말하기
   - 적극적으로 듣기
   - '나' 중심으로 말하기 (나 전달법)
   - 회복적 질문 활용하기

3. 함께 문제를 해결하기
   - 함께 해결책을 고민해 보고 해결하기
   - 이러한 문제가 다시 발생할 때 어떻게 행동할지 생각해 보기
   - 평화롭게 해결하는 힘이 '나'와 '우리'에게 있음을 믿고 실천하기

힘의 성찰

- 소요 시간: 40분
- 준비물: 시청각 기자재
- 활동 방법

① 4~5명씩 한 조로 만든다.

② '힘'이란 말을 들었을 때 떠오르는 단어를 말한다. 어떤 단어가 나오는지 칠판에 적는다.

③ 힘과 관련된 단어를 조별로 제시한다.

   예) 권력, 폭력, 협력, 조력, 포용력 등

④ 조별로 토의해서 힘과 관련한 단어를 몸동작으로 표현한다.

⑤ 다른 조는 어떤 힘인지 맞추게 한다.

⑥ 아래의 질문을 통해 활동에 대해 이야기를 나눈다.

- 어떤 동작이 기억에 남는가? 그 이유는 무엇인가?
- 부정적인 힘과 긍정적인 힘 사이에 어떤 차이가 있는가?
- 갈등을 다루는 데 있어 힘이 무엇이라고 생각하는가?
- 힘을 활용하여 갈등을 해결해 본 적이 있는가? (교사는 대답에 따라 부정적인지, 긍정적인지 이끌어 갈 수 있다.)
- 힘에 대해 새롭게 알게 된 것은 무엇인가?

▶ 학생들에게 내용을 전달하기보다 활동과 질문을 통해 힘에 대한 새로운 성찰을 발견하도록 이끈다.

매듭 풀기

- 소요 시간: 20분

- 활동 방법

① 둘씩 짝지어 마주 보게 한다.

② 왼손의 손바닥이 하늘을 향하도록 먼저 손을 뻗고, 오른손의 손바닥을 땅을 보게 하여 왼팔 위를 가로질러 ✕자로 만든다. (손잡는 모양이 틀리면 활동이 진행되지 않는다.)

③ 그 상태로 ×자를 유지하며 앞 사람의 손을 맞잡는다.

④ 서로 매듭지어진 모양의 팔을 풀어 본다. 매듭을 풀 때는 손을 놓치 않고 푼다. 매듭을 풀었을 때는 서로 원으로 마주 보는 모습이 되어야 한다.

⑤ 두 명씩 풀었으면, 네 명씩 모여 ②와 같은 손과 팔 모양으로 옆 사람의 손을 잡아 매듭을 만든다.

⑥ 네 명이 ④와 같이 매듭을 풀어 보도록 한다. 모두가 마주 보는 모습으로 푼다.

⑦ (매듭을 푼 모둠, 풀지 못한 모둠이 있지만) 전체가 둥글게 둘러서서 손 매듭을 만든다.

⑧ 학생들 전체가 서로 소통하면서 매듭을 풀도록 한다.

⑨ 활동 후 아래의 질문으로 이야기를 나눈다.

- 매듭을 푸는 것이 어려웠는가?
- 어떤 방식으로 매듭을 풀었는가?
- 매듭을 가장 빨리 풀 수 있는 방법은 무엇일까?
- 서로 손을 잡고 있다는 것은 무엇을 의미할까? 그 반대의 의미는?
- 서로 매듭을 짓고 있다는 것은 무엇을 의미할까?
- 매듭을 풀었다고 생각했는데 막상 풀렸던 상황을 갈등과 연결한다면?
- 서로 소통하며 매듭을 풀었던 상황을 갈등과 연결한다면?
- 함께 협력해서 갈등을 해결해 본 경험이 있다면?

▶ 매듭을 푸는 방법은 크게 두 가지가 있다. 두 사람이 팔을 들고 그 사이로 지나가는 방법, 인원의 절반이 나머지 절반의 사람들의 매듭을 넘어가는 방법이 있다.

주로 전자의 방법이 용이하다. 교사는 모든 학생이 매듭을 풀 수 있도록 시간을 주고 기다린다. 활동을 마무리하면서 매듭을 푸는 방법을 소개할 수 있다.

회복적 생활교육, yearly plan[45]

월	주제	프로그램	학교 운영
2	새학년 준비	새학년 준비 워크숍 안전한 교실 맞이	교사 연수/서클 교사 존중의 약속
3	만남	공동체 놀이 공동체 서클 서로 알아가기	조회 여는 서클 종례 배움 서클 과목별 오리엔테이션 신입생 환영회 학부모 안내문
		공동체 놀이 공동체 서클	
		마음의 신호등 서클로 역할 정하기(리더 등)	
4	존중	평화감수성 활동 존중 서클	학부모 서클 교사 지지 서클 학부모 회복적 가정 교육
		존중의 약속 만들기	
		존중의 약속 점검(매월)	
5	공동체 (가정의달)	공동체 활동 가족주제 서클 과제 소감 나누기(가족서클)	학년 회복적 또래조정 운영 학생-학부모 3자 대면 서클 교사 동아리 학부모 동아리
		현장체험학습 전/후 서클	
		학생서클진행자 훈련 토킹스틱 만들기	
6	관계	공동체 활동 공동체 서클(리더십, 진로)	교사 동아리 학생 동아리 (회복적 또래조정)
		평화감수성 활동 학생 소그룹 서클	
		의사소통 훈련(경청, 의사소통, 회복적 언어, 회복적 질문 연습)	

월	주제	프로그램	기타
7	격려	공동체 (회복) 서클 1학기 마무리 서클	교사 연수(여름방학)/ 교사 지지 서클
8	신뢰	공동체 놀이 공동체 서클(서로 깊이 알기)	2학기 준비 교사 존중의 약속 학생 동아리
8	신뢰	2학기 존중의 약속 만들기	2학기 준비 교사 존중의 약속 학생 동아리
8	신뢰	존중의 약속 점검(매월)	2학기 준비 교사 존중의 약속 학생 동아리
9	배려	회복적 정의에 기초한 학교폭력예방교육	학부모 모임/서클 교사 동아리
9	배려	평화감수성 활동 – 힘 다루기	학부모 모임/서클 교사 동아리
10	갈등	평화감수성 – 갈등 다루기	학부모 동아리 독서 모임
10	갈등	회복적 정의 이해 교육 회복적 동화 만들기	학부모 동아리 독서 모임
11	책임	공동체 (회복) 서클 단합대회/축제 전후 서클	교사 동아리
12 1	감사	공동체 (회복) 서클 학기 말 1년 돌아보기 감사 서클	교사 동아리 회복적 학교운영 평가

회복적 학교 운영을 위해 회복적 생활교육 연간 플랜을 구성해 보길 바란다. 회복적 생활교육에서 다루는 배움의 가치를 월별 주제로 선정하고 그에 맞는 회복적 실천 프로그램을 기획할 수 있다. 회복적 생활교육은 어떤 프로그램을 하는 것이 아니라 주제를 중심으로 회복적 생활교육의 가치가 학교의 배움으로 구현되는 것이 중요하다. 따라서 학교의 회복적 생활교육 연간 플랜을 만드는 것은 회복적 학교를 세우는

---

45 정진, 위의 책, p.48을 참조하여 회복적 생활교육 연간 계획을 재구성했다.

회복적 생활교육, 교육 과정으로 실천하기

중요한 과정이다.

　특히 새학기를 준비하는 교육 과정 워크숍에서 학교 연간 플랜을 구성한다면 학교의 방향을 회복적 생활교육으로 삼는 계기가 될 수 있다. 매월 한 가지의 주제씩 회복적 가치를 깊이 배우고 실천할 수 있도록 교육 과정의 중심 주제로 한 해의 회복적 생활교육 계획을 세워 보길 바란다.

4장

회복적 생활교육,
학교 공동체 회복하기

회복적 생활교육은 갈등이 발생하기 이전에 관계와 공동체성을 높이는 예방적 접근과 갈등이 발생한 이후 깨어진 관계를 회복하기 위해 노력하는 해결적 접근이 맥을 같이하여 학교 전반의 교육 흐름이 되어야 한다. 예방과 회복을 위한 노력이 유기적으로 적용되는 접근이 회복적 생활교육이며, 이러한 흐름이 학교 공동체 전반에 작동되는 학교를 회복적 학교라고 할 수 있다.

학교에서는 우선 일상에서 생활교육 실천과 예방 활동을 통해 공동체의 평화적 하부구조를 구축하는 데 집중해야 한다. 단단한 공동체의 관계적 토대가 있을 때 학교에서 발생하는 문제 사안에 회복적 접근이 힘을 발휘할 수 있다. 학교 현장에서 회복적 생활교육을 바라보는 오해 중 하나는 예방적 접근은 효과적이지만 갈등이나 폭력 사안에 대해서는 회의적으로 보는 것이다. 회복적 생활교육을 통해 공동체를 잘 만들었다 하더라도 심각한 갈등 사안에 봉착했을 때 기존의 사안 처리 시스템으로 처리하며 괴리감이 생기거나, 사안 때문에 그간 공들여 만든 교실 공동체의 관계성이 붕괴되는 결과를 경험할 때가 있다. 이 때문에 회복적 생활교육이 학교폭력이나 학교 갈등 사안을 다루기에는 너무 순진한 접근이 아닌가 하는 회의적인 시각이 존재한다.

회복적 생활교육의 예방적 접근과 사안 처리 접근이 별개일 수 없는데도 이런 오해가 발생하는 이유는 무엇일까? 우선 회복적 생활교육의 폭이 교육 전반의 철학으로 이해되지 않고 몇 가지 학생 프로그램이나 활동 방법으로 소개된 측면이 가장 크겠다. 또한 사안을 해결할 때 학폭법에서부터 제도적으로 회복적 접근을 시도하기가 용이하지 않다는 견해도 작용한다. 특히 학교폭력의 경우 사안 처리 매뉴얼에 따라 진행하지 않고 회복적 접근을 시도할 때 학교가 문제를 은폐하거나 축소한다는 오해를 사거나 아니면 교사가 책임을 지게 되는 상황이 일어날 수 있다는 염려가 존재한다. 이러한 우려를 원천적으로 없애기란 쉽지 않겠지만, 현행 사안 처리 시스템이 과연 교육적 접근으로서 최선인가에 대해서는 되묻지 않을 수 없다.

학교의 크고 작은 갈등을 해결할 때 회복적 접근의 전제는 사안을 어떻게 처리할 것인가가 아니라 어떻게 갈등을 교육의 기회로 삼을 것인가에 주목한다. 결국 개입의 전제를 재설정할 필요가 있다. 현행 학폭법이 수차례 개정되어 오면서 관계 회복에 대한 접근을 제도적으로 개선하고 있지만 여전히 부족한 실정이다. 이 때문에 학교에서 교육적 접근으로서 회복적 개입을 시도할 기회를 더 보장하고 절차적 안정성을 확보해야 할 필요가 있다. 현실적으로 제도 보완을 위해 충분한 논의가 필요하겠지만, 그에 앞서 학교 현장에서 고군분투하는 교사와 학

회복적 생활교육, 이렇게 실천하라

교의 갈등 해결 역량을 높이고, 이를 통해 학교 전반의 갈등 해결 문화가 자리 잡는 것이 중요하다. 이를 바탕으로 제도적 시스템을 마련할 수 있을 것이다.

이와 관련된 첫 시작은 갈등 해결을 위한 주요한 방향이 전통적 생활지도에서 벗어나 회복적 생활교육 패러다임으로 전환되는 것이라 할 수 있다. 회복적 정의 패러다임에 기초한 생활교육의 전환은 학생 생활지도의 일선에서 분명 다르게 작동된다. 가장 먼저 갈등에 개입하는 질문 자체가 다르다. 결국 정의 패러다임에 대한 인식과 관점의 전환은 우리가 일상에서 표현하는 것에서부터 달리 나타난다. 회복적 질문은 앞서 다루었듯이 일상의 대화, 학교 수업에서도 적용하지만 주요하게는 훈육과 갈등 상황에서 다른 길을 만든다. 회복적 질문은 단순한 기법이 아니라 질문의 방향을 완전히 바꾸는 다른 차원의 문제해결 질문이다. 결국 관점이 바뀌어야 우리가 아이들에게 훈육하는 질문도 바뀌고 답도 달라진다.

이처럼 정의 패러다임의 전환은 문제해결에 있어 더욱 창의적 사고를 발휘하게끔 한다. 사안에 대해 어떻게 하면 회복적, 교육적, 공동체적으로 접근할 수 있을까를 염두에 둘 수 있게 된다. 가능하면 피해를 회복하는 방향으로, 갈등을 통해 성장을 경험하도록, 과정과 결과가 관계와 공동체 속으로 재통합되도록 할 것인가를 모색할 수 있다. 어쩌면 문제해결의 회복적 접근은 기존에는 몰랐을 고민과 과제를 낳을 수 있고 더 많은 공동체 구성원의 노력이 필요할 수 있다. 그렇지만 이러한 과정이 학생뿐만 아니라 학생을 가르치고 돌보는 교사와 부모에

게도 실질적인 필요와 성장의 기회가 되는 것은 분명하다. 어느 사회
나 제도 변화에 앞서 실천하는 사람들의 움직임이 있었고 그 용기 있
는 도전과 흐름이 실질적인 변화를 만들어 내는 양분이 되어 왔다. 학
교의 사법화가 어느덧 교실까지 스며든 오늘의 교육 현장 속에서도 회
복적 생활교육을 통해 갈등을 다루고 해결해 온 교사들의 노력이 이제
는 보다 많은 교사들의 교육적 역량으로 발휘될 수 있도록 계기를 마
련할 필요가 있다. 이를 위해 학교 구성원의 갈등 해결 역량을 높이고,
작은 갈등에서부터 교실과 학교 공동체에서 적용할 수 있는 회복적 실
천이 필요하다. 이 장에서는 문제 상황에서 교사가 교실에서 실천할
수 있는 회복적 접근과 학교공동체회복위원회를 통해 학교에서 일어
나는 분쟁에 적용할 수 있는 회복적 대화 모임을 소개한다.

학교공동체회복위원회

학교의 문제를 회복적 접근으로 다루기 위해서는 학교 내 사법 역할
을 담당하는 학생부를 학생생활인권부, 인성안전부 등으로 명칭을 바
꾸는 것을 넘어 실질적으로 갈등을 대화로 해결하고 교육적 기능을 강
화하는 학교공동체회복위원회가 필요하다. 이는 학교폭력에서부터 학
급의 문제부터 훈육과 생활지도, 선도위원회와 학교폭력 대응에 이르
기까지 학교에서 발생하는 갈등을 다루는 학교자체 분쟁해결기구라고
할 수 있다. 학교공동체회복위원회(이하 회복위원)라는 이름은 학교는
교사, 학생, 학부모가 연결된 교육 공동체이고, 단순한 사안처리를 넘어
피해와 관계 회복의 교육적 메시지를 포괄하는 명칭이라 할 수 있다.

특별히 회복위원회는 학교자체해결제 시행 이후 학교에서 발생하는 학교폭력 사안을 회복적 대화 모임을 통해 갈등을 해소하고 관계를 개선하는 데 활용하여 자체해결제의 취지를 실질적으로 구현하는 데 기여하고 있다. 김해봉황초 등 회복적 학교에서는 회복위원회라는 학교 자체해결기구를 두어 관계회복 프로그램의 일환으로 회복적 대화 모임을 통해 학교폭력 문제를 접근하고 있다. 회복위원회는 학폭 접수 이후 사안조사를 하기 위한 관련 학생 개별 면담에서부터 사전모임의 일환으로 회복적 질문을 중심으로 개입하고, 학생과 보호자의 동의가 이루어지면 회복적 대화 모임을 진행한다.

회복위원회는 회복적 생활교육의 예방적 실천과 연계하여 학급, 학년, 학교 단계에서의 회복적 접근으로 학교폭력 사안 처리 과정과 학교 내 갈등 해결 프로세스 체계를 마련한다. 학교폭력을 대화로 해결할 수 있는 학교의 회복적 절차를 이해하기 위해서는 학교 차원의 갈등해결 과정을 학교운영 과정에 담아 학기 초부터 학부모 총회나 학교 설명회, 가정통신문 등으로 안내하는 것이 필요하다. 학교폭력 초기 단계에서부터 대화로의 문제해결 접근이 문제를 축소하거나 은폐하

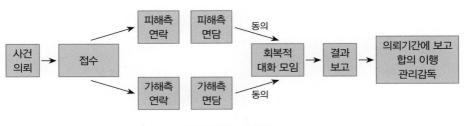

회복위원회 프로세스

려는 의도가 아니라 교육적이고 치유적 접근임을 소개하며 학교에 대한 학부모의 신뢰를 확보할 수 있어야 한다. 이러한 기반 속에서 회복적 대화 모임의 취지를 이해하고 동의하는 관련 학생과 학부모들이 의지를 가지고 참여할 수 있다. 조정 훈련을 받은 교사와 학부모, 학교폭력 전담 및 관련 교사 등이 회복위원회에 참여하여 회복적 대화 모임을 진행하고 사후 관리 역할을 하도록 한다.

회복적 대화 모임을 진행하는 과정은 앞에서 다룬 단계별 절차와 같지만 학부모가 참여할 경우 협력 진행자와 함께 진행하는 것이 바람직하다. 대화 모임에 대한 인력 등 지원이 필요한 경우 교육지원청의 갈등조정단과 연계하는 것도 효과적인 방법이다. 학교는 모임을 진행할 수 있는 별도의 공간을 마련하는 편이 좋다.

회복적 대화 모임을 이끌 수 있는 진행 역량을 가진 교사는 학교의 민원이나 사안 대응에 도움이 된다. 우선적으로 학생과 보호자의 상황에 공감해 주면서도 학교의 문제해결 절차와 보호자의 역할을 안내하는 데도 도움을 줄 수 있다. 학교폭력 이슈는 누가 맡아도 쉽지 않은 교사의 역할이지만, 회복적 교사의 경청과 공감, 의사소통 능력, 공정한 중립성, 문제해결의 절차 안내, 회복적 대화 진행, 회복위원회의 역할은 교육의 주체인 교사의 교권을 보호하고 학생과 학부모를 학교폭력으로부터 예방하고 살리는 길이다. 교사와 학교가 학교폭력을 회복적 정의에 기초해 해결하고자 하는 노력과 실천은 추락하고 있는 교권과 학교를 향한 신뢰를 되찾는 데 기여할 것이다.

1. 회복적 질문을 활용한 훈육

교사의 지도에 따르지 않거나 문제행동으로 인해 교사와 일대일로 학생 훈육이 필요한 경우 회복적 질문을 활용하여 훈육해 볼 수 있다. 다양한 상황으로 긴급하게 훈육해야 하는 때도 있겠지만, 가급적이면 아이들이 지켜보는 앞에서는 지적하기보다는 단호하게 필요한 지시를 하고, 이후에 따로 해당 아이와 시간을 가지며 대화로 훈육하는 편이 효과적이다.

학생과 일대일로 면담하여 훈육할 경우 직접적인 대화에 앞서 회복적 성찰문을 써 보게 하고, 써 온 내용을 토대로 교사는 회복적 질문을 활용해 회복적 대화를 나눠 볼 수 있다. 회복적 성찰문 자체가 회복적 질문에 기초해 만든 것이므로 학생들이 회복적 성찰문을 작성하며 스스로 성찰해 보는 계기를 마련할 수 있다. 물론 학생들이 회복적 성찰문을 성실하게 쓰지 않을 수도 있다. 그렇다면 교사는 추가적인 질문을 통해 회복적 성찰문에 메모할 수 있으며 필요에 따라 교사와 학생이 함께 회복적 성찰문을 작성해 볼 수 있다. 회복적 성찰문을 학생에게 미리 주고 써 보게 할 수도 있고, 아니면 교사가 회복적 질문으로 대화한 이후 이야기한 내용을 정리하여 학생이 회복적 성찰문을 작성하게도 할 수 있다. 회복적 성찰문을 활용한 훈육은 보다 가시적으로 학생을 관찰하고 도움을 주는 데 효과적이다.

회복적 성찰문[46]

담임교사	학년부장	학부모(선택)

1. 무슨 일이 있었나요? (말, 행동 등을 누가, 언제, 어디서, 무엇을, 어떻게, 왜)

2. 자신의 행동으로 가장 큰 영향(피해)을 받은 사람은 누구(들)라고 생각하나요?
   (개인, 당사자, 학교, 가정 차원에서)

3. 자신의 행동으로 발생한 피해를 회복하기 위해 직접적으로 할 수 있는 일은 무엇인가요?

4. 선생님과 주변(학부모 등)에서 본인에게 해 주었으면 좋겠다고 생각하는 것은 무엇인가요?

5. 이번 일을 통해 배운 점은 무엇인가요?

20 년 월 일

학번 :   성명 :

● 민수 이야기

민수는 약간 산만한 편이다. 그래서 아이들과 소통이 잘 안 될 때가 잦고, 수업에 잘 참여하지 못하고 자기가 하고 싶은 것만 계속할 때가 있다. 민수는 오늘 오전 모둠 활동 수업에 참여하지 않고 혼자서 공책에 낙서를 하고 있었다. 같은 모둠의 친구들이 함께하자고 했지만 민수는 참견하지 말라고 화를 내고는 모둠 활동에 참여하지 않았다.

민수의 사례처럼 훈육이 필요한 경우 교사는 회복적 성찰문을 작성하게 하고 그 내용을 토대로 회복적 대화를 통해 훈육할 수 있다. 민수에게 회복적 질문의 기준에 맞게 질문을 구성한다면 다음과 같다.[47]

기준	목표	회복적 질문 예시
상황 이해	사람이 아닌 문제에 초점 맞추기	"오늘 수업 시간에 있었던 일에 대해 선생님과 대화했으면 해." "모둠 활동 수업 시간에 어떤 일이 있었는지 이야기해 주겠니?" "그때 어떤 생각이 들었니?" "그때 너의 마음은 어땠어?" "그렇게 하게 된 이유가 있었던 거니?"
영향 파악	문제의 피해와 영향 찾기	"네가 모둠 활동에 참여하지 않으면서 누가 어떤 영향을 받았다고 생각하니?" "민수 너에게는 어떤 영향을 준 것 같아?" "지금 얘기하면서는 어떤 느낌이 드는데?"

46   이재영, 위의 책, p. 247.
47   한국평화교육훈련원, 위의 책(통합과정2), p. 282.

기준	목표	회복적 질문 예시
자발적 책임	피해와 영향을 직면하고 문제 바로잡기	"수업 시간에 함께하기 위해서 네가 할 수 있는 일은 뭐라고 생각하니?" "민수가 노력해야 할 부분이 있다면 어떤 거라고 생각하니?"
관계 설정	재발방지와 공동체의 참여	"다시 이런 일이 생기지 않으려면 어떻게 해야 한다고 생각하니?" "선생님과 친구들이 도울 수 있는 일은 무엇이 있을까?"
성장의 기회	성장의 기회 찾기	"오늘 선생님과 대화하면서 배우거나 느낀 게 있으면 얘기해 줄래?"

　학생이 교사의 회복적 질문에 기대만큼 원하는 대답을 하지 못할 수 있다. 얼마든지 회복적 질문으로 교사가 원하는 대답이 나올 때까지 취조할 수 있다. 그러나 그것은 교육적 접근이라고 보기에는 무리가 따른다. 회복적 질문의 답은 당사자에게 달려 있다. 특히 일대일 훈육의 경우 자신의 행동이 다른 사람에게 어떤 영향을 끼쳤을지는 상대방으로부터 직접 들어 보기 전까지는 추측에 따른 대답일 수밖에 없다. 그럼에도 자신의 행동에 대한 정당함만 요구하다가 내 행동이 끼친 영향에 대해 헤아려볼 수 있는 질문을 받고 생각해 보는 것만으로도 질문이 가지는 함의는 크다고 할 수 있다. 당장 대답하지 못하더라도 성찰해볼 계기가 마련되기 때문이다.

　훈육 시 원하는 대답이 들리지 않는다고 해서 교사가 초조해할 필요는 없다. 해당 학생과 상대방이 서로 동의한다면 다른 기회에 직접 어떤 영향이 있었는지 들리게 하고 그에 따른 구체적인 자발적 책임을 고민할 수 있게 할 수 있다. 중요한 것은 질문의 대답은 당사자만이 가질 수 있다. 교사는 정답을 내려 주는 사람이기에 앞서 질문자로 전환할 수 있어야 한다. 자발적인 변화나 책임을 고민하지 못하더라도 교사는 회복적 질문의 기준을 가지고 대화를 나눌 수 있다. 학생의 문제행동이 당장 달라지지 않으면 회복적 질문은 의미가 없는가? 그렇지 않다. 질문이 달라져서 학생이 당장 바뀌었다면 그것은 요술이지 교육이 아니다. 변화에는 인내가 필요하다. 그리고 학생을 바꾸기 앞서 교사의 관점을 바꿔 보자. 교사의 회복적 신념에 따른 질문의 변화가 훈육의 시작이다. 아이들의 문제를 바라보는 관점이 달라지지 않으면 질문도 달라지지 않으며 질문이 달라지지 않으면 생활지도의 변화는 따르지 않는다. 관점의 변화는 곧 변화로 열매 맺을 것이다.

2. 회복적 대화 모임(회복적 조정)

두 명 이상의 갈등 사안인 경우에 회복적 질문을 활용한 대화를 통해 문제를 해결할 수 있다.[48] 교사 1명이 학생 2명의 갈등에 개입하는 경우 회복적 질문을 활용하여 대화를 이끌 수 있다. 여기에서는 교실에서 일어나는 갈등에 비공식적으로 개입할 수 있는 대화적 접근을 소개

---

48 경남교육청 등 몇 시도교육청에서는 관계회복프로그램의 내용으로 회복적 대화 모임(조정)을 진행하고 있다. 특히 학교폭력 학교장자체해결 사안(학폭법 제13조의 2 제1항) 즉 전치 2주 이내의 상해 사안, 재산상 피해가 없거나 복구된 사안, 가해 행위가 지속적이지 않은 사안, 보복행위가 아닌 사안에 한해 적용하고 있다.

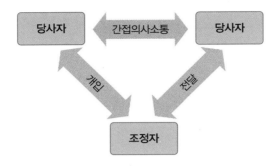

회복적 대화 모임의 대화방식[49]

한다. 갈등 당사자가 두 명 이상의 경우 공식적인 사안뿐만 아니라 교실에서 발생하는 학생 갈등에 일상적인 비공식적인 개입에도 회복적 대화 모임의 방식과 원칙, 그리고 절차를 이해하는 것이 도움이 된다.

회복적 대화 모임의 방식은 갈등 당사자 간에 직접적으로 대화를 하게끔 하는 것이 아니라, 대화 모임을 진행하는 조정자를 중심에 두고 당사자들이 직접 소통하지 않고 조정자를 통해 말하고 듣는 간접 대화 방식으로 진행된다. 조정자는 각 당사자가 이야기할 수 있도록 회복적 질문을 중심으로 묻고, 질문에 따른 당사자의 대답에 적절한 의사소통 기술을 발휘하여 상대 당사자가 잘 들을 수 있도록 하는 역할을 수행한다. 이와 같은 간접 의사소통 방식은 당사자들이 안전하게 자신들의 입장을 말하고 듣게 하며, 풀어야 할 쟁점들에 대해 서로 만족할 수 있는 해결책을 찾아가도록 이끈다.

49　한국평화교육훈련원, 위의 책(통합과정2), p.223.

이러한 회복적 대화 방식에서 반드시 지켜져야 할 세 가지 원칙은 중립성, 자발성, 비공개이다. 이 세 가지는 안전한 대화 모임을 진행하기 위한 중요한 원칙으로 조정자가 필수로 고려해야 할 것들이다. 첫째, 중립성은 기계적인 중립성Neutrality이 아니라 주도적이고 의지적인 중립성Impartiality을 말한다. 예를 들어 힘의 관계가 불균등하다면 누구에게 어떻게 힘을 실어줘야 할지 고려하는 것도 의지적 중립성에 해당한다. 둘째, 원칙적으로 모든 대화 모임은 당사자의 자발성Voluntarism에 기초해야 한다. 제삼자가 아무리 좋은 의도로 문제를 해결하고자 하여

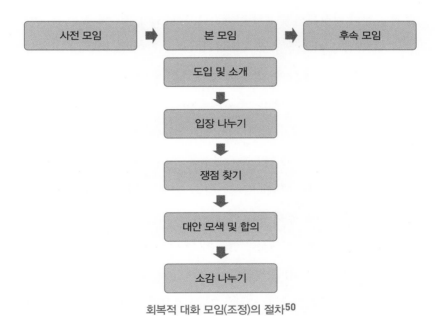

회복적 대화 모임(조정)의 절차[50]

---

50 한국회복적정의협회, 〈회복적정의전문가 2급 자격교육 과정〉 교재 참조.

도 당사자 본의의 참여 의사가 없다면 대화 모임은 성사될 수 없다. 셋째, 비공개Confidentiality를 원칙으로 한다. 대화의 내용이 당사자의 동의 없이 공유되거나 공개된다면 대화 모임은 결코 안전한 공간이 될 수 없다. 대화에서 나온 이야기는 모임 안에서만 비밀로 유지하되 필요 시 주변에 알리고자 한다면 대화 모임에 참여한 사람들의 동의가 반드시 필요하다.

회복적 대화 모임의 절차process는 사전 모임, 본 모임, 후속 모임의 3단계로 이루어진다. 먼저 사전 모임은 개별적으로 갈등 당사자와 만나는 모임을 의미한다. 사전 모임에서는 당사자의 이야기를 판단하지 않고 자신의 입장에서 충분히 이야기할 수 있도록 공감하고 문제의 발단이 된 쟁점과 맥락이 무엇인지 파악하는 시간이다. 또한 사전 모임은 당사자에게 본 모임에 앞서 참여 의사를 확인하는 과정이기도 하다. 사전 모임에서 조정자의 공감은 당사자와 조정자 사이에 관계적 라포를 형성하는 계기를 만든다. 사전 모임에서 어떤 당사자는 상대방을 만나는 것은 우려가 있으나 자신의 이야기를 경청해 준 조정자를 신뢰하여 본 대화 모임에 참여하기도 한다. 여기서 주의해야 할 점은 갈등을 겪은 사람에 대해 정서적 공감은 할 수 있으나 당사자의 입장에 동의하거나 동일시해서는 안 된다는 것이다. 이를 어기면 대화의 중립성을 훼손하는 오류를 낳는다.

회복적 대화 모임의 절차 이해는 매우 중요하다. 대화 모임의 성과는 조정자 개인의 역량과 기술이 아니라 진행 절차에 있다. 회복적 절차라고 부르는 대화 모임 단계별 프로세스는 대화 모임이 어떤 방향으로 전개되어야 하는지를 안내한다.

다음은 사전 모임 단계에서 조정자가 해야 할 것과 질문들을 정리한
내용이다.

사전 모임(진행 순서)

① 환영

② 진행자 소개(외부진행자일 경우)

③ 회복적 대화 모임의 의미(피해 회복, 자발적 책임, 관계 회복)

④ 조정자의 역할(중립적 대화 도우미)

⑤ 이야기 나누기(회복적 질문)

⑥ 마무리(본 모임 참여 확인, 감사)

사전 모임 단계의 회복적 질문

① 무슨 일이 있었는가? (상황 이해)

② 이 일로 어떤 영향을 받았는가? (영향 파악)

③ 이 일이 어떻게 해결되기를 원하는가? (피해 회복, 공동체 회복)

④ 이러한 일이 다시 일어나지 않기 위해서 필요한 것은 무엇인가? (재발 방지)

⑤ 선생님이나 친구들이 어떻게 도와주면 좋겠는가? (공동체 도움)

⑥ 본 모임에 대한 기대나 염려가 있다면? (확인)

회복적 대화 모임(조정) 본 모임 절차

앞서 다룬 사전 모임에서 당사자들이 대화에 동의했다면 회복적 질

문을 활용하여 대화 모임 절차에 따라 다음과 같은 진행 순서로 본 모임을 진행할 수 있다.

> **본 모임(진행 순서)**
>
> ① 환영
> ② 회복적 조정의 의미(피해 회복, 자발적 책임, 관계 회복)
> ③ 조정자의 역할(중립적 대화 도우미)
> ④ 기본 규칙 약속 및 대화 방식 안내
> ⑤ 이야기 나누기(회복적 질문)
> ⑥ 마무리(약속 확인, 참여 감사)

본 모임에서는 도입부에 조정자가 대화 모임의 의미와 조정자 역할을 소개하고 대화 모임의 기본 규칙을 안내하고 회복적 질문을 통해 대화 모임 단계별 절차 흐름에 따라 진행한다. 회복적 대화 모임의 기본 규칙은 다음과 같다.

> **기본 규칙**
>
> ① 진행자의 발언권을 얻은 사람만 이야기할 수 있다.
> ② 다른 사람의 이야기를 경청하며 자신의 발언 시간을 기다려 이야기한다.
> ③ 상대를 존중하며 상대가 불쾌감을 느낄 언행을 삼간다.
> ④ 일방적으로 자리를 떠나지 않는다.
> ⑤ 대화에서 나온 이야기는 비밀이 보장되어야 한다.

회복적 생활교육, 이렇게 실천하라

조정자는 기본 규칙을 안내한 후 대화 중에 기본 규칙을 상기하도록 당사자에게 서명을 받거나 자리에 놓고 대화에 임할 수 있도록 한다.

사전 모임에서는 당사자에 대한 공감과 문제가 된 쟁점이 무엇인가를 파악하는 것이 조정자의 주요한 역량이라면 본 모임에서 중요한 것은 대화 모임 진행자의 중립과 진도이다. 중립은 대화 모임 원칙에도 언급했듯이 어느 편에도 들지 않고 공정한 발언 기회와 힘의 균형이 맞도록 의지적인 중립성을 지니는 것이라면, 진도는 대화의 내용을 건

도입 및 소개	참석자 소개 대화 모임 취지와 방식 안내 기본 규칙 설명
입장 나누기	당사자별 입장 나눔 회복적 질문과 경청 의사소통 기술 활용
쟁점 찾기	풀어야 할 쟁점 정리 (사과, 재발방지, 관계개선, 변상 등)
대안 모색 및 합의	당사자 개별 만남 후 모임 쟁점을 중심으로 해결방안 모색 합의문(약속이행문) 작성
소감 나누기	소감 나눔 후속 모임 안내

본 대화 모임(조정)의 단계별 절차[51]

---

51 한국회복적정의협회, 〈회복적정의전문가 2급 자격교육 과정〉 교재 참조.

설적으로 전개하고 절차를 주도적으로 이끌어 가는 진행자의 역량이 겠다. 대체로 조정자가 당사자의 입장과 감정을 다루다가 내용적 진도를 나가지 못하고 같은 내용이 반복되거나 방향을 잃어버리게 되기도 한다. 이와 같은 반응은 조정자가 대화 과정에 주도권을 갖지 못한 채 당사자에게 끌려가 버리는 결과를 초래하게 만든다. 따라서 중립과 진도는 본 대화 모임을 이끄는 진행자의 주요한 역량이라 할 수 있다.

• 경식이와 영철이의 이야기

어느 날 아침 일찍 선생님은 고등학교 2학년 학급회의에 들어갔다가 경식이가 같은 반 친구 영철이의 이름을 부르며 욕하는 것을 듣게 되었다.

그러자 선생님은 경식이와 영철이 둘 다 데리고 복도로 나가서 점심 시간이 끝나자마자 둘 모두와 이 문제로 잠시 시간을 가지면 좋겠다고 말했다. 함께 모임을 하는 동안 선생님은 지난 2주 정도 지켜보니 두 사람의 사이가 심상치 않던데 둘 사이에 무슨 일이 있었는지 자세한 이야기를 들려 달라고 했다.

경식이는 영철이가 자신의 숙제공책을 가져가서는 숨겨 놓고 돌려주지 않았다고 말했다. 경식이도 영철이가 장난으로 그런다는 것을 알았지만 계속 장난을 치자 신경질이 났고 이제 그만 하라고 영철이에게 말했다고 한다. 그래도 영철이는 장난을 멈추지 않았고 어제는 급기야 경식이가 곤란한 상황을 맞게 되었다. 영어 수행평가가 그 공책에 있었는데 영철이가 어디에 그걸 숨겨 두었는지 도통 찾을 수 없었던 것이다. 경식이는 엄청나게 화가 나서 다음 날 아침 영철이에게 욕을 했는데 바로 그 때 선생님이 그 소리를 듣게 된 것이다. 영철이는 경식이가 그렇게 곤란한지 정말 몰랐다며 잘못을 인정했다. 그렇지만 자신의 행동이 반 친구들 앞에서 그렇게까지 심한 욕을 들을 일이라고 생각하지 못했다는 점도 이야기했다.

위에 제시한 경식과 영철의 이야기를 시나리오로 회복적 질문을 활용한 회복적 대화 모임(본 모임)의 스크립트를 구성했다. 회복적 대화 모임의 절차에 따라 단계별로 조정자가 어떤 말을 하는지 살펴볼 수 있다.

• 회복적 대화 모임 예시[52]

1단계: 소개 및 도입부

⟨시작하기⟩

지난 사전 모임에서 이야기를 각자 나누었지만 다시 만나 대화를 나누게 되어 반갑다. 오늘 이렇게 함께 이야기 나누는 것이 부담스러울 수 있지만 오늘 대화를 통해 이번 문제를 잘 해결할 수 있기를 기대해.

⟨대화의 의미 설명⟩

오늘 대화의 시간은 둘 사이에 있었던 잘못된 일을 함께 바로잡는 기회의 시간이야. 오늘 경식이와 영철이에게 일어난 일에 대해 이야기하고자 모였는데 이 자리는 누가 어떤 잘못을 했는지 가려서 처벌하려는 것이 아니라 단지 이 일이 왜 일어났고, 이 일로 인하여 누가 어떤 영향을 받았는지, 그리고 어떻게 책임지고 어떻게 회복할 것인지를 이야기하려고 해. 진솔하게 서로의 이야기를 듣고 말해서, 이 사건으로 발생한 피해를 회복하고 서로 안전하고 잘 지내기 위해 모인 자리라는 걸 이해하기 바란다. 오늘 시간을 같이 내줘서 고맙다.

⟨기본 규칙⟩

오늘 대화를 잘 나누기 위해서는 다음과 같은 몇 가지 규칙을 안내하니 잘 지켜 주

---

52 한국평화교육훈련원, 위의 책(통합과정2), pp.293-301 참조.

길 바란다.

첫째, 다른 사람이 이야기할 경우, 끼어들거나 방해하지 말고 선생님이 발언권을 줄 때까지 기다렸다가 이야기해 주길 바란다.

둘째, 대화 중에 서로 욕설이나 소리를 높이지 말고 친구의 이야기를 존중해 주고 선생님의 지시나 안내에 따라 주길 바란다.

셋째, 혹시 대화 중에 기분이 나쁘더라도 마음대로 자리를 떠나지 않도록 하고, 필요할 경우 선생님에게 요청해 주길 바란다.

넷째, 이 자리는 진솔하게 자신의 이야기를 나누는 자리야. 여기서 말하고 들은 내용은 반드시 비밀을 지켜 주고 친구들에게 함부로 이야기하지 말기를 바란다.

둘 다 동의하니?

2단계: 입장 나누기

〈자기 경험 나누기〉

경식이 얘기부터 들어보자. 경식이가 영철이로 인해 어려움과 불편함을 겪어 왔다고 했는데, 어떻게 된 일인지 자신의 입장에서 그때 상황을 이야기해 줄래?

그날 선생님이 본 상황이나 그 이전에 무슨 일이 있었니?

그때 어떤 생각(기분)이 들었어?

그때 이후로 무슨 생각을 해 왔니?

그때 이후로 가장 불편한 점은 무엇이니?

부모님은 이 상황을 아시니, 반응은 어떠셨니?

경식이에게 가장 힘들게(어렵게) 생각되는 부분은 어떤 것이니?

지금은 어떤 기분이 드니?

상대가 무엇을 알았으면(알아 주면) 좋겠니?

지금 경식이 이야기를 들어 봤는데, 영철이 입장에서도 역시 상황을 들어 보는 시간을 갖자.

영철이도 당시에 어떤 일이 있었었는지 자기 입장에서 이야기해 주겠니?

그날 선생님이 본 상황이나 그 이전에 무슨 일이 있었니?

왜 그렇게 하게 되었어?

그때 어떤 생각을 했니?

그때 이후로 어떤 생각을 해 왔니?

그때 이후로 가장 불편한 점은 무엇이니?

부모님은 이 상황을 아시니, 반응은 어떠셨니?

지금은 어떤 마음이 드니?

상대가 무엇을 알았으면(알아주면) 좋겠니?

〈전환점〉

자, 이제 모두의 이야기를 들어보았는데, 혹시 추가로 말하고 싶은 게 있니?

지금까지 너희 사이에 있었던 일로 인해 서로가 주고받은 영향과 어려움에 대해 이야기 들었는데, 서로의 이야기를 들으면서 어떤 생각이 들었니?

혹시 여기 나온 이야기 중에 전에 잘 몰랐거나 못 느꼈는데 새롭게 생각하게 된 것이 있었니?

여기 와서 처음 듣고 알게 된 내용이 있니?

영철이부터 이야기해 볼래?

경식이는 어떻게 생각해?

3단계: 쟁점 찾기

〈진행자의 쟁점 정리〉

지금까지 각자의 이야기를 들어 보니 우리가 앞으로 풀어야 할 몇 가지의 쟁점이 보이는구나. 정리해서 알려 줄 테니 잘 들어 보렴.

첫째, 이번 일에 대해 누가 어떤 부분을 사과할 수 있고, 또 사과받고 싶은 부분이 있다면 그것이 무엇인지와 관련된 '사과와 인정'에 대한 것.

둘째, 이번 일 때문에 서로 지금까지 힘든 과정을 겪어 왔는데, 앞으로 이런 일이 다시 발생하지 않도록 하기 위해 구체적으로 할 수 있는 것이 무엇인지와 관련된 '재발 방지'에 대한 것.

셋째, 앞으로 두 사람이 어떻게 지낼 것인지와 관련된 '관계 설정'에 대한 것으로 정리할 수 있어.

'사과', '재발 방지', '관계 설정', 앞으로 풀어야 할 이 세 가지 쟁점에 대해 모두 동의하니?

혹시 더 추가하고 싶은 풀어야 할 쟁점이 있을까?

그러면 각자 시간을 줄 테니 앞서 이야기한 쟁점들에 대해 구체적으로 생각해 보길 바란다.

(* 대개 쟁점은 네 가지로 파악된다. 사과, 재발 방지, 관계 설정, 피해 변상. 위 사건의 경우 사과, 재발 방지, 관계 설정 등이 쟁점이 될 수 있다.)

4단계: 대안 모색 및 합의

〈해결 방안 모색〉

자, 여기 종이를 줄 테니까 한번 적어 보길 바란다.

나의 약속 (내가 할 수 있는 것)	나의 요구 (상대에게 부탁하고 싶은 것)
– 사과와 인정 – 재발 방지 – 관계 설정 – 기타	– 사과와 인정 – 재발 방지 –관계 설정 –기타

- 사과, 재발 방지, 관계 등 쟁점별로 정리하기
- 구체적인 약속 만들기
- 실현 가능한 대안 제시하기
- 형평에 맞게 약속 정하기
- 서로 협의를 통해 합의할 수 있도록 돕기

(옵션1: 따로 잠시 시간을 주어 작성하게 한 뒤 바로 같이 이야기한다.)
(옵션2: 각자 분리해서 작성하게 하면서 몇 가지를 묻고 정리한 후 다시 모여 이야기한다.)

영철아, 오늘 경식이 이야기 들어 보니까 어땠어? 앞으로 경식이와 잘 지내고 불편한 상황이 생기지 않게 하려면 네가 할 수 있는 일이 무엇이라고 생각하니? 경식이에게 요청하고 싶은 것이 있니? 선생님과 친구들이 어떻게 도와주면 좋을까?

경식아, 지금까지 대화해 보니 어때? 오늘 대화를 통해 네가 불편했던 것이 잘 해결되기 위해 무엇이 이뤄지면 좋을지 말해 줄래? 또 서로 잘 지내기 위해 영철이에게 요청하거나 구체적으로 할 수 있는 일은 무엇일까?

선생님과 친구들은 어떻게 하면 둘이 지내는 데 도움이 될까?

〈해결책 결정〉
좋아, 지금 제안한 내용들이 무엇인지 내가 정리해 볼게.
자신이 약속할 수 있는 것이 무엇인지 이야기해 보자.
상대방에게 요청하고 싶은 것은 무엇이니? 그 부탁에 대해서 어떻게 생각하니? 요청을 받아줄 수 있니? 혹시 다른 제안이 있을까?

너희들이 제안한 것들인데 이렇게 약속하면 충분한 것 같니?

혹시 추가할 내용이 있으면 지금 이야기해 주길 바란다. 여기서 동의한 약속의 내용을 기록으로 남길게.

5단계: 소감 나누기

〈마무리〉

오늘 이 문제를 풀기 위해 용기 내어 자신의 이야기를 해 주고 해결책까지 같이 만든 너희가 고맙고 자랑스럽다. 오늘 둘이서 같이 만든 이 약속들이 잘 지켜진다면 이번 일로 너희들에게 생긴 불편함이 줄어들 거라고 생각해. 일주일 정도 지나면서 오늘 정한 약속들이 잘 지켜지고 있는지 후속 모임을 갖도록 할게. 혹시 중간이라도 둘이 지내는 데 불편하거나 힘들어지면 선생님에게 언제든지 이야기해 주길 바란다.
끝으로 오늘 대화를 나눈 소감을 한마디씩 해 줄래? 영철이부터…, 경식이도….
고맙다. 선생님도 (…) 느낀다. 그럼 잘 지내고. 오늘의 대화를 마무리하도록 할게. 다들 수고 많았다.

본 대화 모임 이후에 서로 어떤 관계로 지내는지, 약속이 잘 지켜졌는지 등을 점검할 후속 모임을 가질 수 있다. 후속 모임은 필수는 아니지만 점검 모임이 필요하다고 판단될 때 진행할 수 있다. 일상에서 당사자들에 대한 관찰과 점검이 가능하다면 그것으로도 후속 모임의 성격을 대신할 수 있다.

회복적 대화 모임의 기본적인 절차를 이해하는 것은 중요하다. 절차는 대화 모임을 전개할 기틀을 마련한다. 회복적 대화 모임(조정)은 어떤 대화법이나 기술을 발휘하여 전개해 가는 것이 아니라 절차 단계의 틀 안에서 의사소통 기술을 활용하여 접근하는 것이다. 회복적 대화

회복적 생활교육, 이렇게 실천하라

모임 진행자는 기본적인 절차 이해를 기반으로 하여, 갈등 당사자의 상황이나 대화 환경에 맞춰 절차를 응용하여 진행할 수 있다.

회복적 대화 모임을 위한 체크리스트

회복적 대화 모임을 위한 체크리스트를 활용하여 진행 상황을 점검하고 조정자가 갖추어야 할 자질을 점검해 볼 수 있다.

● 회복적 대화 모임 체크 리스크 목록[53]

_____ 회복적 대화 모임의 의미에 대해 설명했는가?

_____ 조정자의 역할과 대화 모임 진행방식에 대해 설명했는가?

_____ 기본 규칙이 잘 지켜질 수 있도록 했는가?

_____ 사건 당시와 그 이후 자신의 생각, 감정에 대해 충분히 이야기하도록 했는가?

_____ 사건 이후 누가 어떤 영향을 받았는지 이에 대해 생각해 볼 수 있게 했는가?

_____ 서로 이야기가 잘 들려지도록 의사소통 기술(공감적 듣기, 바꿔 말하기, 요약하기 등)을 적절히 사용했는가?

_____ 당사자가 이야기한 입장을 근거로 풀어야 할 쟁점을 잘 정리하고 요약했는가?

_____ 회복을 위해 필요로 하는 것이 무엇인지에 대해 생각해 볼 수 있게 했는가?

_____ 구체적으로 현실 가능하고 형평성에 맞는 해결책을 찾기 위해 격려하고 있는가?

_____ 합의한 약속이 잘 지켜지는지 확인하기 위한 모임이나 방법을 정했는가?

조정자는 다음과 같은 것을 삼가며, 적극적으로 경청하고 공정하게 대화 모임을 진행하는가?

_____ 언어적 또는 비언어적 메시지로 위협하거나 난색을 표하고 있지는 않은가?

_____ 자기의 의견을 내세우고 있지는 않은가?

_____ 한쪽 편을 들고 있지는 않은가?

_____ 무슨 일인지 다 알고 있다고 여기고 있지는 않은가?

_____ 사람들에게 무엇을 하라고 말하고 있지는 않은가?

_____ 묻지도 않은 조언을 하고 있지는 않은가?

_____ 사람들에게 사과하고 화해하라고 주장하고 있지는 않은가?

---

53 한국회복적정의협회 회복적 조정 체크리스트 목록과 벨린다 홉킨스 박사가 교사를 위한 회복적 대화 점검을 위한 리스트를 재구성함.

* Belinda Hopkins, 'Restorative Classroom Practice : Restorative approaches in your day to day work', Transforming Conflict 참조.

김애경

[회복적 대화 모임 갈등조정 사례1]
남학생들 폭력 사건

3월 개학식날, 117에 학교폭력신고가 접수된 사건이 날아왔다. 이 사건은 3개 학급에 걸쳐 있고, 가해자도 6명이나 되는 사건이라 담임들의 혼을 학기 초부터 쏙 빼놓았다. 가해자와 피해자는 평소 친한 친구 사이였기 때문에 관계의 문제를 풀어야 이 문제가 풀리겠다는 생각에서 회복적 대화 모임을 통해 갈등을 풀어 보고자 했다. 그런데, 학교폭력이 접수된 7일 이내에 학폭위를 열어야 한다는 규정 때문에 학폭위가 열리기 전에 회복적 대화 모임을 하기에는 시간이 부족했다. 다행히 학교 학폭위원들이 회복적 대화 모임을 거친 후에 결정을 내리겠다고 결정을 내려 주었고, 그렇게 해서 첫 회복적 대화 모임이 열리게 되었다.

'평소 대화로 자신의 감정을 이야기하는데 서툰 아이들이 대화 모임에서 진지하게 이야기를 할 수 있을까? 대화로 문제를 풀 수 있는 건 그만한 대화 능력을 갖춘 아이들이어야 되는 것 아닐까?'

이런 생각을 하며 대화 모임에 참여했다. 아이들은 방과후 늦은 시간까지 학교에 남아 있어야 하는 것에 불만을 표하기도 하고 단순 방조자였던 아이들은 자기들까지 이 자리에 앉아 있어야 하냐며 화를 내기도 했다. 이런 분위기에서 화해란 것이 가능할까? 하고 회의가 들기도 했다.

그런데, 화해의 실마리로 가게 만든 건 의외로 아이들이 툭! 내뱉은 말이었다.

"너도 그때 형들 시켜서 협박했잖아?"

상대가 했던 행동이 자신에게 위협이 되었다고 느껴서 자기도 그렇게 행동했다는 말을 함으로써 서로가 서로에게 오해를 갖고 적대적인 구조 속에서 자기 안에 불안을 더 키워 왔다는 사실을 알게 되는 순간이었다.

그리고, 대화가 이어지며 아이들 입에서 나왔던 한마디!

"우리 그렇게 양아치 아니거든요?"

이 말을 진행자가 받아서 바꾸어 말하게 해 주었다.

"앞으로 보복을 한다거나 가족에게 위협을 가하지 않겠다는 말이죠?"

"아, 우리 그런 짓까지 안 해요."

이로써 피해자와 피해자 가족이 가장 우려하던 보복에 대한 걱정을 내려놓을 수 있었다. 화해는 멋들어진 말, 논리적인 말에서 만들어지는 것이 아니었다. 오히려 아이들의 투박한 한마디가 화해를 가져오는 실마리가 되었다.

자신의 입으로 피해를 직접 이야기하고, 자신의 귀로 그 피해를 직접 듣는 시간. 그 시간이 정말 필요하다. 그 시간을 통해 서로가 했던 행동의 이유를 이해하게 되었다. 서로가 만들어 낸 긴장과 갈등이 문제를 어떻게 키워 왔는지….

손짓 하나 눈빛 하나에도 갈등과 긴장이 증폭되는 상황. 그런 상황이 어떻게 만들어져 갔고, 어떻게 갈등이 커져 갔는지 서로 상황을 이해하게 된 것이다. 그것만으로도 충분히 의미 있는 시간이었다.

회복적 대화 모임이 끝난 후 며칠 후부터 아이들은 피해자, 가해자가 금세 어울려 다녔다. 한 달 동안 담임들의 진을 쏙 빼놓았던 일을 한여름 밤의 꿈이었던 것처럼 금세 잊고, 그동안 내내 걱정했던 선생님들을 비웃기라도 하듯 말이다.

[회복적 대화 모임 갈등조정 사례2]
여학생들 친구 관계

"만나기도 싫어요. 얘기하기도 싫고, 보고 싶지도 않아요."

이렇게 말하는 피해자.

"제가 한 것이 아닌데도 저한테 다 뒤집어씌우는 것 같아요. 다들 저만 나쁜 애로 보잖아요."

이렇게 말하는 가해자.

둘 사이에 화해가 가능할까? 아니, 화해는커녕 회복적 대화 모임 자리에 둘을 초대하는 것조차 불가능해 보이는 상황이었다.

피해자가 입은 상처를 회복할 방법은 가해자 앞에서 자신이 입은 상처를 당당하게 드러낼 수 있을 때, 그 피해가 트라우마로 남지 않을 거라고 이야기하며 가해자를 처벌하는 데 맞춰진 초점을 자신에게 돌려 자신의 피해를 어떻게 해야 회복할 수 있을지 자신의 내면의 욕구를 잘 들여다보라고 이야기해 주었다.

가해자는 억울한 감정이 가장 크게 자리 잡고 있었다. 선생님들이 보는 시선, 아이들이 보는 시선 때문에 억울함이 가장 크게 자리한 상태였다. 그래서 일단 그 억울함을 이야기해 보라고 했다. 다 너의 책임이 아니라면, 네가 생각하는 책임에 대해 이야기해 보라고 했다.

피해자 사전 모임, 가해자 사전 모임, 피해자–가해자 사전 모임, 피해자와 피해자 부모의 사전 모임, 네 번의 사전 모임을 거치고 나서야 회복적 대화 모임으로 모두를 초대할 수 있었다.

피해자 어머니가 그간에 힘들었던 과정을 이야기하며 눈물을 흘리셨다. 그 이야기를 듣는 동안 가해자가 울기 시작했다. 가해자의 눈물에는 피해자를 그렇게 힘들 게 했던 것이 다 자기 책임은 아닌데 하는 억울함도 물론 있었을 것이다. 아니 억울함이 가장 컸을 것이다. 그러나 자신이 생각 없이 한 행동이 어떤 피해를 가져왔는지 자기의 귀로 들으면서 느끼는 마음도 또한 있었을 거라 생각한다.

가해자의 어머니가 자식 키우는 입장에서 그렇게 힘들게 했다는 것이 너무 죄송하고 미안하다는 사과의 말씀을 했고, 피해자에게 미안하다는 말을 건네는 순간, 눈물이 핑 돌았다. 그 순간이 화해의 순간이었다고 생각한다. 서로의 진심이 만나서 만들어 내는 화해의 순간! 그 순간이 자아내는 감동은 영화나 드라마에 비할 것이 못 된다. 게다가 은근 중독성도 있다. 그래서 그 순간을 한 번이라도 맛보게 되면 누구나 화해의 여정을 떠나게 되는 것인지도 모르겠다.

대화 모임의 마무리로 서로가 앞으로 지킬 약속을 합의했다.

1. 서로 상처받지 않게 행동한다.
2. 기분 나쁘게 쳐다보지 않는다.
3. 서로 없는 자리에서 그 사람 험담하지 않는다.
4. 하고 싶은 이야기가 있으면 둘이 조용히 이야기한다.
   이야기할 때 나쁘게 말하지 않고 서로 존중하는 언어를 사용한다.

그들이 힘들게 회복적 대화 모임에 앉았고, 어렵게 서로의 이야기를 털어놓았는데 그들이 쓴 합의문은 이렇게 사소한 것이었다. 사소한 오해를 풀지 못하고 그동안 갈등을 키워 왔던 것이다. 아이들이 갈등을 푸는 방법을 알고 있었더라면, 좀 더 빨리 오해를 풀 수 있었다면 오랜 시간 상처받고 힘들어하는 일은 없었을 텐데 하는 아쉬움이 크게 남는 사건이었다.

[회복적 대화 모임 갈등조정 사례3]
교사와의 갈등

교사와 학생 간의 갈등을 회복적 대화 모임으로 풀기란 힘든 일이다. 교사가 학생과 동등한 써클 안에 들어가야 하기 때문이다. 교사가 권위를 가져야 한다는 생각은 아니지만, 학생과 같은 입장에서 자신의 모든 생각과 행동이 드러나는 것을 편하게 받아들일 교사는 아마 없을 것이다. 그렇지만 교사가 용기를 낼 수 있었던 것은 학생에게 진심으로 그 학생을 생각하고 걱정해 주고 이야기 들어 주는 어른들이 있다는 것을, 대화로 갈등을 해결해 갈 수 있다는 것을 한 번이라도 느낄 수 있게 해 주고 싶어서라고 했다. 또한 자신의 행동이 갈등이 있는 학생의 입에서 나쁘게 이야기되더라도 자신을 지지해 주고 믿어 줄 동료가 있다는 것을 믿기 때문이라고 했다.

학생은 학교에 대한 불신, 교사에 대한 저항, 권위에 대한 저항이 큰 편이었다. 그래서 처음 사전 모임 할 때도 별로 입을 열지 않았다. 이런 거 뭣 하러 하냐고? 그냥 징계 넘기라고 이야기할 정도였다. 선생님이 오히려 학생이 어른에 대한 불신이 더 깊어질까 봐 걱정돼서 대화 모임을 해 보겠다고 용기를 냈다.

사전 모임을 하면서 선생님은 많이 우셨다. 그간의 힘들었던 일들이 생각이 나면서, 교직관 전체가 흔들리는 것 같은 위기의 상황이라고 하셨다. 그런데, 사전 모임을 하면서 털어놓고 나니 한결 편해졌다고 했다. 사전 모임이 상담의 효과를 낸 것 같았다.

학생은 사전 모임에서 처음엔 마음의 문을 열지 않았다. 모른다고 하고, 기억이 안 난다고 하고, 지금의 관계가 아무렇지 않다고 했다. 그런데, 모른다고 이야기하는 모습은 자신을 보호하는 방어기제였다. 분노의 지점을 건드리면 입을 열었다. 그리고 모른다고 이야기했던 부분까지 상세하게 말했다. 자기를 변호하고 싶은 마음, 변명하고 싶은 마음은 누구에게나 있고, 그 부분을 건드려 이야기를 끌어내었다.

사전 모임을 하면서 학생은 선생님과의 관계에서 아무런 기대도 없다고 말은 그렇게 하지만, 다른 아이들은 다섯 번 상담할 때, 자기는 세 번밖에 상담하지 않았다는 것, 자기를 무시하는 것 같다는 것, 자신에 대한 평가를 낮게 한다는 것…. 이런 말에서 학생도 실은 선생님과의 관계를 풀고 싶구나 하는 생각이 들었다. 그래서 그 부분이 둘의 관계를 회복하는 연결지점이라고 생각했다.

대화 모임 이후 선생님은 마음이 편해졌다고 했다. 마음의 짐을 하나 던 느낌, 돌덩이를 치운 느낌이라 했다. 그리고, 대화 모임 이후 학생이 공개적으로 선생님을 무시하는 행동을 학급에서 하지 않고, 주변 친구들에게도 욕하는 일이 없어져서 주변 친구들과 관계나 학급 분위기가 훨씬 좋아졌다고 한다. 학생과의 관계는 바로 나아지지는 않았다. 공식적인 이야기들만 나누는 상태이지만 앞으로 더 좋아지겠지 하고 생각한다 했다. 그러나 중요한 건 예전처럼 불편하거나 그러지는 않다고 했다.

학생은 대화 모임을 하고 난 후 이야기를 다 해서 마음이 후련하다고 했다. 대화 모임을 하고 난 직후 바로 교실에 들어가서 웃고 이야기하는 모습을 보였다 한다. 기분이 아주 많이 좋아보였고, 전에는 담임 선생님이 교실에 들어가면 싸늘한 표정을 지었는데, 대화 모임 한 날은 선생님이 들어가도 계속 웃고 있었다고 한다. 회복적 대화 모임 이후 둘의 긴장 관계로 인해 냉랭하던 교실의 분위기가 없어졌다고 했다.

교사가 용기 내어 준 덕분에 학생은 한 번의 기회를 더 얻게 되었다.

[회복적 대화 모임 갈등조정 사례4]
덮어둔 불씨

고등학교 2학년 남학생 간의 갈등 상황이 심각한 상태였다. 가해자와 피해자는 같은 학급의 학생이었는데, 사소한 말이나 표정, 눈빛 때문에 갈등이 계속 일어나는 상태였다. 이 사건은 담임교사 뿐만 아니라 학생부장과 학교 전체에까지 골치 아픈 사건이었다. 언제 터질지 모르는 폭탄 같은.

피해자를 먼저 만났다. 피해자는 화해는 절대 안 할 거라고 했다. 가해자를 만나고 싶지도 않고, 가해자가 자기를 조금만 더 건드리면, 건수를 잡아 신고해 버릴 거라며 벼르고 있었다. 둘 사이에 1학년 때 폭력 사건이 있었고, 이 사건은 학교폭력 생활기록부 기재를 두려워하던 학부모끼리 만나서 각서를 쓰는 것으로 마무리되었다고 했다.

둘 사이에 드러난 표면적인 갈등은 아주 사소해 보였다. 수업 시간에 조용히 하라고 하자 가해자가 놀리는 식으로 말을 받아쳤던 것 등의 일이었다. 가해자가 억울하다고 하는 건 그런 사소한 일 가지고 그런다고 생각하는 것이었다. 그러나 표면적인 갈등에 숨어 있는 실제 문제는 1학년 때 학교폭력 사건에 대한 미흡한 해결 방식이었다. 피해자는 그 피해가 치유되지 못했던 것이다.

피해자와의 사전 모임을 하면서 쟁점을 찾게 되었다. 가해자는 2학년 때 벌어지는 일을 중심으로 생각하고 있었으니 별일 아닌 일인 것이고, 피해자는 1학년 때의 상처가 제대로 치유되지 않은 상태에서, 2학년 때 행해진 작은 행동들이 또 다른 괴롭힘으로 다가왔던 것이다. 가해자는 2학년의 시간 속에서, 피해자는 1학년의 시간 속에서 서로 다른 시간 속에서 서로의 이야기를 해 왔다. 이 지점이 서로를 이해하게 할 수 있는 중요한 지점이라 생각했다.

피해자의 불만은 가해자가 1학년 때 자신에게 했던 행동에 대해 진정으로 사과하는 마음이 없었다는 것이었다. 미안한 줄도 모르고, 잘못했다고 진심으로 사과하지도 않았다고 했다.

가해자에게 물었다. 왜 사과를 하지 않았느냐고? 1학년 때 사건 이후,

학교에서는 둘에게 서로 말 걸지 말라는 명령을 내렸다고 했다. 그것이 각서의 내용이었다.

어떠한 처벌을 내릴까를 논의하는 자리에서 가해자는 자신의 잘못을 축소하고, 왜곡하고, 부인하는 행동을 보였고, 그런 모습을 봤던 피해자는 가해자에게 더 화가 난 상태였다. 그리고 자신이 무엇을 원하는지 아무도 자신에게 물어 봐 주지 않았다고 했다. 아버지가 합의해 버린 것도 불만이었다. 학교는 자꾸 화해하고 합의하라고 해서 학교 상담 선생님, 학생부장, 학년부장 누구와도 이야기하고 싶지 않다고 했다.

가해자의 처벌로 머리를 가득 채우고 있는 피해자에게 어떻게 하면 자신이 입은 피해와 상처가 회복될 수 있을 것인지를 물었다.

"가해자를 전학 보내면?", "가해자 반을 바꾸면?", "가해자가 사회봉사를 받게 되면?"

그 어느 것을 해도 자신의 상처가 풀리지 않는다고 했다. 자기와는 전혀 상관없는 일이라며…. 그럼 어떻게 했으면 좋겠냐고 했더니, 가해자가 무릎 꿇고 자신에게 사과했으면 좋겠다고 했다. 무릎을 꿇게 한다는 것은 피해자가 생각하는 진심 어린 사과의 방법인 듯했다. 선생님들 앞에서 거짓으로 사과하는 것 말고, 진심으로 사과를 받고 싶다고 했다.

피해자에게 하고 싶은 꿈을 물었다. 그리고 그 꿈을 위해 무슨 노력을 하고 있는지도. 그렇게 질문함으로써 피해자가 자신의 모습을 들여다볼 수 있게 했다. 가해자에 대한 복수의 마음으로 자신을 갉아 먹고 있는 지금의 상황에서 그 누구도 아닌, 자기 자신을 위해 이 문제를 해결하는 진정한 해결책이 무엇인지 질문을 던졌다.

많은 질문과 대화 끝에 피해자를 회복적 대화 모임의 자리에 초대할 수 있었다.

학교폭력 생활기록부 기재, 처벌 중심으로 되어 있는 지금의 학교폭력 시스템에서는 갈등의 불씨를 그대로 남겨 둔 것이구나 하는 생각을 다시 한번 했다. 근본적인 해결책은 피해자의 피해를 풀어 주는 것이다. 피해자가 가해자 앞에서 자신이 입은 상처를 드러내고 이야기하는 순간이 그 피해가 회복되는 시작이다.

3. 공동체 회복 서클

1. 공동체 회복 서클(문제해결 서클)이란

서클은 회복적 생활교육을 구현하는 대표적인 실천으로써 배움의 틀이자 관계 중심의 공동체를 만들어 가는 데 유용한 실천이다. 또한 회복적 정의 패러다임에 기초해 처벌 중심의 생활지도를 넘어 갈등이 발생했을 때 공동체가 함께 문제를 풀어 가는 형태의 실천이다. 서클은 공동체 구성원 사이의 신뢰 관계망을 구축하는 공동체 서클과 회복적 패러다임에 기초해 공동체가 함께 문제를 해결해 가는 공동체 회복 서클로 크게 나눠지며, 서클의 단계로 보면 어느 공동체이든 일상적인 공동체 서클의 경험 축적을 기반으로 공동체 회복 서클을 경험하는 것이 문제를 해결하고 관계를 회복하는 데 더욱 효과적이다.

문제해결 서클이라고도 하는 공동체 회복 서클은 서클의 한 형태로 공동체에서 갈등이 발생했을 때 구성원이 함께 갈등을 직면함으로써 공동체의 힘으로 해결하는 방식이다. 교실에서 몇 명의 아이들이 문제를 일으키는 것은 해당 아이들의 문제로만 다룰 수도 있겠지만, 교실에서 일어난 갈등에 대해 모두가 관심을 두고 해결하는 과정을 통해 모두를 위한 해결책이 나누어질 수 있다. 어떤 행동이나 사건이 학급 공동체에 미친 영향과 어려움을 안전하게 드러내고, 서클에서 공유된 문제의식에 대해 공동체가 함께 지혜를 모아 해결할 기회를 부여함으로써 공동체 구성원의 책임감과 관계성을 높이는 계기로 만들 수 있다.

공동체 회복 서클은 단순히 학급에서 발생한 문제해결에만 초점을 맞추지 않는다. 문제해결에 초점을 맞출 경우 문제가 해결되지 않았을 때 목표가 이루어지지 않았다고 판단할 여지가 있다. 해결책은 공동체가 찾아가는 것이지 어떤 결론을 두고 접근하는 것이 아니다. 많은 경우 당장 해결책이 나오지 않더라도 공동체가 갈등을 함께 직면하고 문제의식을 공유하고 어떻게 해결할지 의견을 수렴하는 자체가 배움의 과정이 되기도 한다. 물론 문제만 드러내고 이에 대한 대안의 의견과 지혜를 모으는 단계를 거치지 않거나, 응보적으로 판단하고 처벌하기 위한 수단으로 서클을 활용한다면 마녀사냥에 그칠 확률이 높다. 공동체 회복 서클은 공동체가 문제의식을 공유하고 자발적인 참여에 기초해 공동체의 관계 회복을 목적으로 해결 방안을 마련하는 과정의 교육적 실천이다.

공동체 회복 서클이 진행되기 위해서는 공동체 구성원의 자발성이 중요하다. 이를 위해서는 어떤 사안이 발생하지 않더라도 일상의 관계를 다지는 서클 경험을 통해 안전한 공간으로 서클이 인식될 수 있어야 한다. 문제가 발생했을 때만 서클을 경험하게 된다면 원래의 취지와 달리 구성원의 자발성과 안전을 담보하기 어렵다. 안전한 공간 안에서 관계 회복을 위한 명료한 기대를 가지고 경청과 소통을 통해 문제해결의 지혜를 나누는 과정이 공동체 회복 서클이다.

교실에서 교사가 공동체 회복 서클을 진행한다면 우선 존중의 분위기를 조성해야 한다. 서클 진행자는 누군가를 향해 도덕적 판단이나

준비 기획	• 왜 서클이 필요한가? • 누가 서클에 참여할 것인가?

⬇

사전 모임	• 먼저 만나야 할 사람은 누구인가? • 무엇을 원하고 두려워하는가?

⬇

서클 모임	• 무슨 일로 누가 어떤 영향과 피해를 입었는가? • 발생한 피해를 회복하기 위해 무엇을 할 수 있는가?

⬇

후속 모임	• 그 동안 어떤 변화들이 있었는가? • 보완해야 할 약속은 무엇인가?

공동체 회복 서클의 과정[54]

자기 해석을 하지 않도록 주의해야 한다. 진행자는 공동체가 함께 문제를 직면하고 해결해 가도록 서클 대화의 과정을 보다 주도적으로 이끄는 사람이어야 한다. 관계를 형성하는 공동체 서클과 같은 방식의 형태이지만, 갈등의 문제를 다루기 때문에 진행자는 회복적 질문에 기초해 서클을 진행하고 적절한 의사소통 기술을 활용하여 공동체 구성원의 목소리가 서로에게 잘 들려지도록 해야 한다.

공동체 회복 서클은 회복적 대화 모임과 같이 사전, 본, 후속 모임 형태를 기본으로 가진다. 공동체 구성원을 대상으로 하기 때문에 사전 모임 이전에 서클을 준비하는 기획 단계에서 서클의 취지와 참여 구성원의 범위를 정할 수 있어야 한다. 서클이 안전한 공간이 되기 위해 사

---

54 한국평화교육훈련원, 위의 책(통합과정2), p.309.

안에 따라 갈등 당사자들을 중심으로 참여하게 할 것인지 또는 전체 구성원 중의 일부 혹은 전체를 참여하게 할 것인지를 준비 단계에서부터 고려할 수 있어야 한다. 또한 사전 모임에서 어떤 순서로 사람을 만나는 게 좋은지 판단하여 만나고, 무슨 일이 있었는지에 대한 각자의 상황과 참여자들의 기대와 우려를 경청하며 본 서클 모임에 앞서 참여 의사를 묻고 확인을 할 수 있다. 사전 모임에서 참여 의사가 확인되면 본 서클을 진행한다. 본 모임에 앞서 다수 앞에 자신의 이야기를 나눠야 하는 소수의 구성원이 있다면 미리 입장이나 생각을 글이나 메모로

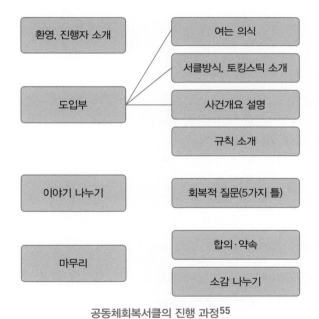

공동체회복서클의 진행 과정[55]

55 한국평화교육훈련원, 위의 책(통합과정2), p.312.

정리해 올 수 있도록 안내할 수도 있다.

공동체 회복 서클은 일상과는 달리 자신이 속한 공동체를 위한 구별된 시간으로 인식될 수 있도록 여는 의식을 상징적으로 활용하는 편이 좋다. 놀이나 활동보다는 대화 모임의 취지와 안전한 공간의 분위기를 잘 조성할 수 있는 환경적 요소를 여는 의식에서부터 고려할 수 있다. 본 서클 모임에서는 공동체 회복 서클의 의미와 진행방식을 소개하며, 서클 규칙을 안내하고 토킹스틱을 돌려가며 이야기하도록 한다. 서클의 규칙은 기본적인 서클 규칙과 동일하나 불편한 이야기가 나올 수 있으므로 공동체에 맞게 규칙을 추가할 수 있다.

> **공동체 회복 서클을 위한 규칙**
>
> ① 토킹스틱을 가진 사람만 이야기할 수 있다.
> ② 다른 사람의 이야기를 경청하며 자신의 발언 시간을 기다려 이야기한다.
> ③ 상대를 존중하며 상대가 불쾌감을 느낄 언행을 삼간다.
> ④ 일방적으로 자리를 떠나지 않는다.
> ⑤ 서클에서 나온 이야기는 비밀이 보장되어야 한다.

도입부 안내 이후 진행자는 간단한 여는 질문을 나누며 시작한다. 그 이후에는 회복적 질문을 중심으로 공동체가 함께 문제를 직면할 수 있도록 진행한다. 이때 서클 진행자는 관계 형성을 위한 공동체 서클 진행과 달리 주도권을 가지고 대화를 이끈다. 진행자가 질문하고 참여자들이 토킹스틱을 들고 이야기하는 형태를 유지하면서도 공동체 회복 서클에서는 갈등 당사자들의 입장을 듣기 위해 회복적 질문을 개별

회복적 생활교육, 이렇게 실천하라

당사자에게 묻거나, 해결을 위한 대안을 모색하고 협의한 약속을 정리할 때는 진행자 역할이 보다 주도적으로 전환되어야 한다.

이때 서클에 참여하는 사람들의 감정이 표출되기도 하는데 이는 자연스러운 것이고 바람직한 현상이다. 진행자는 사람들의 생각과 감정을 일부러 억제하고 판단하려 하면 안 된다. 효과적인 서클 진행이란 물이 흘러가는 대로 흐름을 타는 것이라고 비유할 수 있다. 때로는 바위를 만나 휘돌아 여울지기도 하고 많은 물이 모여 평온한 강물이 되기도 한다. 따라서 안전한 공간에서 공동체의 문제를 충분히 이야기할 수 있도록 기회를 부여하는 것이 중요하다. 공동체 구성원이 표출한 문제는 교사나 제삼자가 지적한 것이 아니라 자신이 속한 공동체의 문제로 인식할 수 있어야 한다. 그리고 문제를 바로잡을 책임도 다른 누군가가 아니라 공동체에 소속된 우리가 해결해야 한다는 것을 인식할 수 있어야 한다. 진행자는 대화의 과정을 주도적으로 이끌며 문제의 재발 방지나 이전과는 다른 관계의 재설정을 논의할 수 있도록 이끌어 갈 수 있다.

공동체 회복 서클에 있어 주요하게 묻는 회복적 질문은 5가지 질문의 틀에 기초해 질문을 구성하되 갈등 당사자인 개인과 공동체 구성원을 고려할 수 있는 서클 질문을 준비해야 한다.

구분	공동체 회복 서클을 위한 회복적 질문의 목적
상황 이해	개인적 경험에서 공동체적 상황 이해로 나아가기
영향 파악	일어난 사건 속에서 개인과 공동체가 겪은 어려움 드러내기
자발적 책임	상황과 피해에 대한 이해를 기반으로 자발적 책임을 발견하기
관계 설정	재발 방지와 관계 개선을 위해 고민하기
성장의 기회	이번 사건을 통해, 서클을 통해 배우고 느낀 점

2. 공동체 회복 서클 예시

관계 개선을 위한 공동체 회복 서클

　기본적으로 모든 학급 서클이 관계와 공동체성을 높이는 데 활용되지만, 조금 더 구체적으로 수면으로 드러나지 않은 관계상의 갈등을 질문을 통해 다루고, 학급 구성원 사이의 관계를 개선하고 공동체성을 구축하는 주제의 서클을 진행할 수 있다. 특히 학급의 갈등이 구체적 사안으로 드러나지는 않은 경우 직접적으로 학급에서 불거진 문제나 갈등을 다루기에 앞서 공동체의 신뢰를 바탕으로 서클을 진행하는 것이 필요하다. 기본적으로는 준비된 질문을 통해 토킹스틱을 돌리는 단순한 형태의 구조적 방식의 서클 진행으로 이루어지지만 필요에 따라 교사는 학생에게 회복적 질문을 통해 이야기를 구체화할 수 있으며, 학급의 문제를 안전히 드러내고 해결을 모색하는 공동체 회복 서클을 위한 방향으로 대화를 진행할 수도 있다.

여는 의식	센터피스로 본인에게 소중한 물건을 준비해 오게 하여 배치한다.
여는 질문	① 본인이 가져 온 소중한 물건은 무엇이며 왜 소중한가?
주제 질문	① (친구의 이름은 거론하지 말고) 친구의 말이나 행동 때문에 불편했거나 속상했던 것은 무엇인가? ② 친구들의 이야기를 듣고 지금의 기분은 어떤가? 친구들의 이야기를 듣고 하고 싶은 말이나 부탁하고 싶은 것은?
실천 질문	① 친구들의 이야기를 듣고 내가 먼저 약속할 수 있는 것은?
배움 질문	오늘 서클에 배운 것은?

이때 일종의 안전장치로 친구의 이름을 거론하지 않고 말하게 할 수 있다. 이름을 이야기하지 않음으로써 사람과 문제를 분리해서 다루고 행동의 변화를 촉구하는 방향으로 안전하게 대화를 할 수 있는 장점이 있다. 사람이 아닌 문제 행동에 초점을 맞추어 공동체가 안전하게 직면할 수 있는 장점이 있으며, 잠재적인 교실 갈등을 드러내고 해결 방안과 관계 개선책을 찾는 기회로 삼을 수 있다. 물론 진행 과정에서 불가피하게 몇몇 사람이 특정된다면 공동체적 직면은 불가피하다. 그때는 교사의 주도적 진행으로 회복적 질문을 통해 대화를 이끌어야 한다. 이러한 서클의 핵심은 구체적으로 드러난 학급 문제보다는 수면 위로 드러나지 않은 문제나 갈등을 안전하게 드러내고 해결의 지혜 또한 공동체적으로 다룰 수 있도록 하는 데 있다. 이를 통해 관계와 공동체를 위한 책임감을 높이는 계기를 마련하고, 혹 학급에서 드러난 구체적인 문제가 있다면 이를 다루기에 앞서 위 주제의 서클을 활용할 수 있다.

성性에 대한 이슈 다루기[56]

여는 질문	센터피스로 본인에게 소중한 물건을 준비해 오게 하여 배치한다.
주제 질문	① 학교에서 직접 보거나 들은 것 중 성과 관련한 이야기가 있다면? ② 친구들의 이야기를 듣고 어떤 기분이 드는가?
실천 질문	① 친구들 사이에 성과 관련해서 존중해 주었으면 하는 것은 무엇인가? ② 성과 관련해서 다른 사람을 존중할 수 있는 나의 실천은 무엇인가?
배움 질문	① 오늘 서클을 통해 느낀 점이나 배운 것이 있다면?

성과 관련한 주제로 회복적 질문을 활용하여 공동체 회복 서클을 진행할 수 있다. 청소년기 학생들이 성에 대해 자연스럽게 말하고 성과 관련해서 어떻게 배려하고 존중해야 하는지를 배움으로써 젠더감수성을 키울 수 있다.

도난 사건 다루기

● 민주의 이야기[57]

○○중학교 3학년 2반인 민주는 급식으로 자신이 좋아하는 카레가 나와 기분 좋게 점심을 먹고 교실로 돌아왔다. 그런데 의자에 올려 둔 가방이 열려 있는 것을 발견하여 혹시나 하는 마음에 가방 안을 확인했다. 가방 앞주머니에 넣어 두었던 지갑이 보이질 않았다. 어제 부모님께 용돈을 받았기 때문에 수업이 끝나면 친구들과 떡볶

---

56 한국회복적정의협회 회복적학교연구회에서 주최한 2018년 회복적 생활교육 새학기 워크숍에서 경기도 회복적 교사모임 '구인회' 김애경 교사의 사례발표 중에서 참조.
57 한국평화교육훈련원(KOPI), 〈회복적 정의와 생활교육 RD2 과정〉 교재 참조.

이도 사 먹고 미리 봐 둔 핸드폰 케이스도 하나 구매할 마음에 들떠 있었다.

민주는 당황하여 책상 주변도 찾아보고 주위 친구들에게도 물어봤지만 아는 사람이 없었다. 민주는 친구들이 거짓말하는 것처럼 느껴져 몹시 기분이 상하고 화가 났다. 이 사실을 알게 된 담임 선생님은 문제해결을 위해 공동체 회복 서클을 진행해 보기로 하는데….

위에 제시한 민주의 사례를 공동체 회복 서클로 회복적 질문을 활용해 서클을 구성해 볼 수 있다. 도난처럼 행위자를 특정하기 어려운 피해가 발생한 경우 문제해결의 초점을 누가 가해자인지를 찾는 응보적 처리가 아니라 사건으로 발생한 피해와 영향을 다루고 회복하는 데 초점을 맞춰 진행하도록 한다.

단계	주요 질문
여는 질문	① 학교에서 내가 가장 좋아하는 장소와 이유는? ② 우리 반이 잘하는 것은?
주제 질문	① 민주에게 무슨 일이 일어났는가? (상황 이해) ② 이 일로 나는 어떤 영향을 받았는가? (영향 파악) ③ 이 일을 어떻게 해결하면 좋을지 제안이나 아이디어가 있다면? (피해 회복) ④ 이러한 일들이 다시 일어나지 않기 위해 필요한 것은? (재발 방지)
실천 질문	① 우리 학급이 안전한 공동체가 되기 위해 내가 할 수 있는 일은? (자발적 책임)
배움 질문	① 오늘 서클을 통해 배운 것이 있다면? (성장의 기회)

공동체 회복 서클은 공동체적 접근으로 학교 갈등 문제를 푸는 회복적 생활교육 실천의 일환으로 일상을 공유하는 공동체 구성원 사이의

갈등을 다루는 데 효과적이다. 갈등 당사자의 다툼을 주변에서 지켜봤을 경우, 가해자를 특정하기 어려운 피해가 발생한 경우, 공동체 내 대립하는 갈등 당사자들이 명확한 경우, 구성원들의 관계와 갈등 구조가 복잡한 경우 등 학교에서 발생하는 다양한 갈등 상황에 적용해 볼 수 있다.

공동체 회복 서클 진행 예시[58]

앞서 회복적 대화 모임에서 다룬 경식이와 영철이 사례[59]를 공동체 회복 서클로 다룬다면 다음의 스크립트를 참고할 수 있다.

1. 환영 및 여는 의식

얘들아, 점심은 잘 먹었니? 급식은 맛있었어?

오늘은 지난주에 경식이와 영철이 사이에 있었던 일에 대해서 우리 반 친구들이 모두 함께 이야기 나누려고 모였어. 이야기 나누기 불편할 수도 있겠지만, 그 일로 인해 선생님과 2반 친구들 모두가 영향을 받았고 경식이와 영철이는 마음이 많이 상한 것 같아. 이 시간 분주한 마음을 가라앉히고 그 일로 인하여 자신이 어떤 영향을 받았는지, 또 이 일이 어떻게 해결되기를 바라는지 생각하면서 잠깐 눈을 감고 조용히 침묵하는 시간을 갖도록 하자. 시작하고 끝날 때 선생님이 종을 칠게.

2. 서클 방식 및 토킹스틱 소개

우리 반은 서클을 몇 차례 해 봤기 때문에 이제는 이렇게 둘러앉아 이야기하는 것이 어색하지 않을 거야. 서클은 너희가 경험한 것처럼 존중을 바탕으로 자신의 이야

---

58 한국평화교육훈련원(KOPI), 〈회복적 정의와 생활교육 RD2 과정〉 교재 참조.
59 회복적 대화 모임 챕터의 경식이와 영철이 사례를 살펴보기 바란다.

기를 솔직하게 나누고 상대의 이야기를 경청하는 자리야. 오늘의 공동체 회복 서클도 누가 잘못했는지 밝혀서 벌을 주는 자리가 아니라, 이러한 나눔을 통해 우리가 받은 영향을 조금이라도 회복하고 앞으로 안전하고 행복한 우리 반 공동체를 만들기 위해 모두의 지혜를 함께 모으는 자리란다.

오늘 토킹스틱은 '평화의 돌'이야. 작고 검은 돌에 'Peace'라는 하얀색 글자가 새겨져 있어. 지금은 차가운 돌이지만 우리 친구들 모두의 손을 거치면서 따뜻한 평화의 돌이 될 거라는 기대를 하면서 선생님이 준비했어. 서클 진행방식은 우리가 해 왔던 공동체 서클과 동일해. 그리고 필요에 따라서 몇 친구들에게는 선생님이 추가로 더 질문할 수 있어. 선생님이 질문하면 이 토킹스틱을 건네면서 질문에 대한 자신의 이야기를 하면 돼. 그냥 편한 마음으로 자기 생각을 솔직하게 나누면 돼. 약 2시간 정도 진행될 예정이야.

3. 사건 개요

모두 알고 있겠지만 선생님은 지난주 수요일 아침에 학급회의에 들어왔다가 경식이가 영철이의 이름을 부르며 욕하는 것을 듣게 되었어. 이 일에 대해서 선생님은 경식이와 영철이 둘 다 데리고 점심시간이 마치자마자 잠시 이야기를 나누는 시간을 가졌어. 함께 모임을 하는 동안 선생님은 두 사람의 사이에 있었던 일이 우리 반 전체에도 영향을 미쳤다고 생각하게 되었어. 그래서 선생님이 너희에게 미리 말했던 것처럼 이 시간에 이 문제에 대해 서클로 이야기 나누려고 해.

4. 규칙 소개

친구들이 이미 알고 있겠지만 이야기를 보다 잘 나누기 위해 다음과 같은 서클 규칙을 다시 한번 약속하는 시간을 갖자.

– 토킹스틱을 가진 사람만 이야기할 수 있다.

– 다른 사람의 이야기를 경청한다.

– 서클은 처음부터 끝까지 유지되어야 한다.

– 서클에서 나온 이야기는 비밀이 보장되어야 한다.

약속할 수 있겠지? 혹시 더 추가하고 싶은 규칙이 있니?

5. 이야기 나누기 (회복적 질문 5가지 틀)

여는 질문
자, 그럼 이 시간에는 여는 질문으로 함께 시작해 보자. 질문은 '우리 학교에서
내가 가장 좋아하는 장소와 이유는?'

주제 질문
1) '상황 이해'
지난주에 학급회의가 있었던 그날, 무슨 일이 있었는지에 대해서 각자 자기
입장에서 이야기해 보자. (경식, 영철, 지켜본 학급 친구)

2) '영향 파악'
그날 일에 대해서 어떤 마음이 드는지 돌아가면서 얘기해 보자.

3) '자발적 책임'
우리가 받은 이러한 영향을 회복하기 위해서 어떻게 하면 좋을지 제안이나 아
이디어가 있다면 나눠 보자. (피해 회복 초점)

4) '관계의 설정'
그러면 앞으로 우리 학급에서 이러한 일들이 다시 일어나지 않고 안전한 공동
체가 되기 위해서 필요한 것은 뭐가 있을까? (재발 방지)

실천 질문
그런 학급이 되기 위해서 자신이 할 수 있는 일이 무엇인지 생각한 뒤 이야기해
보자.

배움 질문
5) '성장의 기회'
마지막으로 오늘 서클을 하면서 새롭게 알게 된 것이 있거나 느낀 것이 있다

회복적 생활교육, 이렇게 실천하라

면 어떤 것이 있는지 소감을 나누고 마치도록 할게.

긴 시간 동안 규칙을 잘 지켜가며 자기 이야기를 솔직하게 나눠 준 우리 반 친구들에게 고마워. 이러한 공동체 회복 서클은 우리 모두가 문제의 당사자이며 따라서 문제해결을 위해 우리가 직접 참여하는 것이 중요하다는 사실을 친구들이 꼭 기억해 줬으면 좋겠어. 오늘 우리가 함께 이야기 나누면서 경식이와 영철이 일과 관련해서 여러 가지 제안이 있었고 안전하고 평화로운 학급을 만들기 위해 서로 노력하기로 약속했어. 이러한 약속을 꼭 기억하고 잘 실천해서 남은 기간 모두가 행복하고 즐거운 학교생활이 되도록 노력하자. 그리고 우리가 오늘 함께 지혜를 모으고 모두가 함께 결정한 제안들이 잘 지켜지고 있는지, 또 다른 어려움은 없는지 2주 후에 다시한번 점검 서클을 하면 좋겠어. 시간은 그 주에 같이 정하도록 하자.
이것으로 오늘 공동체 회복 서클을 마칠게. 모두 수고 많았다.

후속모임 예시

환영 및 여는 의식
얘들아, 점심 잘 먹었어? 요즘 날씨 참 좋다. 오늘은 선생님이 지난번에 얘기했던 것처럼 2주 전에 경식이와 영철이 일과 관련해서 우리 반 친구들이 모두 모여 서클로 함께 이야기 나누고 약속과 제안했던 부분들이 잘 지켜지고 있는지 점검하기 위해서 다시 모였어. 서클 진행방식은 지난번과 동일해. 토킹스틱을 가지고 이야기 나눌 거야. 그럼 기본 규칙만 다시 확인해 보자. (기본 규칙 확인)

이야기 나누기
여는 질문: 우리 학교에서 나왔으면 좋겠다고 생각하는 급식 메뉴는?
주제 질문: 경식이와 영철이 일과 관련해서 지난번에 함께 정리한 약속은 1~, 2~, 3~이었어.
이 약속들이 잘 지켜지고 있는지 한번 얘기해 볼까?
(혹 약속이 안 지켜지고 있다면) 왜 지켜지지 않았는지?

지키려고 노력했는데 안 되는 것이 있는지?

어떻게 하면 잘 지켜질 수 있다고 생각하는지?

수정 및 보완해야 할 내용이 있는지?

배움 질문

오늘 점검 서클을 통해 새롭게 알게 된 것이 있다면? 소감 한마디씩 나누도록 하자.

우리가 지난번 공동체 회복 서클에 이어 오늘 점검 서클까지 했는데 이 시간들은 우리 반 친구들 하나하나가 학급 공동체의 주인이며 신뢰를 회복하고 건강한 학급 공동체가 되기 위해 함께 노력한 시간이었다고 생각해.

앞으로도 우리 2반 친구들은 문제가 생기면 신뢰를 바탕으로 문제를 직면하고 공동체가 함께 해결해 나가는 이러한 서클 방식으로 풀면 좋겠어.

오늘도 함께 해 줘서 고맙고 오늘 점검하고 약속한 내용을 잘 지켜 나가도록 하자.

이승현

중학교 3학년 신뢰 서클 – 주제: 관계

연구회 소속의 한 선생님으로부터 담임 선생님에게 냉랭한 학생들로 인해 어려움을 겪는 학급이 있어 학급 전체 서클을 했으면 한다는 말을 들었다. 사전에 만난 담임 선생님께서는 이미 이 아이들을 위해 소그룹 서클을 진행하셨고 소그룹 서클이 성공적으로 진행되어서 은근히 희망을 품고 계셨으며 몇몇 기 센 아이들이 학급의 분위기를 잡고 있어서 담임 선생님에게 다가서고 싶은 아이들까지 섣불리 담임 선생님께 다가서지 못하는 것 같다고 하셨다. 일단 관계를 주제로 한 신뢰 서클을 열기로 했고 마침 체력 검사 등 학교 행사로 어수선한 틈을 타서 수업을 바꿔 서클을 진행했다.

일단 의자가 없는 마룻바닥에 둘러앉았다. 아직 선생님들은 오지 않았고 아이들은 활기차 보였다. '당신의 이웃을 사랑하십니까?'로 자리를 바꿔 앉기까지는…. 그런데 선생님들이 들어와 앉기 시작하자 아이들의 얼굴에 긴장과 부정적인 감정이 읽히기 시작했다.

서클의 의미와 규칙을 설명한 후 다음과 같은 서클 질문을 던졌다.

- 나에게 초능력이 생긴다면 어떤 초능력이면 좋을까요? 그리고 그것을 어디에 쓸까요?
  - 순간이동능력, 투명인간 초능력 등…
- 지금까지 나의 친구들을 떠올려 봅시다. 친구로부터 도움을 받았던 것 중에 가장 기억에 남는 것은 어떤 것이 있나요? 그 도움을 받았을 때 느낌은 어땠나요?
  - 준비물을 빌려준 일, 맛있는 음식을 사 준 일,
- 지금 학교생활에서 가장 어려운 점은 무엇인가요?
  - 공부, 수행평가,
- 20년 후의 내가 시간여행을 통해 지금의 내 옆에 와 있다면 어떤 위로와 격려를 할까요?
  - 수고했다, 잘 살고 있다. 앞으로도 열심히 하자….
- 내가 우리 반 친구들을 위해 할 수 있는 일을 한 가지만 얘기해 봅시다.
  - 먼저 인사해 주기, 공부 가르쳐 주기, 친절하게 대해 주기
- 서클에 대한 소감을 얘기해 봅시다.
  - 좋았다. 그냥 그랬다. 진지한 얘기를 할 수 있어 좋았다. 등등

서클은 순식간에 끝났다. 담임 선생님의 진심 어린 이야기에도 불구하고 아이들은 부정적인 분위기로 일관했고 대답도 천편일률적이었다. 나는 당황했다. 여학교인데도 마음을 열지 못했고 심지어 토킹스틱을 옆 친

구에게 던지거나 만지기 싫다며 바닥에 놓고 발로 툭 차서 건네는 아이까지 있었다. 서클 내내 그리고 끝나고 나서 담임 선생님 얼굴을 볼 수 없었다. 진심을 다해 이 서클을 마련하고 자신의 깊은 이야기를 끌어낸 선생님의 마음이 얼마나 참담할까…. 이번 한 번만으로는 어쩔 수 없다며 뭐라고 중언부언 말도 안 되는 위로를 했는지 기억도 나지 않는다.

그러나 마음이 좀 진정된 후 나는 서클을 되짚어 보면서 다른 장면들이 떠오르기 시작했다. 아이들은 서클 처음부터 끝까지 한 명도 서클에서 나가지 않았다. 비록 부정적이었으나 하고 싶지 않다든지, 그만했으면 좋겠다는 아이들도 없었다. 진부한 대답이나마 대답을 하고 다른 아이들의 이야기를 듣고 있었다. 그리고 결석을 밥 먹듯 하던 아이도 늦게 서클에 합류했지만 열심히 질문에 대답하고 있었다. 중간의 쉬는 시간에만 아이들이 화장실에 다녀왔고 다시 서클이 열릴 시간을 정확히 지켰다! 그렇다. 아이들은 소통을 원하고 있었다! 나는 내가 원하는 대답을 하지 않고 원하는 분위기로 마무리되지 않은 것으로 서클이 실패했다고 여긴 것이다.

아이들은 최선을 다해 자신들의 역량만큼 서클을 지켜냈고 진행했다. 그런데 나는 나의 눈높이로 또 아이들을 바라본 것이다. 이 학급은 문제가 있는 학급이었다. 아직 선생님이나 친구들과의 관계가 정리되지 않은 상태에서 아이들에게 서클은 도전이었다. 첫 도전을 하는 아이들에게 나는 훨훨 날아오르기를 원했던 것이다.

비로소 아이들이 고맙다. 그리고 이 아이들은 더 나아지기를 원하고 있다는 것을 알았다. 서클 안에서 조금이나마 내비쳤을 아이들의 마음의 한 자락을 읽어 내지 못한 아쉬움과 미안함이 있지만 그 자체로 서클이 아이들에게 의미 있었을 것이라 믿는다. 그리고 실패한 서클이란 없다는 것을 알았다. 서클은 그 자체로 의미 있으며 그 의미하는 바를 충실히 해석하는 것이 필요한 일이다.

중학교 1학년 도난 사건

중학교 1학년 학급이었고 도난 사건은 학기 초부터 약 5번 정도 발생했다고 했다. 사건의 개요를 들어 보니 체육시간 후 핸드폰과 지갑을 나누어 주는 찰나의 시간에 지갑, 썬크림, 돈, 교통카드 등이 분실되었다고 한다. 설문조사 결과 많은 학생이 한 아이를 지목하고 있었고 지목된 아이는 불우한 환경에 초등학교부터 절도 사건에 계속 연루되었다고 한다. 선생님도 정황상 이 아이가 확실하다고 생각했지만 확실한 증거가 없기 때문에 지켜보고 있는 상황이었으며 매일 핸드폰과 지갑을 걷고 수련회 때는 심지어 아이들이 가져온 돈에 이름까지 쓰게 하면서 더 이상 사건이 생기지 않도록 애를 쓰고 있었다. 학급의 조금 기가 센 아이는 경찰에 신고까지 해서 경찰이 다녀갔고 아이들은 많이 당황하고 서로 의심하고 있었다. 학기 초인 지금 이런 상태로라면 학급운영이 많이 어려워지겠다는 생각을 했다.

담임 선생님에게 서클의 구조와 특징을 설명하면서 이번 서클로 범인을 잡으려는 것이 아니라 도난 사건으로 깨어진 아이들의 관계를 회복하여 신뢰를 강화함으로써 잘못을 저지른 아이 또한 이 관계 속에서 자신의 잘못을 생각하는 계기를 만들어 보자고 설명하니 담임 선생님도 그 뜻에 적극적으로 동의해 주셨다.

동영상을 시청하고 아이들에게 서클의 의미와 진행 규칙 등을 설명한 후 질문을 하며 서클을 진행했다.

- 첫째, 오늘 지금 나의 기분을 다섯 글자로 표현하면?
  - 조금 기대돼, 가슴이 콩닥, 재미있겠다, 설레고 떨려, 조금 긴장돼, 조금 지루해 등등
- 둘째, 입학할 때 기대했던 우리 학급의 모습은?
  - 재밌는 학급, 많이 떠드는 학급, 모두 친한 학급, 밝고 명랑한 학급, 남을 비난하지 않는 학급, 모두 함께 노는 학급, 뭐든지 열심히 잘하는 학급 등.
- 셋째, 물건을 잃어버린 학생이 있다고 들었습니다. 그 학생들이 대답해 주세요. 무슨 일이 일어났고 그 일이 일어났을 때 느낌이나 생각을 얘기해주세요.
  - 6~7명의 학생이 일어난 일을 이야기하며 범인을 잡고 싶다, 당황

했다, 놀랐다, 짜증 났다라고 얘기함.

- 넷째, 도난 사건들이 일어났을 때 어떤 생각이나 느낌이 들었나요?
  - 나에게도 일어날까 봐 걱정됐다. 놀랐다. 당황했다. 범인을 잡고 싶다. 짜증 났다. 물건을 가져간 친구의 미래가 걱정된다. 얼마나 어려웠으면 훔칠까, 빨리 범인이 나타나 다시 우리 반이 원래대로 되돌아갔으면 좋겠다. 등등

- 다섯째, 우리 반이 어떤 반이 되었으면 좋겠나요?
  - 재밌고 신나는 반, 도난 사건 없는 반, 솔직한 반, 모두 친한 반, 잘 못을 저지른 아이가 밝혀져도 충분히 뉘우친다면 함께 놀겠다. 정직한 반, 친구를 이해해 주는 반, 서로 상담해 주는 반, 의리 있는 반, 양심 있는 반, 서로 이해할 수 있는 반.

- 여섯째, 우리가 원하는 반이 되려면 구체적으로 우리는 무엇을 해야 할까요? 우리가 할 수 있는 일들을 정해 봅시다. (세 모둠으로 나누어 나, 혜선, 담임 샘이 서클로 진행하여 발표함.)
  - 도난 사건 예방에 힘쓰기, 서로 존중하고 배려하기, 나누지 말고 함께 놀기, 칭찬해 주기 등

- 일곱째, 선생님이 도와 주었으면 하는 부분이 있나요? (의견이 있는 학생만 말하기)
  - 물건을 가져간 학생이 밝혀졌을 때 그래도 확실히 책임져서 다시 그러지 않게 해 주세요.

- 누가 범인인지 밝혀 주세요.
- 선생님이 그러겠다고 하며 하지만 우리 모두의 성장과 관계 회복을 위해 노력할 것이라고 말해 줌.
• 여덟째, 서클을 마친 소감은?
- 말할 기회가 있어서 좋았다. 서로의 생각을 알 수 있어서 좋았다. 재밌었다. 좋은 기회가 됐다. 솔직하게 말할 수 있어서 좋았다. 등.
이후 서클에 잘 참여해 준 것을 칭찬하며 마침. 약속들이 잘 지켜지는지 실천해 본 후 또다시 만나자.

처음에는 워낙 밝은 아이들인데다 1학년 학생들이라 산만하고 분위기가 안정이 안 돼서 적잖이 당황스러웠다. 하지만 서클을 진행하면서 아이들이 서로의 이야기에 집중하는 모습이 보였고, 처음에는 적대적으로 범인을 잡아야겠다던 아이들이 나중에는 범인이라는 말 대신 '물건을 가져간 아이'로 의식적으로 말을 바꾸려는 모습을 보여 주는 등 미세하지만 생각의 변화가 일어나는 것을 느낄 수 있었다. 또한 정신없는 분위기였지만 아이들의 의식 속에 '우리 반'이라는 공동체 의식이 뚜렷했으며 도난 사건이 일어나기 전 우리 반이 밝고 재밌었고 그런 우리 반을 좋아하는 아이들의 모습이 보였다. 서클의 시작부터 기 센 아이들, 소위 좀 논다는 아이들이 힘을 드러내려고 서클의 분위기를 흐리기도 했고 힘을 드러내지 못하게 모두가 평등하게 이야기하는 서클의 구조를 힘들어하는 모습이 보이기도 했다. 하지만 그 아이들 역시 서클에서 자신의 이야기가 지지받고 인정받자 조금씩 태도를 바꾸고 참여하려는 모습을 보였다. 하지만 이 힘 있는 아이들이 이 사건으로 오히려 자신들의 영향력을 더욱 강하게 드러내려는 경향 또한 감지되어서 그런 에너지를 어떻게 학급에 긍정적으로 사용하게 해야 할지가 숙제로 남았다.

애초에 진행하면서 많이 욕심내지 말자고 스스로 다짐했다. 아이들의 역동적인 변화를 기대하기보다는 아이들에게 서클을 경험시키고, 또 서로를 진지하게 바라보고 가깝게 느낄 수 있도록 하는 것만으로도 서클은 성공이라고 생각했다. 그런 의미에서 본다면 이번 서클은 꽤 만족할 만했다. 아이들이 서로를 존중하며 평등하게 이야기하는 구조가 실현되었고 이를 통해 공동의 목표를 합의해 냈다. 그리고 무엇보다 학급의 현재 위치를 알게 되어 앞으로 어떻게 관계를 만들어 나가야 할지를 고민하게 되었다는 것 또한 큰 성과이다.

학생들은 잘못을 저지른 아이가 정당하게 책임을 지는 것에도 큰 관심을 나타냈다. 담임 선생님과 다음 사후 서클 전까지 엽서로 하루에 두 명씩 우리 반에 칭찬할 일, 친구를 도와준 일, 훈훈한 일 등을 적어서 띠 벽지처럼 교실에 연결해서 붙이자는 아이디어를 냈다. 활기찬 아이들이 학급에서 긍정적으로 에너지를 쓸 수 있도록 방향을 설정해 주는 좋은 프로그램이 될 것 같다.

중학교 2학년 성 문제 문제해결 서클

연구회 소속 선생님이 학급에서 서클을 하려고 하니 도와 달라는 연락이 왔다. 담임 선생님께서는 회복적 생활교육 연수를 듣고 학급에서 서클을 열었는데 남학생들의 도 넘은 성적 장난에 대한 이야기가 나왔고 여학생들이 입을 닫는 바람에 충분히 이야기하지 못하고 서클이 마무리되었다며, 평소 성적인 장난이 너무 심해 고민하고 있던 차에 이 문제로 서클을 열고 싶다고 하셨다. 남학생 3명 정도가 주로 이런 장난을 하는 아이들인데 가끔 말썽을 일으키고 소위 일짱이라는 학생이지만 붙임성이 있고 착해서 친구들도 좋아하기 때문에 크게 문제되지는 않지만 옆에서 지켜볼 때 그 장난 수위가 너무 높아서 늘 걱정이었다고 하셨다. 그래서 담임 선생님과 함께 학급 서클을 열기로 했다.

- 요즘 내가 가장 집중하고 있는 것은?
  - 게임, 카톡,
- 우리 반에서 성적인 장난을 많이 하고 있다고 한다. 그것을 보거나 겪은 경험을 이야기해 보자. 어떤 느낌이나 생각이 들었나?
  - 성적인 농담, 의자에 앉아서 성적인 행동을 흉내, 몸매에 대한 놀림, 젖꼭지 꼬집기 등. 그런 일을 당할 때 기분이 좋지 않다. 모욕감을 느꼈다. 역겨웠다 등.

- 이 장난으로 반 친구들이 어떤 영향을 받았다고 생각하나?
  - 불편했을 것이다. 싫지만 말하지 못했을 것이다, 기분이 나빴을 것이다 등.
- 이 문제를 개선하기 위해 앞으로 내가 할 수 있는 일은 무엇일까?
  - 장난을 치는 아이에게 하지 말라고 할 것이다. 내 의사를 분명하게 표현하겠다. 선생님께 말하겠다. 완전히 무시하겠다 등등.
- 선생님께 부탁하고 싶은 점은?
  - 그런 장난을 치는 아이에게 벌점을 주라, 학생부장 선생님께 데려가라, 남겨서 깜지를 쓰게 했으면 좋겠다.
- 소감
  - 평소에 하지 못했던 이야기들을 해서 좋았다. 또 했으면 좋겠다. 앞으로도 솔직하게 이야기하겠다 등등.

장난이 심할 뿐이지 관계가 좋은 아이들이었기에 서클은 시종일관 좋은 분위기로 진행되었다. 장난을 치는 아이들이 코너에 몰려 너무 심한 비난을 받으면 어쩌나 걱정했지만 행동 중심으로 질문을 던졌기에 아이들은 반에서 일어난 현상으로만 이야기하고 그에 대한 자신의 생각을 부담 없이 말할 수 있었던 것 같다. 장난을 주로 치던 학생들은 불편한 기색이 역력했지만 진지하게 끝까지 참여했고 그 학생들에게 토킹스틱이 가면 서클에 참여하는 아이들이 조용해지면서 모든 시선과 귀가 집중되는 것을 볼 수 있었다. 누구라고 구체적으로 이름이 거론되지는 않았지만 이러한 행동들에 대해 학급 아이들의 생각이 충분히 전달된 덕분에 이후로는 이런 성적 장난이 많이 없어졌다고 담임 선생님께서는 말씀하셨다.

'누가 잘못을 저질렀는가'에서 '그 피해가 무엇이고 이것을 공동체적으로 어떻게 해결할 것인가'로의 관점 전환은 아이들로 하여금 서로를 배려하고 공동체 전체를 바라보는 관점을 갖도록 해 준다는 사실을 경험한 서클이었다. 그리고 아이들은 누구보다도 친구로부터 많은 배움을 얻을 수 있다는 것을 알 수 있었다.

중학교 2학년 위기학급 서클

한마디로 담임 선생님의 지도가 먹혀들지 않는 학급이었다. 다른 교과 선생님들도 이 학급에 들어가기가 두렵다고 할 정도로 아이들은 선생님들의 지도에 강한 불만을 표시하고 있다고 한다. 담임 선생님께서는 올해 전근을 오신 터라 동료 선생님들과 친분이 거의 없었고 이렇게 힘든 학급을 맡게 되자 더더욱 다른 선생님들과 소통을 꺼리게 된 것 같았다. 그리고 학급이 이렇게 된 것을 자신의 무능 때문이라 여겼다. 그래서 담임 선생님을 지지해 줄 수 있는 지지 서클을 먼저 열기로 했다. 아무리 학급 서클이 잘되더라도 담임 선생님에게 에너지가 없다면 이후 계속 학급을 운영할 수 없을 것이라는 판단 때문이었다. 그리고 학생들의 이야기를 충분히 들을 수 있는 사전 서클을 거쳐 본 서클을 열어 존중의 약속을 함께 정해서 지켜보는 것으로 위기학급 서클을 디자인했다.

담임교사 지지 서클

함께할 의향이 있는 선생님 10명이 모여 서클을 진행했다. 나에 대해 설명하기—사회원자 게임—나와 이야기 나누기 등의 퍼포먼스를 통하여 점점 더 깊이 선생님들의 내면에 다가갔다. 그리고 마지막 나와 이야기 나누기를 통해 담임 선생님이 아이들로 인해 겪는 고통과 더불어 아이들을 포기할 수 없는 마음을 동료 선생님들 또한 깊이 이해할 수 있었다. 퍼포먼스가 끝난 후 서클로 둘러앉아 이 담임 선생님에게 선생님들이 하고 싶은 이야기를 하도록 했다. 선생님들은 '종례를 대신 들어가 주겠다, 힘들 때 이야기해라', '이렇게 힘들어하는 줄 몰랐다. 마음을 몰라 줘 정말 미안하다', '점심을 같이 먹으며 이야기하면서 서로 의지하자'라고 진심으로 담임 선생님에게 따뜻한 위로와 마음을 전했고 앞으로도 어려움을 극복하기 위해 힘을 보탤 것을 약속했다.

사전 서클

아이들에게 선생님이나 학급에 대한 생각을 들어 보는 것이 목적이었다. 그리고 무엇보다 아이들에게 자신들의 생각이나 어려움을 토로하는 기회를 줌으로써 소통이 주는 후련함을 경험하면서 좀 더 객관적으로 학급의 문제를 바라보게 하자는 것이었다. 남학생 여학생으로 나누어 함께 연구년을 수행하고 계신 선생님의 도움을 받아 서클을 진행했다.

질문은 다음과 같았다.

1. 2학년 한 해 동안 스스로에게 칭찬해 주고 싶은 것, 잘했다고 생각되는 것은?

2. 내가 생각하는 우리 반은 어떤 반인가? (이미지, 예를 들어 주면 좋을 것 같아요. 친구들이 좋은 반, 재미있는 반, 서로 잘 모르는 반, 힘든 반, 활기찬 반 등)

3. 우리 반에서 즐거웠던 기억, 경험은?

4. 우리 반에서 힘들었던 것, 그리고 무엇이 그렇게 힘들게 했다고 생각하는가?

    (중간중간 개입질문…. 예를 들어 그 일로 가장 힘든 사람이 누구였다고 생각하니? 그때 네 심정은 어땠어? 등등)

5. 우리 반이 나아지기 위해 어떤 일들이 이루어져야 한다고 생각하니?

6. 선생님들께 부탁하고 싶은 것? 혹은 도움을 받고 싶은 것?

7. 소감

남학생들은 선생님들이 자신들을 배려해 주지 않는 것이 가장 큰 문제라고 했다. 교무실로 혼나러 가면 모든 선생님이 함께 혼내는 것, 작은 잘못도 선도위원회로 회부한다며 협박(?)하는 것 등의 장면을 이야기하면서 선생님들이 자신들을 이해하지 않고 무조건 나쁘게만 보는 것에 대해 불만을 토로했다. 그러면서 선생님들이 자신들을 배려한다면 자신들도 잘할 것이라고 했다.

이에 비해 여학생들의 시선은 훨씬 섬세했다. 담임 선생님의 에너지가 너무 없다는 것, 센 아이들에게 부탁할 수 없으니 순한 아이들에게만 일을 시켜 힘들다는 것, 가족이나 친구들을 끌어들여 야단치는 것에 대한 불만을 얘기했다.

서클에 대해서는 호감을 나타내며 자신의 이야기를 이렇게 한 번도 끊지 않고 들어 준 선생님이 없었다며 이야기를 다 해서 후련하다고 했다. 그리고 친구들의 이야기를 들을 수 있어 좋았다고 했다. 여러 선생님과 이런 서클을 함께 열어 볼 테니 참여하겠느냐는 질문에 흔쾌히 그렇게 하겠노라 약속하고 사전 서클을 마쳤다.

본 서클

약 일주일 후 지지 서클에 참여한 선생님 8명, 학생들, 그리고 담임 선생님과 사전 서클을 담당한 2명의 교사가 참여하여 본 서클을 열었다.

이번 서클이 잘 이루어지기 위해 필요한 것을 포스트잇에 적어 중앙에

켜 놓은 초들 옆에 붙이도록 했다. 주로 나온 내용은 존중, 경청, 성실하게 말하기, 솔직하게 말하기 등이었다. 이렇게 할 수 있겠냐고 질문하고 약속한 후 서클을 진행했다.

1. 지금 나의 기분은? 기대는?
2. 우리 반을 위해 내가 가져다 놓고 싶은 것은? (물건, 가치, 사람…) 이유?
3. 우리 반을 5글자로 표현한다면?
4. 내가 우리 반을 위해 잘한 것을 한 가지만 얘기해 본다면?
5. 우리 반에서 지난 일 년 동안 힘들었던 것은? (구체적 경험을 중심으로…)
   – 친구들이나 나로 인해서 힘들었던 점?
6. 우리 반이 나아지기 위해서 필요한 것은?
   – 친구들에게 부탁하고 싶은 것?
   – 선생님에게 부탁하고 싶은 것?
7. 우리 반을 위해 내가 할 수 있는 것은?

학생들만을 대상으로 서클을 진행했을 때와 달리 선생님들이 어려운 점을 토로하자 아이들은 일순 숙연해졌다. 그리고 학급에서 조용히 말을 하지 않던 아이들이 수업 시간에 너무 시끄러워서 힘든 점이나 청소가 되지 않아 어려운 점 등을 말했다. 그러자 아이들은 자발적으로 반성하기 시작했다. 선생님들을 힘들게 한 것에 대해 사과하면서 앞으로 나아지겠다고 했다. 그리고 약속이 정해진다면 지키겠다고 했다.

이후 학생들과 선생님들을 소그룹으로 나눠 존중의 약속을 정하도록 했다. 그리고 정해진 약속을 잘 지켰는지 기말고사 이후 후속 서클을 통해 점검하기로 했다.

이 위기학급 서클의 경우 담임 선생님이 겪는 고통이 너무 심하고 갈등의 골이 너무 깊어 서클을 여는 것을 망설였다. 서클 몇 번으로 아이들이 변하지 않는다는 것을 익히 알기에 괜히 희망을 걸었다가 실망하면 더 아픈 경험이 되지 않을까 염려가 되었기 때문이다.

그런데 아이들은 괴물이 아니었다. 선생님들의 아픔에 공감하고 그것에 반응했다. 사실 아이들은 변화하고 싶었고 변화를 시도할 계기가 필요했는지도 모르겠다는 생각이 든다. '이것은 잘못되었다'라고 용기 있게 말할 수 있는 장이 마련된다면 아이들은 선한 의지를 얼마든지 표현할 수 있다는 생각이 든다.

마지막으로 한 여학생의 고백이 아직도 마음에 남는다. "우리 반이 잘못되고 있다는 것을 알고 있어요. 하지만 어떻게 말하기가 어려워요. 그래서 괴로웠어요. 제가 비겁한 것 같아서요. 그런데 서클을 통해서 잘못된 것을 말하고 고쳐 나가겠다고 할 수 있어서 좋았어요. 정말이지 이런 이야기를 나눈 것이 처음이에요. 앞으로 정말 잘할 거예요."

/ 회복적 생활교육, 이렇게 실천하라

4. 사안 처리 이후의 회복적 접근

학교에서 문제가 발생했을 때 우선적으로 교실, 학년, 학교 단위에서 회복적 접근을 시도하는 것이 상식이 되어야 한다. 가능하면 사안 처리 이전에 대화로 문제를 해결하는 것이 학교가 교육기관으로서 본연의 기능을 회복하는 과정이라 할 수 있다. 이를 위해 학교에서는 학교 자체해결제의 취지를 살려 학교 자체 해결기구인 공동체회복위원회를 구성하여 회복적 대화 모임을 진행하는 편이 바람직하다. 학교에서 회복적 접근을 우선적으로 시도하고, 그래도 안 되면 기존 절차에 따라 응보적 접근을 취해도 늦지 않다. 회복적 정의에 기반해 학교폭력을 다루는 태도를 전환할 필요가 있다.

물론 문제 사안이나 학생·보호자의 동의 여부를 고려해 학교에서 회복적 접근을 시도했는데도 불구하고 불가피하게 교육청 심의를 통해 학교폭력 사안 조치가 이루어질 수 있다. 일반적으로 학교폭력 사안을 절차대로 진행할 때, 심의 이후 학생에 대한 조치가 매듭지어진 것으로 보이지만 학교에 미치는 부정적 영향을 무시할 수 없다. 현재로는 가해학생에 대한 조치 이후에 별다른 과정 없이 자신이 속한 교실이나 학교로 복귀하게 되는데, 이에 대해 학교 공동체가 사후 조치를 별도로 두고 있지 않은 실정이다.

조치로 진행되는 특별교육 내용이나 징계 이후 학교로 복귀하는 단계에서 회복적 생활교육이 반드시 필요하다. 처벌로 종결된 내용이라 할지라도 2차 피해에 대한 우려, 가해자 낙인, 공동체 우려를 불식하고 공동체로 안전한 재통합을 위해서 회복적 접근을 교육 과정에 구현할 수 있어야 한다.

회복적 정의에 기초한 선도교육 및 특별교육

많은 특별교육 프로그램이 처벌의 일환으로 진행되지만 관련 학생은 '시간'을 때우며 보낸다. 그러다 보니 많은 프로그램이 학생들의 흥미 위주로 그치기도 한다. 주로 상담을 기반으로 가해학생들의 자존감을 높여 주는 목적으로 이루어지고 있어 피해와 영향을 직면하고 회복하는 것과 무관한 내용으로 전개되고 있는 현실이다. 가해학생으로 하여금 자신이 일으킨 행동에 대한 피해와 영향을 깨닫고, 그 피해를 바로잡기 위해 자발적 책임을 고민하고 실천함으로써 진정한 반성과 책임을 배우도록 교육 내용을 정비해야 한다. 학교폭력 조치의 결과로써 특별교육뿐만 아니라 지각이나 흡연처럼 학교 규칙이나 약속을 어긴 경우의 선도교육에도 회복적 정의를 적용할 수 있다.

• 상습 지각생을 위한 공동체 서클[60]

질문 예시

• 학교에 오면 기분이 어떤지 다섯 글자로 말하기

• 시간을 되돌리고 싶다면 언제로 돌아가고 싶은가?

• 무언가를 위해 노력해 본 경험 이야기하기

• 꿈을 이루기 위해 내가 할 수 있는 것은?

• 그것을 위해 주변에서 누구에게 어떤 도움을 받고 싶은가?

• 오늘 서클을 한 소감은?

상습적인 지각생의 경우 배움에 흥미가 없거나 자존감이 약한 학생이 주를 이룬다. 학교 규칙의 잣대로 행위를 재단하는 것은 해당 학생의 돌봄과 지원에 긍정적인 영향을 주지 못한다. 이러한 학생들은 성취감이나 자존감을 높이도록 서클을 경험하게 하고 돌봄과 지원의 필요를 공동체 구성원에게 스스로 이야기하는 경험을 축적할 필요가 있다. 학교가 학생의 성장을 돕고 지원하는 배움 공동체라는 것을 서클을 통해 구현할 수 있다.

• 흡연학생 대상 공동체 서클[61]

단계	주요 질문
여는 질문	① 요즘 즐겨 하는 게임은? 그 레벨은?
주제 질문	① 담배를 처음 피우게 된 때는, 그 이유는? ② 담배를 부르는 상황은 언제인가? ③ 담배를 끊고 싶었을 때는 언제인가? ④ 이번 일로 인해 누가 어떤 영향을 받았는가?
실천 질문	① 내가 지킬 수 있는 각오는 무엇인가? ② 선생님이나 주변 사람들이 어떤 도움을 주길 바라는가?
배움 질문	① 오늘 서클을 통해 배운 것이 있다면?

상습 지각생과 마찬가지로 흡연 등 학교 규칙을 준수하지 않는 경우에도 회복적 상담 또는 공동체 서클을 통해 학교가 학생을 지원하고

60, 61 한국회복적정의협회 회복적학교연구회에서 주최한 2018년 회복적 생활교육 새학기 워크숍에서 경기도 회복적 교사모임 '구인회' 김애경 교사의 사례발표 중에서 참조.

돌보는 역할을 하고 있다는 메시지를 줄 수 있다. 기본적으로는 흡연으로 선도 조치를 받은 학생을 대상으로 서클을 진행할 수 있지만 가급적 학부모와 복수의 교사가 함께 참여하도록 한다. 학생의 잘못에 따른 수치심이 안전하게 공동체에 재통합되고, 공동체 구성원으로서 소속감을 느끼고 생활할 수 있도록 이끄는 과정이 필요하다.

• 가해학생 대상 특별교육 서클 질문

여는 질문	① 내가 가장 좋아하는 음식은? ② 요즘 나의 관심사는? ③ 성적, 능력의 조건을 다 무시하고 내가 진짜 하고 싶은 일은?
활동	〈회복적 성찰문〉 작성하기
주제 질문	본인이 작성한 회복적 성찰문에 기초하여, ① 징계로 힘들었던 점, 또는 내가 이해받고 싶었던 것이나 듣고 싶었던 말은? ② 나로 인해 누가, 무엇을 힘들어했을까?
실천 질문	① 회복을 위해 내가 노력할 수 있는 것과 약속은? ② 선생님이나 주변 사람들이 어떻게 도와주길 바라는가?
배움 질문	① 오늘 서클을 통해 배운 것이 있다면?

선도교육과 마찬가지로 가해학생 특별교육도 회복적 질문에 기초하여 서클 방식으로 대화를 진행한다. 학생, 학부모, 학교 관계자가 참여하여 잘못에 상응하는 조치라 할지라도 가정과 학교에서 징계로 인해 힘들었던 점이나 이해받고 싶었던 부분에 대해 이야기하고, 피해자나 주변인에게 끼친 영향을 헤아려볼 수 있다. 발생한 사건보다는 현재 받고 있는 영향과 공동체로 복귀하기에 앞서 노력하고 약속할 수 있는

실천을 다짐하게 한다. 학교 관계자나 학부모는 돌봄과 지원을 마련하는 계기로 삼을 수 있다.

한국회복적정의협회에서는 구리남양주교육청과 남양주남부경찰서 위탁으로 가해학생 대상 교육을 진행하고 있다. 처벌의 한 형태인 프로그램이지만 이를 통해 자신으로 인해 발생한 피해와 영향을 인지하고 그 피해를 회복하기 위해 무엇을 해야 할지 고민하고 실천하게끔 한다. 프로그램은 보호자 참여를 필수로 하고 있다. 회복적 특별교육 프로그램을 통해 피해자 이해와 회복적 정의 이해를 기초로 학생과 보호자 사이의 관계 회복과 자신의 행위로 피해를 당한 피해자와 공동체에 실질적인 피해 회복을 위한 계기를 마련하고 있다.

• 교육청 특별교육(5시간)

주제	시간	내용
여는 질문	2	공동체 놀이 공동체 서클(친밀감 형성)
회복적 정의 이해	1	시나리오 워크숍(가·피해자 이해) 회복적 정의 배우기(엘마이라 사건)
회복적 성찰	2	회복적 성찰문 작성 회복적 질문에 기초한 공동체 서클 편지 쓰기 소감 나누기

• 경찰단계 표준선도프로그램 '사랑의 교실'(10시간)[62]

주제	시간	내용
여는 질문	3	공동체 놀이 학생 서클(친밀감 형성) 보호자 서클(자녀 알아가기)
피해자 이해	4	시나리오 워크숍(가·피해자 이해) 회복적 정의 배우기(엘마이라 사건) 학생 대상 회복적 성찰문 작성 및 회복적 상담 보호자 대상 공동체 서클(회복적 질문 기초)
회복적 성찰	3	평화감수성 활동 가족 서클과 존중의 약속 만들기 편지 쓰기 소감 나누기

징계 후 복귀 서클(추수지도)

징계 이후에도 조치를 받은 학생이 교실로 안전하게 재통합될 수 있도록 징계 후 복귀 서클을 진행할 수 있다. 징계 후 복귀 서클은 공동체 회복 서클의 구성과 내용으로 서클을 진행하되 사안을 중심으로 다루기보다는 앞으로의 방향에서 피해와 영향을 바로잡고 재발 방지와 관계 개선을 위한 책임과 약속을 다짐하는 자리로 만들 수 있다.

우선 관련 학생의 복귀 이전에 학급 공동체와 별도로 사전 모임을 가질 필요가 있다. 관련 학생이 교실에 복귀하게 될 때 어떤 우려와 기

---

62 한국회복적정의협회·한국평화교육훈련원,《회복적 정의에 기반한 사랑의 교실: 청소년 선도프로그램》, 피스빌딩, 2019.

대가 있는지, 앞으로 어떤 관계가 되길 바라고 부탁하고 싶은 것은 무엇인지 이야기할 수 있다. 마찬가지로 관련 학생도 조치 이후로 어떤 시간을 보냈고 교실에 복귀하기 전 어떤 우려와 기대가 있는지, 피해와 관계 회복을 위해 무엇을 다짐할 수 있는지, 어떤 도움이 필요한지 등 회복적 질문을 활용해 사전 모임을 가질 수 있다. 사전 모임 이후 본 모임을 진행할 수 있다.

단계	주요 질문
여는 질문	① 오늘 나의 마음의 상태를 색으로 표현한다면?
주제 질문	① 다시 함께 지내기 위해 우려되는 것과 기대되는 것은? ② 앞으로 같은 문제가 발생하지 않기 위해 제안하고 싶은 것은? ③ 안전한 학급을 만들기 위해 내가 약속할 수 있는 것은? ④ 선생님 또는 주변 사람들이 도와주었으면 하는 것은?
실천 질문	① 나는 친구들에게 어떤 친구로 기억되길 바라는가?
배움 질문	① 오늘 서클을 통해 배운 것이 있다면?

징계 후 복귀 서클은 관련 학생이 교실에 복귀하면서 피해와 관계를 회복하기 위한 노력과 실천을 공동체 앞에서 약속하는 자리이자 앞으로 새롭게 관계를 재설정하는 기회가 된다. 서클에서 나온 이야기를 기초로 존중의 약속을 만들고 점검하는 기회로 삼아 공동체의 관계망을 다지기도 한다. 비록 처분 이후의 접근이지만 복귀 이전 단계에서 낙인 효과를 줄이고 갈등을 배움의 계기로 삼아 안정적으로 소속감을 회복하고, 피-가해 학생을 포함해 공동체 구성원의 돌봄과 책임감을 높이는 계기로 만들 수 있다.

회복적 정의에 기초한 피해자 교육

회복적 생활교육이 피해 회복을 위한 교육적 접근임에도 불구하고 많은 부분 피해자 돌봄과 지원의 영역은 상담에 국한되어 있다. 물론 상담은 피해자 지원을 위한 중요한 부분이지만 상담을 넘어 피해자의 실질적인 필요와 문제해결의 주체자로서 회복적 정의에 기초한 피해 회복 프로그램이 필요하겠다. 가해학생을 위한 특별교육은 다양하게 마련되어 있으나, 피해 학생과 보호자를 위한 교육은 상담 외 별다른 영역이 없다. 교육청에서 마련한 별도의 기관(위센터, 위스쿨 등)에 관련 학생 교육 또는 학교 공동체 안에서 소속감을 가지고 연결되도록 학교 내 피해자를 위한 교육 활동을 마련할 필요가 있다.

피해자를 위한 교육 활동이란 각 피해자들의 개별 상담을 넘어 피해 학생 그룹을 대상으로 보호자나 학생을 지원하는 교사, 상담사, 학부모, 지역주민 등이 함께 참여하여 피해 학생을 위한 정서적 안정과 공동체 돌봄을 이야기하는 자리이다. 이는 피해자의 안전한 학교 생활을 돕는 역할을 한다. 뿐만 아니라 피해자들이 피해 회복을 위한 실제적 필요를 살펴보고 이를 주체적으로 회복하기 위한 단계로써 회복적 대응을 준비하는 계기로 삼을 수 있다.

● 피해자 돌봄을 위한 서클

회복적 질문에 기초하여,

● 학교에 오면서 어떤 기분이었는가?

- 이번 일을 겪으면서 가장 힘들었던 것이 무엇인가?
- 피해가 회복되려면 뭐가 이루어져야 한다고 생각하는가?
- 앞으로 이런 일이 안 일어나려면 어떤 조치들이 있어야 한다고 생각하는가?
- 누가 어떻게 도움을 줄 수 있다고 보는가?
- 서클에 참여한 소감은?

갈등의 소용돌이에 있는 당사자들은 자신의 필요를 들여다보지 못한다. 더군다나 이것이 시스템 속 사안 처리로 진행될 때 피해 회복의 길은 요원하다. 따라서 피해자 교육을 통해 당사자의 필요를 중심으로 이를 해결하기 위한 프로세스를 안내할 수 있다. 피해자 돌봄을 위한 서클은 피해자 교육의 일환으로 피해자가 자신의 피해 회복을 위해 어떤 도움이 필요한지 고민할 수 있도록 한다. 단순 상담을 넘어 피해자가 자신의 에너지를 가해 응징이 아닌 회복에 기울이도록 돕고, 이를 돕기 위한 주변의 이해관계자들, 즉 공동체의 돌봄과 지원을 가능하도록 만든다.

피해자 돌봄은 상담 전문 인력을 넘어, 공동체적 돌봄의 영역으로 확대되어야 한다. 영미권에서는 회복적 생활교육 실천의 일환으로 학부모들을 서클 진행자로 양성하여 학교에 자원봉사자로서 학생 공동체 서클과 피해자 돌봄을 위한 서클을 진행하는 진행자로 활동하게 한다. 상담 등 피해자를 위한 전문적 영역에서 공동체적 돌봄으로 피해자의 회복을 돕고 지원할 수 있도록 해야 한다. 피해자 돌봄을 위한 서클은 가족, 학생, 학부모 등이 피해자의 이해관계자들이 서클에 참여하여 안전한 공간에서 회복을 위한 다양한 돌봄의 역할을 이야기할 수 있다.

쉽지는 않지만 갈등 당사자 중 피해자 교육에 참여한 사람과 회복적 정의에 기초한 특별교육에 참여한 가해자 측이 동의하는 경우 종결된 처분 이후로도 회복적 대화 모임을 진행할 수 있다. 이때 양측의 회복적 교육을 회복적 대화 모임을 이해하고 준비하는 기회로 삼을 수 있다. 나아가 피해자가 피해자로 머무는 것을 넘어 피해를 극복하는 중요한 만남이 될 수 있다.

5장

학교 공동체를 위한 회복적 실천

1. 교직원 관계 만들기

회복적 생활교육을 개별학교 차원에서 진행할 때 동료 교사와 함께하는 실천이야말로 두말할 것 없이 중요하다. 회복적 생활교육을 통해 학교 문화를 혁신하는 회복적 학교를 세우는 과정은 곧 건강한 교육공동체를 세우는 것과 같다. 아이들에게 생활교육을 통해 관계성과 공동체성을 가르치기 이전에 배움을 전하는 교사들의 관계와 공동체를 건강하게 만드는 것은 매우 중요하다. 공동체는 관계의 경험을 기반으로 만들어진다. 그러므로 학교에서 아이들이 건강한 공동체를 경험하고 배우기 위해서는 학생을 가르치는 교사 공동체의 구축이 필수적이라 할 수 있다. 동료 교사와 함께 회복적 생활교육을 실천해 보자.

교사에게 학교는 직장이자 직업적 소명을 구현하는 곳이다. 때로는 가정보다 더 많은 시간을 학교에서 할애하지만 업무로 바쁜 나머지 교사들 안에도 서로에 대해 깊게 알아가거나 소통할 기회가 부족하다.

학교에 회복적 생활교육을 도입한다는 것은 학생 생활지도의 변화뿐만 아니라 학교 구성원의 공동체성을 높이는 안전한 공간을 만드는 일이다. 따라서 회복적 생활교육의 실천은 학교의 교사 공동체를 건강하게 만드는 데 크게 기여하고 있으며, 학교의 실천에 교사 관계망과 공동체 구축 과정이 우선순위로 자리하고 지속적으로 병행되어야 한다. 학교에서 전문적학습공동체라는 이름으로 주제에 따라 교사 동아리를 지원하고 있는데, 이를 회복적 생활교육의 실천을 연구하고 학습하는 목적의 모임에 적용할 수 있다.

새 학년 교직원을 위한 공동체 서클

새로운 학년이 시작되면 학생의 관계 형성 뿐만 아니라 교사 공동체의 관계망도 건강하게 세울 수 있어야 한다. 건강한 교사 공동체는 회복적 학교를 세우는 출발점이라 할 수 있다. 주로 새 학기 준비 워크숍 기간을 활용하여 교사의 관계망을 구축할 수 있는 공동체 서클과 교사 존중의 약속 만들기를 추천한다. 학교는 학년 초 교사의 전출입 이동으로 인해 기존 교사들과의 관계 맺음, 새로운 학교와 업무의 적응, 새 학년에 대한 기대와 우려가 공존한다. 새 학기를 준비하는 기간에 교육 과정에 대한 준비와 함께 교사 관계를 중심으로 교육 공동체를 구축하는 회복적 실천도 매우 중요하다.

여는 질문	1월부터 12월 중에 내가 가장 좋아하는 달은? 그 이유는? 지난 한 해를 돌아보며 버리고 싶은 것과 새롭게 채우고 싶은 것은? 사람들에게 이해받고 싶은 나의 모습은?
주제 질문	새 학년이 되면서 가장 기대되는 것과 우려되는 것은? 업무 이외에 동료 교사와 꼭 해 보고 싶은 것은?
실천 질문	올해 학생들과 함께 해 보고 싶은 것은?
배움 질문	이 서클에 대한 소감은?

교사 공동체 신뢰 서클

여는 질문	요즘 나의 몸과 마음의 상태를 색으로 표현한다면? 본인 이름에 대한 의미나 이름에 관한 에피소드가 있다면? 요즘 교사로서 업무 이외에 시간 가는 줄 모르고 하는 것은?
주제 질문	본인이 교사가 되기로 결정하는 데 가장 큰 영향을 주었던 사람이나 사건은? 첫 발령지로의 첫 출근에 대한 기억은? (나의 모습이나 기억나는 사람 또는 사건) 교사로서 살아오면서 가장 보람된 기억이나 나를 성장시킨 기억이 있다면?
실천 질문	언젠가 교직을 떠나게 될 때 동료 교사와 제자들에게 어떤 선생님으로 기억되고 싶은가?
배움 질문	이 서클에 대한 소감은?

교사로서의 경험을 이야기하며 공감과 신뢰를 쌓아 갈 수 있는 공동체 서클이다. 교사들이 어떻게 교직을 경험해 왔는지 나누는 시간을 통해 서로에 대해 깊이 알아가며 신뢰 관계를 쌓아 가는 계기가 된다. 인원을 소그룹으로 나누어 밀도 있는 서클을 진행해 보길 추천한다.

학교 공동체를 위한 존중의 약속 만들기

관리자 → 교사	교사 → 관리자
① 교사는 관리자가 어떻게 할 때 존중받는 다고 느끼는가? ② 관리자는 교사를 존중하기 위해 무엇을 할 수 있는가?	① 관리자는 교사가 어떻게 할 때 존중받는 다고 느끼는가? ② 교사는 관리자를 존중하기 위해 무엇을 할 수 있는가?
교사 → 교사	교사 → 공간
① 교사는 동료 교사가 어떻게 할 때 존중받 는다고 느끼는가? ② 교사는 동료 교사를 존중하기 위해 무엇 을 할 수 있는가?	① 우리가 교무실, 연구실 등 공동체 공간을 존중하는 방법은 무엇인가?

교사 공동체를 위한 존중의 약속을 만드는 방법은 학급 존중의 약속 만들기와 같다. 우선 해당 구성원으로부터 언제 존중받는다고 느끼는 지를 함께 나눌 수 있도록 하고, 그 이야기를 기반으로 존중하기 위해 무엇을 할 수 있는지를 표현하며 구체적인 약속으로 정리할 수 있다. 전 교직원 대상뿐만 아니라 업무별, 학년별로 약속을 만들 수도 있다. 약속을 만들고 나서 서클 방식으로 점검하면 좋다.

교사 ⇔ 교직원	교사 ⇔ 학부모
① 교사는 교직원(행정 등)이 어떻게 할 때 존중받는다고 느끼는가? ② 교직원은 교사를 존중하기 위해 무엇을 할 수 있는가?	① 교사는 학부모가 어떻게 할 때 존중받는 다고 느끼는가? ② 학부모는 교사가 어떻게 할 때 존중받는 다고 느끼겠는가? ③ 교사가 학부모를 존중하기 위해 무엇을 할 수 있는가?

교사뿐만 아니라 학교에서 함께 근무하는 행정직원이나 학부모와도

존중의 약속을 만들 수 있다. 학부모와 직접 약속을 만들 기회가 없으면 학부모 입장에서 존중을 헤아려 보며 약속을 만들어 보는 것도 방법이다.

교사를 위한 공동체 지지 서클

여는 질문	1년의 유급휴가가 주어진다면 무엇을 하고 싶은가? 지난 한 주간 나를 가장 웃게 한 아이는 누구인가?
주제 질문	요즘 내 마음에 걸리는 아이가 있다면 누구이고 그 이유는? 나에게 힘이 되었던 동료 교사의 말은? 동료 교사에게 도움받거나 지지받고 싶은 것은 무엇인가?
실천 질문	동료 교사와 자신에게 칭찬해 주고 싶은 것이 있다면?
배움 질문	이 서클을 통해 새롭게 알게 된 것은?

학기 중 동료 교사와의 지지 서클은 특히 학생 생활지도로 어려움과 고충을 겪는 교사와의 지지 서클은 아이들과의 관계 회복을 위한 교사의 용기와 힘을 다시금 북돋우는 데 효과적이다. 많은 학교에서 교사가 자기 학급의 생활지도와 관련하여 어려움을 이야기하는 것이 안전하지 않은 환경이다. 고충을 이야기하는 것이 교사의 무능력을 드러내는 것이라 판단하여 혼자 속앓이를 하기 마련이다. 이러한 배경은 교사의 업무 효율성에만 초점을 맞춘 학교 환경에 기인한다. 동료 교사와의 건강한 관계망은 교사가 말할 수 있는 안전한 공간을 확보한다. 이러한 교사 공동체의 지지 서클은 교사가 당면한 어려움을 함께 해결해 가기 위한 동료 교사의 공감대를 만들고 실질적인 지원책을 마련하는 계기로 만들 수 있다. 생활지도의 어려움을 겪는 위기 학급에 직접

적으로 개입하기에 앞서 이러한 동료 교사와 지지 서클을 할 수 있는
학교 문화가 형성되어야 한다.

학기 말 교사 공동체 서클

여는 질문	우리 학교에서 가장 좋아하는 장소와 이유는? 이번 학기 우리 학급/학교에 별명을 붙인다면?
주제 질문	이번 학기 개인적으로 힘들었거나 아쉬웠던 순간은 언제인가? 이번 학기 가장 보람되었던 순간은 언제인가? 동료 교사에게 고마웠던 순간은 언제인가?
실천 질문	동료 교사에게 해 주고 싶은 말이 있다면?
배움 질문	이 서클에 대한 소감은?

학기를 마무리하며 교사는 자신의 교육 활동에 대한 소회를 나누는
시간을 서클로 가질 수 있다. 교육 활동 중 기억에 남는 순간을 떠올리
며, 동료 교사들에게 감사와 격려의 메시지를 전하며 학기 또는 학년
을 마무리할 수 있다.

2. 회복적 학교를 위한 배움 서클

교사의 관계 형성을 위한 공동체 서클 목적 외에 회복적 정의를 기초
로 한 회복적 생활교육 자체를 배우기 위한 서클을 할 수 있다. 회복적
정의와 생활교육을 주제로 하는 배움 서클은 학교에서 회복적 생활교
육이 근본적인 철학과 방식으로 자리 잡을 수 있도록 돕는다. 교원전

문학습공동체나 교원자율동아리 등 회복적 생활교육을 주제로 공부하는 그룹에서 서클은 집단지성을 활용하여 함께 배우는 장을 마련한다. 학교 차원에서 교사들이 함께 배우면, 실천에 대한 개인적인 편차는 있을지라도 회복적 방향성을 잃지 않고 학교의 교육 활동을 지원하는 핵심 자원이 될 수 있다.

회복적 학교 세우기

여는 질문	나만의 스트레스 해소법이 있다면? 회복적 생활교육을 언제 어떤 계기로 만나게 되었는가?
주제 질문	학교 현장에서 회복적 생활교육을 실천하면서 유익한 점은? 우리 학교에서 회복적 생활교육을 실천하는 데 어려움은 무엇인가? 회복적 생활교육이 학교 문화로 정착되기 위해 어떤 도움과 지원이 필요한가?
실천 질문	우리 학교를 회복적 학교로 세우기 위해 내가 할 수 있는 실천은 무엇인가? 나에게 회복적 생활교육이란 _____이다.
배움 질문	이 서클에 대한 소감은?

동료 교사와 회복적 학교를 세우기 위해서는 회복적 생활교육에 대한 공감대를 형성해야 한다. 교사마다 회복적 생활교육의 이해가 다른 경우 회복적 실천의 유익을 나누는 과정이 도움이 된다. 긍정적인 요소를 발전시켜 학교 현장에 적용하기 위한 방안을 동료 교사와 함께 모색해 보길 바란다.

학교에서 회복적 실천 지속하기

여는 질문	요즘 나에게 필요한 '회복'은 무엇인가?
주제 질문	교사로서 가장 기억에 남는 회복적 생활교육의 실천은? (학생, 학부모, 동료 교사 등) 회복적 생활교육을 실천하면서 좋았던 점과 어려웠던 점은? 실천 방법을 넘어 회복적 생활교육의 중요한 가치는 무엇이라고 생각하는가?
실천 질문	회복적 가치를 구현하기 위해 내가 할 수 있는 교육 실천은 무엇인가? 동료 교사(학년, 학교)와 함께 만들고 싶은 회복적 생활교육 실천은?
배움 질문	이 서클에 대한 소감은?

학교에서 실천하는 회복적 활동을 점검해 보고 피드백 과정을 거쳐 학급이나 대상의 특색에 맞는 회복적 생활교육 프로그램을 기획해 볼 수 있다. 다만 프로그램이나 방법론에 치우치지 않고 회복적 생활교육이 추구하는 철학과 가치를 성찰해 가면서 개인 또는 동료 교사가 함께 실천하는 내용을 만들어 볼 수 있다.

코로나 이후 시대의 교육 가치 찾기

여는 질문	코로나19로 인해 힘들었던 점과 의외로 좋았던 점 한 가지는? 코로나19가 종식된다면 꼭 해 보고 싶었던 것은?
주제 질문	코로나19 감염 외에 가장 염려되었던 것은? 코로나19 상황이 교사와 학생에게 남긴 중요한 교육적 가치는 무엇이라고 생각하는가?
실천 질문	코로나19 이후 시대에 학교에서 내가 할 수 있는 교육적 실천은 무엇인가?
배움 질문	이 서클에 대한 소감은?

코로나19는 우리의 일상뿐만 아니라 교육 현장에도 큰 영향을 주었다. 코로나로 사회와 학교는 이전과 다른 새로운 일상을 보통의 일상으로 경험하게 되었다. 코로나로 인한 뉴노멀 시대에 교사의 교육적 가치에 대한 고민과 성찰은 일상 변화에도 불구하고 아이들을 만나는 교사의 소명을 회복하는 힘이 된다. 코로나19로 관계의 단절, 교육 수준 불균형으로 가속화된 빈익빈부익부, 집단 트라우마 등은 기술 발전에도 불구하고 극복해야 하는 교육적 과제가 되었다. 이러한 주제의 배움 서클은 비대면 수업의 환경 개선을 넘어 학교가 추구해야 할 미래의 방향성을 그리며 교사의 실천을 모색하는 계기가 될 수 있다.

회복적 정의로 학교폭력에 접근하기

여는 질문	나에게 평화란 _____(이)다. 그 이유는?
주제 질문	교사로서 학교폭력과 관련하여 나의 경험이 있다면? 학교폭력이 근절되지 않는 이유는 무엇이라고 생각하는가? 현행 학교폭력 대응의 어려움은 무엇이라고 생각하는가? 회복적 정의가 학교폭력 해결에 무엇을 기여한다고 생각하는가?
실천 질문	우리 학교에서 할 수 있는 회복적 접근은 무엇이 있는가? 이를 위해 무엇이 필요한가? 학교폭력과 관련하여 내가 할 수 있는 회복적 실천은 무엇인가?
배움 질문	이 서클에 대한 소감은?

학교폭력의 주제로 교사의 경험과 교육적 대안을 이야기해 보는 안전한 공간이 필요하다. 학교폭력에 대해 이야기하는 것은 분명 어려운 주제이다. 학교폭력 대응에 대한 문제의식과 어떻게 회복적 생활교육

이 학교폭력의 예방과 해결에 기여할 수 있는지를 이야기함으로써 학교의 회복적 대응력을 높이고 이를 위한 학교의 방향과 실천을 모색해볼 수 있다. 학교폭력에 대한 학교의 대응이 은폐와 축소로 오해되며 교사에 대한 신뢰가 금이 가고 있는 현실이다. 회복적 정의에 기초하여 갈등해결을 위한 학교의 노력은 교육기관으로서 신뢰를 회복하는 길임이 분명하다.

회복적 학교 거듭나기

여는 질문	나에게 회복적 정의란 _____(이)다. 그 이유는?
주제 질문	회복적 학교의 실천으로 긍정적으로 변화된 학교의 모습이 있다면? 회복적 학교 문화를 만들어 가지만 우리에게 부족한 부분이 있다면? 회복적 학교를 세우는 데 외부적 걸림돌이 있다면? 회복적 학교를 세우기 위해 우리에게 필요한 도움이 있다면?
실천 질문	더욱 발전시키고 싶은 회복적 학교의 실천은? 회복적 학교를 만들기 위해 우리가 할 수 있는 것은?
배움 질문	이 서클에 대한 소감은?

학교에서 통합적 접근으로 회복적 생활교육을 실천하는 회복적 학교는 학기 말 즈음에 회복적 학교 운영을 위한 평가 모임을 서클 방식으로 가지는 편이 바람직하다. 회복적 학교는 외부의 지원보다 학교 구성원의 자발성과 자생적 노력으로 이루어진다. 회복적 학교 운영으로 교육 주체인 학생, 교사, 학부모가 어떤 변화를 경험했는지, 뿐만 아니라 이들의 공동체성, 문제해결능력이 어떻게 변화했는지 긍정적인 변화의 모습을 발견하고 보완할 부분과 발전시킬 부분에 대해 평가해

볼 수 있다.

회복적 학교 운영에 대해 나누는 경험은 다른 교사들에게 회복적 생활교육을 수용할 기회를 제공하고, 회복적 학교를 지속하기 위한 토대가 된다. 회복적 학교는 최소 2~3년을 내다보며 지속해야 하기 때문에 학교 경험을 기반으로 한 평가 모임은 회복적 학교의 비전을 공고히하고 회복적 학교를 위한 교육 과정과 운영체계를 구축하는 발판이된다. 또한 회복적 학교 운영의 긍정적 평가는 더 많은 회복적 학교 모델을 만드는 데 기여한다. 현재 한국회복적정의협회 회복적정의연구소에서는 회복적 학교 운영에 대한 평가 양식[63]을 만들어 회복적 학교운영과 확산에 기여하고 있다.

---

63 이 책 부록을 참조할 것.

정혜선

교사 공동체_함께

오래전, 회복적 정의를 접한 지 3년쯤 되었던 어느 해 겨울. '로레인 수트
츠만 암스투츠와 함께하는 〈회복적 생활교육 워크숍〉'에 참여한 적이 있
다. 회복적 생활교육을 처음 만나고 많은 기대와 설렘으로 친구들과 함께
꿈꾸며 많은 시도를 했다. 그 시간을 지나, 여러 가지 이유로 실망하고 기
대를 접고 싶은 시간이었다. 그즈음에 참여한 워크숍이었다. 그런데 워
크숍에 참여하면서 잊고 있던 사실 하나를 깨달았다. 워크숍에서 누군가
가 로레인에게 물었다. "37년을 넘게 회복적 생활교육을 해 오면서 힘들
고 어려운 순간도 많았을 텐데, 그렇게 오랜 시간 회복적 생활교육을 할
수 있었던 힘은 무엇입니까?" 길고 특별한 대답을 기대하고 있었는데 로
레인의 대답은 너무 간단했다. "공동체입니다." 내 마음에서 '쿵' 소리가
났다. 그렇구나. 처음 회복적 정의 연수를 받았을 때 내가 마음에 품게 되
었던 단어도 '공동체'였다. 공동체가 많이 깨어져 있는 이 사회 속에서 나
는 아주 중요한 공동체에 속해 있었고, 그 공동체를 통해 나는 존재하고
성장하고 있었다. 그래서 공동체라는 단어를 마음에 품었는데, 답은 다
시 '공동체구나'라는 깨달음이었다.

혼자서는 절대로 할 수 없는 일. 함께여야만 가능한 일. 우리가 혼자가 아니라는 사실을 서로에게 확인시키고 손잡고 가야 할 길. 그 길 위에서 교사 공동체 '함께'를 일구어 본 적이 있다.

예상치 못한 시기에 원하지 않은 학교로 발령이 났다. 아는 사람이 하나도 없었다. 그때 나는 아이들과 자주 서클을 했다. 지나가던 선생님들이 한 번씩 쳐다보며 궁금해했다. 그뿐이었다. 낯선 환경이지만 '함께'하고 싶었던 것이 있었다. 학부모 총회를 앞두고 전체 메시지를 보냈다. "저는 학부모 총회를 서클로 이렇게 진행하려고 합니다. 관심 있는 선생님은 방과 후 우리 반 교실로 오시면 알려 드릴게요." 몇 분의 선생님이 오셨고, 설명이 끝난 후 한 신규 선생님이 물으셨다. "선생님, 저도 할 수 있을까요?" 그 질문이 정말 좋았다. 웃으면서 대답했다. "당연하죠!" 그렇게 시작되었다.

용기를 내어 교사 공동체 '함께'를 제안했다. 큰 욕심은 없었다. 그냥 "잠시, 둥글게 앉아서 이야기 나누며 쉴까요?"였다. 바쁜 시간을 뒤로하고 선생님들과 잠시 둘러앉아 이야기를 나누었다. 위로와 지지, 눈물. 선생님들은 당황해하며 물었다. "이거 뭐예요?" 그것만으로 충분했다. 힘든 시간을 '함께' 잘 견디기 위해 '아이들 이야기, 힘든 이야기, 도움이 필요한 이야기 등을 나누며 서로 위로하고 지지하는 시간을 가졌다.

얼마의 시간이 지나고 몇 분의 선생님께서 말씀하셨다. "아이들과 서클 한번 해 보려고요." 행복했다. "이렇게 해 보세요." 가지고 있던 자료를 공유하며 신이 나서 설명했다. 시간이 지나고 아이들 관계에 문제가 생기면 함께 문제해결 서클과 회복적 대화 모임을 열기 위해 머리를 맞대고 마음을 모았다. 그렇게 '함께'가 회복적 생활교육 내용으로 조금씩 채워졌다.

교사 공동체 '함께'의 기억은 여전히 내가 회복적 생활교육을 하는 이유 중 하나이다. 그때 교사 공동체 '함께'에서 함께 만든 존중의 약속이다.

존중의 약속
– 우리는 동료 선생님들을 이렇게 존중하겠습니다. –

1. 동료 교사와 충분히 소통하겠습니다.

일이 바쁘더라도 잠시 하던 일을 멈추고 듣고 소통하겠습니다. / 먼저 판단하지 않고 존중하는 마음으로 듣고 소통하도록 노력하겠습니다. / 그러기 위해서 우리에겐 꼭 필요한 업무만 할 수 있는 환경과 선생님들과 소통할 시간이 마련되는 것이 꼭 필요합니다.

2. 따뜻하게 눈 맞추고 웃으며 인사하겠습니다.

다른 교무실에 갔을 때 밝게 맞이해주세요. / 교무실에 오시면 맛있는 차를 대접하겠습니다.

3. 학생들의 특성을 공유하고 긍정적인 길을 함께 찾겠습니다.

학급에 어려운 일이 생겼을 때 관심 가지고 공감하고 격려하겠습니다. / 서로의 학급 학생들에 대해 긍정적인 강화를 함께 하겠습니다.

---

4. 동료 교사가 힘들 때는 적극적으로 돕겠습니다.

상대방에게 필요한 것이 무엇인지 생각하고 도움을 주겠습니다. / 옆에서 어려운 일로 힘들어할 때 살펴주고 무엇을 도와주어야 할지 묻겠습니다. / 실수했을 때 괜찮다고 이야기해주겠습니다.

5. 업무에 관해서 서로를 배려하겠습니다.

출석부에 꼭 사인을 하겠습니다. / 제출기한을 지키도록 노력하겠습니다. / 희망도서 신청에 관심을 갖겠습니다. / 그러기 위해서는 일방적인 지시가 아니라 의사결정과정에서 함께 의논하는, 수평적으로 이야기하는 공동체가 되어야 합니다.

하지만 교사 공동체가 서로에게 늘 힘과 지지가 되는 것은 아니다. 때로는 서로에게 가장 큰 걸림돌이 되기도 한다. 회복적 생활교육을 실천하는 데 가장 큰 어려움으로 넘을 수 없을 것 같은 벽이 되기도 한다. 너무나 아프게 경험하기도 했다. 하지만 포기할 수 없다. 우리가 '함께'임을 배우고, 경험하지 못하면 아이들에게 '함께'임을 가르칠 수 없다는 것을 알기 때문이다. 무엇보다 교사인 우리가 '함께'여야 하는 이유는 회복적 생활교육은 방법이 아니라 패러다임이기 때문이다. 아이들은 교사인 우리와 함께 배울 것이기 때문이다. 여전히 나는 교사공동체 '함께'를 꿈꾼다.

단행본, 논문, 보고서

강화정, 〈문제행동 접근방안으로서의 회복적 생활교육의 실천〉, 부산광역시교육청 교육정책연구소, 2020.

고병헌, 《존재가 존재에 이르는 길: 교육》, 이다북스, 2020.

김현경, 《사람, 장소, 환대》, 문학과지성사, 2015.

김훈태, 《교실 갈등, 대화로 풀다》, 교육공동체벗 , 2017.

도나 힉스, 박현주 역, 《관계를 치유하는 힘, 존엄》, 검둥소, 2013.

로레인 수트츠만 암수투츠·쥬디 H. 뮬렛, 이재영·정용진 역, 《학교 현장을 위한 회복적 학생 생활교육》, KAP(현 대장간), 2011.

마거릿 소스본·페타 블러드, 권현미·조일현 역, 《회복적 생활교육 어떻게 실천할 것인가》, 에듀니티, 2017.

마릴리 피터스, 김보미 역, 《십대의 손으로 정의로운 사회 만들기》, 우리교육, 2018.

마사 너스바움, 조계원 역, 《혐오와 수치심》, 민음사, 2015.

바버라 콜로로소, 염철현 역, 《괴롭히는 아이 당하는 아이 구경하는 아이》, 한울, 2013.

박숙영, 《회복적 생활교육을 만나다》, 좋은교사, 2014.

변성숙·변국희, 《학생 사안처리의 정석》, 좁쌀한알, 2020.

브라이언 헤어·베네사 우즈, 이민아 역, 《다정한 것이 살아남는다》, 디플롯, 2021.

알피 콘, 김달효 역, 《훈육의 새로운 미래》, 시그마프레스, 2005.

오카모토 시게키, 조민정 역, 《반성의 역설》, 유아이북스, 2014.

이재영, 《회복적 정의, 세상을 치유하다》, 피스빌딩, 2020.

임수희, 〈처벌 뒤에 남는 것들: 임수희 판사와 함께하는 회복적 사법 이야기〉, 오월의봄, 2019.

정진, 《회복적 생활교육 학급운영 가이드북》, 피스빌딩, 2016.

존 폴 레더락, 박지호 역, 《갈등 전환》, KAP(현 대장간), 2014.

케서린 에반스·도로시 반더링, 안은경 역, 《회복적 교육》, 대장간, 2020.

케이 프라니스, 강영실 역, 《서클 프로세스》, KAP, 2012.

파울루 프레이리, 남경태 역, 《페다고지》, 그린비, 2002.

평화여성회 부설갈등해결센터, 《학생갈등해결을 위한 또래조정자 훈련 교사용지도서》, 교육과학기술부, 2013.

피스모모, 《평화교육, 새롭게 만나기-진행자를 위한 핸드북》, 피스모모, 2019.

하워드 제어·바브 토우즈 편저, 변종필 역, 《회복적 정의의 비판적 쟁점》, 한국형사정책연구원, 2014.

한국평화교육훈련원(KOPI), 《회복적 정의 이해와 실천-통합과정 워크북1》, 피스빌딩, 2019.

한국평화교육훈련원, 〈회복적 학교 운영 성과 분석 결과보고서(김해봉황초등학교)〉, 2020.

한국평화교육훈련원, 《회복적 정의 이해와 실천-통합과정 워크북2》, 피스빌딩, 2019.

한국평화교육훈련원·경기도청소년상담복지센터, 〈회복적 정의 패러다임에 기초한 청소년 갈등전환 프로그램-둥글게 만나기〉, 2015.

한국회복적정의협회·한국평화교육훈련원, 《회복적 정의에 기반한 사랑의 교실: 청소년 선도프로그램》, 피스빌딩, 2019.

히스키아스 아세파, 이재영 역, 《평화와 화해의 새로운 패러다임》, KAP, 2003.

Belinda Hopkins 외 공저, 'RESTORE; A restorative lens for education', 2020. restoreourschools.com

Belinda Hopkins, *Just Schools: A Whole School Approach to Restorative Justice*, JKP, 2005.

Belinda Hopkins, *The Restorative Classroom: Using Restorative Approaches to Foster Effective Learning*, Routledge, 2011.

Brenda Morrison, "Restoring Safe School Communities: A Whole School Response to Bullying", *Violence and Alienation*, 2007.

Christopher Straker & Lesley Parkinson. "Liverpoor Restorative Practice in Schools Pilot 2105-17 Project Report", *Restorative Thinking*, 2017.

Donald L. Nathanson, *Shame and Pride: Affect, Sex, And the Birth of Self*, W.W.Norton & Company, 1992.

Howard Zehr, *Changing Lenses: New Focus for Crime and Justice*, Herald Press, 1990.

Howard Zehr, "Restorative Justice: The Concept", *Corrections Today*, Issue: 7. 1997.

Howard Zehr, *The Little Book of Restorative Justice*, Good Books, 2002.

John Braithwaite, *Crime, Shame, and Reintegration*, Cambridge University Press, 1989.

John Galtung, "Violence, Peace and Peace Research", *Journal of Peace Research* NO.3, 1969.

Ron & Roxanne Claassen, *Discipline that Restores: Strategies to Create Respect, Cooperation, and Responsibility in the Classroom*, Booksurge Publishing, 2008.

Ted Wachtel & Bob Costello, *The Restorative Practice Handbook*, International Institute for Restorative Practice, 2009.

기사

김명일, 〈김해 행복교육지구 "회복 꿈꾼다"〉, 《경남매일》, 2017. 09. 11.

김은지, 〈2021 학교폭력, 더 치밀해지고 더 복잡해진다〉, 《시사IN》, 2021. 06. 28.

박상현, 〈50만원 내면.. '삼촌'이 학폭 가해학생 혼내드립니다〉, 《조선일보》, 2018. 09. 12.

박효원, 〈교도서 예산 줄여 교원 임금 높이자〉, 《한국교육신문》, 2015. 10. 12.

이천종, 〈폭력·욕설은 예사.. 교권 침해에 보험까지 가입한다[무너진 교단·괴로운 교사들]〉, 《세계일보》, 2019. 05. 13.

장재훈, 〈학교폭력 가·피해학생 즉시분리 지침 교육현장 발칵 .. 교사들 "학폭 민원 폭주할 것"〉, 《에듀프레스》, 2021. 06. 23.

정선형, 〈초등 1학년 학교폭력 논란이 어른들 소송전으로〉, 《세계일보》, 2016. 03. 01.

허택회, 〈대전 전교조 "대전 학생 상당수 욕을 입에 달고 산다"〉, 《한국일보》, 2018. 10. 08.

[회복적 학교 운영의
성과 분석 및 요구 조사](교원용)

안녕하십니까?

학교교육을 위해 수고하시는 선생님들께 감사의 마음을 전합니다.

본 연구의 목적은 회복적 학교 운영의 성과 분석 및 요구조사를 바탕으로 회복적 학교 운영 활성화를 위해 중점적으로 지원해야 할 과제를 제시하기 위함입니다.

과중한 업무로 바쁘시겠지만 잠시 시간을 내어 회복적 학교 운영의 발전을 위해 조사에 협조해 주시길 부탁드립니다.

20   년   월

● 한국회복적정의협회 회복적정의연구소 장민지 연구원이 김해봉황초등학교 교원대상 회복적 학교 운영 평가 목적을 위해 만든 설문 양식을 참조하여 보완함.
* 한국평화교육훈련원, 〈회복적 학교 운영 성과 분석 결과보고서(김해 봉황초등학교)〉, 2020. 05. 25 자료 참고.

Ⅰ. 응답자 일반 사항에 대한 문항입니다.

1. 성별

　① 남 (　　) 　　② 여 (　　)

2. 직급

　① 교장 (　　) 　　② 교감 (　　) 　　③ 교사 (　　)

3. 담임 여부

　① 담임 (　　) 　　② 비담임 (　　)

4. 교직 경력

　① 7년 이하 (　　) 　　　② 8년~15년 (　　)

　③ 16년~24년 (　　) 　　④ 25년 이상 (　　)

5. 회복적 학교 경력

　① 20 　　년부터(1년 차) 　　② 20 　　년부터(2년 차)

　③ 20 　　년부터(3년 차) 　　④ 기타

Ⅱ. 회복적 학교 운영 특성 및 성과 관련 문항입니다.

1. 회복적 학교를 구성하는 핵심요소가 무엇이라고 생각하십니까? (중복체크 가능)

   ① RJ/RD 철학·비전공유　　　② 프로그램
   ③ 자발적 학습공동체　　　　④ 관리자의 의지
   ⑤ 핵심교사 그룹　　　　　　⑥ 예산
   ⑦ 기타 (　　　　　)

2. 회복적 학교 운영을 통해 얻어 낼 수 있는 가장 중요한 성과는 무엇입니까? (중복체크 가능)

   ① 공동체 문화 확산　　　　② 생활지도 인식변화
   ③ 수업지도 개선　　　　　④ 학교폭력 사안대응
   ⑤ RJ/RD에 대한 인식　　　⑥ 교사 자율성 증대
   ⑦ 학생, 학부모 만족도 증대　⑧ 협력문화 활성화
   ⑨ 민주적 의사결정　　　　　⑩ 기타

Ⅲ. 회복적 학교 운영 효과 관련 문항입니다.

번호	설문 문항	매우 그렇다 5	그런 편이다 4	보통 이다 3	그렇지 않다 2	전혀 아니다 1
1	회복적 학교 운영이 학교 문화 변화에 도움이 된다.	5	4	3	2	1
2	회복적 학교 운영이 학교교육 역량강화에 도움이 되었다.	5	4	3	2	1
3	회복적 정의의 철학을 통해 생활지도에 대한 개념이 변화되었다.	5	4	3	2	1
4	회복적 학교 운영을 통해 교사의 공동체성과 관계 맺음이 긍정적으로 변화되었다.	5	4	3	2	1
5	학생을 대하는 교사의 태도와 인식이 회복적 생활교육을 통해 긍정적으로 변화되었다.	5	4	3	2	1
6	회복적 학교 운영으로 학생들의 공동체성과 관계 맺음이 긍정적으로 변화되었다.	5	4	3	2	1
7	회복적 학교 운영을 통해 학생들의 또래 간 갈등이나 문제해결에서 주체적 해결이 높아졌다.	5	4	3	2	1
8	학부모를 대하는 교사의 태도와 인식이 회복적 생활교육을 통해 긍정적으로 변화되었다.	5	4	3	2	1
9	회복적 학교 운영으로 학부모의 공동체성과 관계 맺음이 긍정적으로 변화되었다.	5	4	3	2	1
10	회복적 학교 운영으로 학교에서 발생한 갈등이나 폭력 등의 사안대응에서 교사의 문제해결 능력이 높아졌다.	5	4	3	2	1

Ⅳ. 회복적 학교 운영 활성화 저해요인 관련 문항입니다.

번호	설문 문항		매우 그렇다 5	그런 편이다 4	보통 이다 3	그렇지 않다 2	전혀 아니다 1
1	구성원 관련 요인	실천 의지 부족	5	4	3	2	1
2		구성원 간의 갈등	5	4	3	2	1
3		운영 리더십 부족	5	4	3	2	1
4	학교 여건 요인	업무 과다	5	4	3	2	1
5		관리자의 지원 인식 부족	5	4	3	2	1
6	행·재정 인프라 요인	운영 경비 부족	5	4	3	2	1
7		회복적 학교에 대한 연구 부족	5	4	3	2	1
8		내부 경험 공유 시스템 부족	5	4	3	2	1
9	기타 의견 서술						

Ⅴ. 회복적 학교 운영 지원 과제 관련 문항입니다.

1. 본 학교가 회복적 학교를 접하기 전과 후의 차이가 무엇이라고 생각하시나요?

2. 학생 생활지도에서 회복적 학교가 일반 학교와 다른 점은 무엇입니까?

3. 더 나은 회복적 학교 운영을 위해 어떤 것이 필요한가요?

> 예시) 교사협력문화조성, 안정적인 재원확보, 교사 소통역량 강화, 교사 업무 경감 지원, 교육청 정책 지원, 관리자 지원 등

4. 회복적 학교가 확산되기 위해 필요한 것은 무엇인가요?

> 예시) 우수 운영 사례 확산, 참여자(학교 3주체)의 관심과 적극적 참여 등

설문에 응답해 주셔서 감사합니다.
회복적 학교를 세워 가는 여러분을 항상 응원합니다.

남양주시에 자리한 피스빌딩 커뮤니티는 회복적 정의 운동을 기초로 다양한 교육과 사업을 진행하는 교육 공동체를 추구하고 있습니다. 이런저런 일과 삶의 공동체의 모습으로 여러분의 방문을 환영합니다.

❶ 한국평화교육훈련원/회복적정의교육센터(KOPI) www.kopi.or.kr
Korea Peacebuilding Institute

한국평화교육훈련원KOPI은 국내 민간 영역에서 최초로 회복적 정의 패러다임을 알리고 실천하는 일을 해온 회복적 정의 전문교육 훈련 기관입니다. KOPI는 회복적 정의 패러다임을 소개하는 강의와 회복적 정의 실천가 양성을 위한 워크숍, 교사를 위한 회복적 생활교육 프로그램, 청소년 교육 등 회복적 정의를 적용한 다양한 교육 프로그램을

운영하고 있습니다. 이를 통해 회복적 정의 가치가 가정, 학교, 사법, 지역사회 등에 잘 전달되고 확산되도록 노력하고 있습니다. 또한 해외의 다양한 회복적 정의 사례를 탐구하고 국제 네트워크를 넓히기 위해 회복적 정의 해외연수를 실시하고 있습니다.

❷ 사단법인 한국회복적정의협회(KARJ) www.karj.org
Korea Association for Restorative Justice, KARJ

사단법인 한국회복적정의협회KARJ는 회복적 정의 운동의 방향성에 동의하고 지지하는 사람들이 늘어나면서 자연스럽게 회복적 정의 운동으로 사회에 공헌하고자 만들어진 비영리 사단법인입니다. 사회 속 다양한 영역에 회복적 정의 운동을 확산하고 회복적 정의가 추구하는 가치를 통해 사회가 더욱 안전하고 평화로운 공동체로 발전하는 데 도움을 주고자 노력하고 있습니다. 회복적 학교연구회, 교회연구회, 사법연구회 등을 운영하고 있으며 부설기관으로 회복적정의연구소를 운영하고 있습니다. 또한 민간자격증 회복적정의전문가 과정을 통해 사회에 회복적 정의 전문 인력을 양성하고 있습니다.

❸ 동북아평화교육훈련원 www.narpi.net
Northeast Asia Regional Peacebuiliding Insitute, NARPI

2011년부터 동북아시아 지역의 평화적인 구조와 문화를 형성하기 위해 매년 여름 동북아시아 6개국을 돌며 다양한 평화교육peacebuilding 훈련 프로그램을 진행하는 국제 피스빌딩 프로그램입니다. 동북아시아 지역을 비롯한 10개국의 대학(원)생, 교수, NGO 활동가, 교사, 종교인이 모여 서로의 관점을 나누며 평화로운 동북아시아를 만들기 위한 공동의 비전을 나누고 있습니다.

❹ 피스빌딩 출판사
Peacebuilding Publishing

피스빌딩 출판사는 회복적 정의의 가치와 실천이 담긴 문서와 매체를 통해 한국 사회에 평화의 담론을 전하고 정의에 대한 새로운 패러다임을 제시할 목적으로 설립한 회복적 정의 전문 출판사입니다. 《회복적 생활교육 학급운영 가이드북》, 《회복적 정의 세상을 치유하다》를 출판했고, 회복적 정의 실천시리즈를 지속적으로 펴낼 예정입니다.

❺ 서클 카페
CIRCLE Cafe

CiRCLe

피스빌딩의 가장 아늑한 휴식처이자 손님들을 맞는 사랑방이기도 한 서클 카페는 카페 스태프들과 이곳을 방문한 많은 사람들이 함께 담소를 나누는 따뜻한 공간입니다. 매장에서 매일 굽는 케이크과 쿠키들, 산뜻한 케냐 베이스의 블랜드 원두, 다양한 차와 제철과일 주스까지 즐길 수 있는 곳입니다.

❻ 피스빌딩 스쿨
Peace Building School

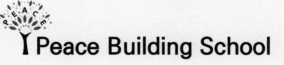 Peace Building School

지역의 어린아이들이 참가하는 피스빌딩 스쿨은 '전환적인 교육, 의미 있는 배움'이라는 목표를 가지고 영어로 진행하는 평화교육 프로그램을 운영하고 있습니다. 소수의 학생들과 친절한 교사들이 함께 만들어가는 수업은 참여적이고 창의적인 내용을 많이 담고 있습니다. 좀 더 평화로운 세대를 양성하기 위한 소박한 지역 중심 교육 프로그램입니다.

〈회복적 정의 관련 교육 및 민간자격증 안내〉

한국평화교육훈련원/회복적정의교육센터(KOPI) – 회복적 정의 강의 및 워크숍 안내
문의: 031-521-8697   홈페이지 www.kopi.or.kr

구분(시간)	대상	교육 내용
회복적 정의 소개강의(2~3)	일반	회복적 정의 패러다임과 회복적 생활교육에 대한 이해 회복적 정의 실천분야와 적용사례(학교, 직장, 사법, 지역사회)
회복적 정의 훈련 워크숍	일반	회복적 사법, 직장, 도시 만들기
RD 1,2 (15~30)	교사 학부모	회복적 생활교육이 왜 필요한가에 대한 이해 학급, 학교 단위에서 실천할 수 있는 회복적 생활교육 배우기 회복적 학교 만들기에 대한 통합적 이해와 과정
청소년교육	학생	학생들을 위한 회복적 생활교육 평화감수성, 또래조정 등 참여형 생활교육
조정자훈련	일반	조정에 대한 이론적 배경 이해 조정자의 자세와 역량 조정과정에 대한 단계별 훈련

사단법인 한국회복적정의협회(KARJ) – 회복적 정의 전문가 민간자격증(1-3급) 안내
문의: 031-521-8833   홈페이지 www.karj.org

급수	3급	2급	1급
목표	회복적 정의 패러다임 이해 공동체성을 높이는 서클 진행자 양성	학교, 사법, 조직 등에 필요한 회복적 대화모임 / 조정 진행자 양성	회복적 정의 리더 양성 지역 거점 자원 발굴
훈련 내용	회복적 정의 기본 소양교육 서클 진행자 훈련	조정훈련 현장실습	국내외 전문서적 레포트 연구 프로젝트 수행
이수 시간	40시간 40시간 (총 80시간 – 2주)	60시간 40시간 (총 100시간 – 4개월)	48시간 24시간 (총 72시간 – 8개월)
시험	필기시험(단답형+서술형) * 연 2회	실습 보고서 제출 조정 시연 * 연 1~2회	보고서 평가 및 발표 평가 프로젝트 운영 및 평가 * 격년

〈회복적 정의 시민사회 네트워크 단체 소개〉

기관명	한국회복적정의협회(KARJ)		
소개	회복적 정의 운동의 확산을 위해 설립된 비영리 사단법인으로서 전국적으로 400여명의 회원을 두고 있다. 회복적 정의 아카데미(알자), 주제별 연구모임, 정기 콘퍼런스, 특강 등을 통해 회복적 정의를 알리고 있다. 또한 회복적 정의 가치에 기초한 가정, 학교, 조직, 사법, 도시를 만들기 위해 필요한 인적자원을 양성하고자 회복적 정의 전문가 민간자격증(1,2,3급) 제도를 운영하고 있다.		
대표전화	031-521-8833	홈페이지	www.karj.org
기관명	한국평화교육훈련원/회복적정의교육센터(KOPI)		
소개	회복적 정의 관련 교육을 전문으로 하는 기관으로 학교, 조직, 사법, 지역사회 등 회복적 정의 패러다임 이해와 그 실천에 관심 있는 그룹을 대상으로 관련 교육프로그램을 운영하고 있다. 청소년부터 성인에 이르기까지 대상별 회복적 정의 워크숍을 통해 건강하고 평화로운 사회공동체를 만드는데 기여하고자 노력하고 있으며, 해외의 회복적 정의 전문기관들과도 교류를 확대하고 있다.		
대표전화	031-521-8697	홈페이지	www.kopi.or.kr
기관명	갈등해결과대화		
소개	사단법인 갈등해결과대화는 분쟁조정과 피·가해 대화모임 진행, 사회적 이슈와 관련한 상호이해를 높이는 대화 진행 등 갈등을 협력적으로 다루기 위한 대화의 장을 마련하고 운영하며 지원한다. 차이와 불일치를 다루는 갈등해결 교육과 조정 등 대화진행 전문가 훈련을 통해 협력적 갈등해결문화를 조성하여, 차이가 힘이 되고 대화의 힘을 믿는 사회를 만들기 위해 활동하고 있다.		
대표전화	02-3667-2642	홈페이지	www.crnd.or.kr
기관명	비폭력평화물결		
소개	비폭력평화물결은 UN 특별자문기관인 국제비폭력평화실천단(NPI; Nonviolent Peaceforce International)의 한국 회원단체로써, 평화활동가 양성을 위한 시민과 청소년 평화교육훈련사업으로 공동체갈등전환프로세스 회복적 서클(RC), 협력적 갈등해결, 평화감수성교육훈련HIPP, 비폭력 직접행동, 비폭력의사소통, 서클프로세스, 민주시민교육 등을 진행하고, 실천하는 평화단체이다.		
대표전화	02-312-1678	홈페이지	www.peacewave.net

기관명	한국NVC센터		
소개	NVC(Nonviolent Communication, 비폭력대화) 정신을 배우고 실천하는 것을 지원함으로써 개인과 집단의 갈등을 평화롭고 효과적으로 해결할 수 있도록 돕고, 모든 사람의 욕구가 평화롭게 존중되는 사회를 이루는데 기여하기 위해 설립된 비영리 단체이다. 교육사업, 치유와 회복사업, 갈등해결사업 등을 통해 사회 변화를 위한 활동을 하고 있다.		
대표전화	02-391-5585	홈페이지	www.krnvc.org
기관명	평화비추는숲		
소개	평화비추는숲은 좋은교사운동 산하 회복적 생활교육센터의 새로운 이름으로서 회복적 정의 실천과 교육을 통한 학교 현장의 교육 지원, 실천가 과정을 통한 교사 역량 강화, 주제별 연구모임의 확장, 콘텐츠 개발 및 연구, 시민사회 및 국제사회 연대 활동 등을 통해 교육 운동에서의 수평적 허브 역할을 하고 있다.		
대표전화	031-986-7183	홈페이지	www.peacelight.co.kr

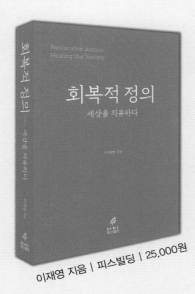

회복적 정의
세상을 치유하다

이재영 지음 | 피스빌딩 | 25,000원

이 책은 회복적 정의 패러다임을 소개하고 회복적 생활교육을 학교 현장에 처음 소개한 저자가 오랫동안 한국 사회에서 시도해 온 다양한 회복적 정의 실천을 생동감 있게 담고 있다.

> 회복적 정의의 넓이와 깊이를 총망라하고 있는 이 책은 회복적 정의를 배우고 실천하고자 하는 사람들에게 훌륭한 길잡이가 되어 줄 것이다.
>
> – 박숙영 소장, 좋은교사 회복적생활교육센터

> 학교의 생활교육 영역을 넘어 아이들이 스치는 모든 공간에서 회복적 정의가 살아 숨 쉬는 가능성을 이 책을 통해 엿볼 수 있다.
>
> – 하경남 교사, 경남회복적정의실천가모임 대표

> 이 책은 생활지도에 지친 교사들에게 한 줄기 희망이 될 것이다. 교육을 통해 세상을 바꾸기를 꿈꾸는 모든 교사들에게 일독을 권한다.
>
> – 김애경 교사, 전국역사교사모임. 회복적정의협회 학교연구회 초대회장

PEACE 피스빌딩

피스빌딩은 회복적 정의 전문 출판사로서 교구 제작 및 도서 출판을 통해 회복적 정의 운동 확산과 실천에 기여합니다.

전화 031-521-8693 이메일 pb.pbpress@gmail.com
스마트스토어 smartstore.naver.com/pbstore

회복적 정의 포스터 시리즈 1, 2, 3
물방울/나침반 토킹스틱

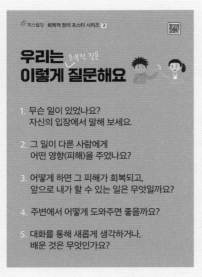

피스빌딩은 회복적 정의 전문 출판사로서 교구 제작 및 도서 출판을 통해 회복적 정의 운동 확산과 실천에 기여합니다.

전화 031-521-8693   이메일 pb.pbpress@gmail.com
스마트스토어 smartstore.naver.com/pbstore